HISTOIRE
DE
CONSULAT
ET DE
L'EMPIRE

TOME II

PARIS, IMPRIMÉ PAR PLON FRÈRES, 36, RUE DE VAUGIRARD.

HISTOIRE
DU
CONSULAT
ET DE
L'EMPIRE

FAISANT SUITE
A L'HISTOIRE DE LA RÉVOLUTION FRANÇAISE

PAR M. A. THIERS

TOME DEUXIÈME

PARIS
PAULIN, LIBRAIRE-ÉDITEUR
60, RUE RICHELIEU

1845

HISTOIRE
DU CONSULAT
ET
DE L'EMPIRE.

LIVRE CINQUIÈME.

HÉLIOPOLIS.

État de l'Égypte après le départ du général Bonaparte. — Profond chagrin de l'armée; son désir de retourner en France. — Kléber excite ce sentiment au lieu de le contenir. — Rapport qu'il fait sur l'état de la colonie. — Ce rapport, destiné au Directoire, parvient au Premier Consul. — Faussetés dont il est plein. — Grandes ressources de la colonie, et facilité de la conserver à la France. — Kléber, entraîné lui-même par le sentiment qu'il avait encouragé, est amené à traiter avec les Turcs et les Anglais. — Coupable convention d'El-Arisch, stipulant l'évacuation de l'Égypte. — Refus des Anglais d'exécuter la convention, et leur prétention d'obliger l'armée française à déposer les armes. — Noble indignation de Kléber. — Rupture de l'armistice et bataille d'Héliopolis. — Dispersion des Turcs. — Kléber les poursuit jusqu'à la frontière de Syrie. — Prise du camp du visir. — Répartition de l'armée dans la Basse-Égypte. — Retour de Kléber au Kaire, afin de réduire cette ville qui s'était insurgée sur ses derrières. — Temporisation habile de Kléber. — Après avoir réuni ses moyens, il attaque et reprend le Kaire. — Soumission générale. — Alliance avec Murad-Bey. — Kléber, qui croyait ne pouvoir garder l'Égypte soumise, la reconquise en trente-cinq jours contre les forces des Turcs et contre les Égyptiens révoltés. — Ses fautes glorieusement effacées. — Émotion

Août 1799.

des peuples musulmans en apprenant que l'Égypte est aux mains des infidèles. — Un fanatique, parti de la Palestine, se rend au Kaire pour assassiner Kléber. — Mort funeste de ce dernier, et conséquences de cette mort pour la colonie. — Tranquillité présente. — Kléber et Desaix avaient succombé le même jour. — Caractère et vie de ces deux hommes de guerre.

Départ du général Bonaparte.

En août 1799, le général Bonaparte, décidé par les nouvelles d'Europe à quitter subitement l'Égypte, avait ordonné à l'amiral Ganteaume de faire sortir du port d'Alexandrie les frégates *la Muiron* et *la Carrère*, seuls bâtiments qui lui restassent depuis la destruction de la flotte, et de les mouiller dans la petite rade du Marabout. C'est là qu'il voulait s'embarquer, à deux lieues à l'ouest d'Alexandrie. Il emmenait avec lui les généraux Berthier, Lannes, Murat, Andréossy, Marmont, et les deux savants de l'expédition qu'il chérissait le plus, Monge et Berthollet. Le 22 août (5 fructidor an VII), il se rendit au Marabout, et s'embarqua précipitamment, craignant toujours de voir apparaître l'escadre anglaise. Les chevaux qui avaient servi au trajet, ayant été abandonnés sur la plage, s'enfuirent au galop vers Alexandrie. La vue de ces chevaux tout sellés, et privés de leurs cavaliers, causa une sorte d'alarme : on crut qu'il était arrivé quelque accident à des officiers de la garnison, et on fit sortir du camp retranché un détachement de cavalerie. Bientôt un piqueur turc, qui avait assisté à l'embarquement, expliqua ce que c'était, et Menou, qui seul avait été initié au secret, annonça dans Alexandrie le départ du général Bonaparte, et la désignation qu'il avait faite du général Kléber pour lui succéder. Kléber avait reçu un rendez-vous à Rosette pour le 23 août; mais le général Bonaparte, pressé de s'embarquer, était parti sans l'attendre. D'ailleurs, en imposant à Kléber le pesant fardeau du commandement, il n'était pas fâché de lui laisser un ordre absolu, qui ne permît ni contestation ni refus.

Cette nouvelle causa dans l'armée une surprise douloureuse. On ne voulut d'abord pas y ajouter foi; le général Dugua, commandant à Rosette, la fit démentir, n'y croyant pas lui-même, et craignant le mauvais effet qu'elle pouvait produire. Cependant le doute devint bientôt impossible, et Kléber fut officiellement proclamé successeur du général Bonaparte. Officiers et soldats furent consternés. Il avait fallu l'ascendant qu'exerçait sur eux le vainqueur de l'Italie, pour les entraîner à sa suite dans des contrées lointaines et inconnues; il fallait tout son ascendant pour les y retenir. C'est une passion que le regret de la patrie, et qui devient violente, quand la distance, la nouveauté des lieux, des craintes fondées sur la possibilité du retour, viennent l'irriter encore. Souvent, en Égypte, cette passion éclatait en murmures, quelquefois même en suicides. Mais la présence du général en chef, son langage, son activité incessante, faisaient évanouir ces noires vapeurs. Sachant toujours s'occuper lui-même et occuper les autres, il captivait au plus haut point les esprits, et ne laissait pas naître, ou dissipait autour de lui, des ennuis qui n'entraient jamais dans son âme. On se disait bien quelquefois qu'on ne reverrait plus la France; qu'on ne pourrait plus franchir la Méditerranée, maintenant surtout que la flotte avait été détruite à Aboukir; mais le général Bonaparte était là, avec lui on pouvait aller en tous lieux, retrouver le chemin de la patrie, ou se faire une patrie nouvelle. Lui parti, tout changeait de face. Aussi la nouvelle de son départ fut-elle un coup de foudre. On qualifia ce départ des expressions les plus injurieuses. On ne s'expliquait pas ce mouvement irrésistible de patriotisme et d'ambition qui, à la nouvelle des désastres de la république, l'avait entraîné à retourner en France. On ne voyait que l'abandon où il laissait la malheureuse armée qui avait eu assez de confiance en son génie pour le suivre. On se disait qu'il avait donc reconnu l'imprudence de cette entreprise, l'impossibilité de la faire réussir, puisqu'il s'enfuyait, abandonnant à d'autres ce qui lui semblait désormais inexécutable. Mais, se sauver seul, en laissant au delà des mers ceux qu'il avait ainsi compromis, était une cruauté, une lâcheté même, prétendaient certains détracteurs : car il en a toujours eu, et très-près de sa personne, même aux époques les plus brillantes de sa carrière!

Kléber n'aimait pas le général Bonaparte, et supportait son ascendant avec une sorte d'impatience. S'il se contenait en sa présence, il s'en dédommageait ailleurs par des propos inconvenants. Frondeur et fantasque, Kléber avait désiré ardemment prendre part à l'expédition d'Égypte, pour sortir de l'état de disgrâce dans lequel on l'avait laissé vivre sous le Directoire : et aujourd'hui il en était aux regrets d'avoir quitté les bords du Rhin pour ceux du Nil. Il le laissait voir avec une faiblesse indigne de son caractère. Cet homme, si grand dans le danger, s'abandonnait lui-même comme aurait pu le faire le dernier des soldats. Le commandement en chef ne le consolait pas de la nécessité de rester en Égypte, car il n'aimait pas à commander. Poussant au déchaînement contre le général Bonaparte, il commit la faute, qu'on devrait appeler criminelle, si des actes héroïques ne l'avaient réparée, de contribuer lui-même à produire dans l'armée un entraînement qui fut bientôt général. A son exemple, tout le monde se mit à dire qu'on ne pouvait plus rester en Égypte, et qu'il fallait à tout prix revenir en France. D'autres sentiments se mêlèrent à cette passion du retour, pour altérer l'esprit de l'armée, et y faire naître les plus fâcheuses dispositions.

Une vieille rivalité divisait alors, et divisa longtemps encore les officiers sortis des armées du Rhin et d'Italie. Ils se jalousaient les uns les autres, ils avaient la prétention de faire la guerre autrement, et de la faire mieux; et, bien que cette rivalité fût contenue par la présence du général Bonaparte, elle était au fond la cause principale de la diversité de leurs jugements. Tout ce qui était venu des armées du Rhin montrait peu de penchant pour l'expédition d'Égypte; au contraire, les officiers originaires de l'armée d'Italie, quoique fort tristes de se voir si loin de France, étaient favorables à cette expédition, parce qu'elle était l'œuvre de leur général en chef. Après le départ de celui-ci, toute retenue disparut. On se rangea tumultueusement autour de Kléber, et

Août 1799

Divisions intestines.

on répéta tout haut avec lui, ce qui d'ailleurs commençait à être dans toutes les âmes, que la conquête de l'Égypte était une entreprise insensée, à laquelle il fallait renoncer le plus tôt possible. Cet avis rencontra néanmoins des contradicteurs; quelques généraux, tels que Lanusse, Menou, Davout, Desaix, surtout, osèrent montrer d'autres sentiments. Dès lors on vit deux partis : l'un s'appela le parti coloniste, l'autre le parti anticoloniste. Malheureusement Desaix était absent. Il achevait la conquête de la Haute-Égypte, où il livrait de beaux combats et administrait avec une grande sagesse. Son influence ne pouvait donc pas être opposée dans ce moment à celle de Kléber. Pour comble de malheur, il ne devait pas rester en Égypte. Le général Bonaparte, voulant l'avoir auprès de sa personne, avait commis la faute de ne pas le nommer commandant en chef, et lui avait laissé l'ordre de revenir très-prochainement en Europe. Desaix, dont le nom était universellement chéri et respecté dans l'armée, dont les talents administratifs égalaient les talents militaires, aurait parfaitement gouverné la colonie, et se serait garanti de toutes les faiblesses auxquelles se livra Kléber, du moins pour un moment.

Cependant Kléber était le plus populaire des généraux parmi les soldats. Son nom fut accueilli par eux avec une entière confiance, et les consola un peu de la perte du général illustre qui venait de les quitter. La première impression une fois passée, les esprits, sans se remettre tout à fait, furent pourtant ramenés à plus de calme et de justice. On tint d'autres discours; on se dit qu'après tout le général Bonaparte avait dû voler au secours de la France en péril; et que d'ailleurs l'armée une fois établie en Égypte, ce qu'il avait pu faire de mieux pour elle, c'était d'aller à Paris pour y exposer vivement sa situation et ses besoins, et réclamer des secours, que lui seul pouvait arracher à la négligence du gouvernement.

Kléber retourna au Kaire, se saisit du commandement avec une sorte d'appareil, et vint se loger sur la place Ezbekyeh, dans la belle maison arabe qu'avait occupée son prédécesseur. Il déploya un certain faste, moins pour satisfaire ses goûts que pour imposer aux Orientaux, et voulut faire sentir son autorité en l'exerçant avec vigueur. Mais bientôt les soucis du commandement qui lui étaient insupportables, les nouveaux dangers dont les Turcs et les Anglais menaçaient l'Égypte, la douleur de l'exil, qui était générale, remplirent son âme du plus sombre découragement. Après s'être fait rendre compte de l'état de la colonie, il adressa au Directoire une dépêche pleine d'erreurs, et la fit suivre d'un rapport de l'administrateur des finances, Poussielgue, rapport dans lequel les choses étaient présentées sous le jour le plus faux, et surtout le plus accusateur à l'égard du général Bonaparte.

Dans cette dépêche et ce rapport, datés du 26 septembre (4 vendémiaire an VIII), le général Kléber et l'administrateur Poussielgue disaient que l'armée, déjà diminuée de moitié, se trouvait en ce moment

Sept. 1799.

Kléber se saisit du commandement.

Rapport de Kléber au Directoire.

réduite à 15 mille hommes environ ; qu'elle était à peu près nue, ce qui était fort dangereux dans ces climats, à cause de la différence de température entre le jour et la nuit ; que l'on manquait de canons, de fusils, de projectiles, de poudre, toutes choses difficiles à remplacer, parce que le fer coulé, le plomb, les bois de construction, les matières propres à fabriquer la poudre, n'existaient pas en Égypte ; qu'il y avait un déficit considérable dans les finances, car on devait aux soldats 4 millions sur la solde, et 7 ou 8 millions aux fournisseurs sur leurs divers services ; que la ressource d'établir des contributions était déjà épuisée, le pays étant prêt à se soulever, si on en frappait de nouvelles ; que l'inondation n'étant pas abondante cette année, et par suite la récolte s'annonçant comme mauvaise, les moyens et la volonté d'acquitter l'impôt seraient également nuls chez les Égyptiens ; que des dangers de tout genre menaçaient la colonie ; que les deux anciens chefs des Mamelucks, Murad-Bey et Ibrahim-Bey, se soutenaient toujours, avec plusieurs mille cavaliers, l'un dans la Haute-Égypte, l'autre dans la Basse-Égypte ; que le célèbre pacha d'Acre, Djezzar, allait envoyer à l'armée turque un renfort de 30 mille soldats excellents, anciens défenseurs de Saint-Jean-d'Acre contre les Français ; que le grand visir lui-même, parti de Constantinople, était déjà parvenu aux environs de Damas avec une puissante armée ; que les Russes et les Anglais devaient joindre une force régulière aux forces irrégulières des Turcs ; que dans cette extrémité, il restait une seule ressource, celle de traiter avec la Porte; et que le général Bonaparte en ayant donné l'exemple et l'autorisation expresse dans les instructions laissées à son successeur, on allait essayer de stipuler avec le grand visir une sorte de domination mixte, au moyen de laquelle la Porte occuperait la campagne d'Égypte, et percevrait le miri ou impôt foncier, la France occuperait les places et les forts, et percevrait le revenu des douanes. Kléber ajoutait que le général en chef avait bien vu venir la crise, et que c'était là le véritable motif de son départ précipité. M. Poussielgue terminait son rapport par une calomnie : le général Bonaparte, en quittant l'Égypte, avait, disait-il, emporté 2 millions. Il faut ajouter, pour compléter ce tableau, que M. Poussielgue avait été comblé des bienfaits du général Bonaparte.

Telles furent les dépêches envoyées au Directoire par Kléber et M. Poussielgue. Le général Bonaparte y était traité comme un homme qu'on suppose perdu, et qu'on ne ménage guère. On le croyait en effet exposé au double danger d'être pris par les Anglais, ou sévèrement condamné par le Directoire pour avoir quitté son armée. Quel eût été l'embarras de ceux qui écrivaient ces dépêches, s'ils avaient su qu'elles seraient ouvertes et lues par l'homme objet de leurs calomnies, devenu aujourd'hui chef absolu du gouvernement?

Kléber, trop insouciant pour s'assurer par lui-même de la véritable situation des choses, ne songeant seulement pas à examiner si les états qu'il en-

Sept. 1799.

voyait étaient d'accord avec ses propres assertions, Kléber ne croyait pas mentir : il transmettait par négligence et mauvaise humeur les oui-dire que la passion avait multipliés autour de lui, au point de les convertir en une espèce de notoriété publique. Ces dépêches furent confiées à un cousin du directeur Barras, et accompagnées d'une multitude de lettres dans lesquelles les officiers de l'armée exhalaient un désespoir aussi injuste qu'imprudent. Ce cousin du directeur Barras fut arrêté par les Anglais; il jeta précipitamment à la mer le paquet de dépêches dont il était porteur; mais ce paquet surnagea, fut aperçu, recueilli, et envoyé au cabinet britannique. On verra bientôt ce qui résulta de ces fâcheuses communications, tombées au pouvoir des Anglais, et publiées dans toute l'Europe.

Toutefois, Kléber et M. Poussielgue avaient adressé leurs dépêches à Paris, en double expédition. Cette double expédition, envoyée par une voie différente, parvint en France, et fut remise aux mains du Premier Consul.

Faussetés du rapport de Kléber.

Qu'y avait-il de vrai dans ce tableau tracé par des imaginations malades? On en jugera bientôt d'une manière certaine par les événements eux-mêmes; mais, en attendant, il faut rectifier les fausses assertions qu'on vient de lire.

L'armée, suivant Kléber, était réduite à 15 mille hommes; cependant, les états envoyés au Directoire portaient 28,500 hommes. Lorsque, deux ans plus tard, elle fut ramenée en France, elle comptait encore dans ses rangs 22 mille soldats, et, dans ces deux ans, elle avait livré plusieurs grandes batailles, et d'innombrables combats. En 1798, il était parti de France en divers convois 34 mille hommes; 4 mille étaient restés à Malte; 30 mille étaient donc arrivés à Alexandrie. Plus tard, 3 mille marins, débris des équipages de la flotte détruite à Aboukir, vinrent renforcer l'armée, et la portèrent de nouveau à 33 mille hommes. Elle avait perdu 4 à 5 mille soldats de 1798 à 1799; elle était donc réduite en 1800 à environ 28 mille, dont 22 mille combattants au moins.

L'Égypte est un pays sain, où les blessures guérissent avec une extrême rapidité; il y avait cette année peu de malades et point de peste. L'Égypte était pleine de chrétiens, Grecs, Syriens ou Cophtes, demandant à s'enrôler dans nos rangs, et pouvant fournir d'excellentes recrues, au nombre de 15 ou 20 mille. Les noirs du Darfour, achetés et affranchis, procurèrent jusqu'à 500 bons soldats à une seule de nos demi-brigades. D'ailleurs, l'Égypte était soumise. Les paysans qui la cultivent, habitués à obéir sous tous les maîtres, ne songeaient jamais à prendre un fusil. Sauf quelques émeutes dans les villes, il n'y avait à craindre que des Turcs indisciplinés venant de loin, ou des mercenaires anglais transportés à grand'peine sur des vaisseaux. Contre de tels ennemis l'armée française était plus que suffisante, si elle était commandée, non pas avec génie, mais seulement avec bon sens.

Kléber disait, dans sa dépêche, que les soldats étaient nus; mais le général Bonaparte avait laissé du drap pour les vêtir, et, un mois après l'envoi de cette dépêche, ils étaient entièrement habillés à neuf. En tout cas, l'Égypte abondait en étoffes de coton; elle en produisait pour toute l'Afrique. Il n'eût pas été difficile de se pourvoir de ces étoffes en les achetant, ou en les exigeant comme une partie de l'impôt. Quant aux vivres, l'Égypte est le grenier des pays qui manquent de céréales. Le blé, le riz, le bœuf, le mouton, les volailles, le sucre, le café, y étaient alors à un prix dix fois moindre qu'en Europe. Le bon marché était si grand, que l'armée, quoique ses finances ne fussent pas très-riches, pouvait payer tout ce qu'elle consommait; c'est-à-dire se conduire en Afrique beaucoup mieux que les armées chrétiennes ne se conduisent en Europe, car on sait qu'elles vivent sur le pays conquis, sans rien payer. Kléber disait qu'il manquait d'armes, et il restait 11,000 sabres, 15,000 fusils, 14 ou 1,500 bouches à feu, dont 180 de campagne. Alexandrie, qu'il disait dépourvue d'artillerie depuis le siége de Saint-Jean-d'Acre, comptait plus de 300 pièces de canon en batterie. Quant aux munitions, il restait 3 millions de cartouches d'infanterie, 27,000 cartouches à canon confectionnées, et des ressources pour en fabriquer, car il y avait encore dans les magasins 200,000 projectiles et 1,100 milliers de poudre. Les événements subséquents démontrèrent la vérité de ces allégations, puisque l'armée se battit encore deux ans, et laissa aux Anglais des approvisionnements considérables. Que serait devenu, en effet, en si peu de temps, l'immense matériel soigneusement accumulé par le général Bonaparte, sur la flotte qui transporta l'armée en Égypte?

À l'égard des finances, le rapport de Kléber était également faux. La solde était au courant. Il est vrai qu'on n'était pas encore fixé sur le système financier le plus propre à nourrir l'armée, sans fatiguer le pays; mais les ressources existaient, et en maintenant seulement les impôts déjà établis, on pouvait vivre dans l'abondance. Il était dû sur les impositions de l'année de quoi pourvoir à toutes les dépenses courantes, c'est-à-dire plus de 16 millions. On n'était donc pas réduit à soulever les populations par l'établissement de contributions nouvelles. Les comptes des finances présentés plus tard prouvèrent que l'Égypte, en étant fort ménagée, pouvait fournir 25 millions par an. A ce taux, elle ne payait pas la moitié de ce que lui arrachaient avec mille vexations les nombreux tyrans qui l'opprimaient sous le nom de Mamelucks. D'après le prix des denrées en Égypte, l'armée pouvait vivre avec 18 ou 20 millions. Quant aux caisses, le général Bonaparte les avait si peu épuisées, qu'il n'avait pas même touché, en partant, la totalité de son traitement.

Relativement aux dangers prochains dont la colonie était menacée, voici encore la vérité. Murad-Bey, découragé, courait la Haute-Égypte avec

Sept. 1799.

Finances.

Hostilités dont l'Égypte était menacée.

quelques Mamelucks. Ibrahim-Bey, qui, sous le gouvernement des Mamelucks, partageait avec lui la souveraineté, se trouvait alors dans la Basse-Égypte, vers les frontières de Syrie. Il n'avait pas 400 cavaliers, loin d'en avoir quelques mille. Djezzar-Pacha était renfermé dans Saint-Jean-d'Acre. Loin de préparer un secours de 30 mille hommes pour l'armée du visir, il voyait, au contraire, avec beaucoup de déplaisir l'approche d'une nouvelle armée turque, maintenant surtout que son pachalick était délivré des Français. Quant au grand visir, il n'avait pas dépassé le Taurus. Les Anglais avaient leurs troupes à Mahon, et songeaient en ce moment à les employer en Toscane, à Naples, ou sur le littoral de la France. Quant à une expédition russe, c'était une pure fable. Les Russes n'avaient jamais songé à faire un si long trajet, pour venir au secours de la politique anglaise en Orient.

Les habitants n'étaient pas aussi disposés qu'on le disait à un soulèvement. En ménageant, comme l'avait prescrit le général Bonaparte, les sheiks, qui sont les prêtres et les gens de loi des Arabes, on devait bientôt se les attacher. Déjà même nous commencions à nous faire un parti parmi eux. Nous avions d'ailleurs pour nous les Cophtes, les Grecs, les Syriens, qui, étant tous chrétiens, se conduisaient à notre égard en amis et en auxiliaires utiles. Ainsi, rien d'imminent de ce côté n'était à craindre. Il n'est pas douteux que, si les Français éprouvaient des revers, les Égyptiens, avec l'ordinaire mobilité des peuples conquis, feraient comme venaient de faire les Italiens eux-mêmes, ils se joindraient au vainqueur du jour contre le vainqueur de la veille. Cependant ils appréciaient la différence de domination entre les Mamelucks, qui les pressuraient et n'avaient jamais que le sabre à la main, et les Français, qui respectaient leurs propriétés, et faisaient rarement tomber des têtes.

Kléber avait donc cédé à de dangereuses exagérations, triste produit de la haine, de l'ennui, et de l'exil. A côté de lui, le général Menou, voyant toutes choses sous les couleurs les plus favorables, croyait les Français invincibles en Égypte, et envisageait l'expédition comme le début d'une révolution prochaine et considérable dans le commerce du monde. Les hommes ne sauraient jamais se défendre assez de leurs impressions personnelles, dans ces sortes d'appréciations. Kléber et Menou étaient d'honnêtes gens, de bonne foi tous deux ; mais l'un voulait partir, l'autre rester en Égypte : les états les plus clairs, les plus authentiques, signifiaient pour eux les choses les plus contraires ; la misère et la ruine pour l'un, l'abondance et le succès pour l'autre.

Quelle que fût d'ailleurs la situation, Kléber et son parti se rendaient gravement coupables en songeant à l'évacuation, car ils n'en avaient pas le droit. Il est vrai que le général Bonaparte, dans des instructions pleines de sagesse, examinant tous les cas possibles, avait prévu le cas même où

Sept. 1799.

Instructions laissées en partant par le général Bonaparte.

l'armée serait obligée d'évacuer l'Égypte. — Je vais, avait-il dit, en France; soit comme particulier, soit comme homme public, j'obtiendrai qu'on vous envoie des secours. Mais si, au printemps prochain (il écrivait en août 1799), vous n'avez reçu ni secours ni instructions, si la peste avait détruit au delà de 1,500 hommes, indépendamment des pertes de la guerre; si une force considérable, à laquelle vous seriez incapables de résister, vous pressait vivement, négociez avec le visir; consentez même, s'il le faut, à l'évacuation, sauf une condition, celle du recours au gouvernement français; et, en attendant, continuez à occuper. Vous aurez ainsi gagné du temps, et il est impossible que dans l'intervalle vous ne soyez pas secourus. — Ces instructions étaient fort sages; mais le cas prévu était loin d'être réalisé. Il eût fallu d'abord être au printemps de 1800; il eût fallu qu'à cette époque aucun secours, aucun ordre ne fût parvenu en Égypte; il eût fallu avoir perdu par la peste une partie de l'effectif, être pressé enfin par des forces supérieures : or, rien de pareil n'était arrivé, et n'arriva. Une négociation ouverte sans ces conditions était donc un acte de véritable forfaiture.

En septembre 1799 (vendémiaire an VIII), Desaix, ayant achevé la conquête et la soumission de la Haute-Égypte, avait laissé deux colonnes mobiles à la poursuite de Murad-Bey, auquel il avait offert la paix à condition de devenir vassal de la France. Il était revenu ensuite au Kaire par ordre de Kléber, qui voulait se servir de son nom dans les malheureuses négociations qu'il allait entreprendre. Sur ces entrefaites, l'armée du visir, depuis longtemps annoncée, s'était avancée lentement. Sir Sidney Smith, qui convoyait avec ses vaisseaux les troupes turques destinées à voyager par mer, venait de conduire devant Damiette 8 mille janissaires. Le 1ᵉʳ novembre 1799 (10 brumaire an VIII), un premier débarquement de 4 mille janissaires s'opéra vers le Bogaz de Damiette, c'est-à-dire à l'entrée de la branche du Nil qui passe devant cette ville. Le général Verdier, qui avait mille hommes seulement à Damiette, sortit avec cette troupe, se porta au delà du fort de Lesbeh, sur une langue de terre étroite, au bord de laquelle les Turcs avaient débarqué; et, sans donner aux 4 mille janissaires restants le temps d'arriver, attaqua les 4 mille déjà mis à terre. Malgré le feu de l'artillerie anglaise, placée avantageusement sur une vieille tour, il les battit. Il en noya ou passa au fil de l'épée plus de 3 mille, et reçut les autres prisonniers. Les chaloupes canonnières, voyant ce spectacle, rebroussèrent chemin vers leurs vaisseaux, et ne débarquèrent pas le reste des troupes turques. Les Français n'avaient eu que 22 hommes tués et 100 blessés.

A la première nouvelle de ce débarquement, Kléber avait expédié Desaix avec une colonne de 3 mille hommes; mais ce dernier, inutilement envoyé à Damiette, avait trouvé la victoire remportée, et les Français pleins d'une confiance sans bornes. Ce brillant fait d'armes aurait dû servir d'encourage-

Nov. 1799.

Tentative de débarquer 8 mille janissaires repoussée.

ment à Kléber; malheureusement il était dominé à la fois par son chagrin et par celui de l'armée. Il avait entraîné les esprits, qui l'entraînaient à leur tour, vers la fatale résolution d'une évacuation immédiate. Les mauvais propos à l'égard du général Bonaparte reprenaient leur cours. Ce jeune téméraire, disait-on, qui avait livré aux hasards l'armée française, et s'était livré lui-même à d'autres hasards en bravant les mers et les croisières anglaises pour rentrer en France, ce jeune téméraire avait dû succomber dans la traversée. Les sages généraux formés à l'école du Rhin devaient revenir d'une folle illusion, et ramener en Europe de braves soldats, indispensables à la République, aujourd'hui menacée de toutes parts.

Kléber, partageant le chagrin de l'armée, songe à négocier.

Dans cette disposition d'esprit, Kléber avait envoyé au visir, qui était entré en Syrie, un de ses officiers, pour lui faire de nouvelles ouvertures de paix. Déjà le général Bonaparte, voulant brouiller le visir avec les Anglais, avait eu l'idée d'essayer des négociations, qui, de sa part, n'étaient qu'une feinte. Ses ouvertures avaient été reçues avec assez de défiance et d'orgueil. Celles de Kléber obtinrent un meilleur accueil, par l'influence de sir Sidney Smith, qui s'apprêtait à jouer un grand rôle dans les affaires d'Égypte.

Sir Sidney Smith.

Cet officier de la marine anglaise avait beaucoup contribué à empêcher le succès du siége de Saint-Jean-d'Acre; il en était fier, et il avait imaginé une ruse de guerre, suivant l'expression des agents anglais; ruse consistant à profiter d'un moment de faiblesse pour arracher aux Français leur précieuse conquête. En effet, toutes les lettres interceptées de nos officiers montrant clairement qu'ils étaient dévorés du désir de retourner en France, sir Sidney Smith voulait amener l'armée à négocier, lui faire souscrire une capitulation, et, avant que le gouvernement français eût le temps de donner ou de refuser sa ratification, la mettre en mer sur-le-champ, et la jeter ensuite sur le rivage d'Europe. C'est dans cette vue qu'il avait disposé le grand visir à écouter les ouvertures de Kléber. Quant à lui, s'attachant à combler les officiers français de prévenances, il leur laissait arriver des nouvelles d'Europe, mais en ayant soin de ne donner passage qu'aux nouvelles antérieures au 18 brumaire. Kléber, de son côté, venait d'envoyer un négociateur à sir Sidney Smith, car les Anglais étant maîtres de la mer, il voulait les faire intervenir dans la négociation pour que le retour en France fût possible. Sir Sidney, empressé d'accueillir ce message, s'était montré disposé à entrer en arrangement, ajoutant d'ailleurs qu'en vertu d'un traité du 5 janvier 1799, dont il avait été le négociateur, il existait une triple alliance entre la Russie, l'Angleterre et la Porte, que ces puissances s'étaient obligées à tout faire en commun, que, par conséquent, aucun arrangement avec la Porte ne pourrait être valable et exécutoire, s'il n'était fait d'accord avec les agents des trois cours. Sir Sidney Smith prenait dans ses communications le titre de *Ministre plénipotentiaire de Sa Majesté Britannique près la Porte Ottomane, commandant son escadre dans les mers du Levant.*

Sir Sidney Smith se donnait là un titre qu'il avait eu, mais qu'il n'avait plus depuis l'arrivée de lord Elgin comme ambassadeur à Constantinople; et, en réalité, il n'avait en ce moment que le pouvoir qu'un chef militaire a toujours, celui de signer des conventions de guerre, des suspensions d'armes, etc.

Kléber, sans y regarder de plus près, sans savoir s'il traitait avec des agents suffisamment accrédités, s'engagea d'une manière aveugle dans cette voie périlleuse, où l'entraînait un sentiment commun à toute l'armée, et où il aurait trouvé l'ignominie, si, heureusement pour lui, le ciel ne l'avait doué d'une âme héroïque, qui devait se relever avec éclat dès qu'il reconnaîtrait l'étendue de sa faute. Il entra donc en négociation, et offrit à sir Sidney Smith, ainsi qu'au visir, lequel s'était avancé jusqu'à Gazah en Syrie, de nommer des officiers munis de pleins pouvoirs pour traiter. Répugnant à recevoir les Turcs dans son camp, ne voulant pas, d'un autre côté, risquer ses officiers au milieu de l'armée indisciplinée du grand visir, il imagina de choisir pour lieu des conférences le vaisseau *le Tigre*, que montait sir Sidney Smith.

Sir Sidney, qui ne croisait qu'avec deux vaisseaux (ce qui, pour le dire en passant, prouvait suffisamment la possibilité pour la France de communiquer avec l'Égypte), sir Sidney n'en avait plus qu'un dans ce moment; l'autre, *le Thésée*, était en réparation à Chypre. L'état de la mer l'obligeant souvent à s'éloigner, les communications n'étaient ni régulières ni promptes avec la terre. Il fallut quelque temps pour

Déc. 1799.

Négociations à bord du vaisseau le Tigre entre Desaix et sir Sidney Smith.

avoir son adhésion. Enfin sa réponse arriva ; elle portait qu'il allait se montrer successivement devant Alexandrie et Damiette, pour recevoir à son bord les officiers que Kléber lui enverrait.

Kléber désigna Desaix et l'administrateur Poussielgue, celui qui avait si maladroitement calomnié le général Bonaparte, et que les Égyptiens, dans leurs relations arabes, ont qualifié de *visir du sultan Kléber*. Poussielgue était l'avocat de l'évacuation, Desaix tout le contraire. Ce dernier avait fait les plus grands efforts pour résister au torrent, pour relever le cœur de ses compagnons d'armes; et il ne s'était chargé de la négociation entamée par Kléber que dans l'espoir de la traîner en longueur, et de laisser arriver de France des secours et des ordres. Kléber, pour s'excuser aux yeux de Desaix, lui disait que c'était le général Bonaparte qui le premier avait commencé les pourparlers avec les Turcs, que d'ailleurs il avait prévu lui-même, et autorisé d'avance un traité d'évacuation dans le cas d'un danger imminent. Desaix, mal informé, espérait toujours que le premier navire arrivant de France éclaircirait ces obscurités, et changerait peut-être les déplorables dispositions de l'état-major de l'armée. Il partit avec M. Poussielgue, ne put joindre sir Sidney Smith dans les parages d'Alexandrie, le trouva devant Damiette, et parvint à bord du *Tigre* le 22 décembre 1799 (1er nivôse an VIII). C'était le moment même où le général Bonaparte venait d'être investi du pouvoir en France.

Sir Sidney Smith, qui était charmé d'avoir à son bord un plénipotentiaire tel que Desaix, lui fit l'accueil le plus flatteur, et tâcha, par tous les moyens de persuasion, de l'amener à l'idée d'évacuer l'Égypte.

Desaix sut parfaitement se défendre, et fit valoir les conditions que son chef l'avait chargé de demander. Ces conditions, inacceptables de la part du commodore anglais, convenaient fort à Desaix, qui voulait gagner du temps ; elles étaient très-mal calculées de la part de Kléber, car leur exagération rendait tout accord impossible. Mais Kléber cherchait dans leur étendue même une excuse à sa faute. Il demandait, par exemple, que l'armée, se retirant avec les honneurs de la guerre, avec armes et bagages, pût descendre sur tel point du continent qu'il lui plairait de choisir, afin d'apporter à la République le secours de sa présence, là où elle le jugerait plus utile. Il demandait que la Porte nous restituât sur-le-champ les Îles Vénitiennes, devenues propriétés françaises depuis le traité de Campo-Formio, c'est-à-dire Corfou, Zante, Céphalonie, etc., et occupées dans le moment par des garnisons turco-russes ; que ces îles, et surtout celle de Malte, bien plus importante, restassent à la France ; que la possession lui en fût garantie par les signataires du traité d'évacuation ; que l'armée française, en se retirant, pût en renforcer et en ravitailler les garnisons ; enfin que le traité qui liait la Porte, la Russie et l'Angleterre fût annulé sur le champ, et la triple alliance d'Orient anéantie.

Ces conditions étaient déraisonnables, il faut le dire ; non pas qu'elles fussent un équivalent exagéré de ce qu'on abandonnait en abandonnant l'Égypte, mais parce qu'elles étaient inexécutables. Sir Sidney le fit sentir à Kléber. Des officiers, traitant d'une simple suspension d'armes, ne pouvaient pas comprendre des objets aussi étendus dans leur négociation. Zante, Céphalonie, Corfou étaient occupées par des troupes turques et russes, il fallait donc recourir non-seulement à Constantinople, mais à Pétersbourg. Malte relevait de la suzeraineté du roi de Naples; on n'en pouvait pas disposer sans le consentement de ce prince, qui avait toujours refusé de la céder à la France. Déposer en ce moment des troupes françaises dans cette île, c'était pour ainsi dire décider la question. On y trouverait des croisières ou des garnisons de toutes les puissances coalisées, qui ne se retireraient pas sur un ordre de sir Sidney Smith ou du grand visir. L'Angleterre ne consentirait d'ailleurs jamais à une condition qui assurerait Malte à la France. Débarquer l'armée française sur un point du continent, où elle pourrait changer les combinaisons de la guerre par son apparition inattendue, était une hardiesse qu'un simple commodore, commandant une station navale, ne pouvait se permettre. Enfin, abolir le traité de la triple alliance, c'était demander à sir Sidney Smith de défaire à lui seul, sur son bord, un traité ratifié par trois grandes puissances, et qui avait acquis pour l'Orient une grande importance. En supposant que toutes ces stipulations fussent acceptées par les cours dont le consentement était nécessaire, il fallait envoyer à Naples, à Londres, à Saint-Pétersbourg, à Constantinople; dès lors, ce n'était plus une convention militaire d'évacuation,

Déc. 1799.

comme celle qui fut signée à Marengo, exécutable à l'instant même. Si on en référait à Londres, on était par suite obligé d'en référer à Paris, ce que Kléber ne voulait pas. Tout cela évidemment allait fort au delà des termes d'une capitulation militaire.

Sir Sidney Smith n'eut pas de peine à faire entendre ces raisons aux négociateurs français. Mais il était urgent de régler sur-le-champ deux objets, le départ des blessés et des savants attachés à l'expédition, pour lesquels Desaix demandait des sauf-conduits, et secondement une suspension d'armes; car l'armée du grand visir, quoique marchant lentement, allait bientôt se trouver en présence de l'armée française. Elle était arrivée, en effet, devant le fort d'El-Arisch, premier poste français sur la frontière de Syrie, et l'avait sommé de se rendre. Kléber, averti de cette circonstance, avait écrit à Desaix, et lui avait prescrit d'exiger, comme indispensable condition de ces pourparlers, que l'armée turque s'arrêtât sur la frontière.

Départ de sir Sidney Smith pour le camp du grand visir.

Le premier point, celui du départ des blessés et des savants, dépendait de sir Sidney Smith : il y consentit avec beaucoup d'empressement et de courtoisie. Quant à l'armistice, sir Sidney déclara qu'il allait le demander, mais que l'obtenir ne dépendait pas de lui, car l'armée turque était composée de hordes fanatiques et barbares, et c'était chose difficile de faire avec elle des conventions régulières, et surtout d'en assurer l'exécution. Pour aplanir cette difficulté, il imagina de se transporter au camp du visir, qui était aux environs de Gazah. Il y avait en effet quinze jours qu'on négociait à bord du *Tigre*, flottant au gré des vents entre les parages de l'Égypte et de la Syrie ; on s'était dit tout ce qu'on avait à se dire, et la négociation ne pouvait continuer d'une manière utile qu'auprès du grand visir lui-même. Sir Sidney Smith proposa donc de s'y rendre, de convenir là d'une suspension d'armes, d'y préparer l'arrivée des négociateurs français, s'il croyait pouvoir leur promettre sûreté et respect. Cette proposition fut acceptée. Sir Sidney, profitant d'un instant favorable, se fit jeter à la côte dans une embarcation, non sans avoir couru quelques dangers, et donna rendez-vous au capitaine du *Tigre* dans le port de Jaffa, où Poussielgue et Desaix devaient descendre à terre, si le lieu des conférences était transporté au camp du grand visir.

Déc. 1799.

Au moment où le commodore anglais arriva auprès du visir, un événement horrible venait de se passer à El-Arisch. L'armée turque, composée pour la moindre partie de janissaires, et pour la plus grande partie de ces milices asiatiques que les lois musulmanes mettent à la disposition du sultan, présentait une masse confuse et indisciplinée, fort redoutable pour tout ce qui portait l'habit européen. Elle avait été levée au nom du Prophète, en disant aux Turcs que c'était le dernier effort à faire pour chasser les infidèles de l'Égypte ; que le redoutable *Sultan de feu*, Bonaparte, les avait quittés ; qu'ils étaient affaiblis, découragés ; qu'il suffisait de se montrer à eux pour les vaincre ; que toute l'Égypte était prête à se soulever contre leur domination, etc.

Armée du grand visir

Déc. 1799.

Ces choses et d'autres, redites en tout lieu, avaient amené 70 ou 80 mille Musulmans fanatiques autour du visir. Aux Turcs s'étaient joints les Mamelucks. Ibrahim-Bey, depuis quelque temps retiré en Syrie, Murad-Bey, qui par un long détour était descendu des cataractes aux environs de Suez, s'étaient faits les auxiliaires de leurs anciens compétiteurs. Les Anglais avaient façonné pour cette armée une espèce d'artillerie de campagne, attelée avec des mulets. Les Arabes Bedouins, dans l'espérance de piller bientôt les vaincus, quels qu'ils fussent, avaient mis à la disposition du visir quinze mille chameaux, pour l'aider à franchir le désert qui sépare la Palestine de l'Égypte. Le généralissime turc avait dans son état-major à demi barbare quelques officiers anglais, et plusieurs de ces coupables émigrés, qui avaient enseigné à Djezzar-Pacha l'art de défendre Saint-Jean-d'Acre. On va voir de quoi ces misérables transfuges devinrent la cause.

Prise du fort d'El-Arisch et massacre d'une partie de la garnison française.

Le fort d'El-Arisch, devant lequel se trouvaient les Turcs en ce moment, était, au dire du général Bonaparte, l'une des deux clefs de l'Égypte; Alexandrie était l'autre. Suivant lui, une troupe venant par mer ne pouvait débarquer en grand nombre que sur la plage d'Alexandrie. Une troupe venant par terre, et ayant à traverser le désert de Syrie, était obligée de passer à El-Arisch, pour s'abreuver aux puits qui sont placés en cet endroit. Aussi avait-il ordonné de grands travaux autour d'Alexandrie, et fait mettre en état le fort d'El-Arisch. Une troupe de 300 hommes avec des vivres et des munitions y tenait garnison; un courageux officier, nommé Cazals, la commandait. L'avant-garde turque s'étant portée à El-Arisch, le colonel Douglas, officier anglais au service de la Turquie, somma le commandant Cazals de se rendre. Un émigré français déguisé porta la sommation. Des pourparlers s'établirent, et il fut dit aux soldats que l'évacuation de l'Égypte était imminente, que déjà on l'annonçait comme résolue, qu'elle serait bientôt inévitable, qu'il y avait cruauté à vouloir les obliger de se défendre. Les coupables sentiments que les chefs avaient trop encouragés dans l'armée, firent alors explosion. Les soldats qui gardaient El-Arisch, en proie comme tous leurs camarades au désir de quitter l'Égypte, déclarèrent au commandant qu'ils ne voulaient pas combattre, et qu'il fallait songer à rendre le fort. Le brave Cazals, indigné, les convoqua, leur parla le plus noble langage, leur dit que s'il y avait des lâches parmi eux, ils pouvaient se séparer de la garnison, et se rendre au camp des Turcs, qu'il leur en laissait la liberté, et que lui résisterait jusqu'à la mort, avec les Français restés fidèles à leur devoir. Ces paroles réveillèrent un moment, dans le cœur des soldats, le sentiment de l'honneur. La sommation fut repoussée, et l'attaque commença. Les Turcs n'étaient pas capables d'enlever une position tant soit peu défendue. Les batteries du fort éteignirent tous leurs feux. Cependant, dirigés par les officiers anglais et émigrés, ils avaient poussé leurs tranchées jusqu'au saillant d'un bastion. Le commandant fit faire une sortie par quelques grenadiers, afin de chasser les Turcs du pre-

Déc. 1799.

mier boyau. Le capitaine Ferray, chargé de la diriger, ne fut suivi que par trois grenadiers. Se voyant abandonné, il retourna vers le fort. Dans l'intervalle, les révoltés avaient abattu le drapeau, mais un sergent de grenadiers l'avait relevé. Une lutte s'en était suivie. Pendant cette lutte, les misérables qui voulaient se rendre, jetèrent des cordes à quelques Turcs : ces féroces ennemis, une fois hissés dans le fort, fondirent le sabre à la main sur les malheureux qui leur en avaient ouvert l'entrée, et massacrèrent une grande partie d'entre eux. Les autres, ramenés à eux-mêmes, se réunirent au reste de la garnison, se défendirent en désespérés, et furent la plupart égorgés. Quelques-uns, en petit nombre, obtinrent une capitulation, grâce au colonel Douglas, et durent la vie à l'intervention de cet officier.

Ainsi tomba le fort d'El-Arisch. C'était un premier effet du fâcheux état des esprits dans l'armée, un premier fruit que les chefs recueillaient de leurs propres fautes.

On était au 30 décembre (9 nivôse) : la lettre écrite par sir Sidney Smith au grand visir, pour lui proposer une suspension d'armes, n'avait pu arriver à temps, et prévenir le triste événement d'El-Arisch. Sir Sidney Smith avait des sentiments généreux. Ce massacre barbare d'une garnison française le révolta, lui fit craindre surtout la rupture des négociations. Il se hâta d'envoyer des explications à Kléber, tant en son nom qu'au nom du grand visir ; et il y ajouta l'assurance formelle que toute hostilité cesserait pendant les négociations.

A la vue de ces hordes, qui ressemblaient plutôt à une migration de peuplades sauvages qu'à une armée allant au combat, qui le soir se battaient entre elles pour des vivres ou pour un puits, sir Sidney Smith conçut des craintes au sujet des plénipotentiaires français. Il exigea que les tentes destinées à les recevoir fussent dressées dans le quartier même du grand visir et du reis-effendi, présents tous deux à l'armée; qu'une garde composée de troupes d'élite fût placée autour de ces tentes; il fit dresser les siennes dans le voisinage, et enfin il se pourvut d'un détachement de marins anglais, afin de garantir de tout accident lui-même et les officiers français confiés à sa foi. Ces précautions prises, il envoya chercher à Jaffa MM. Poussielgue et Desaix, pour les amener au lieu des conférences.

Janv. 1800.

Kléber, en apprenant le massacre d'El-Arisch, ne s'indigna pas autant qu'il aurait dû le faire; il sentait que toutes les négociations pouvaient être rompues s'il s'animait trop sur ce sujet. Il réclama plus fortement encore la suspension d'armes; et toutefois, par précaution, et pour être plus près du lieu des conférences, il quitta le Kaire, et transporta son quartier général à Salahieh, à la frontière même du désert, à deux marches d'El-Arisch.

Pendant ce temps, Desaix et Poussielgue, contrariés par les vents, n'avaient pu débarquer à Gazah que le 11 janvier (21 nivôse), et arriver à El-Arisch que le 13. Les conférences commencèrent dès leur arrivée, et Desaix indigné faillit rompre les négociations. Ces Turcs, ignorants et barbares,

Négociations transportées au camp du visir.

Janv. 1800.

interprétant à leur façon la conduite des Français voyaient dans leur disposition à traiter, non pas le désir immodéré de rentrer en France, mais la peur de combattre. Ils exigeaient donc que l'armée se rendît prisonnière de guerre. Desaix voulut faire cesser à l'instant même toute espèce de pourparlers; mais sir Sidney intervint, ramena les parties à des termes plus modérés, et proposa des conditions honorables, s'il pouvait y en avoir de telles pour une pareille résolution. Il n'était plus possible de mettre en avant les premières conditions de Kléber. Lui-même l'avait senti après les lettres qui lui avaient été écrites du vaisseau *le Tigre*, et il ne parlait plus des Iles Vénitiennes, de Malte, du ravitaillement de ces îles. Cependant, pour colorer sa capitulation, il tenait encore à un point, c'est que la Porte se retirât de la triple alliance. Ceci, à la rigueur, se pouvait négocier à El-Arisch, puisqu'on avait sous la main le grand visir et le reis-effendi; mais on ne pouvait guère le demander au négociateur anglais, dont cependant l'intervention était indispensable. Aussi bien cette condition fut-elle mise de côté, comme les autres. C'était un vain artifice que Kléber et ses conseillers employaient envers eux-mêmes, pour déguiser à leurs propres yeux l'indignité de leur conduite.

Conditions acceptées de part et d'autre.

Bientôt enfin on traita de l'évacuation pure et simple, et de ses conditions. Après de longs débats, il fut convenu que toute hostilité cesserait pendant trois mois; que ces trois mois seraient employés par le visir à réunir dans les ports de Rosette, d'Aboukir et d'Alexandrie, les vaisseaux nécessaires au transport de notre armée; par le général Kléber à évacuer le haut Nil, le Kaire, les provinces environnantes, et à concentrer ses troupes sur les points d'embarquement; que les Français s'en iraient avec armes et bagages, c'est-à-dire avec les honneurs de la guerre; qu'ils emporteraient les munitions dont ils auraient besoin, et laisseraient les autres; qu'à partir du jour de la signature ils cesseraient d'imposer des contributions, et abandonneraient à la Porte celles qui resteraient dues; mais qu'en retour l'armée française recevrait trois mille bourses, valant alors trois millions de francs, et représentant la somme nécessaire à son entretien pendant l'évacuation et la traversée. Les forts de Katich, Salahieh, Belbeis, formant la frontière de l'Égypte du côté du désert de Syrie, devaient être remis dix jours après la ratification, le Kaire après quarante jours. Il était convenu que la ratification serait donnée sous huit jours par le général Kléber tout seul, sans recours au gouvernement français. Enfin, sir Sidney Smith s'engageait, en son propre nom et au nom du commissaire russe, à fournir des passe-ports à l'armée, afin qu'elle pût traverser les croisières anglaises.

Les commissaires français commirent ici une erreur de forme qui était grave. La signature de sir Sidney Smith était indispensable, car, sans cette signature, la mer demeurait fermée. Ils auraient dû exiger de Sidney Smith, puisqu'il était le négociateur de cette convention, qu'il la signât. Alors se serait éclairci le mystère de ses pouvoirs. On aurait su que le commodore anglais, ayant eu autrefois des pouvoirs pour traiter avec la Porte, n'en avait plus dans le moment, lord Elgin étant arrivé comme ministre à Constantinople; qu'il n'avait aucune instruction spéciale pour le cas présent, que seulement il avait de fortes présomptions d'espérer l'approbation de sa conduite à Londres. Peu instruits des usages diplomatiques, les plénipotentiaires français crurent que sir Sidney Smith, offrant des passe-ports, avait la faculté d'en donner, et que ces passe-ports seraient valables.

Le projet de convention était terminé, il ne restait plus qu'à le signer. Mais le noble cœur de Desaix était révolté de ce qu'on l'obligeait à faire. Avant de mettre son nom au bas d'un tel acte, il manda son aide-de-camp Savary, lui enjoignit de se rendre au quartier-général de Salahieh, où se trouvait Kléber, de lui communiquer le projet de convention, et de lui déclarer qu'il ne signerait ce projet qu'après en avoir reçu de sa part l'ordre formel. Savary partit, se rendit à Salahieh, et s'acquitta auprès de Kléber de la commission dont il était chargé. Kléber, qui sentait confusément sa faute, voulut, pour la couvrir, assembler un conseil de guerre, où furent appelés tous les généraux de l'armée.

Le conseil fut assemblé le 21 janvier 1800 (1ᵉʳ pluviôse an VIII). Le procès-verbal en existe encore. Il est pénible de voir de braves gens, qui avaient versé leur sang, qui allaient le verser encore pour leur patrie, accumuler de misérables faussetés pour colorer une indigne faiblesse. Cet exemple doit servir de leçon aux militaires; il doit leur apprendre qu'il ne suffit pas d'être fermes au feu, et que le courage de braver les balles et les boulets est la moindre des vertus imposées à leur noble profession. On fit valoir dans ce conseil de guerre la nouvelle, connue alors en Égypte, que la grande flotte franco-espagnole avait repassé de la Méditerranée dans l'Océan, d'où résultait la conclusion qu'il n'y avait plus aucun secours à espérer de la France ; on en donna pour preuve les cinq mois écoulés depuis le départ du général Bonaparte, cinq mois pendant lesquels aucune dépêche n'était arrivée. On se fit un argument du découragement de l'armée qu'on avait soi-même contribué à produire ; on cita ce qui venait de se passer à Rosette et à Alexandrie, où les garnisons s'étaient conduites comme celle d'El-Arisch, menaçant de se révolter si elles n'étaient ramenées immédiatement en Europe ; on prétendit que l'armée active était réduite à 8 mille hommes ; on exagéra démesurément la force de l'armée turque ; on parla d'une prétendue expédition russe qui allait se joindre au grand visir, expédition qui n'existait que dans l'imagination exaltée de ceux qui voulaient déserter l'Égypte à tout prix ; on établit comme bien positive l'impossibilité de résister, assertion qui devait être bientôt démentie d'une manière héroïque par ceux mêmes qui la faisaient valoir ; enfin, pour rentrer autant que possible dans les instructions du général Bonaparte, on allégua quelques cas de peste, fort douteux, et du reste parfaitement inconnus dans l'armée.

Cependant, malgré tout ce qui venait d'être dit, les partisans de l'évacuation étaient loin de se conformer aux instructions laissées par le général

Janv. 1800.

Bonaparte. Il avait posé pour conditions : 1° qu'il ne fût arrivé aucun secours, aucun ordre au printemps de 1800 ; 2° que la peste eût enlevé quinze cents hommes, outre les pertes de la guerre ; 3° que le danger fût assez grand pour rendre toute résistance impossible ; et, ces circonstances réalisées, il avait recommandé de gagner du temps en négociant, et de n'admettre l'évacuation que sous clause de ratification par la France. — Or, on était en janvier seulement de l'année 1800, il n'y avait point de peste, point de danger pressant, et il s'agissait de résoudre l'évacuation immédiate, sans recours à la France.

Résistance de Davout.

Un homme qui a montré à la guerre mieux que du courage, c'est-à-dire du caractère, le général Davout, depuis maréchal et prince d'Eckmuhl, osa seul résister à ce coupable entraînement. Il ne craignit pas de tenir tête à Kléber, dont tout le monde subissait l'ascendant ; il combattit avec énergie le projet de capitulation. Mais il ne fut pas écouté, et, par une condescendance fâcheuse, il consentit à signer la résolution du conseil de guerre, en laissant écrire dans le procès-verbal qu'elle avait été adoptée à l'unanimité.

Davout néanmoins prit Savary à part, et le chargea d'affirmer à Desaix que, s'il voulait rompre la négociation, il trouverait de l'appui dans l'armée. Savary retourna au camp d'El-Arisch, fit connaître à Desaix ce qui s'était passé, et ce qu'il était chargé de lui dire de la part de Davout. Mais Desaix, lisant au bas de la délibération le nom de Davout, répondit vivement à Savary : A qui voulez-vous donc que je me fie, lorsque celui même qui désapprouve la convention, n'ose pas conformer sa signature à son opinion? On veut que je désobéisse, et on n'ose pas soutenir jusqu'au bout l'avis qu'on a ouvert! — Desaix, quoique désolé, mais voyant le torrent, et y cédant lui-même, apposa sa signature, le 28 janvier, sur cette malheureuse convention, célèbre depuis sous le titre de convention d'El-Arisch (8 pluviôse).

La chose faite, on commençait à en sentir la gravité. Desaix, revenu au camp, s'en exprimait avec douleur, et ne dissimulait pas son profond chagrin d'avoir été choisi pour une telle mission, et forcé de la remplir par un ordre du général en chef. Davout, Menou et quelques autres se répandaient en propos amers; la division éclatait de toutes parts au camp de Salahieh.

Cependant on s'apprêtait à partir; le gros de l'armée était tout à la joie de quitter ces parages lointains, et de revoir bientôt la France. Sir Sidney Smith avait regagné son bord. Le visir s'approchait, et prenait possession, l'une après l'autre, des positions retranchées de Katieh, de Salahieh, de Belbeïs, que Kléber, pressé d'exécuter la convention, lui remettait fidèlement. Kléber retournait au Kaire pour faire ses dispositions de départ, rappeler à lui les troupes qui gardaient la Haute-Égypte, concentrer son armée, et la diriger ensuite sur Rosette et Alexandrie, aux époques convenues pour l'embarquement.

Pendant que ces événements se passaient en Égypte, conséquences funestes d'un sentiment que les chefs de l'armée avaient secondé au lieu de le combattre, d'autres événements avaient lieu en Europe, conséquences exactes des mêmes causes. En effet, les lettres et dépêches envoyées par duplicata, étaient, comme on l'a vu, arrivées en même temps à Paris et à Londres. La dépêche accusatrice dirigée contre le général Bonaparte, et destinée au Directoire, avait été remise au général Bonaparte lui-même, devenu chef du gouvernement. Il avait été révolté de tant de faiblesses et de faussetés; mais il sentait le besoin que l'armée avait de Kléber, il estimait les grandes qualités de ce général, et, ne prévoyant pas que le découragement pût aller chez lui jusqu'à l'abandon de l'Égypte, il dissimula ses propres griefs. Il se hâta donc de faire partir de France des instructions, et l'annonce des grands secours qu'il préparait.

De son côté, le gouvernement britannique, auquel étaient parvenues en double les dépêches de Kléber, et un grand nombre de lettres écrites par nos officiers à leurs familles, les fit publier toutes, dans le but de montrer à l'Europe la situation des Français en Égypte, et de brouiller entre eux les généraux Kléber et Bonaparte. C'était un calcul tout simple de la part d'une puissance ennemie. En même temps, le cabinet anglais avait reçu avis des ouvertures faites par Kléber au grand visir et à sir Sidney Smith. Croyant l'armée française réduite à la dernière extrémité, il se hâta d'envoyer l'ordre formel de ne lui accorder aucune capitulation, à moins qu'elle ne se rendît prisonnière de guerre. M. Dundas employa même à la tribune du parlement des expressions odieuses. Il faut, dit-il, faire un exemple de cette armée, qui, en pleine paix, a voulu envahir les états de nos alliés ; l'intérêt du genre humain veut qu'elle soit détruite.

Ce langage était barbare ; il peint la violence des passions qui remplissaient alors le cœur des deux nations. Le cabinet anglais avait pris à la lettre les exagérations de Kléber et de nos officiers ; il regardait les Français comme réduits à subir toutes les conditions qu'on voudrait leur imposer, et, sans prévoir ce qui se passait, il commit la légèreté de donner à lord Keith, commandant en chef dans la Méditerranée, l'ordre absolu de ne signer aucune capitulation sans la condition expresse de retenir l'armée française prisonnière.

L'ordre, parti de Londres le 17 décembre, parvint à l'amiral Keith, dans l'île de Minorque, vers les premiers jours de janvier 1800, et, le 8 du même mois, cet amiral se hâta de communiquer à sir Sidney Smith les instructions qu'il venait de recevoir de son gouvernement. Il fallait du temps, surtout dans cette saison, pour traverser la Méditerranée. Les communications de lord Keith n'arrivèrent à sir Sidney Smith que le 20 février. Celui-ci en fut désolé. Il avait agi sans instruction précise de son gouvernement, comptant que ses actes seraient approuvés ; il se trouvait donc compromis à l'égard des Français, car il pouvait être accusé par eux de déloyauté. Mieux instruit d'ailleurs du véritable état des choses, il savait bien que Kléber ne consentirait jamais à se rendre prisonnier de guerre, et il voyait la convention d'El-

Fév. 1800.

Regrets de sir Sidney Smith en recevant les nouveaux ordres d'Angleterre.

Arisch, si habilement arrachée à une faiblesse d'un moment, tout à fait compromise. Il se hâta d'écrire à Kléber pour lui exprimer sa douleur, pour l'avertir loyalement de ce qui se passait, l'engager à suspendre sur-le-champ la remise des places égyptiennes au grand visir, et le conjurer d'attendre de nouveaux ordres d'Angleterre, avant de prendre aucune résolution définitive.

Malheureusement, quand ces avis de sir Sidney Smith parvinrent au Kaire, l'armée française avait déjà exécuté en partie la convention d'El-Arisch. Elle avait remis aux Turcs toutes les positions de la rive droite du Nil, Katieh, Salahieh, Belbeis, et quelques-unes des positions du Delta, notamment la ville de Damiette et le fort de Lesbeh. Les troupes étaient déjà en marche pour Alexandrie, avec les bagages et les munitions. La division de la Haute-Égypte avait livré le haut Nil aux Turcs, et se repliait sur le Kaire, pour se réunir vers la mer au reste de l'armée. Desaix, profitant de l'ordre qu'il avait reçu de se rendre en France, et ne voulant pas prendre part aux détails de cette honteuse retraite, était parti avec Davout, qui, de son côté, ne pouvait plus demeurer auprès de Kléber. Kléber, oubliant ses démêlés avec Davout, avait voulu le retenir, et lui avait offert le grade de général de division, qu'il pouvait conférer en qualité de gouverneur de l'Égypte. Davout avait refusé, en disant qu'il ne voulait pas que son avancement portât la date d'un événement aussi déplorable. Mais tandis que Desaix et Davout s'embarquaient, M. de Latour-Maubourg, arrivant de France avec les dépêches du Premier Consul, les rencontra sur la plage ; il annonçait la révolution du 18 brumaire, et l'élévation au suprême pouvoir du général Bonaparte. Ainsi Kléber, au moment où il venait de se dessaisir des positions fortifiées, apprenait la non-exécution de la convention d'El-Arisch, et la nouvelle, non moins grave pour lui, de l'établissement du gouvernement consulaire.

Mars 1800.

Mais c'était assez de faiblesse pour un grand caractère ; on allait, par une offre déshonorante, rappeler Kléber à lui-même, et en faire ce qu'il était véritablement, un héros. Il fallait ou se rendre prisonnier, ou se défendre dans une situation bien pire que celle qu'on avait déclarée insoutenable, dans le conseil de guerre de Salahieh ; il fallait ou subir le déshonneur, ou accepter une lutte désespérée : Kléber n'hésita pas, et on va voir que, malgré une situation fort empirée, il sut faire ce qu'il avait jugé impossible quelques jours auparavant, et se donna ainsi à lui-même le plus noble des démentis.

Kléber contremanda sur-le-champ tous les ordres précédemment adressés à l'armée. Il ramena de la Basse-Égypte jusqu'au Kaire une partie des troupes qui avaient déjà descendu le Nil ; il fit remonter ses munitions ; il pressa la division de la Haute-Égypte de venir le rejoindre, et signifia au grand visir de s'arrêter dans sa marche vers le Kaire, sans quoi il commencerait immédiatement les hostilités. Le grand visir lui répondit que la convention d'El-Arisch était signée, qu'elle devait être exécutée ; qu'en consé-

Ordres donnés par Kléber.

quence il allait s'avancer sur la capitale. Au même instant arriva au quartier-général un officier parti de Minorque, porteur d'une lettre de lord Keith à Kléber. Entre autres expressions, cette lettre contenait les suivantes : « J'ai reçu des ordres positifs de Sa Majesté » Britannique de ne consentir à aucune capitulation » avec l'armée que vous commandez, excepté dans » le cas où elle mettrait bas les armes, se rendrait » prisonnière de guerre, et abandonnerait tous les » vaisseaux contenus dans le port d'Alexandrie. »

Kléber, indigné, fit mettre à l'ordre de l'armée la lettre de lord Keith, en y ajoutant ces simples paroles :

SOLDATS! ON NE RÉPOND A DE TELLES INSOLENCES QUE PAR DES VICTOIRES ; PRÉPAREZ-VOUS A COMBATTRE.

Ce noble langage retentit dans tous les cœurs. La situation était bien changée depuis le 28 janvier, jour de la signature de la convention d'El-Arisch! Alors on tenait toutes les positions fortifiées de l'Égypte; on dominait les Égyptiens, qui étaient soumis et tranquilles; le visir se trouvait au delà du désert. Aujourd'hui, au contraire, on avait livré les postes les plus importants; on n'occupait plus que la plaine; la population était partout en éveil; le peuple du Kaire, excité par la présence du grand visir, qui était à cinq heures de marche, n'attendait que le premier signal pour se révolter. Le lugubre tableau tracé dans le conseil de guerre, où la convention d'El-Arisch avait été débattue, ce tableau, faux alors, était rigoureusement vrai aujourd'hui. L'armée française allait combattre dans la plaine qui borde le Nil, ayant en tête le visir avec 80 mille hommes, et sur ses derrières les 300 mille habitants du Kaire, prêts à se soulever : et elle était sans crainte! Glorieuse réparation d'une grande faute!

Mars 1800.

Des agents de sir Sidney Smith étaient accourus pour s'interposer entre les Français et les Turcs, et faire entendre de nouvelles paroles d'accommodement. On venait, disaient-ils, d'écrire à Londres ; lorsque la convention d'El-Arisch y serait connue, elle serait certainement ratifiée ; dans cette situation il fallait suspendre les hostilités et attendre. — Le grand visir et Kléber y consentaient, mais à des conditions inconciliables. Le grand visir voulait qu'on lui livrât le Kaire; Kléber voulait, au contraire, que le visir rebroussât chemin jusqu'à la frontière. Dans un tel état de choses, combattre était la seule ressource.

Vains efforts de sir Sidney Smith pour empêcher le renouvellement des hostilités.

Le 20 mars 1800 (29 ventôse an VIII), avant la pointe du jour, l'armée française sortit du Kaire, et se déploya dans les riches plaines qui bordent le Nil, ayant le fleuve à gauche, le désert à droite, et en face, mais au loin, les ruines de l'antique Héliopolis. (Voir la carte n° 11.) La nuit, presque lumineuse dans ces climats, rendait les manœuvres faciles, sans toutefois les rendre distinctes pour l'ennemi. L'armée se forma en quatre carrés : deux à gauche sous le général Reynier, deux à droite sous le général Friant. Ils étaient composés de deux demi-brigades d'infanterie chacun, rangées sur plusieurs lignes. Aux angles et en dehors, se trouvaient des compagnies de grenadiers, adossées aux carrés eux-mêmes, leur servant de renfort pendant la marche ou

Bataille d'Héliopolis livrée le 20 mars.

les charges de la cavalerie, et s'en détachant pour voler à l'attaque des positions défendues, quand l'ennemi voulait tenir quelque part. Au centre de la ligne de bataille, c'est-à-dire entre les deux carrés de gauche et les deux carrés de droite, la cavalerie était disposée en masse profonde, ayant l'artillerie légère sur ses ailes. A quelque distance en arrière et à gauche, un cinquième carré, moindre que les autres, était destiné à servir de réserve. On pouvait évaluer à un peu moins de dix mille hommes, les troupes que Kléber venait de réunir dans cette plaine d'Héliopolis. Elles étaient fermes et tranquilles.

Le jour commençait à paraître. Kléber, qui, depuis qu'il était général en chef, déployait, pour imposer aux Égyptiens, une sorte de luxe, était revêtu d'un riche uniforme. Monté sur un cheval de grande taille, il vint montrer aux soldats cette noble figure, qu'ils aimaient tant à voir, et dont la fière beauté les remplissait de confiance. — Mes amis, leur dit-il en parcourant leurs rangs, vous ne possédez plus en Égypte que le terrain que vous avez sous vos pieds. Si vous reculez d'un seul pas, vous êtes perdus! — Le plus grand enthousiasme accueillit partout sa présence et ses paroles; et, dès que le jour fut fait, il donna l'ordre de marcher en avant.

On n'apercevait encore qu'une partie de l'armée du visir. Dans cette plaine du Nil qui s'étendait devant nous, se voyait le village d'El-Matarieh, que les Turcs avaient retranché. Il y avait là une avant-garde de 5 à 6 mille janissaires, très-bons soldats, escortés de quelques mille cavaliers. Un peu au delà, un autre rassemblement paraissait vouloir se glisser entre le fleuve et notre aile gauche, pour aller soulever le Kaire sur nos derrières. En face, et beaucoup plus loin, les ruines de l'antique Héliopolis, un bois de palmiers, de fortes ondulations de terrain, dérobaient aux yeux de nos soldats le gros de l'armée turque. On pouvait estimer à 70 ou 80 mille hommes la réunion de toutes ces forces, tant le corps principal que le corps placé à El-Matarieh, et le détachement en marche pour pénétrer dans la ville du Kaire.

Mars 1800.

Kléber fit charger d'abord par un escadron des guides à cheval le détachement manœuvrant sur notre gauche pour s'introduire dans le Kaire. Les guides s'élancèrent au galop sur cette troupe confuse. Les Turcs, qui ne craignaient jamais la cavalerie, reçurent le choc, et le rendirent à leur tour. Ils enveloppèrent complétement nos cavaliers, et allaient même les tailler en pièces, lorsque Kléber envoya à leur secours le 22° régiment de chasseurs et le 14° de dragons, qui, fondant sur l'épais rassemblement, au milieu duquel les guides étaient comme enveloppés, le dispersèrent à coups de sabre, et le mirent en fuite. Les Turcs s'éloignèrent alors à perte de vue.

Cela fait, Kléber se hâta d'attaquer le village retranché d'El-Matarieh, avant que le gros de l'armée ennemie eût le temps d'accourir. Il chargea de ce soin le général Reynier, avec les deux carrés de gauche; et lui-même avec les deux carrés de droite, opérant un mouvement de conversion, prit position entre El-Matarieh et Héliopolis, afin d'empêcher l'armée turque de venir au secours de la position attaquée.

Reynier, arrivé près d'El-Matarieh, détacha les compagnies de grenadiers qui doublaient les angles des carrés, et leur ordonna de charger le village. Ces compagnies s'avancèrent en formant deux petites colonnes. Les braves janissaires ne voulurent pas les attendre, et marchèrent à leur rencontre. Nos grenadiers, les recevant de pied ferme, firent sur eux une décharge de mousqueterie à bout portant, en abattirent un grand nombre, puis les abordèrent baïonnette baissée. Tandis que la première colonne de grenadiers attaquait de front les janissaires, la seconde les prenait en flanc, et achevait de les disperser. Puis les deux colonnes réunies se jetèrent dans El-Matarieh, au milieu d'une grêle de balles. Elles fondirent à coups de baïonnette sur les Turcs qui résistaient, et, après un grand carnage, elles demeurèrent maîtresses de la position. Les Turcs s'enfuirent dans la plaine, et, se joignant à ceux que les guides, les chasseurs et les dragons venaient de disperser tout à l'heure, coururent en désordre vers le Kaire, sous la conduite de Nassif-Pacha, le lieutenant du grand visir.

Le village d'El-Matarieh, plein de dépouilles à la façon des Orientaux, offrait à nos soldats un ample butin. Mais on ne s'y arrêta pas ; soldats et généraux sentaient le besoin de n'être pas surpris au milieu d'un village, par la masse des troupes turques. L'armée, reprenant peu à peu son ordre du matin, s'avança dans la plaine, toujours formée en plusieurs carrés, la cavalerie au milieu. Elle dépassa les ruines d'Héliopolis, et aperçut au delà un nuage de poussière qui s'élevait à l'horizon, et s'avançait rapidement vers nous. A gauche se montrait le village de Seriaqous; à droite, au milieu d'un bois de palmiers, le village d'El-Merg, situé au bord d'un petit lac, dit lac des Pèlerins. Une légère élévation de terrain courait de l'un à l'autre de ces villages. Tout à coup ce nuage mobile de poussière s'arrêta, puis se dissipa sous un souffle de vent, et laissa voir l'armée turque, formant une longue ligne flottante de Seriaqous à El-Merg. Placée sur l'élévation du terrain, elle dominait un peu le sol sur lequel nos troupes étaient déployées. Kléber alors donna l'ordre de se porter en avant. Reynier, avec les deux carrés de gauche, marcha vers Seriaqous; Friant, avec les deux carrés de droite, se dirigea sur El-Merg. L'ennemi avait répandu un bon nombre de tirailleurs en avant des palmiers qui entourent El-Merg. Mais un combat de tirailleurs ne pouvait guère lui réussir contre des soldats comme les nôtres. Friant envoya quelques compagnies d'infanterie légère, qui firent bientôt rentrer ces Turcs détachés dans la masse confuse de leur armée. Le grand visir était là, dans un groupe de cavaliers, dont les armures brillantes reluisaient au soleil. Quelques obus dispersèrent ce groupe. L'ennemi voulut répondre par le déploiement de son artillerie; mais ses boulets, mal dirigés, passaient par-dessus la tête de nos soldats. Bientôt ses pièces furent démontées par les nôtres, et mises hors de combat. On vit alors les mille drapeaux de l'armée turque s'agiter, et une

Mars 1800.

partie de ses escadrons fondre du village d'El-Merg sur les carrés de la division Friant. Les profondes gerçures du sol, effet ordinaire d'un soleil ardent sur une terre long-temps inondée, retardaient heureusement l'impétuosité des chevaux. Le général Friant, laissant arriver ces cavaliers turcs, ordonna tout à coup un feu de mitraille presque à bout portant, et les renversa par centaines. Ils se retirèrent en désordre.

Ce n'était là que le prélude d'une attaque générale. L'armée turque s'y préparait visiblement. Nos carrés attendaient de pied ferme, deux à droite, deux à gauche, la cavalerie au milieu, faisant face devant et derrière, et couverte par deux lignes d'artillerie. Au signal donné par le grand visir, la masse de la cavalerie turque s'ébranle tout entière. Elle fond sur nos carrés, se répand sur leurs ailes, les tourne, et enveloppe bientôt les quatre fronts de notre ordre de bataille. L'infanterie française, que les cris, le mouvement, le tumulte de la cavalerie turque ne troublent point, demeure calme, la baïonnette baissée, faisant un feu continu et bien dirigé. En vain ces mille groupes de cavaliers tourbillonnent autour d'elle ; ils tombent sous la mitraille et les balles, arrivent rarement jusqu'à ses baïonnettes, expirent à ses pieds, ou se détournent, et fuient pour ne plus reparaître.

Après une longue et effroyable confusion, le ciel, obscurci par la fumée et la poussière, s'éclaircit enfin, le sol se découvre, et nos troupes victorieuses aperçoivent devant elles une masse d'hommes et de chevaux, morts ou mourants; et au loin, aussi loin que la vue peut s'étendre, des bandes de fuyards courant dans tous les sens.

Le gros des Turcs se retirait en effet vers El-Kanqah, où ils avaient campé la nuit précédente, sur la route de la Basse-Égypte. Quelques groupes seulement allaient rejoindre les rassemblements qui, le matin, s'étaient dirigés vers le Kaire, à la suite de Nassif-Pacha, le lieutenant du grand visir.

Kléber ne voulait laisser aucun repos à l'ennemi. Nos carrés, conservant leur ordre de bataille, traversèrent la plaine d'un pas rapide, franchissant Seriaqous, El-Merg, et s'avancèrent jusqu'à El-Kanqah. Nous y arrivâmes à la nuit; l'ennemi, se voyant serré de près, se mit à fuir de nouveau en désordre, laissant à notre armée les vivres et les bagages dont elle avait grand besoin.

Ainsi, dans cette plaine d'Héliopolis, dix mille soldats, par l'ascendant de la discipline et du courage tranquille, venaient de disperser 70 ou 80 mille ennemis. Mais, afin d'obtenir un résultat plus sérieux que celui de quelques mille morts ou blessés, couchés sur la poussière, il fallait poursuivre les Turcs, les rejeter dans le désert, et les y faire périr par la faim, la soif, et le sabre des Arabes. L'armée française était épuisée de fatigue. Kléber lui accorda un peu de repos, et ordonna la poursuite pour le lendemain.

Nous comptions à peine deux ou trois centaines de blessés ou de morts, car, dans ce genre de combat, une troupe en carré qui ne s'est pas laissé entamer, fait peu de pertes. Kléber, en ce moment, entendait le canon du côté du Kaire; il se doutait bien que les corps qui avaient tourné sa gauche, étaient allés seconder la révolte de cette ville. Nassif-Pacha, lieutenant du visir, Ibrahim-Bey, l'un des deux chefs mamelucks, y étaient entrés, en effet, avec 2 mille Mamelucks, 8 ou 10 mille cavaliers turcs, quelques villageois révoltés des environs, en tout une vingtaine de mille hommes. Kléber avait laissé à peine 2 mille hommes dans cette grande capitale, répartis dans la citadelle et les forts. Il ordonna au général Lagrange de partir à minuit même, avec quatre bataillons, pour aller à leur secours. Il prescrivit à tous les commandants de troupes restés au Kaire de prendre de fortes positions, de se maintenir en communication les uns avec les autres, mais de n'essayer avant son retour aucune attaque décisive. Il craignait de leur part quelque fausse manœuvre, qui compromettrait inutilement la vie de ses soldats, chaque jour plus précieuse, à mesure qu'on était plus décidément condamné à rester en Égypte.

Pendant tout le temps qu'avait duré la bataille, le second chef des Mamelucks, Murad-Bey, celui qui avait autrefois partagé avec Ibrahim-Bey la domination de l'Égypte, qui se distinguait de son collègue par une bravoure brillante, par une générosité chevaleresque, et beaucoup d'intelligence, était resté sur les ailes de l'armée turque, immobile, à la tête de six cents cavaliers superbes. La bataille finie, il s'était enfoncé dans le désert, et avait disparu. C'est en conséquence d'une parole donnée à Kléber qu'il avait agi de la sorte. Murad-Bey, transporté récemment au quartier-général du visir, avait senti renaître en lui la vieille jalousie qui depuis longtemps divisait les Turcs et les Mamelucks. Il avait compris que les Turcs voulaient recouvrer l'Égypte, non pour la rendre aux Mamelucks, mais pour la posséder eux-mêmes. Il avait donc songé à se rapprocher des Français, dans le but de s'allier à eux s'ils triomphaient, ou de leur succéder s'ils étaient vaincus. Cependant, agissant avec circonspection, il n'avait pas voulu se prononcer tant que les hostilités ne seraient pas définitivement reprises, et avait promis à Kléber de se déclarer pour lui après la première bataille. Cette bataille était livrée, elle était glorieuse pour les Français, et sa sympathie pour eux en devait être grandement augmentée. Nous pouvions espérer de l'avoir sous peu de jours pour allié déclaré.

Mars 1800.

Au milieu même de la nuit qui suivit la bataille, après quelques heures de repos accordées aux troupes, Kléber fit sonner le réveil, et se mit en marche pour Belbeïs, afin de ne laisser aucun répit aux Turcs. (Voir la carte n° 12.) Il y arriva dans la journée de très-bonne heure. C'était le 21 mars (30 ventôse). Déjà le visir, dans sa fuite rapide, avait dépassé Belbeïs. Il avait laissé dans le fort et la ville un corps d'infanterie, et dans la plaine un millier de cavaliers. A l'approche de nos troupes, ces cavaliers s'enfuirent. On chassa les Turcs de la ville, on les enferma dans le fort, où, après l'échange de quelques coups de canon, le manque d'eau, l'épouvante les décidèrent à se rendre. Cependant le fanatisme était grand parmi

Poursuite de l'armée turque.

ces troupes turques; quelques hommes aimèrent mieux se faire tuer que de livrer leurs armes. Pendant ce temps la cavalerie du général Leclerc, battant la plaine, saisit une longue caravane de chameaux qui se dirigeait vers le Kaire, et qui portait les bagages de Nassif-Pacha et d'Ibrahim-Bey. Cette capture révéla plus complétement à Kléber le véritable projet des Turcs, qui consistait à faire insurger non-seulement la capitale, mais les grandes villes de l'Égypte. Averti de ce dessein, et voyant que l'armée turque ne tenait nulle part, il détacha encore le général Friant avec cinq bataillons sur le Kaire, pour appuyer les quatre bataillons partis la veille d'El-Kanqah, sous la conduite du général Lagrange.

Le lendemain, 22 mars (1er germinal), il se mit en route pour Salahieh. Le général Reynier le précédait à la tête de la division de gauche; il marchait lui-même à la suite avec les guides et le 7e de hussards. Venait enfin le général Belliard avec sa brigade, reste de la division Friant. Pendant le trajet, on reçut un message du grand visir qui demandait à négocier. On ne répondit que par un refus. Arrivé près de Karaïm, à moitié chemin de Salahieh, on entendit une canonnade; peu après on aperçut la division Reynier formée en carré, et aux prises avec une multitude de cavaliers. Kléber fit dire à Belliard de hâter sa marche, et lui-même, avec la cavalerie, se rapprocha en toute hâte du carré de Reynier. Mais, à cette vue, les Turcs qui attaquaient la division Reynier, aimant mieux avoir affaire à la cavalerie qu'à l'infanterie française, se rabattirent sur les guides et le 7ᵉ de hussards que Kléber amenait avec lui. Leur charge fut si subite que l'artillerie légère n'eut pas le temps de se mettre en batterie. Les conducteurs furent sabrés sur leurs pièces; Kléber, avec les guides et les hussards, se trouva un instant dans le plus grand danger, surtout parce que les habitants de Karaïm, croyant que c'en était fait de cette poignée de Français, étaient accourus avec des fourches et des faux pour les achever. Mais Reynier envoya sur-le-champ le 14ᵉ de dragons, qui dégagea Kléber à temps. Belliard, qui avait forcé le pas, arriva immédiatement après avec son infanterie, et on tailla en pièces quelques centaines d'hommes.

Kléber, pressé d'arriver à Salahieh, hâta sa marche, remettant à son retour la punition de Karaïm. La chaleur du jour était accablante; le vent soufflait du désert; on respirait avec un air brûlant une poussière fine et pénétrante. Hommes et chevaux étaient épuisés de fatigue. On arriva enfin à Salahieh vers la chute du jour. On était là sur la frontière même d'Égypte, à l'entrée du désert de Syrie, et Kléber s'attendait pour le lendemain à une dernière action contre le grand visir. Mais le lendemain matin, 23 mars (2 germinal), les habitants de Salahieh vinrent à sa rencontre, en lui annonçant que le visir fuyait dans le plus grand désordre. Kléber accourut, et vit lui-même ce spectacle, qui lui prouva combien il s'était exagéré le danger des armées turques.

Le grand visir, prenant avec lui cinq cents cavaliers, les meilleurs, s'était enfoncé avec quelques bagages dans le désert. Le reste de son armée fuyait

Mars 1800.

Le visir repasse le désert.

Mars 1800.

dans tous les sens; une partie courait vers le Delta, une autre restée à Salahieh demandait grâce à genoux; une autre enfin, ayant voulu chercher asile dans le désert, périssait sous le sabre des Arabes. Ces derniers, après avoir convoyé l'armée turque, étaient demeurés à la frontière, sachant qu'il y aurait des vaincus, et dès lors du butin à recueillir. Ils avaient deviné juste; car, trouvant l'armée turque complétement démoralisée et incapable de se défendre, même contre eux, ils égorgeaient les fuyards pour les piller. Au moment où Kléber arriva, ils avaient envahi le camp abandonné du visir, et s'y étaient abattus comme une nuée d'oiseaux de proie. A la vue de notre armée, ils s'envolèrent sur leurs rapides chevaux, laissant à nos soldats d'abondantes dépouilles. Il y avait là, dans un espace retranché d'une lieue carrée, une multitude infinie de tentes, de chevaux, de canons, une grande quantité de selles et de harnais de toute espèce, 40 mille fers de chevaux, des vivres à profusion, de riches vêtements, des coffres déjà ouverts par les Arabes, mais pleins encore de parfums d'aloès, d'étoffes de soie, de tous les objets enfin qui composaient le luxe brillant et barbare des armées orientales. A côté de douze litières en bois sculpté et doré se trouvait une voiture suspendue à l'européenne, de fabrique anglaise, et des pièces de canon avec la devise : *Honni soit qui mal y pense;* témoignage certain de l'intervention très-active des Anglais dans cette guerre.

Prise du camp du visir.

Nos soldats, qui n'avaient rien apporté avec eux,

trouvèrent dans le camp turc des vivres, des munitions, un riche butin, et des objets dont la singularité leur donnait à rire; ce qu'ils étaient toujours disposés à faire, après un court moment de tristesse. Étrange puissance du moral sur les hommes! aujourd'hui victorieux, ils ne voulaient plus quitter l'Égypte, et ne se regardaient plus comme condamnés à périr dans un exil lointain!

Lorsque Kléber se fut assuré de ses propres yeux que l'armée turque avait disparu, il résolut de rebrousser chemin, pour faire rentrer dans le devoir les villes de la Basse-Égypte, et surtout celle du Kaire. Il fit les dispositions suivantes. Les généraux Rampon et Lanusse furent chargés de parcourir le Delta. Rampon devait marcher sur la ville importante de Damiette, qui était au pouvoir des Turcs, et la reprendre. Lanusse devait se tenir en communication avec Rampon, balayer le Delta depuis la ville de Damiette jusqu'à celle d'Alexandrie, et réduire successivement les bourgades révoltées. Belliard avait pour mission générale d'appuyer ces diverses opérations, et pour mission spéciale de seconder Rampon dans son attaque sur Damiette, et de reprendre lui-même le fort de Lesbeh, qui ferme l'une des bouches du Nil. Kléber laissa en outre Reynier à Salahieh, pour empêcher les restes de l'armée turque, engagés dans le désert de Syrie, d'en revenir. Celui-ci devait demeurer en observation sur la frontière, jusqu'à ce que les Arabes eussent achevé la dispersion des Turcs, et revenir ensuite au Kaire. Enfin Kléber partit lui-même le lendemain 24 mars (3 germinal) avec la 88^e

Mars 1800.

Retour de Kléber au Kaire.

Insurrection du Kaire.

demi-brigade, deux compagnies de grenadiers, le 7ᵉ de hussards, le 3ᵉ et le 14ᵉ de dragons.

Il arriva au Kaire le 27 mars. De graves événements s'y étaient passés depuis son départ. La population de cette grande ville, qui comptait près de 300 mille habitants, qui était mobile, passionnée, portée au changement comme toute multitude, avait cédé aux suggestions des émissaires turcs, et s'était jetée sur les Français dès qu'elle avait entendu le canon d'Héliopolis. Accourue tout entière sous les murs de la ville pendant la bataille, et voyant Nassif-Pacha et Ibrahim-Bey avec quelques mille cavaliers et janissaires, elle avait cru ceux-ci vainqueurs. Ils s'étaient bien gardés de la détromper, et lui avaient affirmé, au contraire, que les Français venaient d'être exterminés, et le grand visir de remporter une victoire complète. A cette nouvelle, 50 mille individus s'étaient levés au Kaire, à Boulaq, à Gyzeh. Armés de sabres, de lances, de vieux fusils, ils projetaient d'égorger les Français restés parmi eux. Mais 2 mille hommes retranchés dans la citadelle et dans les forts qui dominaient la ville, pourvus de vivres et de munitions, présentaient une résistance difficile à vaincre. Repliés à temps presque tous, ils avaient réussi à se renfermer dans des lieux fortifiés. Quelques-uns cependant avaient été en grand péril : c'étaient ceux qui, au nombre de 200 seulement, tenaient garnison dans la maison du quartier-général. Cette belle maison, occupée autrefois par le général Bonaparte, depuis par Kléber et les principales administrations, se trouvait située à l'une des extrémités de la ville, donnant d'un côté sur la place Ezbekyeh, la plus belle du Kaire, de l'autre sur des jardins adossés au Nil. (Voir la carte n° 13.) Les Turcs et la populace soulevée voulurent envahir cette maison et y égorger les deux cents Français qui l'occupaient. Cela leur était d'autant plus facile que le général Verdier, qui gardait la citadelle placée à l'autre extrémité du Kaire, ne pouvait pas venir à leur secours. Mais les braves soldats qui se trouvaient dans la maison du quartier-général, tantôt avec un feu bien nourri, tantôt avec des sorties audacieuses, firent si bien, qu'ils continrent cette multitude féroce, et donnèrent au général Lagrange le temps d'arriver. Il avait été détaché, comme on l'a vu, le soir même de la bataille, avec quatre bataillons. Il arriva le lendemain à midi, entra par les jardins, et rendit dès lors la maison du quartier-général inexpugnable.

Les Turcs, ne voyant pas moyen de vaincre la résistance des Français, s'en vengèrent sur les malheureux chrétiens qu'ils avaient sous la main. Ils commencèrent par massacrer une partie des habitants du quartier européen; ils tuèrent plusieurs négociants, pillèrent leurs maisons, et enlevèrent leurs filles et leurs femmes. Ils recherchèrent ensuite ceux des Arabes qui étaient accusés de bien vivre avec les Français, et de boire du vin avec eux. Ils les égorgèrent, et firent, comme de coutume, succéder le pillage au massacre. Ils empalèrent un Arabe qui avait été chef des janissaires sous les Français, et qui était chargé de la police du Kaire; ils traitèrent de

Mars 1800.

Massacre des chrétiens.

même celui qui avait été secrétaire du divan institué par le général Bonaparte. De là ils passèrent au quartier des Cophtes. Ceux-ci, comme on le sait, descendent des anciens habitants de l'Égypte, et ont persisté dans le christianisme, malgré toutes les dominations musulmanes qui se sont succédé dans leur pays. Leurs richesses étaient grandes et provenaient de la perception des impôts, que les Mamelucks leur avaient déléguée. On voulait punir en eux des amis des Français, et piller surtout leurs maisons. Fort heureusement pour ces Cophtes, leur quartier formait la gauche de la place Ezbekyeh, et s'appuyait au quartier-général. Leur chef d'ailleurs était riche et brave : il se défendit bien, et parvint à les sauver.

Au milieu de ces horreurs, Nassif-Pacha et Ibrahim-Bey étaient honteux eux-mêmes de ce qu'ils faisaient ou laissaient faire. Ils voyaient périr avec regret des richesses qui devaient leur appartenir, s'ils restaient en possession de l'Égypte. Mais ils permettaient tout à une populace dont ils n'étaient plus maîtres, et voulaient d'ailleurs par ces massacres la tenir en haleine contre les Français.

Sur ces entrefaites, arriva le général Friant, détaché de Belbeïs, puis enfin Kléber lui-même. Tous deux entrèrent par les jardins de la maison du quartier-général. Quoique vainqueur de l'armée du visir, Kléber avait une grave difficulté à surmonter, c'était de conquérir une ville immense, peuplée de 300 mille habitants, en partie révoltés, occupée par 20 mille Turcs, construite à l'orientale, c'est-à-dire percée de rues étroites, et divisée en massifs qui étaient de vraies forteresses. Ces massifs, prenant leur jour en dedans, ne montrant au dehors que des murs élevés, avaient au lieu de toits des terrasses, d'où les insurgés faisaient un feu plongeant et meurtrier. Ajoutez que les Turcs étaient maîtres de toute la ville, excepté la citadelle et la place Ezbekyeh. Quant à cette dernière place, ils l'avaient en quelque sorte bloquée, en fermant par des murs crénelés les rues qui venaient y aboutir.

Avril 1800.

Les Français n'avaient que deux moyens d'attaque : c'était de faire du haut de la citadelle un feu destructeur de bombes et d'obus, jusqu'à ce qu'on eût réduit la ville ; ou bien de déboucher par la place Ezbekyeh, en renversant toutes les barrières élevées à la tête des rues, et en prenant d'assaut, et un à un, tous les quartiers. Mais le premier moyen pouvait amener la destruction d'une grande cité qui était la capitale du pays, et dont on avait besoin pour vivre ; le second exposait à perdre plus de soldats que n'en auraient coûté dix batailles comme celle d'Héliopolis.

Kléber montra ici autant de prudence qu'il venait de montrer d'énergie dans les combats. Il résolut de gagner du temps, et de laisser l'insurrection se fatiguer elle-même. Il avait envoyé presque tout son matériel dans la Basse-Égypte, croyant être à la veille de l'embarquement. Il enjoignit à Reynier, dès que l'armée du visir aurait été entièrement jetée au delà du désert, dès que Damiette et Lesbeh seraient repris, de remonter le Nil avec sa division tout entière, et les munitions qui étaient nécessaires au Kaire. En attendant, il fit bloquer toutes les issues

Habile temporisation de Kléber.

Avril 1800.

par lesquelles la ville communiquait avec le dehors. Bien que les révoltés se fussent procuré des vivres en pillant les maisons des Égyptiens, ordinairement remplies de provisions, bien qu'ils eussent forgé des boulets, fondu même des canons, il était impossible que la disette ne se fît pas bientôt sentir parmi eux. Ils devaient aussi finir par se détromper sur l'état général des choses en Égypte, par savoir que les Français étaient partout victorieux, et l'armée du visir dispersée; ils devaient surtout se diviser prochainement, car leurs intérêts étaient fort opposés. Les Turcs de Nassif-Pacha, les Mamelucks d'Ibrahim-Bey, et le peuple arabe du Kaire, ne pouvaient être long-temps d'accord. Par toutes ces raisons, Kléber crut devoir temporiser, et négocier.

Alliance avec Murad-Bey.

Pendant qu'il gagnait du temps, il acheva son traité d'alliance avec Murad-Bey, en se servant de la femme de ce prince mameluck, qui était en Égypte une personne universellement respectée, douée de beauté et même d'esprit. Il lui accorda la province de Saïd sous la suzeraineté de la France, et à condition de payer un tribut, représentant une grande partie des impôts de cette province. Murad-Bey s'engagea de plus à combattre pour les Français, et les Français s'engagèrent, s'ils se retiraient jamais, à lui faciliter l'occupation de l'Égypte. Murad-Bey, comme on le verra plus tard, fut fidèle au traité qu'il venait de souscrire, et commença par chasser de la Haute-Égypte un corps turc qui l'avait occupée.

Par le moyen de Murad-Bey et des cheiks secrètement amis de la France, Kléber entama ensuite des négociations avec les Turcs entrés dans le Kaire. Nassif-Pacha et Ibrahim-Bey commençaient, en effet, à craindre d'être enfermés dans la ville, pris par les Français, et traités à la turque. Ils savaient d'ailleurs que l'armée du visir était complétement dispersée. Ils se prêtèrent donc volontiers à des pourparlers, et consentirent à une capitulation, en vertu de laquelle ils pouvaient se retirer sains et saufs. Mais, au moment où cette capitulation allait être conclue, les révoltés du Kaire, qui se voyaient abandonnés à la vengeance des Français, furent saisis d'effroi et de fureur, firent rompre les pourparlers, menacèrent d'égorger ceux qui voulaient les abandonner, donnèrent même de l'argent aux Turcs pour les engager à combattre. Une attaque de vive force était donc indispensable pour achever la soumission.

Avril 1800.

La Basse-Égypte étant rentrée dans le devoir, Reynier était remonté avec son corps, et un convoi de munitions. Il forma l'investissement d'une partie de l'enceinte du Kaire, du nord au levant, c'est-à-dire du fort Camin à la citadelle; le général Friant campa vers le couchant, dans les jardins de la maison du quartier-général, entre la ville et le Nil; la cavalerie Leclerc fut placée entre les divisions Reynier et Friant, battant la campagne; le général Verdier occupa le sud.

Les 3 et 4 avril (13 et 14 germinal), un détachement du général Friant commença la première attaque. Elle avait pour but de dégager la place Ezbekyeh, qui était notre principal débouché. On débuta par le quartier cophte, qui en formait la gau-

Commencement des opérations pour reprendre le Kaire.

Avril 1800.

che. Les troupes s'engagèrent avec la plus grande bravoure dans les rues qui traversaient ce quartier en divers sens, tandis que plusieurs détachements faisaient sauter les maisons tout autour de la place Ezbekyeh, afin de s'ouvrir des issues dans l'intérieur de la ville. Pendant ce temps, la citadelle jetait quelques bombes pour intimider la population. Ces attaques réussirent, et nous rendirent maîtres de la tête des rues qui aboutissaient sur la place Ezbekyeh. Les jours suivants on enleva une éminence placée près le fort Sulkouski, que les Turcs avaient retranchée, et qui dominait le quartier cophte. On disposait ainsi toutes choses pour une attaque générale et simultanée. Avant de donner cette attaque, Kléber fit sommer les révoltés une dernière fois : ils refusèrent d'écouter cette sommation. Attachant toujours beaucoup de prix à ménager la ville, innocente d'ailleurs des fureurs de quelques fanatiques, Kléber voulut parler aux yeux par le moyen d'un exemple terrible. Il fit attaquer Boulaq, faubourg détaché du Kaire, sur les bords du Nil.

Prise de Boulaq.

Le 15 avril (25 germinal), la division Friant cerna Boulaq, et fit pleuvoir sur cette malheureuse bourgade une grêle de bombes et d'obus. Favorisés par ce feu, les soldats s'élancèrent à l'assaut, mais trouvèrent une vive résistance de la part des habitants et des Turcs. Chaque rue, chaque maison devint le théâtre d'un combat acharné. Kléber fit suspendre un instant cet horrible carnage, pour offrir leur pardon aux révoltés : ce pardon fut repoussé. L'attaque alors fut reprise; le feu se propagea de maison en maison, et Boulaq en flammes essuya la double horreur d'un incendie et d'un assaut. Cependant, les chefs de la population s'étant jetés aux pieds du vainqueur, Kléber fit cesser l'effusion du sang, et sauva les restes de ce malheureux faubourg. C'était le quartier où étaient situés les magasins du commerce; on y trouva une immense quantité de marchandises, qui furent préservées des flammes au profit de l'armée.

Cet horrible spectacle avait été aperçu de toute la population du Kaire. Profitant de l'effet qu'il devait produire, Kléber fit attaquer la capitale elle-même. Une maison attenante à celle du quartier-général, et encore occupée par les Turcs, avait été minée; le feu fut mis à la mine; Turcs et révoltés sautèrent en l'air. Ce fut le signal de l'attaque. Les troupes de Friant et de Belliard débouchèrent par toutes les issues de la place Ezbekyeh, tandis que le général Reynier se présentait par les portes du nord et de l'est, et que Verdier, des hauteurs de la citadelle, couvrait la ville de bombes. Le combat fut acharné. Les troupes de Reynier franchirent la porte de Bab-el-Charyeh, placée à l'extrémité du grand canal, et chassant devant elles Ibrahim-Bey et Nassif-Pacha, qui la défendaient, les serrèrent tous deux contre la 9ᵉ demi-brigade, laquelle, ayant pénétré par le point opposé, avait tout refoulé dans sa marche victorieuse. Les corps français se joignirent après avoir fait un affreux carnage. La nuit sépara les combattants. Plusieurs mille Turcs, Mamelucks et révoltés avaient succombé; quatre cents maisons étaient en flammes.

Avril 1800.

Retraite des Turcs qui s'étaient jetés dans le Kaire.

Ce fut le dernier effort de la révolte. Les habitants, qui avaient long-temps retenu les Turcs, mirent le plus grand empressement à les supplier de sortir du Kaire, et de leur laisser ainsi la liberté de négocier avec les Français. Kléber, auquel ces scènes meurtrières répugnaient, et qui tenait à épargner ses soldats, ne demandait pas mieux que de traiter. Les agents de Murad-Bey lui servirent d'intermédiaires. Le traité fut bientôt conclu. Nassif-Pacha et Ibrahim-Bey durent se retirer en Syrie, escortés par un détachement de l'armée française. Ils avaient la vie sauve pour toute condition. Ils sortirent du Kaire le 25 avril (5 floréal), laissant à la merci des Français les malheureux qu'ils avaient poussés à la révolte.

Soumission de toute l'Égypte.

Ainsi se termina cette lutte sanglante, qui avait commencé par la bataille d'Héliopolis le 20 mars, et qui finissait le 25 avril par le départ des derniers lieutenants du visir, après 35 jours de combats, entre 20 mille Français d'une part, et de l'autre toutes les forces de l'empire ottoman, secondées par la révolte des villes égyptiennes. De grandes fautes avaient amené ce soulèvement, et provoqué cette horrible effusion de sang. Si, en effet, les Français n'avaient pas fait mine de se retirer, jamais les Égyptiens n'auraient osé se soulever. La lutte se serait bornée à un combat brillant mais peu dangereux, entre nos carrés d'infanterie et la cavalerie turque. Mais un commencement d'évacuation amenant une explosion populaire dans quelques villes, il fallut les reprendre d'assaut, ce qui fut plus meurtrier qu'une bataille. Oublions les fautes de Kléber pour honorer sa belle et vigoureuse conduite! Il n'avait pas cru pouvoir défendre contre les Turcs l'Égypte paisible et soumise, et il venait d'en faire la conquête en trente-cinq jours, contre les Turcs, les Égyptiens soulevés, avec autant d'énergie que de prudence et d'humanité.

Avril 1800.

Dans le Delta, toutes les villes étaient rentrées dans une complète soumission. Murad-Bey avait chassé de la Haute-Égypte le détachement turc de Dervich-Pacha. Partout les vaincus tremblaient devant le vainqueur, et s'attendaient à un châtiment terrible. Les habitants du Kaire surtout, qui avaient commis d'affreuses cruautés sur les Arabes attachés aux Français, sur les chrétiens de toutes les nations, étaient saisis d'effroi. Kléber, qui était humain et habile, se serait bien gardé de répondre à des cruautés par des cruautés. Il savait que la conquête, odieuse à tout peuple, ne devient tolérable aux yeux de ceux qui la subissent, qu'au prix d'un bon gouvernement, et ne peut se légitimer aux yeux des nations éclairées que par de grands desseins accomplis. Il se hâta donc d'user modérément de sa victoire. Les Égyptiens étaient persuadés qu'on allait les traiter durement; ils croyaient que la perte de leur tête et de leurs biens expierait le crime de ceux qui s'étaient révoltés. Kléber les assembla, leur montra d'abord un visage sévère, puis leur pardonna, en se bornant à frapper une contribution sur les villes insurgées.

Humanité de Kléber.

Le Kaire paya dix millions, fardeau peu onéreux

pour une aussi grande cité. Les habitants se regardèrent comme fort heureux d'en être quittes à ce prix. Huit autres millions furent imposés sur les villes rebelles de la Basse-Égypte.

Cette somme permit de payer sur-le-champ la solde arriérée, ainsi que les vivres dont l'armée avait besoin, de soigner les blessés, d'achever les fortifications commencées. C'était une ressource précieuse, en attendant que le système des impositions fût amélioré et mis en recouvrement. Une autre ressource, tout à fait inattendue, s'offrit dans le moment. Soixante-dix navires turcs venaient d'entrer dans les ports de l'Égypte, pour transporter l'armée française. Les dernières hostilités donnaient le droit de les retenir. Ils étaient chargés de marchandises qui furent vendues au profit de la caisse de l'armée. Grâce à ces ressources diverses, on fournit abondamment à tous les services, sans aucune réquisition en nature. L'armée se trouva dans l'abondance, et les Égyptiens, qui n'espéraient pas s'en tirer à si bon marché, se soumirent avec une parfaite résignation. L'armée, fière de ses victoires, confiante dans ses forces, sachant que le général Bonaparte était à la tête du gouvernement, ne douta plus qu'on ne vînt bientôt à son secours. Kléber avait dans les champs d'Héliopolis conquis la plus noble des excuses pour ses fautes d'un moment.

Mesures administratives. Il assembla les administrateurs de l'armée, les gens les plus instruits du pays, et il s'occupa d'organiser les finances de la colonie. Il rendit la perception des contributions directes aux Cophtes, qui en étaient autrefois chargés; il créa quelques impôts de douane et de consommation. Le total des revenus devait monter à 25 millions, et suffisait à tous les besoins de l'armée, qui ne dépassaient pas 18 ou 20 millions. Il fit entrer dans les rangs de nos demi-brigades des Cophtes, des Syriens, des noirs même, achetés dans le Darfour, et dont quelques sous-officiers, commençant à parler la langue du pays, entreprirent l'instruction. Ces nouveaux soldats, versés dans les cadres, y combattirent aussi bien que les Français, à côté desquels ils avaient l'honneur de servir. Kléber ordonna l'achèvement des forts entrepris autour du Kaire, fit travailler à ceux de Lesbeh, de Damiette, de Burlos, de Rosette, situés sur les côtes. Il poussa vivement les travaux d'Alexandrie, et imprima une nouvelle activité aux recherches savantes de l'Institut d'Égypte. Tout reprit, depuis les cataractes jusqu'aux bouches du Nil, l'aspect d'un établissement solide et durable. Deux mois après, les caravanes de Syrie, d'Arabie, du Darfour, commencèrent à reparaître au Kaire. L'accueil hospitalier qu'elles reçurent assurait leur retour.

Si Kléber avait vécu, l'Égypte nous eût été conservée, au moins jusqu'au jour de nos grands malheurs. Mais un événement déplorable allait enlever ce général, au milieu de ses exploits et de son sage gouvernement.

Ce n'est jamais sans danger qu'on ébranle profondément les grands sentiments de la nature humaine. L'Islamisme tout entier s'était ému de la présence des Français en Égypte. Les fils de Mahomet avaient

Mai 1800.

ressenti un peu de cette exaltation qui les poussa autrefois contre les croisés. On entendit retentir, comme au douzième siècle, les cris de la guerre sainte; et il y eut des dévots musulmans qui firent vœu d'accomplir le *combat sacré*, lequel consiste à tuer un infidèle. En Égypte, où l'on voyait les Français de près, où l'on appréciait leur humanité, où l'on pouvait les comparer aux soldats de la Porte, surtout aux Mamelucks; en Égypte enfin, où l'on était témoin de leur respect pour le prophète (respect ordonné par le général Bonaparte), l'aversion pour eux était moindre; et, quand ils quittèrent plus tard le pays, le fanatisme était déjà sensiblement refroidi. On venait même d'apercevoir en certains endroits, pendant la dernière insurrection, de vrais signes d'attachement pour nos soldats, au point que les agents anglais en avaient été surpris. Mais dans le reste de l'Orient on n'était frappé que d'une chose, c'était l'invasion par les infidèles d'une vaste contrée musulmane.

Un fanatique part de la Palestine pour assassiner Kléber.

Un jeune homme, natif d'Alep, nommé Suleiman, qui était en proie à une grande exaltation d'esprit, qui avait fait des voyages à la Mecque et à Médine, qui avait étudié à la mosquée El-Azhar, la plus célèbre et la plus riche du Kaire, celle où l'on enseigne le Koran et la loi turque, qui voulait enfin entrer dans le corps des docteurs de la foi, se trouvait errant dans la Palestine, quand les débris de l'armée du visir la traversèrent. Il fut témoin des souffrances, du désespoir de ses coreligionnaires; son imagination malade en fut vivement émue.

L'aga des janissaires, qui avait eu occasion de le voir, excita encore son fanatisme par ses propres suggestions. Ce jeune homme offrit d'assassiner le *sultan des Français*, le général Kléber. On lui donna un dromadaire, et une somme d'argent pour faire le voyage. Il se rendit à Gazah, traversa le désert, vint au Kaire, s'enferma plusieurs semaines dans la grande mosquée, où étaient reçus les étudiants, les pauvres voyageurs, aux frais de ce pieux établissement. Les riches mosquées sont en Orient ce qu'étaient autrefois en Europe les couvents; on y trouve la prière, l'enseignement religieux, et l'hospitalité. Le jeune fanatique s'ouvrit de son projet aux quatre scheiks principaux de la mosquée, qui étaient les chefs de l'enseignement. Ils furent effrayés de sa résolution, des conséquences qu'elle pouvait entraîner, lui dirent qu'il ne réussirait pas, et causerait de grands malheurs à l'Égypte, mais se gardèrent néanmoins d'avertir les autorités françaises.

Quand ce malheureux fut assez confirmé dans sa résolution, il s'arma d'un poignard, suivit Kléber plusieurs jours, et, n'ayant pu l'approcher, imagina de pénétrer dans le jardin du quartier-général, et de s'y cacher dans une citerne abandonnée. Le 14 juin il se présenta devant Kléber, qui se promenait avec l'architecte de l'armée, Protain, et lui montrait les réparations à entreprendre dans la maison du quartier-général, pour y faire disparaître les traces des bombes et des boulets. Il s'approcha comme pour demander une aumône, et, tandis que Kléber se disposait à l'écouter, il s'élança, et lui plongea plusieurs fois son poignard dans le cœur. Kléber tomba sous la violence de ces coups. L'architecte Protain, qui tenait un bâton, se jeta sur l'assassin, le frappa violemment à la tête, mais fut renversé à son tour par un coup de poignard. Aux cris des deux victimes, les soldats accoururent, relevèrent leur général expirant, cherchèrent et saisirent l'assassin, qu'ils trouvèrent blotti derrière un monceau de décombres.

Quelques minutes après cette scène tragique, Kléber n'était plus. L'armée versa sur lui des larmes amères. Les Arabes eux-mêmes, qui avaient admiré sa clémence après leur révolte, unirent leurs regrets à ceux de nos soldats. Une commission militaire, réunie sur-le-champ, jugea l'assassin, qui avoua tout. Il fut condamné suivant les lois du pays, et empalé. Les quatre scheiks qui avaient reçu sa confidence eurent la tête tranchée. On crut devoir à la sûreté des chefs de l'armée ces sanglants sacrifices. Vaine précaution! Avec Kléber, l'armée avait perdu un général, et la colonie un fondateur, qu'aucun des officiers restés en Égypte ne pouvait remplacer. Avec Kléber, l'Égypte était perdue pour la France! Menou, qui lui succéda par ancienneté d'âge, était partisan ardent de l'expédition; mais, malgré son zèle, il était tout à fait au-dessous d'une telle tâche. Un seul homme pouvait égaler Kléber, le surpasser même dans le gouvernement de l'Égypte, c'était celui qui trois mois auparavant s'était embarqué dans le port d'Alexandrie pour se rendre en Italie, et qui tombait à Marengo, le même jour, presque au même instant, où Kléber succombait au Kaire : c'était Desaix ! Tous deux étaient morts le 14 juin 1800, pour l'accomplissement des vastes desseins du général Bonaparte. Singulière destinée de ces deux hommes, toujours placés à côté l'un de l'autre pendant leur vie, rapprochés encore au jour de leur mort, et pourtant si différents par tous les traits de l'âme et du corps !

Juin 1800.

Kléber et Desaix morts le même jour.

Kléber était le plus bel homme de l'armée. Sa grande taille, sa noble figure où respirait toute la fierté de son âme, sa bravoure à la fois audacieuse et calme, son intelligence prompte et sûre, en faisaient sur les champs de bataille le plus imposant des capitaines. Son esprit était brillant, original, mais inculte. Il lisait sans cesse et exclusivement Plutarque et Quinte-Curce : il y cherchait l'aliment des grandes âmes, l'histoire des héros de l'antiquité. Il était capricieux, indocile et frondeur. On avait dit de lui qu'il ne voulait ni commander ni obéir, et c'était vrai. Il obéit sous le général Bonaparte, mais en murmurant : il commanda quelquefois, mais sous le nom d'autrui, sous le général Jourdan, par exemple, prenant par une sorte d'inspiration le commandement au milieu du feu, l'exerçant en homme de guerre supérieur, et, après la victoire, rentrant dans son rôle de lieutenant, qu'il préférait à tout autre. Kléber était licencieux dans ses mœurs et son langage, mais intègre, désintéressé, comme on l'était alors ; car la conquête du monde n'avait pas encore corrompu les caractères.

Caractère de ces deux généraux.

Desaix était presque en tout le contraire. Simple, timide, même un peu gauche, la figure toujours cachée sous une ample chevelure, il n'avait point l'extérieur militaire. Mais, héroïque au feu, bon avec les soldats, modeste avec ses camarades, généreux avec les vaincus, il était adoré de l'armée et des peuples conquis par nos armes. Son esprit solide et profondément cultivé, son intelligence de la guerre, son application à ses devoirs, son désintéressement, en faisaient un modèle accompli de toutes les vertus guerrières; et tandis que Kléber, indocile, insoumis, ne pouvait supporter aucun commandement, Desaix était obéissant comme s'il n'avait pas su commander. Sous des dehors sauvages, il cachait une âme vive et très-susceptible d'exaltation. Quoique élevé à la sévère école de l'armée du Rhin, il s'était enthousiasmé pour les campagnes d'Italie, et avait voulu voir de ses yeux les champs de bataille de Castiglione, d'Arcole et de Rivoli. Il parcourait ces champs, théâtres d'une immortelle gloire, lorsqu'il rencontra, sans le chercher, le général en chef de l'armée d'Italie, et se prit pour lui d'un attachement passionné. Quel plus bel hommage que l'amitié d'un tel homme? Le général Bonaparte en fut vivement touché. Il estimait Kléber pour ses grandes qualités militaires, mais ne plaçait personne, ni pour les talents, ni pour le caractère, à côté de Desaix. Il l'aimait d'ailleurs: entouré de compagnons d'armes qui ne lui avaient point encore pardonné son élévation, tout en affectant pour lui une soumission empressée, il chérissait dans Desaix un dévouement pur, désintéressé, fondé sur une admiration profonde. Toutefois, gardant pour lui seul le secret de ses préférences, feignant d'ignorer les fautes de Kléber, il traita pareillement Kléber et Desaix, et voulut, comme on le verra bientôt, confondre dans les mêmes honneurs deux hommes que la fortune avait confondus dans une même destinée.

Du reste, tout demeura tranquille en Égypte après la mort de Kléber. Le général Menou, dès qu'il eut pris le commandement, se hâta de faire partir d'Alexandrie le bâtiment *l'Osiris*, pour annoncer en France le bon état présent de la colonie, et la fin déplorable de son second fondateur.

FIN DU LIVRE CINQUIÈME.

LIVRE SIXIÈME.

ARMISTICE.

Vastes préparatifs pour secourir l'armée d'Égypte. — Arrivée de M. de Saint-Julien à Paris. — Impatience du cabinet français de traiter avec lui. — Malgré l'insuffisance des pouvoirs de M. de Saint-Julien, M. de Talleyrand l'entraîne à signer des articles préliminaires de paix. — M. de Saint-Julien signe, et part avec Duroc pour Vienne. — État de la Prusse et de la Russie. — Démarche adroite du Premier Consul à l'égard de l'empereur Paul. — Il lui renvoie six mille prisonniers russes sans rançon, et lui offre l'île de Malte. — Enthousiasme de Paul 1er pour le général Bonaparte, et mission donnée à M. de Sprengporten pour Paris. — Nouvelle ligue des neutres. — Les quatre grandes questions du droit maritime. — Rapprochement avec le Saint-Siége. — La cour d'Espagne, et son intimité avec le Premier Consul. — État intérieur de cette cour. — Envoi du général Berthier à Madrid. — Ce représentant du Premier Consul négocie un traité avec Charles IV, tendant à donner la Toscane à la maison de Parme, et la Louisiane à la France. — Érection du royaume d'Étrurie. — La France reprend faveur auprès des puissances de l'Europe. — Arrivée de M. de Saint-Julien à Vienne. — Étonnement de sa cour à la nouvelle des articles préliminaires signés sans pouvoirs. — Embarras du cabinet de Vienne, qui s'était engagé à ne pas traiter sans l'Angleterre. — Désaveu de M. de Saint-Julien. — Essai d'une négociation commune, comprenant l'Angleterre et l'Autriche. — Le Premier Consul, pour admettre l'Angleterre dans la négociation, exige un armistice naval, qui lui permette de secourir l'Égypte. — L'Angleterre refuse, non pas de traiter, mais d'accorder l'armistice proposé. — Le Premier Consul veut alors une négociation directe et immédiate avec l'Autriche, ou la reprise des hostilités. — Manière dont il a profité de la suspension d'armes pour mettre les armées françaises sur un pied formidable. — Effroi de l'Autriche, et remise des places de Philipsbourg, Ulm et Ingolstadt, pour obtenir une prolongation d'armistice continental. — Convention de Hohenlinden, accordant une nouvelle suspension d'armes de quarante-cinq jours. — Désignation de M. de Cobentzel pour se rendre au congrès de Lunéville. — Fête du 1er vendémiaire. — Translation du corps de Turenne aux Invalides. — Le Premier Consul profite du temps que lui laisse l'interruption des hostilités, pour s'occuper de l'administration intérieure. — Succès de ses mesures financières. — Prospérité de la Banque de France. — Payement des rentiers en argent. — Réparation des routes. — Rentrée des prêtres. — Difficultés pour la célébration du dimanche et du décadi. — Nouvelle mesure à l'égard des émigrés. — État des partis. — Leurs dispositions envers le Premier Consul. — Les révolutionnaires et les royalistes. — Conduite du gouvernement à leur égard. — Influences en sens contraires auprès du Premier Consul. — Rôle que jouent auprès de lui MM. Fouché, de Talleyrand et Cambacérès. — Famille Bonaparte. — Lettres de Louis XVIII au Premier Consul, et réponse faite à ce prince. — Complot de Ceracchi et Arena. — Agitation des esprits en apprenant ce complot. — Les amis imprudents du Premier Consul veulent en profiter pour l'élever trop tôt au pouvoir suprême. — Pamphlet écrit dans ce sens par M. de Fontanes. — Obligation où l'on est de désavouer ce pamphlet. — Lucien Bonaparte, privé du ministère de l'intérieur, est envoyé en Espagne.

Juillet 1800.

Tandis que le navire *l'Osiris* portait en Europe la nouvelle de ce qui s'était passé sur les bords du Nil, il partait des ports d'Angleterre des ordres tout contraires à ceux qui avaient été expédiés auparavant. Les observations de sir Sidney Smith venaient d'être accueillies à Londres. On avait craint de désavouer un officier anglais qui s'était présenté comme investi de pouvoirs de son gouvernement; on avait surtout reconnu la fausseté des dépêches interceptées, et mieux apprécié la difficulté d'arracher l'Égypte à l'armée française. On avait donc ratifié la convention d'El-Arisch, et invité lord Keith à la faire exécuter. Mais il n'était plus temps, comme on vient de le voir; la convention était dans le moment déchirée l'épée à la main, et les Français, rétablis dans la possession de l'Égypte, ne voulaient plus l'abandonner. Les ministres anglais devaient recueillir de leur conduite si légère, des regrets amers, et de violentes attaques dans le parlement.

Le cabinet britannique revient sur ses premiers ordres, et accepte la convention d'El-Arisch.

Le Premier Consul, de son côté, apprit avec joie

la consolidation de sa conquête. Malheureusement la nouvelle de la mort de Kléber lui arrivait presque en même temps que la nouvelle de ses exploits. Ses regrets furent vifs et sincères. Il dissimulait rarement, et tout au plus quand il y était forcé par un devoir ou par un grand intérêt, mais toujours avec effort, parce que la vivacité de son humeur lui rendait la dissimulation difficile. Mais dans le cercle étroit de sa famille et de ses conseillers, il ne déguisait rien; il montrait ses affections, ses haines avec une extrême véhémence. C'est dans cette intimité qu'il laissa voir le profond chagrin que lui causait la mort de Kléber. Il ne regrettait point en lui, comme en Desaix, un ami; il regrettait un grand général, un chef habile, plus capable que personne d'assurer l'établissement des Français en Égypte; établissement qu'il regardait comme son plus bel ouvrage, mais que le succès définitif pouvait seul convertir, de tentative brillante, en entreprise grande et solide.

Le temps, semblable à un fleuve qui emporte tout ce que les hommes jettent dans ses eaux rapides, le temps a emporté les odieux mensonges, imaginés alors par la haine des partis. Cependant il en est un qu'il est instructif de citer ici, quoiqu'il soit profondément oublié. Les agents royalistes répandirent, et les journaux anglais répétèrent, que Desaix et Kléber, faisant ombrage au Premier Consul, avaient été assassinés par ses ordres, l'un à Marengo, l'autre au Kaire. Il ne manqua pas de misérables et d'imbéciles pour le croire, et aujourd'hui on est presque honteux de rappeler de telles suppositions. Ceux qui font ces inventions infâmes devraient quelquefois se placer en présence de l'avenir, et rougir en songeant au démenti que le temps leur prépare.

Le Premier Consul avait déjà donné des ordres pressants aux flottes de Brest et de Rochefort, afin qu'elles se préparassent à passer dans la Méditerranée. Bien que nos finances fussent dans un état beaucoup meilleur, cependant, obligé à faire de grands efforts sur terre, le Premier Consul ne pouvait pas faire sur mer tous ceux qu'il aurait jugés utiles. Toutefois il ne négligea rien pour mettre la grande flotte de Brest en mesure de sortir. Il sollicita de la cour d'Espagne les ordres nécessaires pour que les amiraux Gravina et Mazzaredo, commandant la division espagnole, concourussent aux mouvements de la division française. En réunissant les escadres des deux nations bloquées dans Brest depuis un an, on pouvait mettre en ligne quarante vaisseaux de haut bord. Le Premier Consul voulait que, profitant de la sortie de cette immense force navale, les vaisseaux français disponibles à Lorient, à Rochefort, à Toulon, les vaisseaux espagnols disponibles au Ferrol, à Cadix, à Carthagène, se joignissent à la flotte combinée pour en augmenter la puissance. Ces divers mouvements devaient être dirigés de manière à tromper les Anglais, à les jeter dans une grande perplexité, et, pendant ce temps, l'amiral Ganteaume, prenant avec lui les bâtiments qui marchaient le mieux, devait se dérober, et porter en Égypte six mille hommes d'élite,

Juillet 1800.

Préparatifs maritimes pour porter des secours en Égypte.

Juillet 1800.

Moyens employés pour communiquer continuellement avec l'Égypte.

de nombreux ouvriers, et un immense matériel.

L'Espagne se prêtait volontiers à cette combinaison, qui avait au moins l'avantage de ramener dans la Méditerranée, et par suite dans ses ports, l'escadre de Gravina, inutilement renfermée dans la rade de Brest. Mais elle ne voyait d'objection à ce projet que dans le mauvais état des deux flottes, et dans leur profond dénûment. Le Premier Consul fit de son mieux pour lever cette objection, et bientôt les vaisseaux des deux nations se trouvèrent pourvus du nécessaire. En attendant il voulait que, tous les cinq ou six jours, l'armée d'Égypte eût de ses nouvelles. Il donna des ordres pour que de tous les ports de la Méditerranée, l'Espagne et l'Italie comprises, on fît partir des bricks, des avisos, de simples bâtiments marchands, portant des boulets, des bombes, du plomb, de la poudre, des fusils, des sabres, du bois de charronnage, des médicaments, du quina, des grains, des vins, tout ce qui manquait enfin à l'Égypte. Il ordonna de plus que chacun de ces petits bâtiments portât quelques ouvriers, maçons ou forgerons, quelques canonniers et quelques cavaliers d'élite. Il en fit noliser à Carthagène, Barcelone, Port-Vendre, Marseille, Toulon, Antibes, Savone, Gênes, Bastia, Saint-Florent, etc. Il traita même avec des négociants algériens, pour faire expédier en Égypte des cargaisons de vin dont l'armée était privée. Par son ordre une troupe de comédiens fut réunie, un matériel théâtral fut préparé, et le tout devait être envoyé à Alexandrie. Des abonnements furent pris aux meilleurs journaux de Paris, pour le compte des principaux officiers de l'armée, afin de les tenir au courant de ce qui se passait en Europe. On ne négligea rien, en un mot¹, de ce qui pouvait soutenir le moral de nos soldats exilés, et les mettre en communication continuelle avec la mère-patrie.

Sans doute plusieurs de ces bâtiments étaient exposés à être pris, mais le plus grand nombre avaient chance d'arriver, et arrivèrent en effet, car la vaste côte du Delta ne pouvait être exactement fermée. Le même succès n'attendait pas les efforts tentés pour approvisionner Malte, que les Anglais tenaient rigoureusement bloquée. Ils attachaient un prix immense à s'emparer de ce second Gibraltar; ils savaient que le blocus pouvait avoir ici un effet certain, car Malte est un rocher qui ne s'alimente que par la mer, tandis que l'Égypte est un vaste royaume qui nourrit même ses voisins. Ils apportaient donc une grande constance à investir la place, et à lui faire sentir les horreurs de la famine. Le brave général Vaubois, disposant d'une garnison de quatre mille hommes, ne craignait pas leurs attaques; mais il voyait diminuer d'heure en heure les provisions destinées à faire vivre ses soldats, et ne recevait malheureusement pas des ports de la Corse des ressources suffisantes pour remplacer ce qui était consommé chaque jour.

Le Premier Consul s'occupa beaucoup aussi de choisir un chef capable de commander l'armée

¹ Tout cela est extrait de la nombreuse correspondance du Premier Consul avec les départements de la guerre et de la marine.

d'Égypte. La perte de Kléber était désolante, surtout en considération de ceux qui pouvaient être appelés à le remplacer. Si Desaix était demeuré en Égypte, le mal eût été facilement réparé. Mais Desaix était revenu, et mort. Ceux qui restaient n'étaient pas dignes d'un tel commandement. Reynier était un bon officier, élevé à l'école de l'armée du Rhin, savant, expérimenté, mais froid, irrésolu, sans ascendant sur les troupes. Menou était très-instruit, brave de sa personne, enthousiaste de l'expédition, mais incapable de diriger une armée, et frappé de ridicule, parce qu'il avait épousé une femme turque, et s'était fait mahométan lui-même. Il se faisait appeler Abdallah Menou, ce qui égayait les soldats, et diminuait beaucoup le respect dont un commandant en chef a besoin d'être entouré. Le général Lanusse, brave, intelligent, plein d'une chaleur qu'il savait communiquer aux autres, paraissait au Premier Consul mériter la préférence, quoiqu'il manquât de prudence. Mais le général Menou avait pris le commandement par ancienneté d'âge. Il était difficile de faire arriver en Égypte un ordre avec certitude ; les Anglais pouvaient intercepter cet ordre, et, sans le communiquer textuellement, en faire soupçonner le contenu, de manière à rendre le commandement incertain, à diviser les généraux, et à troubler la colonie. Il laissa donc les choses dans le même état, et confirma Menou, ne le croyant pas d'ailleurs aussi profondément incapable qu'il l'était véritablement.

Il faut maintenant revenir en Europe, pour assister

à ce qui se passait sur ce théâtre des grands événements du monde. La lettre que le Premier Consul avait adressée de Marengo même à l'empereur d'Allemagne, lui était parvenue avec la nouvelle de la bataille perdue. On sentit alors à Vienne les fautes qu'on avait commises, en repoussant les offres du Premier Consul au commencement de l'hiver, en s'obstinant à supposer la France épuisée et incapable de continuer la guerre, en refusant de croire à l'armée de réserve, en poussant aveuglément M. de Mélas dans les gorges de l'Apennin. L'autorité de M. de Thugut en fut considérablement affaiblie, car c'était à lui seul qu'on imputait toutes ces erreurs de conduite et de prévoyance. Cependant à ces fautes, déjà si graves, on venait d'en ajouter une non moins grave, celle de se lier plus étroitement encore avec les Anglais, sous l'impression du désastre de Marengo. Jusqu'ici le cabinet de Vienne n'avait pas voulu accepter leurs subsides, mais il crut devoir se donner sur-le-champ le moyen de réparer les pertes de cette campagne, soit pour être en mesure de traiter plus avantageusement avec la France, soit pour être en mesure de lutter de nouveau contre elle, si ses prétentions étaient trop grandes. Il accepta donc 2 millions et demi de livres sterling (62 millions de francs). En retour de ce subside il prit l'engagement de ne pas faire la paix avec la France avant le mois de février suivant, à moins toutefois que la paix ne fût commune à l'Angleterre et à l'Autriche. Ce traité fut signé le 20 juin, le jour même où arrivait à Vienne la nouvelle des événements

Juillet 1800.

Suite des événements en Europe.

Juillet 1800.

d'Italie. L'Autriche se liait donc au sort de l'Angleterre pour sept mois encore; mais elle espérait passer l'été en négociations, et gagner l'hiver avant que les hostilités pussent recommencer. Du reste, le cabinet impérial était résigné à la paix; il voulait seulement la négocier en commun avec l'Angleterre, et surtout ne pas faire de trop grands sacrifices en Italie. A cette condition, il ne demandait pas mieux que de la conclure.

Envoi de M. de Saint-Julien à Paris.

L'empereur employa, pour porter sa réponse à la lettre du Premier Consul, le même officier qui lui avait apporté cette lettre, c'est-à-dire M. de Saint-Julien, auquel il accordait beaucoup de confiance. La réponse cette fois était directe, et personnellement adressée au général Bonaparte. Elle contenait la ratification du double armistice signé en Allemagne et en Italie, et l'invitation de s'expliquer confidentiellement, et en toute franchise, sur les bases de la future négociation. M. de Saint-Julien avait pour mission spéciale de sonder le Premier Consul sur les conditions que la France voudrait mettre à la paix, et, de son côté, d'en dire assez sur les intentions de l'empereur, pour que le cabinet français fût amené à manifester les siennes. La lettre dont M. de Saint-Julien était porteur, pleine de protestations flatteuses et pacifiques, renfermait un passage dans lequel l'objet de sa mission était clairement spécifié. « J'écris à mes généraux, disait
» Sa Majesté impériale, pour confirmer les deux ar-
» mistices et en régler le détail. Quant au surplus,
» je vous ai envoyé le général-major de mes armées

Nature de sa mission.

» comte de Saint-Julien : il est pourvu de mes in-
» structions, et chargé de vous faire observer com-
» bien il est essentiel de n'en venir à des négocia-
» tions publiques, propres à livrer prématurément
» tant de peuples à des espérances peut-être illu-
» soires, qu'après avoir connu d'une manière au
» moins générale, si les bases que vous voulez pro-
» poser pour la paix sont telles qu'on puisse se flat-
» ter d'arriver à ce but désirable.

» Vienne, 5 juillet 1800. »

L'empereur laissait entrevoir, vers la fin de cette lettre, les engagements qui le liaient à l'Angleterre, et qui lui faisaient désirer une paix commune à toutes les puissances belligérantes.

M. de Saint-Julien arriva le 21 juillet à Paris (2 thermidor an VIII), et fut accueilli avec beaucoup d'empressement. C'était le premier envoyé de l'empereur qu'on eût vu depuis long-temps en France. On fêtait en lui le représentant d'un grand souverain, et un messager de paix. Nous avons déjà dit quel vif désir le Premier Consul éprouvait de mettre fin à la guerre. Personne ne lui contestait la gloire des combats; il en désirait aujourd'hui une autre, moins éclatante, mais plus nouvelle, et actuellement plus profitable à son autorité, celle de pacifier la France et l'Europe. Dans cette âme ardente, les désirs étaient des passions. Il recherchait alors la paix, comme depuis on lui a vu rechercher la guerre. M. de Talleyrand ne la désirait pas moins, parce que déjà il aimait à se donner ostensiblement, auprès du Premier Consul, le rôle de modérateur. C'était un excellent rôle à jouer, surtout plus tard; mais maintenant pousser le Premier Consul à la paix, c'était ajouter une impatience à une autre, et compromettre le résultat en voulant trop le hâter.

Conférences entre M. de Talleyrand et M. de Saint-Julien.

Le lendemain même de son arrivée, 22 juillet (3 thermidor), M. de Saint-Julien fut invité à une conférence chez le ministre des relations extérieures. On s'entretint du désir réciproque de terminer la guerre, et de la meilleure manière d'y réussir. M. de Saint-Julien écouta tout ce qu'on lui dit sur les conditions auxquelles la paix pouvait être conclue, et, de son côté, fit à peu près connaître tout ce que souhaitait l'empereur. M. de Talleyrand se pressa trop d'en conclure que M. de Saint-Julien avait des instructions secrètes et suffisantes pour traiter, et lui proposa de ne pas se borner à une simple conversation, mais de rédiger en commun des articles préliminaires de paix. M. de Saint-Julien, qui n'était pas autorisé à se permettre une démarche aussi grave, car les engagements de l'Autriche envers l'Angleterre s'y opposaient absolument, M. de Saint-Julien objecta qu'il n'avait aucun pouvoir pour concourir à un traité. M. de Talleyrand lui répondit que la lettre de l'empereur l'y autorisait complétement, et que, s'il voulait convenir de quelques articles préliminaires, et les signer, sauf ratification ultérieure, le cabinet français, sur la simple lettre de l'empereur, le considérerait comme suffisamment accrédité. M. de Saint-Julien, voué à l'état militaire, n'ayant aucune expérience des usages diplomatiques, eut la simplicité d'avouer à M. de Talleyrand son embarras, son ignorance des formes, et lui demanda ce qu'il ferait à sa place. Je signerais, répondit M. de Talleyrand. — Eh bien, soit, reprit M. de Saint-Julien, je signerai des articles préliminaires, qui n'auront de valeur qu'après la ratification de mon souverain. — Cela ne fait pas doute, répliqua M. de Talleyrand; il n'y a d'engagement valable entre nations que ceux qui ont été ratifiés.

Cette étrange manière de se communiquer ses pouvoirs est consignée tout au long dans le protocole, encore existant, de cette négociation. On se vit tous les jours, les 23, 24, 27, 28 juillet (4, 5, 8, 9 thermidor an VIII). On discuta tous les sujets importants sur lesquels les deux nations avaient à s'entendre. Le traité de Campo-Formio fut adopté pour base, sauf quelques modifications. Ainsi, l'empereur abandonnait à la République la limite du Rhin, depuis le point où ce fleuve sort du territoire suisse, jusqu'à celui où il entre sur le territoire batave. A propos de cet article, M. de Saint-Julien demanda, et obtint un changement de rédaction. Il voulut que ces expressions : *L'empereur concède la ligne du Rhin,* fussent changées en celles-ci : *L'empereur ne s'oppose point à ce que la République française conserve les limites du Rhin.* Cette manière de s'exprimer avait pour but de répondre aux reproches du corps germanique, qui avait accusé l'empereur de livrer à la France le territoire de la confédération. Il fut convenu que la France ne conserverait aucune des positions fortifiées qui avaient action sur la rive droite (Kehl, Cassel, Ehrenbreitstein), que les ouvrages en seraient rasés, mais qu'en retour l'Allemagne ne pourrait élever aucun retranchement, ni en terre ni en maçonnerie, à la distance de trois lieues du fleuve.

Voilà pour ce qui concernait les limites de la France avec l'Allemagne. Il restait à régler ce qui concernait les limites de l'Autriche avec l'Italie. Le cinquième article secret de Campo-Formio avait stipulé que l'Autriche recevrait en Allemagne une indemnité pour certaines seigneuries qu'elle abandonnait sur la rive gauche du Rhin, indépendamment des Pays-Bas, dont elle avait fait depuis long-temps le sacrifice à la France. L'évêché de Salzbourg devait composer cette indemnité. L'empereur aurait mieux aimé qu'on l'indemnisât en Italie; car les acquisitions qu'il faisait en Allemagne, surtout dans les principautés ecclésiastiques, étaient à peine des acquisitions nouvelles, la cour de Vienne ayant déjà dans ces principautés une influence et des priviléges qui équivalaient presque à une souveraineté directe. Au contraire, les acquisitions qu'il obtenait en Italie avaient l'avantage de lui donner des pays qu'il ne possédait encore à aucun degré, et surtout d'étendre sa frontière et son influence dans une contrée, objet constant de l'ambition de sa famille. Par ces mêmes motifs, la France devait préférer que l'Autriche s'agrandît en Allemagne plutôt qu'en Italie. Cependant ce dernier point fut concédé. Le traité de Campo-Formio rejetait l'Autriche sur l'Adige, et attribuait à la République Cisalpine le Mincio et la célèbre place de Mantoue. La prétention de l'Autriche, cette fois, était d'obtenir le Mincio, Mantoue, plus les Légations, ce qui était exorbitant. Le Premier Consul allait bien jusqu'à lui accorder le Mincio et Mantoue, mais il ne voulait à aucun prix lui céder les Légations. Il consentait tout au plus à les donner au grand-duc de Toscane, à condition qu'en retour la Toscane passerait au grand-duc de Parme, et le duché de Parme à la Cisalpine. Le grand-duc de Parme eût considérablement gagné à cet échange, ce qui était une satisfaction accordée à l'Espagne, dans des vues que nous ferons connaître plus tard.

M. de Saint-Julien répondait que, sur ce dernier point, son souverain n'était pas préparé à émettre un avis définitif; que ces translations de maisons souveraines d'un pays dans un autre, étaient peu conformes à sa politique; que c'était par conséquent un objet à régler plus tard. Pour éluder la difficulté, on se contenta de dire dans les articles préliminaires que l'Autriche recevrait en Italie les indemnités territoriales qui lui étaient précédemment accordées en Allemagne.

L'officier autrichien, métamorphosé ainsi en plénipotentiaire, témoigna au nom de son souverain beaucoup d'intérêt pour l'indépendance de la Suisse, mais fort peu pour celle du Piémont, et parut insinuer que la France pourrait se payer en Piémont de ce qu'elle abandonnerait à la maison d'Autriche en Lombardie.

On s'en tint donc à ces conditions fort générales : limites du Rhin pour la France, avec la démolition de Kehl, Cassel, Ehrenbreitstein; indemnités particulières de l'Autriche prises en Italie, au lieu de l'être en Allemagne; ce qui signifiait que l'Autriche ne serait pas réduite à la limite de l'Adige. Mais, il faut le dire, outre ce qu'il y avait de vain à traiter avec un plénipotentiaire sans pouvoirs, il y avait quelque chose de plus vain encore, c'était de tenir pour articles préliminaires de paix, des articles où la seule question contestable, la seule pour laquelle l'empereur fît la guerre, la frontière de l'Autriche en Italie, n'était pas même résolue d'une manière générale; car, pour la frontière du Rhin, il y avait long-temps que personne ne songeait plus sérieusement à nous la contester.

On ajouta aux articles précédents quelques dispositions accessoires: on convint, par exemple, qu'un congrès serait réuni sur-le-champ; que, pendant la durée de ce congrès, les hostilités seraient suspendues, les levées en masse qui se faisaient en Toscane licenciées, les débarquements anglais dont on menaçait l'Italie, ajournés.

M. de Saint-Julien, que le désir de jouer un rôle considérable entraînait au delà de toutes les bornes raisonnables, avait de temps en temps des scrupules sur l'étrange hardiesse qu'il se permettait. Mais, pour le rassurer, M. de Talleyrand consentit à promettre, sur sa parole d'honneur, que ces articles préliminaires resteraient secrets, et qu'ils ne seraient considérés comme ayant une valeur quelconque qu'après la ratification de l'empereur. Le 28 juillet 1800 (9 thermidor an VIII), ces fameux articles préliminaires furent signés à l'hôtel des affaires étrangères, à la grande joie de M. de Talleyrand, qui, en voyant M. de Saint-Julien si préparé sur toutes les questions, croyait sérieusement que cet officier avait des instructions secrètes pour traiter. Cependant il n'en était rien, et M. de Saint-Julien n'était si bien informé que parce qu'on avait voulu, à Vienne, le mettre en mesure de provoquer et de recevoir les confidences du Premier Consul, relativement aux conditions de la paix future. Le ministre français n'avait pas su pénétrer cette circonstance, et, par le désir de signer un acte qui ressemblât à un traité, avait commis une erreur grave.

Le Premier Consul, ne s'occupant pas des formes observées par les deux négociateurs, et s'en reposant à cet égard sur M. de Talleyrand, ne songeait, lui, qu'à une chose, c'était à faire expliquer l'Autriche, pour savoir si elle voulait la paix, et à la lui arracher par une nouvelle campagne, si elle ne paraissait pas la vouloir. Mais pour cela il eût mieux valu la sommer de s'expliquer dans un délai donné, que d'entrer dans une négociation illusoire et puérile, à la suite de laquelle la dignité des deux nations allait se trouver compromise, et leur rapprochement devenir plus difficile.

M. de Saint-Julien ne crut pas devoir attendre à Paris la réponse de l'empereur, ainsi qu'on l'y engageait; il désira porter lui-même les préliminaires à Vienne, sans doute pour expliquer à son maître les motifs de son étrange conduite. Il partit de Paris le 30 juillet (11 thermidor), accompagné de Duroc, que le Premier Consul envoyait en Autriche, comme il l'avait déjà envoyé en Prusse,

Juillet 1800.

Duroc accompagne M. de Saint-Julien à Vienne.

Juillet 1800.

Instructions dont il est porteur.

pour y voir la cour de près, et lui donner une idée avantageuse de la modération et de la politique du nouveau gouvernement. Duroc, ainsi que nous l'avons dit ailleurs, méritait, par son bon sens et son excellente tenue, les missions de ce genre. Le Premier Consul lui avait d'ailleurs donné par écrit des instructions, où tout était prévu avec une attention minutieuse. D'abord, à chaque circonstance qui ferait présumer les intentions de l'Autriche par rapport aux préliminaires, Duroc devait sur l'heure même envoyer un courrier à Paris. Jusqu'à la ratification, il lui était recommandé de garder un silence absolu, et de paraître ignorer sur toutes choses les intentions du Premier Consul. Si la ratification était accordée, il était autorisé à dire d'une manière positive que la paix pouvait être signée en vingt-quatre heures, si on la voulait sincèrement. Il devait sous diverses formes faire savoir que si l'Autriche se contentait du Mincio, de la Fossa-Maestra et du Pò, ce qui était la ligne tracée par la convention d'Alexandrie; que si, de plus, elle admettait la translation du duc de Parme en Toscane, du duc de Toscane dans les Légations, il n'y avait aucun obstacle à une conclusion immédiate. Ces instructions contenaient ensuite des règles de langage pour tous les sujets que la conversation pouvait faire naître. Il était défendu à Duroc de se prêter à aucune plaisanterie contre la Prusse et la Russie, alors peu aimées à Vienne, parce qu'elles étaient hors de la coalition. Il lui était recommandé de garder une grande réserve à l'égard de l'empereur Paul, dont le caractère était dans toutes les cours un sujet de railleries; il devait dire beaucoup de bien du roi de Prusse, visiter le grand-duc de Toscane, ne laisser voir aucune des passions que la Révolution avait excitées, ni dans un sens ni dans un autre. Royalistes ou Jacobins, tout cela devait être présenté par lui comme aussi vieux en France que les Guelfes et les Gibelins en Italie. Il lui était prescrit en particulier de ne montrer aucune haine à l'égard des émigrés, excepté toutefois à l'égard de ceux qui avaient porté les armes contre la République. Il avait ordre de dire en toute occasion que la France était le pays de l'Europe le plus attaché à son gouvernement, parce que c'était celui de tous les pays où les circonstances avaient fourni au gouvernement l'occasion de faire le plus de bien. Il devait enfin présenter le Premier Consul comme n'ayant point de préjugés, ni ceux d'autrefois, ni ceux d'aujourd'hui, comme indifférent aux attaques de la presse anglaise, car il ne savait pas l'anglais.

Duroc partit avec M. de Saint-Julien, et, bien que le secret des préliminaires eût été gardé, cependant les nombreuses conférences de l'envoyé de l'empereur avec M. de Talleyrand avaient été remarquées de tout le monde, et on disait tout haut qu'il était porteur des conditions de la paix.

Nos prodigieux succès en Italie et en Allemagne avaient dû naturellement exercer une influence considérable, non-seulement sur l'Autriche, mais sur toutes les cours de l'Europe, amies ou ennemies.

A la nouvelle de la bataille de Marengo, la Prusse,

Juillet 1800.

militaires sur les cours de l'Europe.

La Prusse.

La Russie.

toujours neutre par système, mais bienveillante pour nous en proportion des événements, la Prusse avait témoigné au Premier Consul une vive admiration, et n'avait plus dit, à partir de ce moment, une seule parole qui pût laisser un doute sur l'attribution à la France de la ligne du Rhin tout entière. Il ne s'agissait plus, suivant elle, que d'être juste dans la répartition des indemnités dues à tous ceux qui perdaient des territoires à la rive gauche du Rhin, et sage dans le règlement des limites générales des grands États. Elle ajoutait même qu'il convenait d'être ferme envers l'Autriche, et de réprimer son insatiable ambition. Tel était le langage qu'on tenait tous les jours à notre ambassadeur à Berlin.

M. d'Haugwitz, et surtout le roi Frédéric-Guillaume, dont la bienveillance était sincère, informaient journellement le général Beurnonville des progrès rapides que le Premier Consul faisait dans l'esprit de Paul Ier. Comme on l'a déjà vu, ce prince, mobile et enthousiaste, passait depuis quelques mois, d'une passion chevaleresque contre la Révolution française à une admiration sans bornes pour l'homme qui représentait aujourd'hui cette révolution. Il en était venu à une véritable haine pour l'Autriche et pour l'Angleterre. Bien qu'on eût obtenu de ce changement de dispositions un premier résultat, fort important, celui de l'immobilité des Russes sur la Vistule, cependant le Premier Consul aspirait à mieux encore. Il voulait entrer en rapports directs avec l'empereur Paul, et il soupçonnait la Prusse de prolonger cet état équivoque, pour rester l'unique intermédiaire de nos relations avec la plus puissante des cours du Nord.

Juillet 1800.

Il imagina un moyen qui obtint un succès complet. Il restait en France six ou sept mille Russes, pris l'année dernière, et n'ayant pu être échangés, parce que la Russie n'avait point de prisonniers à nous rendre. Le Premier Consul avait proposé à l'Angleterre et à l'Autriche, qui détenaient en leurs mains un certain nombre de nos soldats et de nos marins, d'échanger ces Russes contre pareil nombre de Français. Toutes deux certainement devaient à la Russie un tel procédé, car les Russes n'avaient encouru la captivité qu'en servant les desseins de la politique anglaise et autrichienne. La proposition fut pourtant refusée. Sur-le-champ, le Premier Consul eut l'heureuse idée de rendre sans condition à Paul Ier les prisonniers que nous avions. C'était un acte de générosité habile, et peu onéreux pour la France, qui n'avait rien à faire de ces prisonniers, dès qu'ils ne pouvaient plus lui procurer des Français en échange. Le Premier Consul accompagna cet acte des procédés les plus propres à toucher le cœur impressionnable de l'empereur Paul. Il fit armer et habiller les Russes aux couleurs de leur souverain; il leur rendit même leurs officiers, leurs drapeaux et leurs armes. Il écrivit ensuite une lettre au comte de Panin, ministre des affaires étrangères à Pétersbourg, pour lui dire que l'Autriche et l'Angleterre, n'ayant pas voulu procurer leur liberté aux soldats du czar, qui étaient devenus prisonniers en

Le Premier Consul imagine de rendre à Paul Ier les prisonniers russes sans rançon.

servant la cause de ces puissances, le Premier Consul ne voulait pas détenir indéfiniment ces braves gens, et qu'il les renvoyait sans condition à l'empereur; que c'était de sa part un témoignage de considération pour l'armée russe, armée que les Français avaient appris à connaître et à estimer sur les champs de bataille.

On employa, pour faire arriver cette lettre, la voie de Hambourg. Elle fut transmise par M. de Bourgoing, notre ministre en Danemark, à M. de Muraview, ministre de Russie à Hambourg. Mais telle était la crainte que Paul Ier inspirait à ses agents, que M. de Muraview refusa de recevoir cette lettre, n'osant pas manquer aux ordres antérieurs de son cabinet, qui interdisaient toute communication avec les représentants de la France. M. de Muraview se contenta de rendre compte à sa cour de ce qui s'était passé, et de lui faire connaître l'existence et le contenu de la lettre dont il avait refusé de se charger. A cette démarche, le Premier Consul en ajouta une autre encore plus efficace auprès du monarque russe. Voyant bien que Malte ne pouvait pas tenir long-temps, et que cette île, rigoureusement bloquée, serait obligée, faute de vivres, de se rendre aux Anglais, il imagina de la donner à Paul. On sait que ce prince, enthousiaste des anciens ordres de chevalerie, et de celui de Malte en particulier, s'était fait décerner le titre de grand-maître de Saint-Jean-de-Jérusalem, qu'il s'était promis de rétablir cette institution religieuse et chevaleresque, et qu'il tenait à Pétersbourg de fréquents chapitres de l'ordre, pour en décerner la

Juillet 1800.

Le Premier Consul offre l'île de Malte à l'empereur Paul.

décoration aux princes et aux grands personnages de l'Europe. On ne pouvait pas aller plus directement à son cœur qu'en lui offrant l'île qui était le siége de l'ordre dont il s'était fait le chef. La chose était habilement conçue sous tous les rapports. Ou les Anglais, qui allaient la prendre, consentiraient à la restituer, et alors on la tirait de leurs mains; ou bien ils refuseraient, et Paul Ier était capable, pour ce sujet, de leur déclarer la guerre. Cette fois on chargea un officier russe, M. de Sergijeff, qui était au nombre des prisonniers détenus en France, de se rendre à Pétersbourg pour porter les deux lettres relatives aux prisonniers et à l'île de Malte.

Juillet 1800.

Quand ces diverses communications arrivèrent à Pétersbourg, elles y produisirent leur inévitable effet. Paul fut vivement touché, et se livra dès lors sans retenue à toute son admiration pour le Premier Consul. Il choisit sur-le-champ un vieil officier finlandais, M. de Sprengporten, autrefois sujet suédois, homme très-respectable, très-bien disposé pour la France, et très en faveur à la cour de Russie. Il le nomma gouverneur de l'île de Malte, le chargea de se mettre à la tête des six mille Russes prisonniers qui étaient en France, et d'aller, avec cette force toute organisée, prendre possession de l'île de Malte, de la main des Français. Il lui ordonna de passer par Paris, et de remercier publiquement le Premier Consul. A cette démonstration Paul ajouta une démarche plus effective encore : il enjoignit à M. de Krudener, son ministre à Berlin, qui avait été chargé quelques mois auparavant de renouer les

Satisfaction de Paul Ier.

Envoi de M. de Sprengporten à Paris.

Juillet 1800.

Ordre à M. de Krudener de négocier avec le général Beurnonville à Berlin.

relations de la Russie avec la Prusse, d'entrer en communication directe avec le général Beurnonville, notre ambassadeur, et lui donna les pouvoirs nécessaires pour négocier un traité de paix avec la France.

M. d'Haugwitz, qui trouvait peut-être que la réconciliation marchait trop vite, car la Prusse allait perdre son rôle d'intermédiaire le jour où les cabinets de Paris et de Saint-Pétersbourg seraient en rapports directs, M. d'Haugwitz s'arrangea pour être l'agent ostensible de cette réconciliation. Jusque-là, M. de Krudener et M. de Beurnonville se rencontraient à Berlin, chez les ministres des diverses cours, sans s'adresser la parole. M. d'Haugwitz les invita un jour tous les deux à dîner; après le dîner, les mit en présence l'un de l'autre, puis les laissa en tête-à-tête dans son propre jardin, pour leur ménager la liberté de s'expliquer entièrement. M. de Krudener exprima ses regrets à M. de Beurnonville de n'avoir pu se rapprocher plus tôt de la légation française, excusa le refus fait à Hambourg de recevoir la lettre du Premier Consul, par l'existence d'ordres antérieurs, et enfin s'expliqua fort au long sur les nouvelles dispositions de son souverain. Il lui annonça l'envoi de M. de Sprengporten à Paris, et lui avoua la vive satisfaction que Paul Ier avait éprouvée en apprenant la restitution des prisonniers, et l'offre de rendre Malte à l'ordre de Saint-Jean-de-Jérusalem. Enfin, de tous ces objets il passa au plus sérieux, c'est-à-dire aux conditions de la paix. La Russie et la France n'avaient rien à démêler entre elles. Elles ne s'étaient fait la guerre pour aucun intérêt de territoire ou de commerce, mais pour une dissemblance dans la forme de leur gouvernement. Elles n'avaient donc, pour ce qui les concernait directement, qu'à écrire un article portant que la paix était rétablie entre les deux puissances. Cette circonstance seule indiquait combien la guerre avait été peu raisonnable. Mais la guerre avait entraîné des alliances, et Paul, qui se piquait d'une grande fidélité à ses engagements, demandait une seule chose, c'était qu'on ménageât ses alliés. Ils étaient au nombre de quatre : c'étaient la Bavière, le Wurtemberg, le Piémont et Naples. Il demandait pour les quatre l'intégrité de leurs États. Rien n'était plus facile, moyennant toutefois une explication : c'est que l'on regarderait cette condition comme remplie, si ces princes obtenaient une indemnité pour les provinces que leur enlèverait la République française. La chose fut ainsi entendue, et admise par M. de Krudener. En effet, la sécularisation des États ecclésiastiques d'Allemagne, et leur partage proportionnel entre les princes laïques qui avaient perdu tout ou partie de leurs États, par suite de l'abandon de la rive gauche du Rhin à la France, était une chose depuis long-temps convenue de tout le monde. Elle avait été admise même au congrès de Rastadt, sous le Directoire. L'arrangement n'était pas moins facile pour les princes italiens, alliés de Paul Ier. Le Piémont perdait Nice et la Savoie; on pouvait l'indemniser en Italie, moyennant que l'ambition autrichienne fût contenue dans cette contrée, et qu'on

Juillet 1800.

Juillet 1800.

ne lui permit pas de s'y trop étendre. Sur ce point, Paul Iᵉʳ, très-irrité contre le cabinet de Vienne, disait, comme la Prusse, qu'il fallait tenir tête à l'Autriche et ne lui accorder que ce qu'on ne pourrait pas lui refuser. Quant au royaume de Naples, la France n'avait rien à lui prendre, mais elle avait une conduite odieuse à punir, des outrages à venger. Toutefois le Premier Consul était homme à pardonner, à une condition qui était de nature à plaire fort à Paul Iᵉʳ, aussi mal disposé pour les Anglais que pour les Autrichiens, c'est que le cabinet de Naples expierait ses torts par une rupture formelle avec la Grande-Bretagne. Sur tous ces points on était à peu près d'accord. On devait l'être chaque jour davantage, par le mouvement naturel des choses, et par l'entraînement du caractère de Paul Iᵉʳ, qui, d'un état de mécontentement contre ses anciens alliés, allait passer sans transition à un état de guerre ouverte.

La réconciliation de la France avec la Russie était donc à peu près accomplie, et même publique, car le départ de M. de Sprengporten pour Paris venait d'être officiellement annoncé. Paul Iᵉʳ, l'ennemi furieux de la France, devenait ainsi son ami, son allié, contre les puissances de l'ancienne coalition! La gloire et la profonde adresse du Premier Consul avaient produit ce singulier changement. Une circonstance fortuite et grave allait le rendre encore plus complet : c'était la querelle des neutres, soulevée par les violences de l'Angleterre sur les mers. Il semble que tout se réunissait à la fois

Génie et bonheur du Premier Consul.

pour favoriser les desseins du Premier Consul, et on est tenté d'admirer en ce moment son bonheur autant que son génie.

On dirait en effet, à voir les choses d'ici-bas, que la fortune aime la jeunesse, car elle seconde merveilleusement les premières années des grands hommes. N'allons pas toutefois, comme les poètes anciens, la faire aveugle et capricieuse : si elle favorise si souvent la jeunesse des grands hommes, à la façon d'Annibal, de César, de Napoléon, c'est qu'ils n'ont pas encore abusé de ses faveurs. Le général Bonaparte était heureux alors, parce qu'il avait mérité de l'être; parce qu'il avait raison contre tout le monde, au dedans, contre les partis, au dehors, contre les puissances de l'Europe. Au dedans, il ne voulait que l'ordre et la justice; au dehors, que la paix, mais une paix avantageuse et glorieuse, comme a droit de la vouloir celui qui n'a pas été l'agresseur, et qui a su être victorieux. Aussi le monde revenait-il avec un empressement singulier, à la France représentée par un grand homme, si juste et si fort! Et si ce grand homme avait rencontré des circonstances heureuses, il n'y en avait pas une qu'il n'eût fait naître, ou dont il n'eût habilement profité. Il y a quelques jours un de ses lieutenants, prévenant ses ordres, accourait au bruit du canon, pour lui rendre la victoire à Marengo; mais que n'avait-il pas fait pour préparer cette victoire! Aujourd'hui un prince, atteint de folie sur l'un des premiers trônes de l'univers, venait offrir une proie facile à son habileté diplomatique; mais avec quelle condescendance

Juillet 1800.

Violences des Anglais à l'égard des neutres.

adroite il avait su flatter cette folie! L'Angleterre, par sa conduite sur les mers, allait bientôt ramener vers la France toutes les puissances maritimes; mais on va voir que d'art il avait mis à les ménager, et à laisser à l'Angleterre le rôle de la violence. La fortune, cette maîtresse capricieuse des grands hommes, n'est donc point aussi capricieuse qu'on se plaît à la faire. Tout n'est point caprice quand elle les favorise, caprice quand elle les quitte; et, dans ses prétendues infidélités, les torts le plus souvent ne sont pas de son côté. Mais parlons un langage plus vrai, plus digne de ce grave sujet : la fortune, ce nom païen donné à la puissance qui régit toutes choses ici-bas, c'est la Providence favorisant le génie qui marche dans les voies du bien, c'est-à-dire dans les voies tracées par sa sagesse infinie.

Voici l'heureuse circonstance qui devait rallier définitivement les puissances du Nord à la politique du Premier Consul, et lui procurer des auxiliaires sur l'élément même où il avait le plus besoin d'en trouver, c'est-à-dire sur les mers. Les Anglais venaient de commettre de nouvelles violences contre les neutres. Ils ne pouvaient souffrir que les Russes, les Danois, les Suédois, les Américains, fréquentassent tranquillement tous les ports du monde, et prêtassent leur pavillon au commerce de la France et de l'Espagne. Ils avaient déjà violé l'indépendance du pavillon neutre, surtout à l'égard de l'Amérique, et c'est parce que les Américains ne s'étaient pas assez défendus, que le Directoire avait voulu sévir contre eux, en leur imposant des traitements presque aussi rigoureux que ceux que leur faisaient essuyer les Anglais. Le général Bonaparte avait réparé cette faute, en rapportant les plus dures des dispositions adoptées par le Directoire, en instituant le tribunal des prises, chargé de dispenser une meilleure justice aux vaisseaux capturés; en rendant hommage, dans la personne de Washington, à l'Amérique tout entière; en appelant enfin à Paris des négociateurs pour rétablir avec elle des relations d'amitié et de commerce. C'est dans ce moment même que l'Angleterre, comme irritée par le mauvais succès de sa politique, semblait devenir plus oppressive envers les neutres. Déjà des actes odieux avaient été commis par elle sur les mers; cependant les derniers passaient toutes les bornes, non-seulement de la justice, mais de la prudence la plus vulgaire.

Ce n'est pas le lieu d'exposer ici tous les détails de cette grave contestation; il suffira d'en faire connaître les points principaux. Les neutres prétendaient que la guerre qu'il plaisait à certaines grandes nations de se faire les unes aux autres, ne devait en rien gêner leur propre négoce, qu'ils avaient même le droit de recueillir le commerce, dont les puissances belligérantes se privaient volontairement. En conséquence, ils prétendaient fréquenter librement tous les ports du monde, naviguer même entre les ports des nations belligérantes, aller, par exemple, de France et d'Espagne en Angleterre, d'Angleterre en Espagne et en France, et, ce qui était plus contestable, aller des colonies aux métropoles, aller du Mexique en Espa-

Juillet 1800.

Principes du droit des neutres.

gne, pour y porter les métaux qui, sans leur secours, n'auraient jamais pu arriver en Europe. Ils soutenaient que le *pavillon couvre la marchandise*, c'est-à-dire que leur pavillon de puissance étrangère à la guerre couvrait, contre toute espèce de recherches, la marchandise transportée sur leurs vaisseaux; que, sur leur bord, la marchandise française était insaisissable pour les Anglais, la marchandise anglaise pour les Français, comme un Français, par exemple, eût été inviolable sur les quais de Copenhague ou de Pétersbourg pour la puissance britannique; en un mot, que le vaisseau d'une nation neutre était aussi sacré que les quais mêmes de sa capitale.

Les neutres ne consentaient qu'à une exception. Ils reconnaissaient ne devoir pas porter des marchandises propres à la guerre, car il était contraire à l'idée même de la neutralité, qu'ils fournissent à l'une des nations belligérantes des armes contre l'autre. Mais ils entendaient limiter cette interdiction aux seuls objets confectionnés pour la guerre, tels que fusils, canons, poudre, projectiles, objets d'équipement de toute espèce, etc.; et, quant aux vivres, ils ne voulaient considérer comme vivres interdits, que ceux qui étaient préparés pour l'usage des armées, comme le biscuit, par exemple.

S'ils admettaient une exception quant à la nature des marchandises transportables, ils en admettaient encore une autre quant aux lieux à parcourir, mais à condition qu'elle fût exactement définie. Cette seconde exception était relative aux ports véritablement bloqués, et gardés par une force navale, capable d'en faire le siège, ou de les prendre par disette en les bloquant. Pour ce cas, ils reconnaissaient qu'entrer dans un port bloqué, c'était gêner l'une des deux nations dans l'usage de son droit, en l'empêchant de prendre les places de son ennemie par attaque ou par famine, que c'était par conséquent venir au secours de l'une des deux contre l'autre. Mais ils demandaient que le blocus fût précédé de déclarations formelles, que le blocus fût réel, exécuté par une force telle qu'il y eût danger imminent à le violer; et ils n'admettaient pas que, par une simple déclaration de blocus, on pût interdire à volonté, au moyen d'une pure fiction, l'entrée de tel ou tel port, quelquefois même l'étendue entière de certains rivages.

Enfin, comme il fallait s'assurer si un bâtiment appartenait véritablement à la nation dont il arborait le pavillon, s'il portait ou non des marchandises qualifiées contrebande de guerre, les neutres consentaient à être visités, mais exigeaient que cette visite fût faite avec certains égards, convenus et fidèlement observés. Ils considéraient surtout comme une règle essentielle, que la visite ne pût avoir lieu, si les vaisseaux de commerce étaient convoyés par un vaisseau de guerre. Le pavillon militaire, ou royal, devait, suivant eux, avoir ce privilége d'être cru sur parole, quand il affirmait sur l'honneur de sa nation, que les bâtiments convoyés étaient de sa nation d'abord, et ensuite qu'ils ne portaient aucun des objets interdits. S'il en était autrement, disaient-ils, un simple brick faisant la course pourrait arrêter un convoi, et avec ce convoi, une flotte de guerre, peut-être un amiral. Qui sait même? un corsaire pourrait arrêter ou M. de Suffren ou lord Nelson!

Résumé des doctrines des neutres.

Ainsi les doctrines soutenues par les neutres pouvaient se réduire à quatre points principaux.

Le pavillon couvre la marchandise, c'est-à-dire, interdit de rechercher la marchandise ennemie sur le pont d'un vaisseau neutre, étranger aux nations belligérantes.

Il n'y a de marchandise interdite, que la contrebande de guerre. Cette contrebande ne consiste que dans les objets confectionnés pour l'usage des armées. Le blé, par exemple, les munitions navales, n'en sont pas.

On ne peut interdire que l'accès d'un port réellement bloqué.

Enfin tout bâtiment convoyé ne peut être visité.

Tels étaient les principes soutenus par la France, la Prusse, le Danemark, la Suède, la Russie et l'Amérique, c'est-à-dire par l'immense majorité des nations : principes fondés sur le respect des droits d'autrui, mais absolument contestés par l'Angleterre.

Doctrines de l'Angleterre.

Elle soutenait en effet qu'à ces conditions le commerce de ses ennemis se ferait sans obstacle, par le moyen des neutres (ce qui, pour le dire en passant, n'était pas exact, car ce commerce ne pouvait continuer par le moyen des neutres, qu'en abandonnant à ceux-ci la plus grande partie des bénéfices, et en faisant ainsi essuyer à la nation obligée de recourir à eux, un énorme dommage); elle prétendait donc saisir la marchandise française ou espagnole sur quelque bâtiment que ce fût. Elle soutenait que certaines marchandises, sans être confectionnées, telles que le blé, les matières navales, étaient un véritable secours porté à une nation en temps de guerre. Elle voulait qu'une déclaration de blocus suffît, sans la présence d'une force navale, pour interdire l'entrée de certains ports ou parages; et enfin que les neutres, sous prétexte de se faire convoyer, ne pussent pas échapper à la surveillance des puissances belligérantes.

Si l'on désire savoir quel était au fond le grave intérêt caché sous les sophismes des publicistes britanniques, le voici. L'Angleterre voulait empêcher qu'on ne portât aux Espagnols les riches métaux du Mexique, principal aliment de leur opulence; aux Français, le sucre et le café, dont ils ne savaient pas se passer; aux uns et aux autres, les bois, le chanvre, les fers du Nord, nécessaires à leur marine. Elle voulait au besoin pouvoir les affamer en cas d'une mauvaise récolte de grains, comme elle avait fait en 1793, par exemple; elle voulait pouvoir frapper d'interdit des pays entiers, sans l'obligation d'un blocus réel; elle voulait enfin, à force de recherches, de vexations, d'obstacles de tout genre, ruiner le commerce de toutes les nations, de manière que la guerre, qui, pour les peuples commerçants, est un état de détresse, devînt pour ses négociants, ce qu'elle était en effet, un temps de monopole et de

Juillet 1800.

prospérité extraordinaire. A l'égard des Américains, elle avait une intention plus inique encore : c'était d'enlever leurs matelots, sous prétexte qu'ils étaient Anglais; confusion facile à faire, grâce à la conformité des langues.

En 1780, pendant la guerre d'Amérique, Catherine la Grande avait formé la ligue des neutres pour résister à ces prétentions. Le Premier Consul, profitant de l'amitié naissante de Paul, de l'irritation croissante des neutres, des violences inouïes des Anglais, mit tous ses soins à en susciter une pareille en 1800.

Dans ce moment, la contestation se présentait sous une seule forme, celle du droit de visite. Les Danois, les Suédois, pour échapper aux vexations des croiseurs anglais, avaient imaginé le moyen de naviguer en convois nombreux, et de faire escorter ces convois par des frégates portant pavillon royal. Il faut ajouter qu'ils ne manquaient jamais à l'honneur de leur pavillon, et se gardaient bien d'escorter de faux Danois ou de faux Suédois, ou de couvrir de la contrebande dite de guerre. Ils ne songeaient qu'à échapper à des vexations devenues intolérables. Mais les Anglais, voyant là une manière d'éluder la difficulté, et de continuer le commerce des neutres, s'obstinaient à exercer le droit de visite, même à l'égard des bâtiments convoyés.

Mauvais traitements des Anglais à l'égard des frégates suédoises.

L'année précédente, deux frégates suédoises, la *Troya* et la *Hulla-Fersen*, accompagnant des bâtiments de commerce suédois, avaient été violentées par les escadres anglaises, et obligées de souffrir la

ARMISTICE.

visite du convoi qu'elles escortaient. Le roi de Suède avait envoyé devant un conseil de guerre les capitaines des deux frégates, pour ne s'être pas défendus. Cet exemple avait un moment arrêté les Anglais, qui craignaient d'être exposés à tirer le canon contre les puissances du Nord. Ils avaient donc un peu plus ménagé les vaisseaux suédois. Mais des exemples récents venaient de faire renaître la difficulté, et de pousser la Suède, le Danemark, au dernier degré d'exaspération.

Dans l'hiver de 1799 à 1800, la frégate danoise la *Haufersen*, capitaine Vandoekum, qui convoyait une flottille de bâtiments marchands dans la Méditerranée, fut arrêté par l'escadre de l'amiral Keith ; elle voulut résister, reçut des coups de canon, et fut conduite à Gibraltar. Une contestation des plus vives s'engagea sur ce sujet, entre le cabinet anglais et le cabinet danois, et elle durait encore, lorsqu'au mois de juillet, la frégate danoise la *Freya*, escortant un convoi de sa nation, fut rencontrée dans la Manche par une division anglaise. Celle-ci voulut exercer le droit de visite ; le commandant de la *Freya*, capitaine Krabe, résista noblement aux sommations de l'amiral anglais, et refusa de laisser visiter son convoi. La force fut employée avec une indigne violence ; le capitaine Krabe se défendit, fut criblé, et obligé de se rendre à la supériorité de l'ennemi, car il n'avait à opposer qu'une frégate à six vaisseaux de guerre. La *Freya* fut amenée aux Dunes.

A cet événement vint bientôt s'en ajouter un au-

Juillet 1800.

la *Troya* et la *Hutta-Feraro*.

Noble conduite de la frégate danoise la *Freya*.

Les Anglais

Juillet 1800.

enlèvent deux frégates espagnoles, dans la rade de Barcelone, en usurpant le pavillon suédois.

tre, d'une nature différente, mais plus odieux et plus grave. A l'entrée de la rade de Barcelone se trouvaient deux frégates espagnoles à l'ancre. Les Anglais formèrent le projet de les enlever. Il ne s'agissait pas ici du droit des neutres, mais d'un vrai guet-apens à tenter, pour entrer impunément dans un port ennemi, sans être reconnus. Ils aperçurent en cet endroit une galiote suédoise, la *Hoffnung*, et résolurent de s'en servir pour exécuter l'acte de brigandage qu'ils avaient médité. Ils se jetèrent dans des chaloupes, montèrent sur la galiote, mirent le pistolet sur la gorge au capitaine suédois, et l'obligèrent à s'approcher en silence des deux frégates espagnoles, sans faire connaître par aucun signe la violence dont il était l'objet. La galiote s'approcha donc des deux frégates espagnoles, qui, ne se méfiant pas du pavillon suédois, puisqu'il était neutre, se laissèrent aborder. Alors les Anglais s'élancèrent brusquement à l'abordage, surprirent les deux frégates presque dépourvues d'équipages, s'en emparèrent, et sortirent du port de Barcelone avec cette proie indignement conquise.

Cet événement produisit en Europe un éclat extraordinaire, et indigna toutes les nations maritimes, dont on ne se contentait plus de violer les droits, mais dont on outrageait le pavillon, en le faisant servir, à son insu, à des actes de la plus infâme piraterie. L'Espagne était déjà en guerre avec la Grande-Bretagne, elle ne pouvait donc rien faire de plus; mais elle eut recours à la Suède, dont on avait usurpé le pavillon, pour lui dénoncer ce fait odieux, plus offensant encore pour la Suède que pour l'Espagne. Il n'en fallait pas davantage pour envenimer la querelle de l'Angleterre avec les neutres. Dans ce moment surtout, la modération dont le Premier Consul venait de faire preuve à leur égard, était de nature à rendre plus sensible la violence britannique. La Suède exigea des réparations; le Danemark en avait déjà demandé. Derrière ces deux cours se trouvait la Russie, qui, depuis la ligne de 1780, se regardait comme solidaire des puissances de la Baltique, dans toutes les questions qui intéressaient leurs droits maritimes.

M. de Bernstorff, pour le Danemark, soutint la plus vive controverse avec le cabinet de Londres, au moyen de notes que la France publia, et qui font autant d'honneur au ministre qui les a écrites, qu'à la nation qui les a revêtues de son seing, et qui eut bientôt à les appuyer de ses armes. Une simple chaloupe canonnière, disaient les Anglais, portant le pavillon d'un État neutre, pourra donc convoyer le commerce du monde, et soustraire à notre surveillance le négoce de nos ennemis, qui se ferait en temps de guerre aussi facilement qu'en temps de paix! Une escadre entière, répondait M. de Bernstorff, serait donc obligée d'obtempérer aux sommations du plus misérable corsaire, de se rendre à sa requête, et de laisser visiter devant elle le convoi qu'elle escorterait! La parole d'un amiral, faisant une déclaration sur l'honneur de sa nation, ne vaudrait pas contre le doute d'un capitaine de corsaire, qui aurait le droit de vérifier la déclaration par une visite! L'une de ces hypothèses est bien plus inadmissible que l'autre!

Pour appuyer ses doctrines par des moyens de terreur, le cabinet anglais, qui venait d'envoyer lord Withworth à Copenhague, le fit suivre d'une escadre de 16 vaisseaux, qui croisaient en ce moment à l'entrée du Sund. La présence de cette escadre produisit une vive sensation parmi toutes les puissances de la Baltique; elle émut non-seulement le Danemark, contre lequel elle était dirigée, mais la Suède, la Russie, la Prusse elle-même, dont le commerce était intéressé aussi à la libre fréquentation des mers. Les quatre signataires de l'ancienne neutralité armée de 1780, entamèrent une négociation, avec le but avoué de préparer une nouvelle ligue contre la tyrannie maritime des Anglais. Le cabinet de Londres, qui craignait cependant un tel événement, insistait vivement à Copenhague pour terminer le différend; mais loin d'offrir des satisfactions, il avait la singulière audace d'en demander. Il voulait, en l'effrayant, arracher le Danemark à la ligue, avant qu'elle fût formée. Malheureusement le Danemark avait été surpris, le Sund n'était pas défendu, Copenhague n'était pas garanti contre un bombardement. Dans cet état de choses, il fallut céder momentanément pour gagner l'hiver, saison pendant laquelle les glaces défendraient la Baltique, et donneraient à tous les neutres le temps de faire leurs préparatifs de résistance. Le 29 août (11 fructidor an VIII), le Danemark fut obligé de signer une convention, dans laquelle on ajournait la question du droit des gens, et on réglait uniquement le dernier différend survenu à propos de la *Freya*. La *Freya* devait être réparée dans les arsenaux anglais, et restituée; mais, pour le moment du moins, le gouvernement danois renonçait à faire convoyer ses bâtiments de commerce.

Août 1800.

Convention momentanée avec le Danemark.

Cette convention n'avait rien terminé. L'orage, au lieu de se dissiper, allait bientôt grossir, car les quatre cours du Nord étaient fort irritées. Le roi de Suède, dont l'honneur n'était pas encore satisfait, se préparait à faire un voyage à Pétersbourg, pour renouveler l'ancienne ligue de neutralité; et Paul Ier, qui n'aimait pas les termes moyens, débuta par un acte des plus énergiques. Apprenant la contestation avec le Danemark, et la présence d'une flotte anglaise à l'entrée du Sund, il mit le séquestre sur les capitaux appartenant aux Anglais, comme garantie des dommages qui pourraient être apportés au commerce russe. Cette mesure devait être maintenue jusqu'à ce que les intentions du gouvernement anglais fussent complétement éclaircies.

Tout se disposait donc dans les cours du Nord, de manière à favoriser les desseins du Premier Consul. Les événements le servaient à souhait. Les choses n'allaient pas moins bien dans le midi de l'Europe, c'est-à-dire en Espagne. On voyait là tomber en dissolution l'une des plus belles monarchies du globe, au grand détriment de l'équilibre européen, à la grande douleur d'une nation généreuse, indignée du rôle qu'on lui faisait jouer dans le monde. Le Premier Consul, dont l'esprit

Événements dans le midi de l'Europe.

Décadence de l'Espagne.

infatigable embrassait tous les objets à la fois, avait déjà dirigé du côté de l'Espagne les efforts de sa politique, et cherché à tirer le parti le plus avantageux pour la cause commune, de cette cour dégénérée.

Nous ne retracerions pas le triste tableau qui va suivre, s'il n'était vrai d'abord, et s'il n'était nécessaire, ensuite, à l'intelligence des grands événements du siècle.

Le roi, la reine d'Espagne, le prince de la Paix, occupaient depuis longues années l'attention de l'Europe, et donnaient un spectacle bien dangereux pour la royauté, déjà tant compromise alors dans l'estime des peuples. On eût dit que l'illustre maison de Bourbon était destinée, à la fin de ce siècle, à perdre la royauté en France, à Naples, en Espagne : car, dans ces trois royaumes, trois rois d'une imbécile faiblesse livraient leur sceptre à la risée et au mépris du monde, en le laissant aux mains de trois reines ou légères, ou violentes, ou dissolues.

Les Bourbons de France, soit faute, soit malheur, avaient été dévorés par la Révolution française ; à force de la provoquer follement, ceux de Naples avaient été chassés une première fois de leur capitale ; ceux d'Espagne, avant de laisser tomber leur sceptre aux mains du soldat couronné que cette révolution avait produit, n'avaient rien vu de mieux à faire que de se donner à lui. Ils s'étaient déjà rapprochés de la France sous la Convention ; ils devaient se rapprocher d'elle bien plus volontiers encore, lorsque la Révolution, au lieu d'une anarchie sanguinaire, leur offrait un grand homme, disposé à les protéger, s'ils suivaient ses conseils. Heureux ces princes s'ils avaient suivi les conseils, alors excellents, de ce grand homme! Heureux lui-même s'il s'était borné à leur en donner!

Le roi d'Espagne, Charles IV, était un honnête homme, point dur et brusque comme Louis XVI, plus agréable de sa personne, mais moins instruit, et d'une faiblesse encore plus grande. Il se levait fort matin, non pour vaquer à ses devoirs royaux, mais pour entendre plusieurs messes, et descendre ensuite dans ses ateliers, où, mêlé à des tourneurs, des forgerons, des armuriers, dépouillé comme eux de ses habits, il travaillait dans leur compagnie, à des ouvrages de toute espèce. Aimant beaucoup la chasse, il préférait le travail des armes. De ses ateliers il se rendait à ses écuries, pour assister aux soins donnés à ses chevaux, et se livrait avec ses palefreniers aux plus incroyables familiarités. Après avoir employé ainsi la première moitié de sa journée, il prenait un repas solitaire, auquel la reine et ses enfants même n'étaient pas admis, et consacrait l'autre moitié de la journée à la chasse. Plusieurs centaines de chevaux et de domestiques étaient mis en mouvement pour ce plaisir quotidien, qui était sa passion dominante. Après avoir couru comme un jeune homme, il rentrait au palais, donnait un quart d'heure à ses enfants, une demi-heure à la signature des actes résolus par la reine et les ministres, se livrait au plaisir du jeu avec quelques seigneurs de sa cour, quel-

Août 1808.

Le roi Charles IV

quefois sommeillait avec eux jusqu'à l'heure de son dernier repas, qui était suivi du coucher, fixé tous les jours à la même heure. Telle était sa vie, sans que jamais un seul changement y fût apporté dans l'année, excepté pendant la semaine sainte, consacrée tout entière à des pratiques religieuses. Du reste, honnête homme, fidèle à sa parole, doux, humain, religieux, d'une chasteté exemplaire, quoique étranger à la reine depuis qu'elle lui en avait fait donner l'ordre par ses médecins, il n'avait d'autre part aux scandales de sa cour, aux fautes de son gouvernement, que de les laisser commettre, sans les voir, sans y croire, pendant la durée d'un long règne.

À côté de lui, la reine, sœur du duc de Parme, élève de Condillac, qui avait fait pour elle et pour son frère de beaux ouvrages d'éducation, menait une vie toute différente, et qui ferait bien peu d'honneur au célèbre philosophe instituteur de sa jeunesse, si les philosophes pouvaient ordinairement répondre de leurs disciples. Elle avait près de cinquante ans, et certains restes de beauté qu'elle cherchait à perpétuer au moyen de soins infinis. Entendant, comme le roi, la messe tous les jours, elle employait à correspondre avec quantité de personnes, et particulièrement avec le prince de la Paix, le temps que Charles IV consacrait à ses ateliers et à ses écuries. Dans cette correspondance, elle mandait au prince de la Paix les affaires de la cour et de l'État, et en recevait le récit des puérilités ou des scandales de Madrid. Elle terminait sa matinée en donnant une heure à ses enfants, et une heure aux soins du gouvernement. Pas un acte, pas une nomination, pas une grâce, n'allaient à la signature royale, avant de lui avoir été soumis. Le ministre qui se fût permis une telle infraction aux conditions de sa faveur, eût succombé sur-le-champ. Elle prenait seule, comme le roi, son repas du milieu du jour; le reste de l'après-midi était consacré aux réceptions, dont elle s'acquittait avec beaucoup de grâce, et au prince de la Paix, qui obtenait chaque jour plusieurs heures de son temps.

On sait que le prince de la Paix n'était plus ministre à l'époque dont nous parlons. M. d'Urquijo, que nous ferons connaître tout à l'heure, l'avait remplacé; mais ce prince n'en était pas moins la première autorité du royaume. Ce personnage singulier, incapable, ignorant, léger, mais de belle apparence, comme il faut être pour réussir dans une cour corrompue, dominateur arrogant de la reine Louise, régnait depuis vingt ans sur cette âme vide et frivole. Ennuyé de sa haute faveur, il la partageait volontiers avec d'obscurs favoris, se livrait à mille désordres, qu'il racontait à son esclave couronnée, se plaisant à la désespérer par ses récits, la maltraitant même, disait-on, de la manière la plus grossière : et cependant il conservait un empire absolu sur cette princesse, qui ne savait pas lui résister, qui ne pouvait pas vivre heureuse si elle ne l'avait vu tous les jours. Après lui avoir livré long-temps le gouvernement sous le titre officiel de premier ministre, elle le lui livrait tout autant aujourd'hui, quoiqu'il n'eût plus ce titre, car rien ne se faisait en Espagne que par sa volonté. Il disposait de toutes les ressources de l'État, et il avait chez lui des sommes énormes en numéraire, tandis que le trésor, condamné à la plus grande gêne, vivait d'un papier-monnaie discrédité, et réduit à moitié de sa valeur. La nation s'était presque habituée à ce spectacle; elle ne s'indignait que lorsqu'un scandale nouveau, extraordinaire, faisait monter la rougeur au front des braves Espagnols, dont la résistance héroïque montra bientôt qu'ils étaient dignes d'un autre gouvernement. Au moment où l'Europe retentissait des grands événements qui se passaient sur le Pô et le Danube, la cour d'Espagne était frappée d'un scandale inouï, et qui avait failli lasser la patience de la nation. Le prince de la Paix, de désordres en désordres, venait d'aboutir à un mariage avec une parente de la famille royale. Un fruit était né de cette union. Le roi et la reine, voulant tenir eux-mêmes l'enfant nouveau-né sur les fonts baptismaux, avaient procédé avec tout le cérémonial en usage pour le baptême des infants. Les plus grands seigneurs de la cour s'étaient vus contraints à faire le service qu'on aurait exigé d'eux, s'il se fût agi d'un rejeton de la royauté. On avait donné à cet enfant dans les langes les grands ordres de la couronne, et des présents magnifiques; le grand-inquisiteur avait officié dans la cérémonie religieuse. Il est vrai que cette fois l'indignation était montée au comble, et que chaque Espagnol s'était cru personnellement outragé par cet odieux scandale. Les choses en étaient venues à ce point, que les ministres espagnols s'en ouvraient eux-mêmes avec les ambassadeurs étrangers, et particulièrement avec l'ambassadeur de France, qui était leur recours accoutumé dans la plupart de leurs embarras, et qui tenait de leur propre bouche les affreux détails que nous rapportons ici.

Au milieu de ces turpitudes, le roi seul, entouré par son épouse d'une surveillance continuelle, ignorait tout, ne se doutait de rien. Ni les cris de ses sujets, ni la révolte accidentelle de quelques grands d'Espagne, se soulevant contre le service qu'on exigeait de leur part, ni les assiduités inexplicables du prince de la Paix, ne pouvaient dessiller ses yeux. Ce pauvre et bon roi tenait même quelquefois ce singulier propos, qui embarrassait tous les assistants condamnés à l'entendre : Mon frère de Naples est un sot, qui se laisse mener par sa femme. — Il faut ajouter que le prince des Asturies, depuis Ferdinand VII, élevé loin de la cour, et avec une incroyable dureté, détestait le favori, dont il connaissait l'influence criminelle, et que sa juste haine pour le favori finissait par se convertir chez lui en une haine involontaire pour son père et sa mère.

Quel spectacle, à la fin du dix-huitième siècle, au commencement du dix-neuvième, quand le trône de France venait de s'écrouler avec éclat, et quand sur ses débris venait de s'élever un jeune capitaine, simple, sévère, infatigable, plein de génie! Combien de temps la monarchie espagnole pouvait-elle résister au dangereux effet de ce contraste ?

La maison d'Espagne, au milieu de ces désordres, était saisie parfois de pressentiments confus, et se prenait souvent à craindre une révolution. L'antique attachement des Espagnols pour la royauté et pour la religion, la rassurait sans doute ; mais elle craignait de voir arriver la Révolution par les Pyrénées, et elle cherchait à conjurer le danger par une déférence entière envers la République française. L'incroyable brutalité du cabinet anglais, les emportements de Paul Ier à son égard, au moment de la seconde coalition, avaient achevé de la jeter complétement dans nos bras. Elle trouvait cela commode, même honorable, depuis que le général Bonaparte avait ennobli, par sa présence au pouvoir, toutes les relations des cabinets avec le gouvernement de la République.

Le bon roi Charles IV s'était épris, quoique de loin, d'une sorte d'amitié pour le Premier Consul. Ce sentiment augmentait chaque jour, et on est douloureusement affecté quand on songe comment devait finir, sans perfidie du côté de la France, mais par un inconcevable enchaînement de circonstances, comment devait finir ce singulier attachement. C'est un grand homme que le général Bonaparte, disait sans cesse Charles IV. La reine le disait aussi, mais plus froidement, parce que le prince de la Paix, porté à critiquer quelquefois ce que faisait la cour d'Espagne, dont il n'était plus le ministre, paraissait blâmer le penchant qu'on témoignait pour le gouvernement de la France. Cependant le Premier Consul, informé par M. Alquier, notre ambassadeur, homme de beaucoup de sens et d'esprit, qu'il fallait absolument acquérir à Madrid la bonne volonté du prince de la Paix, le Premier Consul avait envoyé à ce favori des armes magnifiques, sorties de la manufacture de Versailles. Cette attention du plus grand personnage de l'Europe avait touché la vanité du prince de la Paix. Quelques soins de notre ambassadeur avaient achevé de nous le conquérir, et depuis lors la cour d'Espagne tout entière semblait se donner à nous sans réserve.

Août 1800.

On ne rencontrait un peu de résistance que chez le ministre d'Urquijo, caractère bizarre, naturellement ennemi du prince de la Paix dont il était le successeur, et n'aimant pas beaucoup plus le général Bonaparte. M. d'Urquijo, d'extraction populaire, doué de quelque énergie, s'étant attiré l'inimitié du clergé et de la cour pour d'insignifiantes réformes, qu'il avait essayées dans l'administration du royaume, inclinait, d'une manière étonnante pour un Espagnol de ce temps, vers les idées révolutionnaires. Il était lié avec beaucoup de démagogues français, et partageait jusqu'à un certain point leur aversion pour le Premier Consul. Il avait le mérite de vouloir réformer les abus les plus criants, de chercher, par exemple, à diminuer les revenus du clergé et la juridiction des agents de la cour de Rome. Il était pour cet objet en instance auprès du Saint-Siége; mais en faisant cette tentative, il s'était exposé à de graves dangers. Ayant, en effet, contre lui le prince de la Paix,

Le ministre d'Urquijo.

il était perdu si l'influence romaine se joignait pour le renverser à l'influence intérieure du palais. Touché de quelques attentions de M. Alquier, témoin d'ailleurs du penchant du roi et de la reine, M. d'Urquijo avait fini à son tour par admirer le général Bonaparte, qu'il était non-seulement naturel, mais tout à fait à la mode d'admirer alors.

Le penchant du roi devint bientôt on ne peut pas plus vif. Ayant vu les armes envoyées au prince de la Paix, il conçut et exprima le désir d'en avoir de pareilles. On se hâta d'en faire fabriquer de magnifiques, qu'il reçut avec une véritable joie. La reine aussi désira des parures, et madame Bonaparte, dont le goût était renommé, lui envoya tout ce que Paris produisait en ce genre de plus recherché et de plus élégant. Charles IV, généreux comme un Castillan, ne voulut pas rester en arrière, et prit soin de s'acquitter d'une manière toute royale. Sachant que des chevaux seraient agréables au Premier Consul, il dépeupla de leurs plus beaux sujets les haras d'Aranjuez, de Medina-Cœli et d'Altamire, pour trouver d'abord six, puis douze, puis seize chevaux, les plus beaux de la Péninsule. On ne sait où il se serait arrêté, si on ne l'avait modéré dans son ardeur. Il employa deux mois à les choisir lui-même, et personne ne pouvait mieux s'acquitter de ce soin, car il était un parfait connaisseur. Il composa en outre un nombreux personnel pour les conduire en France, désigna pour cette mission ses meilleurs écuyers, les fit revêtir de livrées magnifiques, et mit seulement une condition à tout ce faste, c'est que pendant le voyage en France on ferait entendre à ses palefreniers la messe chaque dimanche. On lui promit ce qu'il désirait, et sa joie de faire un beau présent au Premier Consul, fut alors sans mélange. Tout en aimant la France, ce prince excellent croyait qu'on ne pouvait y demeurer quelques jours, sans perdre entièrement la religion de ses pères.

L'éclat de ces démonstrations convenait fort au Premier Consul. Il lui plaisait, il regardait comme utile, de montrer à l'Europe, et même à la France, les successeurs de Charles-Quint, les descendants de Louis XIV, s'honorant de leurs relations personnelles avec lui. Mais il recherchait des avantages plus solides dans ses relations diplomatiques, et visait à un but plus sérieux.

Le roi et la reine d'Espagne aimaient avec passion l'un de leurs enfants, c'était l'infante Marie-Louise, laquelle avait épousé le prince héréditaire de Parme. La reine, sœur, comme nous l'avons dit, du duc régnant de Parme, avait uni sa fille à son neveu, et concentré sur ces deux têtes ses plus chères affections, car elle avait un attachement extrême pour la maison dont elle était issue. Elle rêvait pour cette maison un agrandissement en Italie; et comme l'Italie dépendait du vainqueur de Marengo, c'est en lui qu'elle avait mis toutes ses espérances, pour obtenir l'accomplissement de ses vœux. Le Premier Consul, averti des désirs secrets de la reine, n'eut garde de négliger ce moyen d'arriver à ses vues, et il fit partir pour Madrid son fidèle Berthier,

Août 1800.

La reine d'Espagne sollicite un agrandissement pour la maison de Parme.

afin de profiter de la circonstance qui se présentait. Ce fut son premier soin au retour de Marengo. S'il avait dépêché l'un de ses aides-de-camp à Berlin et à Vienne, il voulut faire plus pour la cour d'Espagne; il voulut lui envoyer l'homme qui avait le plus de part à sa gloire, car Berthier était alors le Parménion du nouvel Alexandre.

C'est dans le moment même où le Premier Consul négociait avec M. de Saint-Julien les préliminaires de paix, où il séduisait le cœur si inflammable de Paul Ier, et fomentait dans le Nord la querelle des neutres, c'est dans ce moment qu'il expédia en toute hâte le général Berthier à Madrid. Celui-ci partit vers la fin d'août (commencement de fructidor), sans titre officiel, mais avec la certitude de produire un grand effet par sa seule présence, et avec des pouvoirs secrets pour traiter des sujets les plus graves.

Son voyage avait plusieurs objets : le premier était de visiter les principaux ports de la Péninsule, d'examiner leur état, leurs ressources, et d'y presser, l'argent à la main, des expéditions pour Malte et pour l'Égypte. Berthier s'acquitta rapidement de ce soin, et courut ensuite à Madrid, remplir la mission plus importante dont il était chargé. Le Premier Consul voulait bien accorder un agrandissement de territoire à la maison de Parme, il était même disposé à joindre à cet agrandissement un titre nouveau, celui de roi, ce qui aurait mis le comble aux vœux de la reine; mais il demandait qu'on lui payât ces largesses de deux façons : d'abord, en rétrocédant la Louisiane à la France; secondement, en faisant une injonction menaçante à la cour de Portugal, pour la décider à faire la paix avec la République, et à rompre avec l'Angleterre.

Voici les motifs du Premier Consul pour exiger de telles conditions. Depuis la mort de Kléber, il commençait à concevoir des inquiétudes pour la conservation de l'Égypte, et il partageait avec tous les gens de son temps l'ambition des possessions lointaines. La rivalité de la France avec l'Angleterre, qui ne combattaient depuis un siècle que pour les Indes orientales et occidentales, avait exalté au plus haut point la passion d'avoir des colonies. Si l'Égypte venait à nous être ravie, le Premier Consul voulait avoir fait quelque chose pour la grandeur coloniale de la France. Il regardait sur la carte du monde, et voyait une magnifique province, placée entre le Mexique et les États-Unis, autrefois possédée par la France, cédée dans un temps d'abaissement par Louis XV à Charles III, fort menacée par les Anglais et les Américains tant qu'elle serait dans les mains impuissantes des Espagnols, de peu de valeur pour ceux-ci, qui possédaient une moitié du continent américain, mais d'une grande valeur pour les Français qui n'avaient rien dans cette partie de l'Amérique, et pouvant devenir féconde quand l'activité de ces derniers se concentrerait spécialement sur son territoire : cette province était la Louisiane. Si l'Égypte perdue ne pouvait plus nous fournir le dédommagement de Saint-Domingue, le Premier Consul espérait le trouver dans la Louisiane.

Août 1800.

La Louisiane demandée comme équivalent de la Toscane.

Août 1800.

Contrainte exercée à l'égard du Portugal pour l'obliger à rompre avec les Anglais.

Il la demandait donc formellement à l'Espagne pour prix d'un territoire en Italie. Il exigeait accessoirement qu'on lui fît don d'une partie des vaisseaux espagnols bloqués dans la rade de Brest. Quant au Portugal, il voulait profiter de la position géographique de l'Espagne à son égard, et de la parenté qui unissait les deux maisons régnantes de la Péninsule, pour le détacher de l'alliance anglaise. Le prince de Brésil, gouverneur du Portugal, était, en effet, gendre du roi et de la reine d'Espagne. On avait donc à Madrid, outre la puissance du voisinage, l'influence de famille, et c'était bien le cas de se servir de ce double moyen, pour chasser les Anglais de cette partie du continent. Les Anglais, une fois exclus du Portugal, lorsque déjà les côtes de la Prusse, du Danemark, de la Russie et de la Suède allaient leur être fermées, lorsque Naples, condamnée à subir les volontés de la France, allait recevoir l'ordre de leur interdire ses ports, les Anglais devaient être bientôt exclus du continent tout entier.

Telles furent les conditions que Berthier eut ordre de porter à Madrid. Il fut parfaitement accueilli par le roi, la reine, le prince de la Paix, et par tous les grands d'Espagne fort curieux de voir l'homme dont le nom figurait toujours à côté du nom du général Bonaparte, dans le récit des guerres contemporaines. Les conditions de la France paraissaient rigoureuses, cependant elles ne pouvaient rencontrer une sérieuse résistance. Le ministre d'Urquijo seul, craignant l'effet que cette cession pourrait produire sur les Espagnols, semblait résister un peu plus que la cour. On fit valoir, pour le rassurer, des raisons qui étaient incontestablement bonnes. On lui dit qu'il fallait beaucoup de territoire aux bords encore inhabités du Mississipi, pour présenter un équivalent des moindres possessions en Italie; que les Espagnols avaient besoin, dans le golfe du Mexique, d'alliés tels que les Français contre les Anglais et les Américains; que si la Louisiane avait beaucoup de valeur pour la France, privée de toutes ses possessions coloniales, elle n'en avait presque aucune pour l'Espagne, déjà si riche dans le Nouveau-Monde; qu'une augmentation d'influence en Italie valait bien mieux pour l'Espagne, qu'un territoire lointain, placé dans une région où elle avait plus de pays qu'elle n'en pouvait exploiter et défendre; enfin, que c'était une ancienne possession française arrachée à la faiblesse de Louis XV, et que Charles III lui-même, dans sa loyauté bien connue du monde, avait un moment refusée, tant il trouvait qu'elle lui était peu due. Ces raisons étaient excellentes, et certainement l'Espagne, en cette circonstance, ne donnait pas plus qu'elle ne recevait. Mais ce qui décida M. d'Urquijo, plus que tous les arguments les meilleurs, ce fut la crainte de blesser la France, et de faire manquer une combinaison à laquelle sa cour tenait avec une sorte de passion.

On convint d'un traité éventuel, par lequel le Premier Consul promettait de procurer au duc de Parme une augmentation d'états en Italie, de 1200 mille âmes environ; de lui assurer en outre le titre de roi, et la reconnaissance de ce nouveau titre de la part de tous les souverains de l'Europe, à l'époque de la paix générale. En retour, l'Espagne, dès qu'une partie de ces conditions serait remplie, devait rétrocéder à la France la Louisiane, avec l'étendue qu'avait cette province lorsqu'elle fut cédée par Louis XV à Charles III, et donner en plus six vaisseaux de ligne, gréés, armés, prêts à recevoir leurs équipages. Ce traité, signé par Berthier à Madrid, remplit la reine de joie, et porta au comble l'engouement de la cour d'Espagne pour le Premier Consul.

La dernière condition, qui avait pour but de contraindre le Portugal à rompre avec l'Angleterre, était facile, car elle entrait dans les intérêts de l'Espagne, autant que dans ceux de la France. L'Espagne, en effet, était aussi intéressée que la France à enlever des armes à l'Angleterre, et surtout à l'exclure du continent. Le Premier Consul ne faisait en cela que réveiller son impardonnable apathie, et la pousser à se servir d'une influence, dont elle aurait dû avoir fait usage depuis long-temps. Il allait plus loin dans ses projets à cet égard; il proposait à Charles IV, si la cour de Lisbonne ne se rendait pas immédiatement à l'injonction qui lui serait faite, de franchir la frontière du Portugal avec une armée, de s'emparer d'une ou deux provinces, et de les garder comme gages, afin d'obliger plus tard l'Angleterre, pour sauver les états de son allié, à restituer les colonies espagnoles qu'elle avait conquises. Quant à lui, si Charles IV ne se croyait pas assez fort pour tenter cette entreprise, il lui offrait le secours d'une division française. Ce bon roi n'en demandait pas tant. Le prince de Brésil était son gendre ; il ne voulait donc pas lui enlever des provinces, dussent-elles servir uniquement de gage pour la restitution des provinces espagnoles. Mais il lui adressa les exhortations les plus pressantes, et y ajouta même des menaces de guerre, si ses conseils n'étaient pas écoutés. La cour de Lisbonne promit d'envoyer immédiatement un négociateur à Madrid, pour conférer avec l'ambassadeur de France.

Berthier revint à Paris comblé des faveurs de la cour d'Espagne, et put affirmer au Premier Consul qu'il avait à Madrid des cœurs entièrement dévoués. Les magnifiques chevaux donnés par Charles IV arrivèrent à peu près à cette époque, et furent présentés sur la place du Carrousel au Premier Consul, dans l'une de ces grandes revues, où il se plaisait à montrer aux Parisiens et aux étrangers les soldats qui avaient vaincu l'Europe. Une foule immense de curieux vint contempler ces beaux animaux, ces écuyers richement vêtus, qui rappelaient les anciennes pompes royales, et qui prouvaient la considération, les soins empressés des plus vieilles cours de l'Europe pour le nouveau chef de la République française.

Dans ce moment survinrent à Paris trois négociateurs américains, MM. Olivier Ellsworth, Richardson Davie, et Van-Murray, chargés de rapprocher la France et les États-Unis. Cette république, dominée par l'intérêt beaucoup plus que par la reconnaissance, gouvernée surtout alors par la politique du parti fédéraliste, s'était rapprochée de la Grande-

Bretagne pendant la dernière guerre, et avait manqué non-seulement à la France, mais à elle-même, en désertant les principes de la neutralité maritime. Malgré le traité d'alliance de 1778, auquel elle devait l'existence, traité qui l'obligeait à n'accorder à personne des avantages commerciaux qui ne fussent en même temps communs aux Français, elle avait concédé à la Grande-Bretagne des avantages particuliers et exclusifs. Abandonnant le principe que *le pavillon couvre la marchandise*, elle avait admis que la propriété ennemie pût être recherchée sur un vaisseau neutre, et saisie si son origine était reconnue. C'était là une conduite aussi malhabile que peu honorable. Le Directoire, naturellement fort irrité, avait eu recours au système des représailles, en déclarant que la France traiterait les neutres comme ils se laisseraient traiter par l'Angleterre. De rigueurs en rigueurs, on en était arrivé avec l'Amérique à un état de guerre presque déclaré, mais sans hostilités de fait.

C'est cet état de choses que le Premier Consul avait à cœur de faire cesser. On a vu quels honneurs il avait fait rendre à Washington, dans la double intention d'agir au dedans et au dehors ; il nomma trois plénipotentiaires, son frère Joseph Bonaparte, et les deux conseillers d'État Fleurieu et Rœderer, pour s'entendre avec les plénipotentiaires américains, et pressa vivement la conclusion de la négociation, afin de donner prochainement un nouvel adversaire à l'Angleterre, en plaçant une puissance de plus sur la liste de celles qui s'engageraient à faire observer les vrais principes de la neutralité maritime. Le premier obstacle au rapprochement était l'article par lequel l'Amérique avait promis de faire partager à la France les avantages commerciaux accordés par elle à toutes les nations. Cette obligation de ne rien faire pour les autres sans le faire aussitôt pour nous causait aux Américains d'assez grands embarras. Leurs négociateurs ne se montraient pas disposés à céder sur ce point, mais ils paraissaient prêts à reconnaître et à défendre les droits des neutres, et à rétablir dans leurs stipulations avec la France les principes dont ils avaient fait l'abandon en traitant avec l'Angleterre. Le Premier Consul, qui tenait beaucoup plus aux principes de la neutralité maritime qu'aux avantages commerciaux du traité de 1778, devenus illusoires dans la pratique, le Premier Consul enjoignit à son frère de passer outre, et de conclure un arrangement avec les envoyés américains, pourvu qu'on obtînt d'eux une complète et solennelle reconnaissance des principes du droit des gens, qu'il importait de faire prévaloir. Cette difficulté levée, on fut bientôt d'accord sur le reste, et on s'apprêtait dans le moment à signer un traité de réconciliation avec l'Amérique.

<small>Août 1800.</small>

Un autre rapprochement beaucoup plus important encore, celui de la République avec le Saint-Siége, commençait à s'opérer. Le nouveau pape, élu dans l'espérance vague d'un raccommodement avec la France, avait vu se réaliser cette espérance, à la-

<small>Arrivée à Paris de M. Spina, archevêque de Corinthe, chargé de négocier pour le Saint-Siége</small>

Août 1800.

quelle il devait son élévation. Le général Bonaparte, comme nous l'avons dit, revenant de Marengo, avait fait parvenir quelques ouvertures à Pie VII par le cardinal Martiniana, évêque de Verceil, en assurant qu'il n'avait pas l'intention de rétablir les Républiques Romaine et Parthénopéenne, enfantées par le Directoire. Il avait certainement assez en Italie, de la République Cisalpine à constituer, à diriger, à défendre contre la politique et les intérêts de toute l'Europe. Le général Bonaparte avait demandé en retour que le nouveau pontife usât de sa puissance sur les âmes pour l'aider à rétablir en France la concorde et la paix. Le Pape reçut avec joie le comte Alciati, neveu du cardinal Martiniana, chargé de porter les ouvertures du Premier Consul; il le renvoya sur-le-champ à Verceil, pour déclarer en son nom, que, disposé à seconder les intentions du Premier Consul relativement à un objet si important et si cher à l'Église, il désirait auparavant connaître d'une manière un peu plus précise les vues du cabinet français. Le cardinal écrivit donc de Verceil à Paris pour faire part des dispositions et des désirs du nouveau pape. Le Premier Consul en réponse, demanda un négociateur avec lequel il pût s'expliquer directement, et le Pape désigna aussitôt monsignor Spina, évêque de Corinthe, nonce du Saint-Siége à Florence. Ce négociateur, après s'être rendu d'abord à Verceil, se décida ensuite à partir pour Paris, sur les vives instances du Premier Consul, qui voulait, en attirant auprès de lui cette négociation, être plus sûr de la faire réussir. C'était, de la part du Premier Consul, une tentative délicate que d'amener à Paris un représentant du Saint-Siége, surtout dans l'état des esprits, qui n'étaient pas préparés encore à un spectacle de ce genre. Il était convenu que monsignor Spina n'aurait aucun titre officiel, et se dirait archevêque de Corinthe, chargé de traiter avec le gouvernement français des affaires du gouvernement romain.

Pendant ces négociations, si activement et si habilement dirigées avec toutes les puissances, M. de Saint-Julien, signataire et porteur des préliminaires de paix, s'était dirigé sur Vienne, en compagnie de Duroc. Sentant bien l'imprudence de sa conduite, il n'avait pas dissimulé à M. de Talleyrand, qu'il n'était pas sûr de pouvoir conduire Duroc jusqu'à Vienne. L'illusion du ministre ne lui avait pas permis de croire à cette difficulté, et il avait été convenu que M. de Saint-Julien et Duroc passeraient par le quartier-général de M. de Kray, établi près de l'Inn, à Alt-Œttingen, pour obtenir de ce général des passe-ports qui permissent à Duroc de pénétrer en Autriche. Ils arrivèrent au quartier-général le 4 août 1800 (16 thermidor an VIII); mais Duroc fut retenu, et ne put franchir la limite tracée par l'armistice. C'était un premier signe peu favorable de l'accueil destiné aux préliminaires. M. de Saint-Julien se rendit alors tout seul à Vienne, disant à Duroc qu'il allait demander des passe-ports pour lui, et les expédier au quartier-général s'il les obtenait. M. de Saint-Julien se transporta donc auprès de l'empereur, et lui remit les articles qu'il avait signés à Paris, sauf la ra-

Août 1809.

M. de Saint-Julien est désavoué, et les préliminaires sont considérés comme non avenus.

Offre de l'Autriche d'ouvrir un congrès.

tification, et sauf le secret. L'empereur fut très-surpris et très-mécontent de la singulière latitude que M. de Saint-Julien avait donnée à ses instructions. Ce n'étaient pas précisément les conditions contenues dans les articles préliminaires qui lui déplaisaient, c'était la crainte d'être compromis auprès de l'Angleterre, qui venait de l'aider de son argent, et qui était fort soupçonneuse. Il voulait bien aller jusqu'à connaître les intentions du Premier Consul, en faisant connaître une partie des siennes, mais il n'aurait voulu à aucun prix signer un acte quelconque, car cela supposait une négociation ouverte sans la participation du cabinet britannique. Aussi, malgré le danger de provoquer un orage du côté de la France, le cabinet impérial prit le parti de désavouer M. de Saint-Julien. Cet officier fut publiquement très-maltraité, et envoyé en quelque sorte en exil, dans l'une des provinces reculées de l'empire. Les préliminaires furent considérés comme non avenus, ayant été signés, quoique provisoirement, par un agent sans caractère et sans pouvoir. Duroc ne reçut point de passe-ports, et après avoir attendu jusqu'au 13 août (25 thermidor), il dut reprendre la route de Paris.

Tout cela, indépendamment des délais apportés à la conclusion de la paix, était assez désagréable à dire au Premier Consul, et l'Autriche avait à craindre l'effet d'une semblable communication sur son caractère irritable. Il était bien possible qu'il quittât Paris sur-le-champ, se mît à la tête des armées de la République, et marchât sur Vienne. La cour d'Autriche résolut donc, tout en désavouant les préliminaires, de ne pas faire de ce désaveu une rupture, et de proposer au gouvernement français l'ouverture immédiate d'un congrès. Lord Minto, représentant du cabinet britannique auprès de l'empereur, consentait à laisser négocier l'Autriche, mais à condition que l'Angleterre fût comprise dans la négociation. On s'entendit avec lui pour proposer des conférences diplomatiques, auxquelles l'Angleterre et l'Autriche prendraient également part. En conséquence, M. de Thugut écrivit à M. de Talleyrand, à la date du 11 août (23 thermidor), que, tout en désavouant la conduite imprudente de M. de Saint-Julien, l'empereur n'en désirait pas moins vivement la paix; qu'il proposait donc l'ouverture immédiate d'un congrès, en France même, à Schélestadt ou Lunéville, comme on voudrait; que la Grande-Bretagne était prête à y envoyer un plénipotentiaire, et que, si le Premier Consul s'y prêtait, la paix générale pouvait être bientôt rendue au monde. Tout cela était accompagné des expressions les plus propres à calmer le caractère impétueux de l'homme qui gouvernait alors la France.

Lorsque le Premier Consul reçut ces nouvelles, il en conçut une vive irritation. Il était offensé d'abord du désaveu de l'officier qui avait traité avec lui, et ensuite il voyait avec chagrin la paix s'éloigner. Il apercevait surtout, dans la présence de l'Angleterre au milieu de la négociation, une cause de délais interminables, car la paix maritime était bien plus difficile à conclure que la paix continentale. Dans le

Août 1800.

Irritation du Premier Consul en apprenant le désaveu de M. de Saint-Julien.

moment, et sous l'empire d'une première impression, il voulait faire un éclat, dénoncer l'Autriche comme ayant manqué de bonne foi, et recommencer les hostilités sur-le-champ. M. de Talleyrand, sentant bien qu'il s'était mis lui-même dans son tort, en négociant avec un plénipotentiaire sans pouvoirs, s'efforça de calmer le Premier Consul. La matière fut soumise au Conseil d'État. Ce grand corps, qui n'est plus aujourd'hui qu'un tribunal administratif, était alors un vrai conseil de gouvernement. Le ministre lui adressa un rapport détaillé. « Le Premier Consul, disait-il dans ce rapport, a jugé à propos de convoquer extraordinairement le Conseil d'État, et, se confiant à sa discrétion comme à ses lumières, il m'a chargé de lui faire connaître tous les détails les plus particuliers de la négociation qui a été suivie avec la cour de Vienne. » Après avoir exposé cette négociation, comme on aurait pu le faire devant un conseil de ministres, M. de Talleyrand reconnaissait que le plénipotentiaire autrichien n'avait pas de pouvoirs, qu'en négociant avec lui on avait dû prévoir la possibilité d'un désaveu, qu'en conséquence on ne pouvait sur ce sujet *établir une polémique d'apparat*, et qu'il fallait renoncer à un éclat. Mais, rappelant l'exemple des négociations pour la paix de Westphalie, qui avaient précédé de beaucoup la signature du traité de Munster, et pendant lesquelles on avait à la fois négocié et combattu, il proposait d'accepter l'ouverture d'un congrès, et en même temps de recommencer les hostilités.

ARMISTICE.   133

C'est en effet ce qu'il y avait de plus sage à faire. Il fallait traiter, puisque les puissances ennemies en adressaient l'offre à la France, mais profiter de ce que nos armées étaient toutes prêtes à rentrer en campagne, et de ce que les armées autrichiennes n'étaient pas encore remises de leurs défaites, pour forcer l'Autriche à négocier sérieusement, et à se séparer de l'Angleterre.

On pouvait toutefois essayer une chose, qui avait aussi ses avantages, et le Premier Consul la saisit avec son ordinaire sagacité. L'Angleterre proposait une négociation commune. Il y avait, à l'admettre dans un congrès, le danger d'y introduire une partie contractante peu pressée de conclure, le danger surtout de compliquer la paix continentale de toutes les difficultés de la paix maritime : le temps s'écoulerait donc dans des négociations, ou peu sincères ou rendues plus difficiles ; on laisserait passer la saison des combats, on donnerait aux armées autrichiennes un répit dont elles avaient grand besoin. C'étaient là de graves inconvénients. Mais on pouvait trouver un dédommagement à tout cela : c'était, puisque l'Angleterre demandait à être admise dans la négociation, de l'y admettre, mais à une condition, celle de conclure aussi un armistice maritime. Si l'Angleterre consentait à une telle chose, les bénéfices de l'armistice maritime surpassaient de beaucoup les inconvénients de l'armistice continental ; car nos flottes, pouvant circuler en liberté, auraient le moyen d'approvisionner Malte, et de porter en Égypte des soldats et du matériel. Pour un avantage pareil, le

Août 1800.

Le Premier Consul consent à une négociation commune, comprenant toutes les puissances, à la condition d'un armistice naval.

Premier Consul se serait exposé volontiers à faire une campagne de plus sur le continent. L'armistice maritime était sans doute quelque chose de très-nouveau, de peu usité dans le droit des gens; mais il fallait bien que l'alliance anglo-autrichienne payât de quelque manière le sacrifice que nous faisions de notre côté en suspendant la marche de nos légions sur Vienne.

Nous avions en permanence à Londres un négociateur sage, adroit, M. Otto, qui était là pour y traiter les affaires relatives aux prisonniers de guerre. Il avait même été choisi par notre cabinet, dans le but de s'en servir à la première occasion, pour faire ou écouter des ouvertures. On le chargea spécialement de s'adresser au cabinet britannique, et d'aborder directement la question d'un armistice naval. Le Premier Consul trouvait à cette façon de procéder l'avantage d'aller plus vite, et de traiter directement ses affaires, ce qu'il aimait toujours mieux que d'employer des intermédiaires. On donna le 24 août (6 fructidor an VIII) des instructions à M. Otto, conformes à ce nouveau projet de négociation. Le même jour on répondit aux communications de Vienne par une lettre fort dure. Dans cette lettre, on attribuait au traité de subsides, signé le 20 juin dernier, le refus d'admettre les préliminaires; on déplorait dédaigneusement la dépendance dans laquelle l'empereur s'était placé à l'égard de l'Angleterre; on acceptait un congrès à Lunéville, mais on ajoutait qu'en négociant il fallait cependant combattre, puisqu'en proposant une négociation commune, l'Autriche n'avait pas eu la précaution de préparer comme condition naturelle, une suspension d'armes sur terre et sur mer. C'était une manière d'engager la diplomatie autrichienne à intervenir elle-même à Londres, afin d'obtenir l'armistice naval.

Les communications s'établirent à Londres entre M. Otto et le capitaine George, chef du *Transport-office*. Elles durèrent tout le mois de septembre. M. Otto proposa, au nom de la France, que les hostilités fussent suspendues sur terre et sur mer; que la circulation fût permise à tous les vaisseaux de commerce et de guerre des nations belligérantes; que les ports appartenant à la France ou occupés par ses armées, tels que ceux de Malte et d'Alexandrie, fussent assimilés aux places de Philipsbourg, Ulm et Ingolstadt en Allemagne, lesquelles, tout en étant bloquées par nos armées, pouvaient cependant recevoir des vivres et des approvisionnements. M. Otto, traitant franchement, convint que la France trouverait à cela de grands avantages, mais ajouta qu'il lui en fallait de très-grands, pour la dédommager de la concession qu'elle faisait, en laissant passer l'été sans achever la destruction des armées autrichiennes.

On avait, par cette demande, exigé de l'Angleterre un sacrifice que rien n'était capable de lui arracher. C'était, en effet, permettre le ravitaillement de Malte et de l'Égypte, et peut-être assurer pour toujours ces deux possessions à la France; c'était permettre aussi à la grande flotte franco-espagnole de sortir de Brest, de passer dans la Méditerranée, et d'y prendre une position qui la rendrait de nou-

Sept. 1800.

veau maîtresse de cette mer, pendant un temps plus ou moins long. L'Angleterre ne pouvait donc vouloir d'une telle proposition. Cependant le danger de l'Autriche la touchait fort; elle avait un grand intérêt à ne pas la laisser écraser, car, l'Autriche écrasée, le général Bonaparte, ayant toute la liberté de ses moyens, était capable de tenter quelque entreprise formidable contre les îles britanniques. En conséquence, elle crut devoir faire des sacrifices à un intérêt de ce genre, et, tout en se récriant sur l'étrangeté d'un armistice sur mer, elle

Contre-projet de l'Angleterre relativement à l'armistice maritime.

présenta un contre-projet à la date du 7 septembre 1800 (20 fructidor an VIII). D'abord elle acceptait Lunéville pour lieu du congrès, et désignait M. Thomas Grenville, frère du ministre des affaires étrangères, pour traiter de la paix générale. Ensuite elle proposait le système suivant, quant à l'armistice maritime. Toutes les hostilités seraient suspendues sur terre et sur mer; la suspension d'armes serait non-seulement commune aux trois parties belligérantes, l'Autriche, l'Angleterre et la France, mais à leurs alliés. Cette disposition avait pour but de délivrer le Portugal des instances menaçantes de l'Espagne. Les places maritimes qui étaient bloquées, telles que celles de Malte et d'Alexandrie, seraient assimilées aux places d'Allemagne, et approvisionnées tous les quinze jours, proportionnément à la consommation opérée dans l'intervalle de temps écoulé. Les vaisseaux de guerre de haut bord, stationnés dans les ports de Brest et autres, ne pourraient pas changer de station pendant l'armistice.

ARMISTICE.   437

Ce contre-projet était, de la part de l'Angleterre, plutôt un témoignage de bonne volonté envers l'Autriche, qu'une concession effective sur le point important de la négociation. Malte pouvait sans doute gagner quelque chose à être approvisionnée pendant quelques mois; mais l'Égypte n'avait pas besoin de vivres. C'étaient des soldats, des fusils, des canons, qu'il lui fallait, et pas du tout des grains, dont elle pouvait donner à tout le monde.

Cependant la France, en cédant sur quelques points, pouvait trouver encore d'assez grands avantages à l'armistice naval, pour l'admettre, même avec des modifications.

Le 24 septembre (4ᵉ jour complémentaire an VIII), le Premier Consul fit une proposition, qui fut la dernière. Il consentait à ce que les vaisseaux de ligne de haut bord ne pussent pas changer de station, ce qui condamnait l'escadre combinée de l'Espagne et de la France à rester bloquée dans Brest; il demandait que Malte fût ravitaillée tous les quinze jours à raison de 10 mille rations par jour; il consentait à ce que l'Égypte demeurât bloquée; mais il demandait que six frégates pussent partir de Toulon, aller à Alexandrie, et en revenir sans être visitées.

Son intention était ici assez claire, et il avait raison de ne pas déguiser un intérêt, que tout le monde devinait à la première vue. Il voulait armer ces six frégates en flûtes, les charger d'hommes et de munitions de guerre, et les envoyer en Égypte. Il espérait qu'elles pourraient porter quatre mille soldats, beaucoup de fusils, de sabres, de bombes, de bou-

Sept. 1800.

Dernière proposition du Premier Consul relativement à l'armistice naval.

lets, etc. Il avait ainsi tout sacrifié pour se réduire à son objet essentiel, le ravitaillement de Malte, et le recrutement de l'armée d'Égypte.

Mais la difficulté, quelqu'effort qu'on fit de part et d'autre pour l'amoindrir, restait au fond la même. Car il s'agissait de conserver Malte et l'Égypte à la France, intérêt à l'égard duquel l'Angleterre ne voulait pas transiger. Il n'y avait donc pas moyen de s'entendre. La négociation fut abandonnée, sur le refus qu'on fit à Londres d'admettre le dernier projet d'armistice naval.

Avant de rompre définitivement ces pourparlers, le Premier Consul, à titre de bon procédé, laissa une dernière proposition à l'Angleterre. Il lui offrait, en renonçant à tout armistice, de traiter cependant avec elle, mais dans une négociation séparée de celle qui allait s'engager avec l'Autriche.

On était en septembre 1800; plusieurs mois s'étaient écoulés en vaines négociations, depuis les victoires de Marengo et d'Hochstett, et le Premier Consul ne voulait pas perdre plus de temps sans agir.

L'Autriche menacée avait répondu qu'elle ne pouvait pas forcer l'Angleterre à signer un armistice maritime; qu'elle offrait, quant à elle, de négocier sur-le-champ; qu'elle avait nommé M. de Lherbach pour se rendre à Lunéville; qu'il allait s'y rendre immédiatement; que M. Thomas Grenville attendait de son côté des passe-ports; qu'on pouvait donc négocier sans délai; mais qu'il n'était pas nécessaire de reprendre les hostilités pendant les négociations, et de verser encore des torrents de sang humain. Le

Premier Consul, qui apercevait bien l'intention secrète de tirer en longueur, et de gagner l'hiver, n'en persistait pas moins à dénoncer les hostilités, et avait donné des ordres en conséquence. Il avait parfaitement employé les deux mois écoulés, et mis la dernière main à l'organisation des armées. Voici quelles étaient, à cet égard, ses nouvelles dispositions.

Sept. 1800.

Moreau, comme nous l'avons dit, avait été obligé de renvoyer le général Sainte-Suzanne sur le Rhin avec quelques détachements, pour réunir les garnisons de Mayence et de Strasbourg, et tenir tête aux partisans levés par le baron d'Albini, dans le centre de l'Allemagne. C'était là un affaiblissement pour l'armée de Moreau, et en même temps un moyen insuffisant de couvrir ses derrières. Le Premier Consul, afin de prévenir tout danger de ce côté, s'était hâté de compléter l'armée batave, placée sous les ordres d'Augereau. Il l'avait formée de 8 mille Hollandais et de 12 mille Français, les uns et les autres tirés des troupes qui gardaient la Hollande et des départements du nord. Ces troupes, les plus fatiguées par les campagnes précédentes, refaites depuis par le repos, complétées par des recrues, présentaient maintenant des corps excellents. Augereau s'était porté à Francfort; il contenait là, par sa présence, les levées mayençaises du baron d'Albini, et les détachements autrichiens laissés dans les environs. Cette précaution prise, le corps de Sainte-Suzanne réorganisé, fort de 18 mille hommes à peu près, était revenu sur le Danube, et formait de nouveau l'aile

Soins donnés aux armées pendant la durée de l'armistice.

gauche de Moreau. Par ce retour, l'armée active du Rhin se trouvait portée à plus de 100 mille hommes.

Lorsque l'armée de réserve s'était jetée en Italie, elle avait dû laisser en arrière une partie des corps destinés à la composer, et dont on n'avait pas eu le temps d'attendre la complète formation. Au lieu de 60 mille hommes, effectif projeté, elle n'en avait réuni que 40 et quelques mille. Le Premier Consul, avec ces corps restés en arrière, avait formé une seconde armée de réserve, confiée à Macdonald, forte de 15 mille hommes, et l'avait placée dans les Grisons, en face du Tyrol; ce qui avait permis à Moreau d'attirer à lui son aile droite, commandée, comme on sait, par Lecourbe, et de réunir au besoin sous sa main la masse entière de ses forces, s'il lui fallait forcer la barrière de l'Inn.

De son côté l'armée d'Italie, établie sur les bords du Mincio par la convention d'Alexandrie, dispensée aussi, par la présence de Macdonald, de s'occuper de la Suisse et du Tyrol, avait pu rapprocher ses ailes de son corps de bataille, et se concentrer de manière à entrer immédiatement en action. Composée des troupes qui avaient passé le Saint-Bernard, de celles qui avaient été tirées d'Allemagne par le Saint-Gothard, enfin des troupes de Ligurie qui avaient défendu Gênes et le Var, reposée, recrutée, elle présentait une masse totale de 120 mille hommes environ, dont 80 mille réunis sur le Mincio. Masséna en avait d'abord été nommé le général en chef, et seul en effet il était capable de la bien commander. Malheureusement de fâcheux démêlés s'étaient élevés entre l'administration de l'armée et les gouvernements italiens. L'armée, quoique transportée au milieu de la fertile Italie, et maîtresse des riches magasins laissés par les Autrichiens, n'avait cependant pas joui de tout le bien-être auquel ses longues souffrances lui donnaient droit. On prétendait que les agents de l'administration avaient vendu une partie de ces magasins. A côté de cela les gouvernements du Piémont et de la Cisalpine se disaient écrasés de contributions de guerre, et refusaient de les payer. Au milieu de cette confusion, on accusait beaucoup l'administration française; on faisait même remonter les plaintes jusqu'au général Masséna. Bientôt la clameur devint telle, que le Premier Consul se crut obligé de rappeler Masséna, et de le remplacer par Brune. Brune, avec infiniment d'esprit et de courage, était au fond un général médiocre, et un politique plus médiocre encore. Il était l'un des chefs les plus ardents du parti démagogique; ce qui, du reste, ne l'empêchait pas d'être fort dévoué au Premier Consul, qui lui en savait beaucoup de gré. N'ayant pu lui donner un commandement actif pendant la campagne du printemps, le Premier Consul voulut lui en donner un pendant la campagne d'automne. Sa victoire de Hollande le recommandait fort à l'opinion publique, mais le rappel de Masséna était un malheur pour l'armée et pour le Premier Consul lui-même. Masséna aigri allait, malgré lui, devenir un sujet d'espérance pour une foule d'intrigants, qui, dans ce moment, s'agitaient

Sept. 1800.

encore. Le Premier Consul ne l'ignorait pas, mais il ne voulait souffrir le désordre nulle part, et on ne saurait l'en blâmer.

A ces quatre armées, le Premier Consul avait joint un cinquième rassemblement de troupes autour d'Amiens. Il avait détaché, des demi-brigades restées dans l'intérieur, les cadres des compagnies de grenadiers, les avait recrutées avec de beaux hommes, et en avait formé un superbe corps de 9 à 10 mille soldats d'élite, qu'il destinait à se rendre en hâte sur les côtes, si les Anglais opéraient un débarquement quelque part, ou à passer en Italie, pour y remplir l'office qu'Augereau remplissait en Allemagne, celui de couvrir les ailes et les derrières de l'armée principale. Murat en avait été nommé général en chef.

On avait fait tout cela, sous le rapport du recrutement, au moyen de la levée ordonnée par le Corps Législatif, et sous le rapport de la dépense, au moyen des ressources financières récemment créées. Rien ne manquait maintenant à ces divers corps; ils étaient bien nourris, bien armés; ils avaient des chevaux, et un matériel complet.

On comprend que le Premier Consul fût impatient d'utiliser de tels moyens, pour arracher la paix à l'Autriche, avant l'hiver. Il ordonna donc à Moreau et à Brune de se rendre à leur quartier-général, pour se préparer à recommencer les hostilités. Il enjoignit à Moreau de prévenir le général autrichien, dans les délais stipulés par l'armistice, et ne lui permit de prolonger la suspension d'armes qu'à une seule condition, c'est que l'empereur abandonnerait à l'armée française les trois places actuellement bloquées, Philipsbourg, Ulm et Ingolstadt. A cette condition, il consentait à donner encore cinq ou six semaines de répit. Ces places, en effet, en valaient la peine. En les occupant, on obtenait une base d'opérations excellente sur le Danube; on ramenait en ligne le corps qui les bloquait; on se donnait en outre le temps de pousser une aile de l'armée d'Italie sur la Toscane et le royaume de Naples, pays où les levées en masse se continuaient à l'instigation de l'Autriche, et avec l'argent de l'Angleterre. Tels furent les ordres expédiés au quartier-général de Moreau.

De son côté, l'empereur d'Allemagne, mettant le temps à profit, avait employé avec la plus grande activité les subsides fournis par l'Angleterre. Il pressait les nouvelles levées ordonnées en Bohême, Moravie, Hongrie, Styrie et Carinthie. Le ministre anglais, Wickam, avait établi une espèce de comptoir en plusieurs villes d'Allemagne, afin d'acheter des soldats, qui allaient se battre pour la coalition. Au moyen d'un nouveau subside, les corps bavarois et wurtembergeois venaient d'être considérablement augmentés. Indépendamment des fonds donnés à l'Autriche, des recruteurs anglais avaient pris à la solde directe de leur gouvernement deux régiments composés de bateliers levés sur les fleuves de l'Allemagne, et destinés à en faciliter le passage. Dix mille paysans exécutaient moyennant un salaire, et sous la direction des ingénieurs au-

Sept. 1800.

trichiens, des retranchements formidables sur toute la ligne de l'Inn, depuis le Tyrol jusqu'à la réunion de ce cours d'eau avec le Danube. Tout était en mouvement depuis Vienne jusqu'à Munich. L'état-major de l'armée autrichienne avait été changé en entier. M. de Kray, malgré son expérience, sa vigueur sur le champ de bataille, avait partagé la disgrâce de M. de Mélas. L'archiduc Ferdinand lui-même, qui servait sous ses ordres, avait été écarté. L'archiduc Jean, jeune prince fort instruit, fort brave, mais sans expérience de la guerre, la tête pleine de théories, l'imagination frappée des manœuvres du général Bonaparte, et voulant à tout prix les imiter, avait été appelé au commandement suprême des armées impériales. C'était une de ces nouveautés qu'on essaye volontiers dans les moments désespérés. L'empereur s'était rendu de sa personne à l'armée pour la passer en revue, et la ranimer par sa présence.

L'empereur d'Allemagne se rend au quartier-général de son armée pour juger de l'état des choses.

Il y passa plusieurs jours, accompagné de M. de Lherbach, le négociateur chargé de se rendre à Lunéville, et du jeune archiduc Jean. Après avoir tout vu, tout examiné en compagnie de ses conseillers, il reconnut que rien n'était prêt, que l'armée n'était point encore assez rétablie, sous le rapport matériel et moral, pour recommencer immédiatement les hostilités. M. de Lherbach fut donc chargé de se rendre au quartier-général de Moreau, pour savoir si on pourrait arracher encore quelques jours d'armistice au gouvernement français. M. de Lherbach apprit de Moreau les conditions que le Premier Consul mettait à une nouvelle suspension d'armes. Il consentit avec regret à ces conditions, et le 20 septembre (3ᵉ jour complémentaire de l'an VIII), il conclut avec le général Lahorie, dans le village de Hohenlinden, destiné à devenir bientôt célèbre, une nouvelle prolongation d'armistice. Les places de Philipsbourg, Ulm, Ingolstadt, durent être remises à l'armée française, pour en disposer comme elle le voudrait. En retour, l'armistice était prolongé de quarante-cinq jours à compter du 21 septembre, y compris quinze jours d'avertissement pour la reprise des hostilités, si plus tard elles devaient recommencer encore.

Sept. 1800.

Armistice de Hohenlinden, qui prolonge de 45 jours la suspension d'armes moyennant la remise de Philipsbourg, Ulm et Ingolstadt.

L'empereur rentra dans Vienne, peu satisfait de l'apparition qu'on lui avait fait faire à l'armée, car cette apparition n'avait eu d'autre résultat que d'abandonner aux Français les plus fortes places de l'empire. Ce prince était dévoré de chagrin. Son peuple partageait ses sentiments, et accusait M. de Thugut de s'être entièrement livré à l'Angleterre. La reine Caroline de Naples venait d'accourir, avec l'amiral Nelson et lady Hamilton, pour soutenir à Vienne le parti de la guerre; mais la clameur publique était grande. On reprochait à M. de Thugut des fautes graves, telles que le refus, au commencement de l'hiver, d'écouter les propositions pacifiques du Premier Consul, la mauvaise direction des opérations militaires, l'obstination à ne pas admettre l'existence de l'armée de réserve, même quand elle passait le Saint-Bernard, la concentration des principales forces de l'empire en Ligurie, dans le dessein de

Chagrin de l'empereur. Exaspération de l'opinion publique à Vienne.

complaire aux Anglais qui se flattaient d'occuper Toulon, l'engagement enfin pris avec le gouvernement britannique de ne pas traiter sans lui, engagement signé le 20 juin, dans un moment où il aurait fallu, au contraire, se réserver toute liberté. Ces reproches étaient en grande partie fondés; mais, fondés ou non, ils avaient la sanction des événements, car rien n'avait réussi à M. de Thugut, et les peuples ne jugent que d'après le résultat. M. de Thugut fut donc obligé de céder aux circonstances, et se retira, en conservant toutefois une assez grande influence sur le cabinet autrichien. M. de Lherbach fut chargé de le remplacer dans la direction des relations extérieures; et on choisit, pour remplacer M. de Lherbach au congrès de Lunéville, un négociateur fort connu, M. Louis Cobentzel, qui était personnellement agréable au général Bonaparte, avec lequel il avait négocié le traité de Campo-Formio. On espérait que M. de Cobentzel serait plus propre qu'aucun autre à établir de bonnes relations avec le gouvernement français, et que, placé à Lunéville, à quelque distance de Paris, il ne manquerait pas de se rendre quelquefois dans cette capitale, pour entrer en rapports directs avec le Premier Consul.

La remise à l'armée française des trois places d'Ulm, Ingolstadt et Philipsbourg, venait fort à propos pour la célébration de la fête du 1er vendémiaire. Elle devait raviver les espérances de paix, en rendant évidente la situation extrême de l'Autriche. Cette fête, l'une des deux que la Constitution avait conservées, était destinée à célébrer l'anniversaire de la fondation de la République. Le Premier Consul voulait qu'elle n'eût pas moins d'éclat que celle du 14 juillet, relevée si à propos par la remise aux Invalides des drapeaux conquis dans la dernière campagne; il voulait qu'elle se distinguât par un caractère aussi patriotique, mais plus sérieux, de toutes celles qui avaient été données pendant le cours de la Révolution, et surtout qu'elle fût exempte du ridicule, attaché à l'imitation des usages antiques dans les temps modernes.

Sept. 1800.

La religion, il faut le dire, laisse un grand vide dans les solennités des peuples, quand elle en est bannie. Des jeux publics, des représentations théâtrales, des feux éclairant la nuit de leur éclat, peuvent occuper en partie la journée d'un peuple, assemblé pour se réjouir d'un événement heureux, mais ne sauraient la remplir tout entière. Dans tous les temps, les nations ont été disposées à venir célébrer leurs victoires au pied des autels; et elles ont fait de leurs cérémonies publiques un acte de reconnaissance envers la Divinité. Mais, des autels, la France n'en avait pas alors! Ceux qui avaient été élevés à la déesse Raison, pendant le régime de la Terreur, ceux que les théophilanthropes chargeaient innocemment de quelques fleurs pendant le régime licencieux du Directoire, étaient couverts d'un ridicule ineffaçable: car, en fait d'autels, il n'y a de respectables que ceux qui sont anciens. Or, le vieil autel catholique de la France n'était pas encore relevé. Il ne restait dès lors que des cérémonies en quelque sorte académiques, sous le

Caractère des fêtes publiques pendant la Révolution et sous le Consulat.

10.

dôme des Invalides; des discours élégants, tels que pouvait les faire M. de Fontanes; ou des chants patriotiques, tels que pouvaient les inventer Méhul ou Lesueur. Le Premier Consul sentait tout cela; il chercha donc à remplacer le caractère religieux par un caractère profondément moral.

L'hommage à Washington, la remise des drapeaux de Marengo, avaient déjà fourni le sujet des deux fêtes célébrées sous son consulat; il sut trouver dans un grand acte réparateur le sujet de la fête du 1er vendémiaire an ix (23 septembre 1800).

Lors de la violation des tombes de Saint-Denis, on avait trouvé parfaitement conservé le corps de Turenne. Au milieu des emportements de la populace, un mouvement involontaire de respect avait sauvé ce corps de la profanation commune. Déposé d'abord au Jardin des Plantes, il avait été confié ensuite à un homme, M. Alexandre Lenoir, dont le zèle pieux, digne d'être honoré par l'histoire, nous avait conservé une foule d'antiques monuments, qu'il avait réunis dans le musée des Petits-Augustins. C'était là que se trouvaient les restes de Turenne, plutôt exposés à la curiosité qu'au respect des peuples. Le Premier Consul imagina de placer sous le dôme des Invalides, et sous la garde de nos vieux soldats, la dépouille de ce grand homme. Honorer un général illustre et un serviteur de l'ancienne monarchie, c'était rapprocher les gloires de Louis XIV de celles de la République, c'était rétablir le respect du passé sans outrager le présent, c'était, en un mot, toute la politique du Premier Consul, sous la forme la plus noble et la plus touchante. Cette translation devait s'opérer le dernier jour complémentaire de l'an VIII (22 septembre), et le lendemain, 1ᵉʳ vendémiaire an IX (23 septembre), devait se poser la première pierre du monument consacré à Kléber et Desaix. Ainsi, dans ce moment, où notre terre, obéissant aux lois qui règlent ses mouvements, mettait fin à un grand siècle, et donnait naissance à un autre, bien grand à son tour s'il est digne un jour de ses commencements, dans ce moment, le Premier Consul voulut placer le double hommage au héros des temps passés, et aux deux héros du temps présent. Pour ajouter à l'éclat de ces deux cérémonies, il imita quelque chose de ce qui s'était pratiqué à la Fédération de 1790, et il fit demander à tous les départements de lui envoyer des représentants, qui, par leur présence, donnassent à ces fêtes un caractère non pas seulement parisien, mais national. Les départements s'empressèrent de répondre à cet appel, et de choisir des citoyens distingués, que la curiosité, le désir de voir de près le calme succédant au trouble, la prospérité aux misères de l'anarchie, le désir surtout d'approcher, d'entretenir un grand homme, attirèrent en foule à Paris.

Sept. 1800.

Le cinquième jour complémentaire an VIII (22 septembre), les autorités publiques se rendirent au musée des Petits-Augustins, pour aller chercher le char sur lequel était posé le corps de Turenne. Sur ce char, attelé de quatre chevaux blancs, était placée

Translation du corps de Turenne aux Invalides.

l'épée du héros de la monarchie, conservée dans la famille de Bouillon, et prêtée au gouvernement pour cette noble cérémonie. Quatre vieux généraux, mutilés au service de la République, tenaient les cordons du char; en avant un cheval pie, semblable à celui que montait souvent Turenne, harnaché comme les chevaux l'étaient alors, et conduit par un nègre, reproduisait avec exactitude quelques images du siècle auquel on rendait hommage. Autour du char marchaient les invalides, et puis quelques-unes des belles troupes qui revenaient des bords du Pô et du Danube. Ce singulier et noble cortége traversa Paris au milieu d'une foule immense, et se rendit aux Invalides, où l'attendait le Premier Consul, entouré des envoyés des départements, tant ceux de la vieille France de Louis XIV que ceux de la France nouvelle : ces derniers représentaient la Belgique, le Luxembourg, les provinces rhénanes, la Savoie, le comté de Nice. Le précieux dépôt qu'apportait ce cortége, fut placé sous le dôme. Carnot, ministre de la guerre, prononça un discours simple et convenable; et, pendant qu'une musique d'un genre grave remplissait les voûtes de l'édifice, le corps de Turenne fut déposé dans le monument où il repose aujourd'hui, où il allait bientôt être rejoint par son compagnon de gloire, l'illustre et vertueux Vauban, où il devait être rejoint un jour par l'auteur des grandes choses que nous racontons ici, où il restera certainement, entouré de cette auguste compagnie, pendant la durée des siècles accordés par le ciel à la France.

Si, dans des temps comme les nôtres, où la foi est refroidie, quelque chose peut remplacer, égaler peut-être les pompes de la religion, ce sont de tels spectacles!

Sept. 1800.

Le soir de ce jour, on voulut offrir au peuple de la capitale un amusement moins grossier que de coutume : on lui donna gratuitement la représentation du *Tartufe* et du *Cid*. Le Premier Consul assistait à cette représentation. Sa présence, son intention devinée instinctivement par ce peuple sensible et intelligent, tout concourut à maintenir dans cette réunion tumultueuse une décence parfaite, et peu ordinaire dans les représentations gratuites. Le silence ne fut troublé que par le cri mille fois répété de *Vive la République! Vive le général Bonaparte!*

Le lendemain, le Premier Consul, accompagné, comme la veille, des autorités publiques et des envoyés des départements, se rendit à la place des Victoires. C'est là que devait s'élever un monument dans le style égyptien, destiné à recevoir les restes mortels de Kléber et de Desaix, que le Premier Consul voulait faire reposer l'un à côté de l'autre. Il en posa la première pierre, et se transporta ensuite à cheval aux Invalides. Là, le ministre de l'intérieur, qui était son frère Lucien, prononça sur l'état de la République un discours qui fit une vive impression. Certains passages furent fort applaudis, celui-ci, entre autres, relatif au siècle présent et au siècle de Louis XIV : « On dirait qu'en ce moment ces deux » grands siècles se rencontrent, et se donnent la main

Première pierre du monument destiné à Kléber et Desaix.

» sur cette tombe auguste! » — L'orateur, en disant ces paroles, montrait la tombe de Turenne. Des applaudissements unanimes lui répondirent, et prouvèrent que tous les cœurs, sans renier le présent, voulaient reprendre du passé ce qui méritait d'être repris! Et, pour que le spectacle fût complet, pour que, dans ces scènes d'ailleurs si nobles, les illusions ordinaires de la nature humaine eussent leur part, l'orateur s'écriait encore : *Heureuse la génération qui voit finir par la République, la révolution qu'elle a commencée sous la monarchie!*

Pendant cette cérémonie, le Premier Consul avait reçu un dépêche télégraphique, annonçant l'armistice de Hohenlinden, et la remise des trois places de Philipsbourg, Ulm, Ingolstadt. Il transmit à son frère Lucien une note, qui fut lue aux assistants, et couverte de plus d'applaudissements que l'allocution académique du ministre de l'intérieur. Malgré le respect dû aux lieux, les cris de *Vive Bonaparte! Vive la République!* ébranlèrent les voûtes du noble édifice. Une publication immédiate faite dans Paris, produisit une satisfaction plus sérieuse que toutes les réjouissances destinées à l'amusement de la multitude. On ne craignait pas la guerre; on était plein de confiance dans le génie du Premier Consul, et dans le courage des armées françaises, s'il fallait la continuer; mais, après tant de batailles, après tant de troubles, on désirait jouir en paix de la gloire acquise, et de la prospérité qui commençait à poindre.

Cette prospérité faisait, en effet, des progrès rapides. Si la présence seule du général Bonaparte avait suffi, au 18 brumaire, pour remettre les esprits, pour les rassurer, les calmer, leur rendre l'espérance, ce devait être bien autre chose aujourd'hui que les succès de nos armées, le retour empressé de l'Europe vers nous, la perspective d'une paix prochaine et brillante, enfin la tranquillité partout rétablie, avaient réalisé les espérances, conçues dans un premier moment de confiance.

Sept. 1800.
de prospérité intérieure.

Ces espérances devenaient des réalités, et l'on peut dire que, dans les dix mois écoulés, de novembre 1799 à septembre 1800, la France avait changé de face. Les fonds publics, expression vulgaire mais positive de l'état des esprits, s'étaient élevés de 12 francs (taux réel auquel se vendait une rente de cinq francs, la veille du 18 brumaire) à 40 francs. Ils tendaient à s'élever à 50.

Les rentiers venaient de recevoir un semestre en argent, chose qui ne s'était jamais vue, depuis le commencement de notre révolution. Ce phénomène financier avait produit un grand effet, et ne paraissait pas l'une des moindres victoires du Premier Consul. Comment avait-il pu opérer ce prodige?.... c'était une énigme que le gros du public expliquait par cette puissance singulière, qu'on lui reconnaissait déjà, de faire tout ce qu'il voulait.

Les rentiers payés pour la première fois en argent.

Mais il n'y a pas de miracle en ce monde; il n'y a d'autre cause aux succès réels que le bon sens, secondé par une volonté forte. Telle était aussi la cause unique des résultats heureux, obtenus par l'administration du Premier Consul. Il avait d'abord porté

Sept. 1800.

Rentrée des impôts. Succès qu'obtiennent les obligations des receveurs généraux.

remède au mal véritable, qui consistait dans les lenteurs de la perception des impôts; il avait, dans ce but, établi une agence spéciale pour la confection des rôles, trop complaisamment laissée autrefois aux communes. Cette agence spéciale, stimulée par les préfets, autre création du gouvernement consulaire, avait dressé les rôles arriérés de l'an VII et de l'an VIII, et les avait terminés pour l'an IX, année dans laquelle on entrait (septembre 1800 à septembre 1801). Ainsi, pour la première fois depuis la révolution, les rôles de l'année courante allaient être mis en recouvrement, dès le premier jour de cette année. Les receveurs généraux, percevant l'impôt exactement, pouvaient donc acquitter exactement les obligations mensuelles qu'ils avaient souscrites, et les avaient, en effet, toujours acquittées à la fin de chaque mois. Nous avons dit que, pour assurer le crédit de ces obligations, le trésor avait exigé des receveurs un cautionnement en numéraire, lequel cautionnement, déposé à la caisse d'amortissement, devait servir à payer celles de ces obligations qui seraient protestées. Il n'avait pas fallu plus d'un million sur les 20 millions composant la somme totale des cautionnements, pour suffire au payement des obligations restées en souffrance. Aussi avaient-elles acquis tout de suite un crédit égal à celui du meilleur papier de commerce. D'abord elles ne s'étaient escomptées qu'à trois quarts pour cent par mois, c'est-à-dire à 9 pour cent par an; aujourd'hui on trouvait à les escompter à 8 et même à 7. C'était un intérêt fort modique, en comparaison surtout de celui que le gouvernement avait supporté jusque-là. Or, comme les contributions directes sur le budget total de 500 millions, en représentaient environ 300, le trésor avait eu, dès le premier jour de l'exercice, ces 300 millions dans ses mains, en valeurs d'une réalisation facile. Au lieu de ne rien recevoir ou presque rien, comme autrefois, et de ne recevoir que tardivement le peu qui lui était versé, il avait, dès le 1er vendémiaire, la meilleure partie du revenu public à sa disposition. Tel avait été le résultat de la confection des rôles en temps utile, et de ce système de lettres de change mensuelles, tirées, sous le titre d'obligations, sur la caisse des receveurs généraux : en ôtant à ceux-ci le prétexte du retard dans les rentrées, on avait pu leur imposer la condition du versement à jour fixe.

L'année VIII qui venait de s'écouler (septembre 1799 à septembre 1800) n'avait pas été aussi facile que l'an IX promettait de l'être. Il avait fallu retirer tous les papiers antérieurement émis, *bons d'arrérage*, *bons de réquisition*, *délégations*, etc. On avait retiré ces papiers, soit par l'acquittement des contributions antérieures, soit par le moyen de certains arrangements convenus avec les porteurs. Le revenu de l'an VIII avait dû être diminué d'autant, et il en était résulté un déficit pour cet exercice. Mais les victoires de nos armées les ayant transportées sur le pays ennemi, le trésor se trouvait immédiatement soulagé du fardeau de leur entretien, et, avec quelques biens nationaux, qui commençaient à se vendre avantageusement, on pouvait couvrir plus tard le déficit de cette année. L'exercice de l'an ix ne devait présenter aucune de ces difficultés. On n'avait plus émis de *bons d'arrérage*, car les rentiers allaient être désormais payés en argent; de *bons de réquisition*, car les armées étaient nourries ou par le trésor français ou par le trésor étranger; de *délégations* enfin, car, ainsi que nous l'avons rapporté ailleurs, le Premier Consul avait adopté un système invariable à l'égard des traitants avec l'État : il leur donnait ou rien, ou de l'argent; et de l'argent, il leur en donnait déjà plus que les gouvernements précédents. Toutes les semaines il tenait un conseil de finances. Il se faisait présenter dans ce conseil le tableau des ressources et celui des besoins de chaque ministère, choisissait entre les besoins les plus urgents, et leur distribuait exactement, mais jamais au delà, les ressources dont la rentrée était assurée. Avec cette suite, cette fermeté de conduite, on n'était plus exposé à émettre du papier, et, ne versant plus de valeurs fictives dans la circulation, on ne devait plus en retrouver. L'an ix ne pouvait donc amener que du numéraire au trésor.

Les rentiers venaient d'être payés par la Banque de France. Il n'y avait que six mois que cette Banque existait, et déjà elle avait pu émettre pour une somme considérable de billets, accueillis par le public comme de l'argent même. Les besoins du commerce, et la conduite du gouvernement à l'égard du nouvel établissement, avaient déterminé ce succès rapide. Voici comment la chose s'était passée. Sur les cautionnements en numéraire, il avait suffi d'un million sur vingt pour soutenir le crédit des obligations. Le reste était demeuré sans emploi ; et, quelque pressante que fût la tentation d'employer ces 49 millions à satisfaire des besoins urgents, le gouvernement n'avait pas hésité à s'imposer les privations les plus dures, pour consacrer 5 millions en achats d'actions de la Banque, dont il lui avait sur-le-champ versé la valeur. Il ne s'était pas borné là, et il avait déposé chez elle, en compte courant, le surplus des fonds disponibles. Le compte courant se compose des sommes qu'on verse à condition de les retirer à volonté, suivant les besoins de chaque jour. Ayant tout à coup de telles ressources à sa disposition, la Banque s'était pressée de faire l'escompte, d'émettre des billets, lesquels, toujours acquittés en argent à la volonté des porteurs, avaient acquis en quelques mois la valeur du numéraire. Aujourd'hui cela peut paraître fort ordinaire, car on voit, dans de petites villes, ce phénomène s'opérer de la manière la plus facile, et une foule de banques prospérer le jour même de leur fondation. Mais alors, après tant de banqueroutes, après l'aversion que les assignats avaient inspirée pour le papier, c'était une sorte de merveille commerciale, due à un gouvernement qui avait surtout le don d'inspirer la confiance.

Sept. 1806.
le gouvernement pour faire réussir la Banque de France.

Le trésor songea dès lors à confier à la Banque divers services, avantageux pour elle et pour l'État, notamment celui de payer les rentes. Il fit cela par le

La Banque se charge de payer les rentiers.

moyen d'une négociation parfaitement simple. Les obligations des receveurs généraux valaient de bonnes lettres de change. Le trésor offrit donc à la Banque d'en escompter pour une vingtaine de millions, ce qui présentait pour elle une opération fort avantageuse, car c'était de l'escompte à 6 ou 7 pour cent; et une opération parfaitement sûre, car ces obligations étaient devenues des valeurs infaillibles. La Banque dut, en conséquence, payer un semestre aux rentiers, qui reçurent de ses mains de l'argent ou des billets, à leur volonté.

Ainsi, en quelques mois, le gouvernement, en sachant s'imposer des privations, s'était déjà procuré un instrument puissant, qui, pour dix ou douze millions de secours qu'il avait reçus momentanément, pouvait désormais rendre des services pour des centaines de millions.

L'aisance financière renaissait donc de toutes parts. Il n'y avait qu'une seule souffrance sensible, au milieu du bien-être général, c'était la souffrance de la propriété foncière. Au plus fort de nos troubles, les propriétaires de terres ou de maisons avaient eu l'avantage de ne pas payer l'impôt, grâce au retard dans la confection des rôles, ou de le payer presque avec rien, grâce aux assignats. Aujourd'hui il en était autrement. Il fallait payer l'arriéré d'abord, puis le courant, et le tout en numéraire. Pour les petits propriétaires, la charge était lourde. On avait d'abord alloué 5 millions de non-valeurs au budget, dans l'intention de décharger les contribuables trop gênés; il fallut consacrer au même objet une somme bien supérieure. C'était une espèce de compte en *profits et pertes*, ouvert aux contribuables, par suite duquel on leur abandonnait le passé, afin d'en obtenir l'exact acquittement du présent. La propriété foncière ne peut pas suffire seule, dans un État, aux charges publiques. Il faut absolument que les consommations soient imposées pour suffire à ces charges. La Révolution, en abolissant les impôts sur les boissons, sur le sel, sur diverses denrées, avait fermé l'une des deux sources nécessaires de la richesse publique. Le temps n'était pas venu de la rouvrir encore. C'était l'une des gloires destinées plus tard au restaurateur de l'ordre et de la société en France. Mais il avait auparavant bien des préjugés à vaincre. En créant les octrois à la porte des villes, pour subvenir aux besoins des hôpitaux, il avait fait un premier essai utile, et qui habituait les esprits à cette restauration, tôt ou tard indispensable.

Bien que la propriété foncière fût pour un moment très-chargée, un sentiment général de bien-être n'en était pas moins répandu dans toutes les classes. De toutes parts on se sentait renaître, et on trouvait en soi le courage d'entreprendre et de travailler.

Mais il y avait de bien autres efforts à faire dans cette société bouleversée, pour y remettre chaque chose, non pas en un parfait état, comme on pouvait y aspirer avec le temps, mais seulement en un état supportable. On vient de voir ce qu'il avait fallu faire pour les finances; il y avait un service tout aussi important, et tout aussi désorganisé que celui

Sept. 1800.

Dégradation générale des routes

Sept. 1800.

en France. — Efforts pour les réparer.

des finances, c'était celui des routes. Elles étaient devenues à peu près impraticables. On sait qu'il faut, non pas quelques années, mais quelques mois seulement de négligence, pour changer en fondrières ce sol artificiel que les hommes créent sur la terre, pour y rouler leurs fardeaux. Or, il y avait environ dix ans que les routes étaient presque abandonnées en France. Sous l'ancien régime, on avait pourvu à leur entretien au moyen des corvées, et depuis la Révolution, au moyen d'une somme portée au budget général, laquelle n'avait pas été plus exactement acquittée que les sommes destinées aux autres services. Le Directoire, voyant ce qui se passait, avait été conduit à l'idée d'une ressource spéciale, qu'on ne pût pas aliéner, qui ne pût pas faire défaut; et, pour arriver à ce but, avait établi une taxe d'entretien, et créé des barrières pour la percevoir. Cette taxe avait été affermée aux entrepreneurs des routes eux-mêmes, qui, mal surveillés, fraudaient à la fois sur la perception de la taxe, et sur l'emploi de ses produits. D'ailleurs elle était insuffisante. Elle rapportait au plus 13 ou 14 millions par an, et il en aurait fallu 30. Dans les trois années VI, VII, VIII, on n'avait pas consacré aux routes au delà de 32 millions, et il en aurait fallu 100 au moins, pour réparer les ravages que le temps avait produits, et suffire à l'entretien annuel.

Le Premier Consul, ajournant l'adoption d'un système complet, eut recours au moyen le plus simple, celui de venir avec les fonds généraux de l'État au secours de ce service important. Il laissa exister la taxe, son mode et son emploi actuels, se bornant à les mieux surveiller, et donna tout de suite 12 millions sur l'an IX, somme considérable pour ce temps-là. Cette somme devait servir à réparer les principales chaussées allant du centre aux extrémités de la République, de Paris à Lille, de Paris à Strasbourg, de Paris à Marseille, de Paris à Bordeaux, de Paris à Brest. Il se proposait de transporter plus tard, de ces routes à d'autres, le fonds qu'il venait de leur consacrer, d'augmenter ce fonds proportionnément à l'aisance croissante du Trésor, et de l'employer concurremment avec la taxe, jusqu'à ce qu'on eût remis la viabilité en France dans l'état où elle doit être en tout pays civilisé.

Les canaux de Saint-Quentin, de l'Ourcq, entrepris vers la fin de l'ancien régime, ne présentaient partout que des fossés à moitié comblés, des montagnes à demi percées, des ruines, en un mot, plutôt que des travaux d'art. Il y envoya sur-le-champ des ingénieurs, y alla lui-même, et ordonna des plans définitifs, pour signaler, par des ouvrages de haute utilité publique, les premiers moments de la paix prochainement attendue.

Ce n'était pas seulement leur dégradation qui rendait les routes impraticables, c'était aussi le brigandage qui les infestait dans un grand nombre de provinces. Les Chouans, les Vendéens, restés sans emploi depuis la fin de la guerre civile, et ayant contracté des goûts que la paix ne pouvait satisfaire, ravageaient les grandes routes de la Bretagne, de la Normandie, et des environs de Paris. Les réfractaires qui avaient voulu échapper à la conscription, quelques soldats de l'armée de Ligurie, que la misère avait poussés à déserter, commettaient les mêmes brigandages sur les routes du centre et du midi. Georges Cadoudal, revenu d'Angleterre avec beaucoup d'argent, et caché aujourd'hui dans le Morbihan, dirigeait secrètement cette nouvelle chouannerie. Il fallait pour réprimer ce désordre des colonnes mobiles nombreuses, et des commissions militaires à leur suite. Le Premier Consul avait déjà formé quelques-unes de ces colonnes, mais les troupes lui manquaient. Tandis que le Directoire avait gardé trop de troupes au dedans, lui en avait gardé trop peu. Mais il disait avec raison que lorsqu'il aurait battu les ennemis du dehors, il viendrait bientôt à bout de ceux du dedans. — Patience, répondait-il aux gens qui lui parlaient avec effroi de ce genre de désordre, donnez-moi un mois ou deux, j'aurai alors conquis la paix, et je ferai une prompte et complète justice de ces coureurs de grandes routes. — La paix était donc alors en toutes choses la condition indispensable du bien. En attendant néanmoins, il s'appliquait à remédier aux désordres les plus urgents.

Nous avons dit précédemment qu'il avait consenti à substituer au serment autrefois exigé des prêtres une simple promesse d'obéissance aux lois, qui ne pouvait gêner leur conscience en aucune manière. Ils avaient aussitôt reparu en foule, et on voyait à la fois, se disputant les fonctions du culte, les prêtres constitutionnels qui avaient prêté serment à la Constitution civile du clergé, les prêtres non assermentés qui n'avaient fait que la promesse d'obéissance aux lois, ceux enfin qui n'avaient fait ni le serment ni la promesse. Les prêtres appartenant aux deux premières classes étaient en concurrence les uns avec les autres pour obtenir les églises, qu'on leur prêtait plus ou moins facilement, suivant l'humeur très-variable des autorités locales. Ceux qui avaient dénié toute espèce de déclaration se livraient clandestinement, dans l'intérieur des maisons, aux pratiques du culte, et passaient, aux yeux de beaucoup de fidèles, pour les seuls ministres de la vraie religion. Enfin, pour ajouter à la confusion, venaient les théophilanthropes, qui remplaçaient les catholiques dans les églises, et certains jours déposaient des fleurs sur les autels où d'autres avaient dit la messe. Ces ridicules sectaires célébraient des fêtes en l'honneur de toutes les vertus, du courage, de la tempérance, de la charité, etc. A la Toussaint, par exemple, ils en avaient consacré une au respect des aïeux. Pour les catholiques sincères, c'était une profanation des édifices religieux, que le bon sens, et le respect dû aux croyances dominantes, commandaient de faire cesser.

Pour mettre fin à ce chaos, il fallait un accord avec le Saint-Siége, accord au moyen duquel on pût réconcilier ceux qui avaient prêté le serment, ceux qui avaient fait la promesse, ceux enfin qui avaient refusé l'un et l'autre. Mais monsignor Spina, envoyé du Saint-Siége, venait à peine d'arriver à Paris, et, surpris de s'y trouver, se cachait à tous les regards.

Le sujet à traiter était aussi délicat pour lui que pour le gouvernement. Le Premier Consul, discernant avec un tact rare les hommes et l'emploi auquel ils étaient propres, avait opposé à cet Italien rusé le personnage le plus capable de lui tenir tête, c'était l'abbé Bernier, qui, après avoir long-temps dirigé la Vendée, l'avait enfin réconciliée avec le gouvernement. Il l'avait attiré à Paris, se l'était attaché par le plus honorable de tous les liens, le désir de contribuer au bien public et d'en partager l'honneur. Rétablir la bonne intelligence entre la France et l'Église romaine, c'était pour l'abbé Bernier continuer et achever la pacification de la Vendée. Les entrevues avec monsignor Spina commençaient à peine, et on ne pouvait pas s'en promettre un résultat immédiat.

Il importait d'arriver le plus tôt possible à un arrangement des affaires religieuses, car la paix avec le Saint-Siège n'était pas moins désirable pour le repos des esprits, que la paix avec les grandes puissances de l'Europe. Mais, en attendant, il restait une foule de désordres, ou fâcheux, ou singuliers, auxquels le Premier Consul essayait de pourvoir de son mieux par des arrêtés consulaires. Déjà, par son arrêté du 7 nivôse an VIII (28 décembre 1799), il avait empêché que les autorités locales, souvent peu favorables aux prêtres, ne les contrariassent dans l'exercice de leur religion. Disposant, comme nous l'avons dit ailleurs, des édifices du culte, elles ne voulaient souvent les livrer aux prêtres que les jours de décadi, et non pas les jours du dimanche, prétendant que le décadi était le seul jour de fête reconnu par

---

Sept. 1800.

L'abbé Bernier chargé de traiter avec monsignor Spina pour l'arrangement des affaires religieuses.

les lois de la République. L'arrêté que nous avons rapporté plus haut avait pourvu à cette difficulté en obligeant les autorités locales à livrer les édifices du culte aux prêtres les jours indiqués par chaque communion. Mais cet arrêté n'avait pas résolu toutes les difficultés relatives aux dimanches et aux décadis. Il y avait ici un conflit entre les lois et les mœurs, qu'il faut faire connaître, pour donner une idée de l'état de la société française à cette époque.

Sept. 1800.

Dans son goût passionné pour l'uniformité et la symétrie, la Révolution ne s'était pas bornée à introduire l'uniformité dans toutes les mesures de longueur, de surface, de poids, et à les ramener à des unités naturelles et immuables, comme une fraction du méridien, ou la pesanteur spécifique de l'eau distillée; elle avait voulu introduire la même régularité dans la mesure du temps. Elle avait donc divisé l'année en douze mois égaux, de trente jours chacun, en la complétant par l'ingénieuse invention des cinq jours complémentaires. Elle avait divisé le mois en trois *décades* ou semaines, de dix jours chacune, réduit ainsi les jours de repos à trois par mois, et substitué aux quatre dimanches du calendrier grégorien les trois *décadis* du calendrier républicain. Sans contredit, sous les rapports mathématiques, ce dernier calendrier valait bien mieux que l'ancien; mais il blessait les idées religieuses, il n'était pas celui de la généralité des peuples, celui de l'histoire, et il ne pouvait triompher d'habitudes invétérées. Le système métrique, après quarante ans d'efforts, de rigueurs législati-

Le calendrier grégorien et le calendrier républicain.

ves, et malgré d'incontestables avantages commerciaux, vient à peine de s'établir définitivement: comment espérer qu'on pourrait maintenir le calendrier républicain contre une coutume de vingt siècles, contre l'usage du monde entier, contre la puissance de la religion? Il faut, quand on réforme, se contenter de réformer pour détruire des souffrances réelles, pour rétablir la justice là où elle manque; mais réformer pour le plaisir des yeux ou de l'esprit, pour mettre la ligne droite où elle n'est pas, c'est trop exiger de la nature humaine. On crée à volonté les habitudes d'un enfant, on ne refait pas celles d'un homme mûr. Il en est de même pour les peuples : on ne renouvelle pas les habitudes d'une nation qui compte quinze siècles d'existence.

Aussi le dimanche revenait-il de toutes parts. Dans certaines villes on fermait les ateliers et les boutiques le dimanche; dans d'autres on les fermait le *décadi*; souvent dans la même ville, dans la même rue, le contraste existait, et présentait le spectacle d'une fâcheuse lutte d'idées et de mœurs. Du reste, sans l'intervention de certaines autorités, le dimanche eût prévalu partout. Le Premier Consul, par un nouvel arrêté du 7 thermidor an VIII (26 juillet 1800), décida que chacun serait libre de chômer quand il lui plairait, d'adopter comme jour de repos le jour qui serait le plus conforme à ses goûts ou à ses opinions religieuses, et que les administrations, astreintes à suivre le calendrier légal, seraient seules obligées de choisir le *décadi* pour la suspension de leurs travaux. C'était assurer le triomphe du dimanche.

Le Premier Consul avait raison de seconder le retour à une habitude ancienne et générale, raison surtout s'il voulait rétablir la religion catholique, comme il le voulait en effet, et avait raison de le vouloir.

Octob. 1800.

Les émigrés attirèrent de nouveau son attention. Nous avons déjà parlé de leur empressement à rentrer dès les premiers jours du Consulat : cet empressement n'avait fait qu'augmenter, en voyant de quel repos jouissait la France, dans quelle sécurité vivaient tous ceux qui habitaient son sol. Mais quelque désir qu'on éprouvât de faire cesser la proscription dont ils étaient frappés, il ne fallait pas, pour faire cesser un désordre, car la proscription en est un, en faire naître un autre, car une réaction précipitée est un désordre aussi, et des plus graves. Ces émigrés rentrants trouvaient ou d'anciens proscripteurs qui avaient contribué à les persécuter, ou des acquéreurs qui avaient acquis leurs biens, pour du papier ; ils étaient pour les uns et pour les autres, ou des ennemis inquiétants, ou au moins des témoins importuns, et ils n'étaient pas assez sages pour ne point abuser de la clémence du gouvernement à leur égard.

Empressement des émigrés à rentrer. — Nouvelles mesures à leur égard

Ils profitaient avec ardeur de la loi, rendue quelques mois auparavant, laquelle prononçait la clôture de la liste des émigrés. Ceux qui avaient été omis sur cette liste s'étaient hâtés de jouir de la disposition qui les concernait. Ne pouvant plus être inscrits que par l'autorité des tribunaux ordinaires, ce qui constituait pour eux un faible danger, ils vivaient tranquilles, et étaient presque tous rentrés.

Ceux qui avaient été portés sur la liste, et que la loi renvoyait devant les autorités administratives, pour réclamer leur radiation, profitaient de l'esprit du temps pour se faire radier. Ils demandaient d'abord des *surveillances*, c'est-à-dire, comme nous l'avons expliqué, la faculté de rentrer temporairement sous la surveillance de la haute police; puis se faisaient délivrer, par des amis ou des complaisants, de faux certificats, constatant qu'ils n'avaient pas quitté la France pendant la Terreur, qu'ils s'étaient seulement cachés pour se soustraire à l'échafaud, et ils obtenaient ainsi leur radiation, avec une incroyable facilité. La liste composée autrefois par les autorités locales, avec l'étourderie de la persécution, comprenait 145 mille individus, et formait neuf volumes. Aujourd'hui on mettait autant d'étourderie à radier qu'on en avait mis à inscrire, et les émigrés étaient par milliers rétablis dans tous leurs droits. Les uns, dont les biens n'avaient pas été vendus encore, s'adressaient aux membres du gouvernement pour obtenir la levée du séquestre; ils sollicitaient, suivant l'usage, les hommes qu'ils injuriaient la veille, qu'ils devaient injurier le lendemain, et le plus souvent madame Bonaparte elle-même, qui avait été autrefois liée avec la noblesse française, grâce au rang qu'elle occupait dans le monde. Que les émigrés dont les biens n'étaient pas vendus, les recouvrassent, au prix de quelques démarches suivies d'ingratitude, le mal n'était pas grave; mais ceux dont les biens avaient été aliénés se rendaient dans les provinces, s'adressaient aux nouveaux propriétaires, et souvent, à force de menaces, d'importunités, ou de suggestions religieuses au lit des mourants, se faisaient rendre à bas prix le patrimoine de leurs familles, par des procédés qui n'étaient pas beaucoup plus avouables que les moyens par lesquels on les avait dépouillés.

Octob. 1800.

La rumeur était, en ce moment, assez générale pour attirer l'attention du Premier Consul. Il voulait réparer les cruautés de la Révolution, mais avant tout il ne voulait alarmer aucun des intérêts créés par elle, et devenus légitimes avec le temps. En conséquence, il crut devoir prendre une mesure qui n'était qu'une partie de ce qu'il fit plus tard, mais qui remit un peu d'ordre dans ce chaos de réclamations, de rentrées précipitées, de tentatives dangereuses. Après une discussion approfondie au Conseil d'État, l'arrêté suivant fut pris le 20 octobre 1800 (28 vendémiaire an IX).

D'abord, tous les radiés antérieurement, n'importe l'autorité qui les avait radiés, ou la légèreté avec laquelle on avait procédé à leur égard, étaient valablement retranchés de la liste des émigrés. Certaines inscriptions collectives, sous la désignation d'enfants ou d'héritiers des émigrés, étaient considérées comme non avenues. Les femmes en puissance de mari quand elles avaient quitté la France, les enfants mineurs de seize ans, les prêtres sortis du territoire pour obéir aux lois de déportation, les individus compris sous la qualification de laboureurs, journaliers, ouvriers, artisans, domestiques; les absents dont l'absence était antérieure à la Révolution, les chevaliers de Malte présents à Malte pendant nos troubles, tous étaient rayés définitivement. On retranchait aussi de la liste les noms des victimes qui avaient péri sur l'échafaud : c'était une réparation due à leurs familles et à l'humanité. Ces retranchements accordés, on maintenait, sans exception, ceux qui avaient porté les armes contre la France, ceux qui exerçaient des fonctions dans la maison civile ou militaire des princes exilés, ceux qui avaient reçu des grades ou des titres des gouvernements étrangers, sans autorisation du gouvernement français, etc. Le ministre de la justice devait nommer neuf commissaires, celui de la police neuf aussi; à ces dix-huit commissaires le Premier Consul devait ajouter neuf conseillers d'État; ces vingt-sept personnages réunis étaient chargés d'arrêter la nouvelle liste des émigrés, d'après les bases indiquées. Les émigrés définitivement radiés étaient obligés de faire la promesse de fidélité à la Constitution, s'ils voulaient demeurer sur le territoire, ou obtenir la levée du séquestre sur leurs biens non vendus. Ils étaient condamnés à rester sous la surveillance de la haute police jusqu'à la conclusion de la paix générale, et un an après cette conclusion. Cette précaution fut prise en faveur des acquéreurs de biens nationaux. Quant aux émigrés définitivement maintenus sur la liste, il ne pouvait, pour le présent, être statué sur leur compte; ce qui les concernait fut remis à des temps postérieurs.

Cet arrêté, dans les circonstances actuelles, était tout ce qu'on pouvait faire de plus raisonnable. Il retranchait de la liste de proscription la grande masse des inscrits ; il réduisait cette liste à un petit nombre d'ennemis déclarés de la Révolution, et remettait le sort de ceux-ci à des temps postérieurs. Ainsi, quand la République serait définitivement victorieuse de l'Europe, universellement reconnue, solidement établie, quand la ferme volonté qu'avait le Premier Consul de protéger les acquéreurs de biens nationaux, les aurait suffisamment rassurés, on pourrait probablement achever cet acte de clémence, et rappeler enfin tous les proscrits, même ceux qui avaient été criminels envers la France. Pour le moment, on se bornait à trancher plusieurs questions embarrassantes, et à mettre fin à beaucoup d'intrigues.

Octob. 1800.

On voit que de difficultés de tout genre ce gouvernement avait à vaincre, pour remettre l'ordre dans une société bouleversée, pour être clément et juste envers les uns, sans être alarmant et injuste envers les autres. Mais s'il avait des peines, la France l'en dédommageait par une adhésion, on peut dire, unanime. Dans les premiers jours qui avaient suivi le 18 brumaire, on s'était jeté dans les bras du général Bonaparte, parce qu'on cherchait la force, quelle qu'elle fût, et que, d'après les actes du jeune général en Italie, on espérait que cette force serait mise au service du bon sens et de la justice. Un seul doute restait encore, et diminuait un peu l'empressement à se donner à lui. Se maintiendrait-il plus long-temps que les gouvernements qui l'avaient précédé ? Saurait-il gouverner aussi bien qu'il avait su combattre ? Ferait-il cesser les troubles, les per-

État des partis. Leurs dispositions à l'égard du Premier Consul après une année de gouvernement.

sécutions? Serait-il de tel ou tel parti?... Mais les onze ou douze mois écoulés levaient ces doutes à vue d'œil. Son pouvoir se consolidait d'heure en heure; depuis Marengo surtout, la France et l'Europe pliaient sous son ascendant. Quant à son génie politique, il n'y avait qu'une voix parmi ceux qui l'approchaient : c'était un grand homme d'État au moins autant qu'un grand capitaine. Quant à la direction de son gouvernement, elle était aussi évidente que son génie. Il était de ce parti modéré, qui ne voulait plus de persécution d'aucun genre, qui, disposé à revenir sur plusieurs des choses que la Révolution avait faites, ne voulait pas revenir sur toutes, et, au contraire, était résolu à maintenir ses principaux résultats. Ces doutes levés, on venait à lui avec l'empressement de la joie et de la reconnaissance.

Il y a dans tous les partis deux portions : l'une nombreuse, sincère, qu'on peut amener à soi en réalisant les vœux du pays; l'autre, peu nombreuse, inflexible, factieuse, qu'on désespère en réalisant ces vœux, loin de la contenter, parce qu'on lui ôte ses prétextes. Sauf cette dernière portion, tous les partis étaient satisfaits, et se donnaient franchement au Premier Consul, ou se résignaient du moins à son gouvernement, si leur cause était inconciliable avec la sienne, comme les royalistes, par exemple. Les patriotes de quatre-vingt-neuf, et dix ans auparavant c'était la France à peu près tout entière, les patriotes de quatre-vingt-neuf, portés d'abord avec enthousiasme vers la Révolution, ramenés bientôt en arrière à la vue du sanglant échafaud, disposés aujourd'hui à penser qu'ils s'étaient trompés presque en toutes choses, croyaient enfin avoir trouvé sous le gouvernement consulaire ce qu'il y avait de réalisable dans leurs vœux. L'abolition du régime féodal, l'égalité civile, une certaine intervention du pays dans ses affaires, pas beaucoup de liberté, beaucoup d'ordre, le triomphe éclatant de la France sur l'Europe, tout cela, quoique bien différent de ce qu'ils avaient souhaité d'abord, mais suffisant aujourd'hui à leurs yeux, tout cela leur semblait assuré. M. de La Fayette, qui, sous bien des rapports, ressemblait à ces hommes, sauf qu'il était moins désabusé, M. de La Fayette, sorti des cachots d'Olmutz par un acte du Premier Consul, prouvait, par ses assiduités fort désintéressées auprès de lui, l'estime qu'il avait pour son gouvernement, et l'adhésion de ses pareils. Quant aux révolutionnaires plus ardents, qui, sans être attachés à la Révolution par leur participation à des excès condamnables, tenaient à elle par conviction et par sentiment, ceux-là savaient gré au Premier Consul d'être le contraire des Bourbons, et d'en assurer l'exclusion définitive. Les acquéreurs de biens nationaux, quoique offusqués parfois de son indulgence à l'égard des émigrés, ne doutaient pas de sa résolution de maintenir l'inviolabilité des propriétés nouvelles, et tenaient à lui comme à une épée invincible, qui les garantissait du seul danger réel pour eux, le triomphe des Bourbons et de l'émigration par les armes de l'Europe.

Octob. 1800.

Octob. 1800.

Les royalistes modérés.

Quant à cette portion timide et bienveillante du parti royaliste, qui demandait, avant tout, de n'avoir plus à craindre l'échafaud, l'exil, la confiscation, qui pour la première fois, depuis dix ans, commençait à ne pas les avoir en perspective, elle était presque heureuse, car pour elle ne plus craindre c'était presque le bonheur. Tout ce que le Premier Consul ne donnait pas encore, elle aimait pour ainsi dire à l'attendre de lui. Voir le peuple à ses ateliers, la bourgeoisie à ses comptoirs, la noblesse au gouvernement, les prêtres à l'autel, les Bourbons aux Tuileries, et le général Bonaparte à leurs côtés, dans la plus haute fortune imaginable pour un sujet, eût été pour ces royalistes la perfection. De ces choses, il y en avait trois ou quatre, qu'ils discernaient déjà clairement dans les actes et les projets du Premier Consul. Quant à la dernière, celle de revoir les Bourbons aux Tuileries, ils étaient disposés, dans leur crédulité bienveillante, à l'attendre de lui, comme une des merveilles de son génie imprévu; et, si la difficulté de croire qu'on livrât ainsi à d'autres une couronne qu'on tenait dans ses mains, arrêtait ceux qui avaient quelque clairvoyance, ils en prenaient leur parti. — Qu'il se fasse roi, disaient-ils, mais qu'il nous sauve, car la monarchie peut seule nous sauver. — Un grand homme, à défaut d'un prince légitime, leur semblait acceptable; mais à tout prix il leur fallait un roi.

Ainsi, en assurant aux patriotes de quatre-vingt-neuf l'égalité civile; aux acquéreurs de biens nationaux, aux patriotes les plus prononcés, l'exclusion des Bourbons; aux royalistes modérés, la sécurité, le rétablissement de la religion; à tous l'ordre, la justice, la grandeur nationale, il avait conquis la masse honnête et désintéressée de tous les partis.

Restait ce qui reste toujours, la portion implacable de ces partis, celle que le temps ne parvient à changer qu'en l'emportant dans la tombe. Ce sont ordinairement ou les plus convaincus ou les plus coupables qui la composent, et ce sont les derniers sur la brèche.

Octob. 1800.

La portion violente et implacable de chaque parti

Les hommes qui pendant le cours de la Révolution s'étaient souillés de sang, ou signalés par des excès impossibles à oublier; d'autres qui sans avoir rien à se reprocher, avaient été portés à la démagogie par la violence de leur caractère, ou la nature de leur esprit; les furieux de la Montagne, les rares survivants de la fameuse Commune, les anciens Jacobins et Cordeliers, étaient irrités en proportion des succès du nouveau gouvernement. Ils appelaient le Premier Consul un tyran, qui voulait faire en France une contre-révolution complète, abolir la liberté, ramener les émigrés, les prêtres, peut-être même les Bourbons, pour se faire leur vil serviteur. D'autres, moins aveuglés par la colère, disaient qu'il songeait à se faire tyran à son profit, qu'il voulait étouffer la liberté dans son propre intérêt. C'était un César, qui appelait le poignard des Brutus. Ils parlaient de poignards, mais ne faisaient qu'en parler; car l'énergie de ces hommes, fort épuisée par dix ans d'excès, commençait à tourner en violence

Les patriotes exaltés.

de langage. On verra bientôt, en effet, que ce n'était point parmi eux que devaient se trouver les hommes à poignard. La police était sans cesse à leur suite, pénétrant dans tous leurs conciliabules, les observant avec une attention continuelle. Il y en avait auxquels il ne fallait que du pain : le Premier Consul, sur le conseil du ministre Fouché, leur en donnait volontiers, ou, s'ils avaient quelque valeur, faisait mieux, et leur donnait des fonctions. Ce n'étaient plus alors, au dire des autres, que des misérables, vendus au tyran. S'il y en avait même, qui seulement par fatigue devinssent un peu plus calmes, comme il arrivait alors à quelques personnages fameux, tels que Santerre et plusieurs autres, la qualification d'hommes vendus les atteignait à l'instant même. Suivant l'usage des partis, ces démagogues incorrigibles cherchaient, dans les mécontents réels ou supposés du jour, le héros imaginaire qui devait réaliser leurs rêves. On ne sait à quels indices Moreau leur avait paru devoir être jaloux du Premier Consul; apparemment parce qu'il avait acquis assez de gloire, pour être le second personnage de l'État. Ils l'avaient sur-le-champ porté aux nues. Mais Moreau venait d'arriver à Paris; le Premier Consul lui avait fait l'accueil le plus flatteur, lui avait donné des pistolets enrichis de pierreries, portant les titres de ses batailles : ce n'était plus qu'un valet. Le démagogue Brune, d'abord cher à leur cœur, avait, par son esprit, attiré l'attention du Premier Consul, obtenu sa confiance, et reçu le commandement de l'armée d'Italie : c'était un valet aussi. Mais au contraire Masséna, privé un peu brusquement du commandement de cette armée, était mécontent, et ne se contenait guère : sur-le-champ il avait été déclaré le sauveur futur de la République, et devait se mettre à la tête des vrais patriotes. Ainsi de Carnot, qu'ils appelaient un royaliste au 18 fructidor, dont ils demandaient et obtenaient alors la proscription, et qui, privé aujourd'hui du portefeuille de la guerre, redevenait à leurs yeux un grand citoyen : ainsi de Lannes, qui aimait le Premier Consul, il est vrai, mais qui était républicain décidé, et qui tenait parfois des propos assez vifs sur le retour des prêtres et des émigrés : ainsi de M. Sieyès lui-même, de M. Sieyès, odieux d'abord aux républicains, pour avoir été le principal complice du 18 brumaire, puis objet de leurs railleries pour les mécomptes dont le Premier Consul avait payé ses services, et enfin déjà presque agréable à leurs yeux, parce que, peu satisfait de sa nullité, il montrait ce qu'il avait montré à tous les pouvoirs, un visage froid et désapprobateur. Carnot, Lannes, Sieyès, devaient se joindre à Masséna, pour relever la République à la première occasion. Enfin, ce qui peindra la niaise crédulité des partis expirants, le ministre Fouché, qui était un des deux principaux conseillers du Premier Consul, et qui n'avait rien à désirer, le ministre Fouché, parce qu'il connaissait bien ces patriotes, les redoutait peu, et leur donnait parfois des secours, sachant que c'étaient des langues à faire taire plutôt que des bras à désarmer : le ministre Fouché devait

Octob. 1800.

se joindre à Masséna, Carnot, Lannes, Sieyès, pour abattre le tyran et sauver la liberté menacée.

Les royalistes exaltés.

La faction royaliste avait, comme la faction révolutionnaire, ses sectaires implacables, raisonneurs aussi crédules, mais conspirateurs plus redoutables. C'étaient les grands seigneurs de Versailles, rentrés ou prêts à rentrer; les intrigants, chargés des tristes affaires des Bourbons, allant et venant de la France à l'étranger pour nouer des trames puériles, ou pour gagner quelque argent; enfin les hommes de main, soldats dévoués de Georges, prêts à tous les crimes.

Propos des émigrés rentrés.

Les premiers, grands seigneurs habitués à discourir, s'en tenaient à des propos sur le Premier Consul, sur sa famille, sur son gouvernement. Ils vivaient à Paris, à peu près comme étrangers à la France, daignant regarder à peine ce qui s'y passait, sollicitant quelquefois leur radiation de la liste des émigrés, ou la levée du séquestre sur leurs biens non vendus. Ils allaient pour cela chez madame Bonaparte, ceux du moins qui avaient été liés avec elle lorsqu'elle était épouse de M. de Beauharnais. Ils y allaient le matin, jamais le soir, étaient reçus à l'entresol des Tuileries, dont elle avait fait son appartement particulier, solliciteurs empressés pendant qu'ils s'y trouvaient, s'excusant fort d'y avoir paru dès qu'ils en étaient sortis, et faisant valoir pour excuse le désir d'obliger des amis malheureux. Madame Bonaparte avait le tort d'accepter ces relations équivoques; et son mari, quoiqu'en étant importuné souvent, les souffrait néanmoins par complaisance pour sa femme, par désir aussi de tout savoir, et d'avoir des communications avec tous les partis. Il y avait peu de ces solliciteurs qui, pour eux ou pour leurs proches, ne fussent devenus les obligés du gouvernement; mais la liberté de leur langage n'en était nullement diminuée. Tout ce qu'on faisait pour eux était, à leurs yeux, chose due : on les avait dépouillés de leurs biens, et, si on les leur rendait, c'était un devoir, un acte de repentir, dont ils ne voulaient avoir de reconnaissance à personne. Ils se raillaient de tout et de tout le monde, même de l'embarras de madame Bonaparte, qui, si elle était fière d'appartenir au premier homme du siècle, semblait presque honteuse d'appartenir au chef du gouvernement, et qui était à la fois trop bonne et trop faible, pour les écraser du légitime orgueil qu'elle aurait dû ressentir. Ils se raillaient de tout le monde, disons-nous, excepté cependant du Premier Consul, qu'ils trouvaient grand général, mais politique médiocre, sans suite dans les idées, favorisant un jour les jacobins, un autre jour les royalistes, n'ayant de volonté qu'à la guerre, parce que la guerre était son métier, et là encore inférieur à Moreau, sous plus d'un rapport. Sans doute il avait eu d'éclatants succès; ces messieurs en convenaient; tout jusqu'ici lui avait réussi; mais combien cela durerait-il de temps?... L'Europe, il est vrai, n'était pas aujourd'hui capable de lui résister; mais, vainqueur au dehors, le serait-il au dedans, de toutes les difficultés dont il était entouré? Les finances semblaient s'améliorer, mais le papier, qui avait été la ressource éphémère de tous les gouvernements révolutionnaires, était encore la ressource de celui-ci. On ne voyait partout qu'obligations des receveurs généraux, billets de la Banque de France, etc. Ce nouveau papier ne finirait-il pas comme le papier avait toujours fini? On se suffisait aujourd'hui tant bien que mal, parce que les armées se nourrissaient en pays conquis; mais, à la paix, quand elles rentreraient sur le territoire, comment ferait-on pour fournir à leur entretien? La propriété foncière était écrasée, et bientôt le contribuable ne pourrait ni ne voudrait payer l'impôt. On parlait, il est vrai, de la satisfaction de certaines classes, prêtres et émigrés, bien traitées par le gouvernement actuel; mais ce gouvernement rappelait les émigrés sans leur rendre leurs biens. C'étaient des ennemis qu'il transportait du dehors au dedans, et qui n'en étaient que plus dangereux. Il rappelait les prêtres, mais sans leur rendre leurs autels. Accorder ainsi toutes choses à moitié, c'était faire des obligés d'un jour, qui devaient se convertir en ingrats le lendemain. Bonaparte, comme l'appelaient ces royalistes, car ils ne daignaient jamais lui donner son titre légal, Bonaparte ne savait faire les choses que d'une manière incomplète. Il avait permis de célébrer le dimanche, mais il n'avait pas osé abolir le *décadi*, et la France, livrée à elle-même, était revenue tout entière au dimanche. Ce n'était pas la seule des choses du passé, auxquelles elle reviendrait, dès qu'on lui en donnerait l'exemple ou la liberté. Bonaparte, en rétablissant tantôt ceci, tantôt cela, commençait lui-même une contre-révolution, qui l'entraînerait bientôt plus loin qu'il ne voulait aller. A force de ressusciter une foule de choses, irait-il jusqu'à restaurer la monarchie, et même à la restaurer pour lui, en se faisant roi ou empereur? il ne ferait ainsi que rendre la contre-révolution plus certaine, en se chargeant de l'opérer de ses propres mains. Bientôt sur ce trône restauré, il faudrait les princes qui étaient seuls dignes de l'occuper; et, en rétablissant l'institution, il l'aurait rétablie pour les Bourbons [1]!

Il arrive quelquefois à la haine de deviner juste, parce qu'elle aime à supposer des fautes, et que malheureusement les fautes sont toujours ce qu'il y a de plus probable. Seulement, dans son ardente impatience, elle devance les temps. Ces légers discoureurs ne savaient pas jusqu'à quel point ils disaient vrai ; mais ils ne savaient pas aussi qu'avant que leurs prédictions s'accomplissent, il faudrait que le monde fût remué quinze ans, il faudrait que cet homme dont ils parlaient ainsi eût fait de sublimes choses, commis d'immenses fautes, et qu'avant la fin de tout cela, ils auraient le temps de se démentir, de renier leur cause, d'abandonner ces princes seuls légitimes à leurs yeux, de servir ce maître éphémère, de le servir et de l'adorer! ils ne savaient pas que, si la France revenait un jour aux pieds des Bourbons,

---

[1] Ce n'est pas de fantaisie que je peins les émigrés de ce temps. Le langage que je leur prête est littéralement extrait des volumineuses correspondances adressées à Louis XVIII, et rapportées par ce prince en France. Laissées pendant les Cent-Jours aux Tuileries, déposées depuis aux archives des affaires étrangères, elles contiennent le singulier témoignage des illusions et des passions de ce temps. Quelques-unes sont fort spirituelles, et toutes fort curieuses.

elle y viendrait, comme jetée par la tempête au pied d'un arbre séculaire, et jetée pour un moment!

Plus bas, conspiraient autrement qu'en paroles, les intrigants au service des Bourbons, et plus bas encore, mais plus dangereusement, les agents de Georges, les mains pleines de l'argent venu d'Angleterre. Georges, depuis son retour de Londres, était dans le Morbihan, se cachant à tous les yeux, jouant l'homme résigné qui revient à ses champs, mais implacable en réalité, ayant juré dans son cœur, ayant juré aux Bourbons, de succomber ou de détruire le Premier Consul. Livrer une sorte de bataille aux grenadiers de la garde consulaire, était impossible; toutefois il y avait parmi les hommes de la chouannerie, des bras tout prêts à recourir à la dernière ressource des partis vaincus, c'est-à-dire à l'assassinat. On pouvait trouver parmi eux une bande prête à tout, aux crimes les plus noirs comme aux tentatives les plus téméraires. Georges, ne sachant pas encore le moment, le lieu qu'il faudrait choisir, les tenait en haleine, communiquant avec eux par des affidés, leur livrant les grandes routes pour vivre, ou une portion de l'argent reçu à profusion du cabinet britannique.

Le Premier Consul, satisfait des hommages de la France, de l'adhésion unanime des hommes sincères et désintéressés de tous les partis, s'inquiétait médiocrement des propos des uns, des complots des autres. Entièrement appliqué à son œuvre, il songeait peu aux vains discours des oisifs, quoiqu'il fût loin d'y être insensible; mais actuellement, il était trop absorbé par sa tâche pour donner grande attention à ces discours. Il ne songeait pas beaucoup plus aux complots dirigés contre sa personne; il les considérait comme une de ces chances qu'il bravait tous les jours sur les champs de bataille, avec l'indifférence du fatalisme. Du reste, il se trompait même sur la nature de ses dangers. Venu au 18 brumaire pour arracher le pouvoir au parti révolutionnaire, l'ayant dans le moment pour ennemi principal, il s'en prenait à ce parti de tout ce qui arrivait, et semblait n'en vouloir qu'à lui seul. Les royalistes n'étaient à ses yeux, du moins alors, qu'un parti persécuté, qu'il fallait tirer de l'oppression. Il savait bien qu'il y avait des scélérats parmi eux; mais il avait pris l'habitude, en vivant avec les modérés, de n'attendre de violence que de la part des révolutionnaires. L'un de ses conseillers, toutefois, cherchait à redresser cette erreur de son esprit : c'était M. Fouché, le ministre de la police.

Dans ce gouvernement, réduit presque à un homme, tous les ministres s'étaient effacés, excepté deux, MM. Fouché et de Talleyrand. Seuls ils avaient conservé le privilége d'être tant soit peu aperçus, à travers cette auréole éblouissante dont le général Bonaparte était entouré, et dans laquelle disparaissaient toutes les figures, hors la sienne. Le général Berthier venait de remplacer Carnot au département de la guerre, parce qu'il était plus souple, plus résigné au rôle modeste de comprendre et de rendre les idées de son chef, ce qu'il faisait avec une clarté, une précision vraiment admirables. Ce n'était pas un petit mérite que d'être le digne chef d'état-major du plus grand capitaine du siècle, et peut-être de

Octob. 1800

Les hommes composant le gouvernement et ayant quelque influence auprès du Premier Consul.

Octob. 1800.

La police et les affaires étrangères formaient les deux seuls ministères importants.

tous les siècles. Mais Berthier, à côté du Premier Consul, ne pouvait avoir aucune importance comme directeur des opérations militaires. La marine, à cette époque, attirait peu l'attention. Les finances n'exigeaient que l'application ferme et persévérante, mais obscure, de quelques principes d'ordre, posés une fois pour toujours. La police, au contraire, avait une grande importance, à cause du vaste arbitraire dont le gouvernement était armé; et, avec la police, les affaires étrangères, à cause des relations à rétablir avec le monde entier. Pour la police, il fallait au Premier Consul un homme qui connût les partis et les individus dont les partis se composaient : c'était la cause de l'influence acquise par le ministre Fouché. A l'égard des affaires extérieures, quoique le Premier Consul fût le meilleur personnage à présenter à l'Europe, il fallait pourtant un intermédiaire de tous les instants, plus doux, plus patient que lui : et c'était la cause de l'influence acquise par M. de Talleyrand. MM. Fouché et de Talleyrand se partageaient donc la seule portion de crédit politique dont jouissaient alors les ministres.

Ce qu'était la police sous le Consulat et l'Empire.

La police n'était pas à cette époque ce qu'elle est heureusement devenue depuis, une simple surveillance sans pouvoir, chargée uniquement d'avertir et de saisir la justice. Elle était le dépôt, dans les mains d'un seul homme, d'un immense arbitraire. Le ministre de la police pouvait exiler ceux-ci comme révolutionnaires, ceux-là comme émigrés rentrés; assigner aux uns et aux autres le lieu de leur résidence, souvent même les jeter dans une maison de force, sans craindre les révélations de la presse ou de la tribune, alors impuissantes et décriées ; il pouvait lever ou maintenir le séquestre sur les biens des proscrits de toutes les époques, rendre ou retirer à un prêtre son église, supprimer ou réprimander un journal qui déplaisait, enfin désigner tout individu à la défiance ou à la faveur d'un gouvernement, qui avait dans ce moment un nombre extraordinaire de places à distribuer, et qui eut bientôt les richesses de l'Europe à prodiguer à ses créatures. Le ministre auquel les lois du temps conféraient de telles attributions, quoique placé sous l'autorité supérieure et vigilante du Premier Consul, avait donc sur toutes les existences un pouvoir redoutable.

M. Fouché, chargé d'exercer ce pouvoir, ancien oratorien et ancien conventionnel, était un personnage intelligent et rusé, ni bon ni méchant, connaissant bien les hommes, surtout les mauvais, les méprisant sans distinction ; employant l'argent de la police à nourrir les fauteurs de troubles, autant qu'à les surveiller ; toujours prêt à donner du pain ou une place aux individus fatigués d'agitations politiques ; procurant ainsi des amis au gouvernement, s'en procurant surtout à lui-même ; se créant mieux que des espions crédules ou trompeurs, mais des obligés qui ne manquaient jamais de l'instruire de ce qu'il avait intérêt à savoir ; ayant de ces obligés dans tous les partis, même parmi les royalistes, qu'il savait ménager et contenir à propos ; toujours averti à temps, n'exagérant jamais le danger, ni à lui-même ni à son maître ; distinguant bien un imprudent d'un homme vraiment à craindre, sachant avertir l'un, poursuivre l'autre; faisant, en un mot, la police mieux qu'on ne l'a jamais faite, car elle consiste à désarmer les haines autant qu'à les réprimer; ministre supérieur, si son indulgence extrême avait eu un autre principe que l'indifférence la plus complète au bien et au mal; si son activité incessante avait eu un autre mobile qu'un besoin de se mêler de tout, qui le rendait incommode et suspect au Premier Consul, et lui donnait souvent les apparences d'un intrigant subalterne : du reste, sa physionomie, intelligente, vulgaire, équivoque, rendait bien les qualités et les défauts de son âme.

Le Premier Consul, jaloux de sa confiance, ne l'accordait pas facilement, à moins qu'il n'eût pour les hommes une estime entière. Il se servait de M. Fouché, mais en se défiant de lui. Aussi cherchait-il quelquefois à le suppléer ou à le contrôler, en donnant de l'argent à son secrétaire de Bourrienne, au commandant de Paris, Murat, surtout à son aide-de-camp Savary, pour se composer ainsi plusieurs polices contradictoires. Mais M. Fouché savait toujours convaincre de gaucherie et de puérilité ces polices secondaires, se montrait seul bien informé, et, tout en contrariant le Premier Consul, le ramenait néanmoins à lui, par cette manière de traiter les hommes, dans laquelle il n'entrait ni amour ni haine, mais une application suivie à les arracher, un à un, à la vie agitée des factions.

Opinion de M. Fouché sur les partis. M. Fouché, fidèle à demi au parti révolutionnaire, ménageait volontiers ses anciens amis, et osait, à leur sujet, contredire le Premier Consul. Connaissant bien leur situation morale, appréciant surtout les scélérats du royalisme, il ne cessait de répéter que le péril, s'il y en avait, était bien plus du côté des royalistes que du côté des révolutionnaires, et qu'on aurait lieu de s'en apercevoir bientôt. Il avait même le mérite, qu'il n'eut pas long-temps, de soutenir qu'on ferait bien de déserter un peu moins la Révolution et ses idées. Entendant déjà les flatteurs de l'époque, dire qu'il fallait aller plus vite en réaction, ne pas tenir compte des préjugés de la Révolution, et revenir à quelque chose qui ressemblât à la monarchie, moins les Bourbons, il osait blâmer, sinon le but, du moins l'imprudence avec laquelle certaines gens y marchaient. Tout en admettant la justesse de ses avis, donnés avec bon sens, mais sans franchise et sans dignité, le Premier Consul en était frappé, mais pas content. Il reconnaissait, en ne l'aimant pas, les services de ce personnage.

Octob. 1800
et les dangers dont ils menaçaient le gouvernement.

M. de Talleyrand jouait un rôle en tout contraire : il n'avait ni affection pour M. Fouché, ni ressemblance avec lui. Tous deux, anciens prêtres, et sortis, le premier du haut clergé, le second du bas clergé, n'avaient de commun, que d'avoir profité de la Révolution pour dépouiller, l'un la robe du prélat, l'autre le petit habit du professeur oratorien. C'est un spectacle étrange, il faut l'avouer, spectacle qui peint bien cette société profondément bouleversée, que ce gouvernement, composé d'un militaire et de deux prêtres abjurateurs de leur état, et, quoique ainsi

M. de Talleyrand. — Ses opinions et son rôle auprès du Premier Consul.

composé, n'en ayant pas moins d'éclat, de grandeur, d'influence dans le monde.

M. de Talleyrand, issu de la plus haute extraction, destiné aux armes par sa naissance, condamné à la prêtrise par un accident, qui l'avait privé de l'usage d'un pied, n'ayant aucun goût pour cette profession imposée, devenu successivement prélat, homme de cour, révolutionnaire, émigré, puis enfin ministre des affaires étrangères du Directoire, M. de Talleyrand avait conservé quelque chose de tous ces états : on trouvait en lui de l'évêque, du grand seigneur, du révolutionnaire. N'ayant aucune opinion bien arrêtée, seulement une modération naturelle qui répugnait à toutes les exagérations; s'appropriant à l'instant même les idées de ceux auxquels il voulait plaire par goût ou par intérêt; s'exprimant dans un langage unique, particulier à cette société dont Voltaire avait été l'instituteur; plein de reparties vives, poignantes, qui le rendaient redoutable autant qu'il était attrayant; tour à tour caressant ou dédaigneux, démonstratif ou impénétrable, nonchalant, digne, boiteux sans y perdre de sa grâce, personnage enfin des plus singuliers, et tel qu'une révolution seule en peut produire, il était le plus séduisant des négociateurs, mais en même temps incapable de diriger comme chef les affaires d'un grand État : car, pour diriger, il faut de la volonté, des vues et du travail, et il n'avait aucune de ces choses. Sa volonté se bornait à plaire, ses vues consistaient en opinions du moment, son travail était nul. C'était, en un mot, un ambassadeur accompli, mais point un ministre dirigeant ; bien entendu qu'on ne prend ici cette expression que dans son acception la plus élevée. Du reste, il n'avait pas un autre rôle sous le gouvernement consulaire. Le Premier Consul, qui ne laissait à personne le droit d'avoir un avis sur les affaires de guerre ou de diplomatie, ne l'employait qu'à négocier avec les ministres étrangers, d'après ses propres volontés, ce que M. de Talleyrand faisait avec un art qu'on ne surpassera jamais. Toutefois, il avait un mérite moral, c'était d'aimer la paix sous un maître qui aimait la guerre, et de le laisser voir. Doué d'un goût exquis, d'un tact sûr, même d'une paresse utile, il pouvait rendre de véritables services, seulement en opposant à l'abondance de parole, de plume et d'action du Premier Consul, sa sobriété, sa parfaite mesure, son penchant même à ne rien faire. Mais il agissait peu sur ce maître impérieux, auquel il n'imposait ni par le génie, ni par la conviction. Aussi n'avait-il pas plus d'empire que M. Fouché, même moins, tout en étant aussi employé, et plus agréable.

Du reste, M. de Talleyrand disait tout le contraire de ce que disait M. Fouché. Aimant l'ancien régime, moins les personnes et les préjugés ridicules d'autrefois, il conseillait de refaire le plus tôt possible la monarchie, ou l'équivalent, en se servant de la gloire du Premier Consul à défaut de sang royal ; ajoutant que, si on voulait avoir la paix prochaine et durable avec l'Europe, il fallait se hâter de lui ressembler. Et, tandis que le ministre Fouché, au nom de la Révolution, conseillait de n'aller pas trop vite,

M. de Talleyrand conseillait, au nom de l'Europe, de n'aller pas si lentement.

Le Premier Consul prisait le bon sens vulgaire de M. Fouché, mais goûtait les grâces de M. de Talleyrand, n'en croyait absolument ni l'un ni l'autre, sur aucun sujet, et, quant à sa confiance, l'avait donnée, donnée tout entière, mais à un autre que ces deux hommes, c'était à son collègue Cambacérès. Celui-ci, peu brillant par l'esprit, avait un bon sens rare, et un dévouement sans bornes au Premier Consul. Ayant tremblé dix ans de sa vie sous des proscripteurs de toute espèce, il aimait avec une sorte de tendresse le maître puissant qui lui procurait enfin la faculté de respirer à l'aise. Il chérissait sa puissance, son génie, sa personne, de laquelle il n'avait reçu, et n'espérait recevoir que du bien. Connaissant les faiblesses des hommes, même les plus grands, il conseillait le Premier Consul, comme il faut conseiller quand on veut être écouté, avec une bonne foi parfaite, des ménagements infinis, jamais pour faire briller sa sagesse, toujours pour être utile à un gouvernement, qu'il aimait comme lui-même, l'approuvant toujours en public, en toutes choses, quoi qu'il eût fait, ne se permettant de le désapprouver qu'en secret, dans un tête-à-tête absolu avec le Premier Consul; se taisant quand il n'y avait plus de remède, et que la critique ne pouvait être qu'un vain plaisir de blâmer; parlant toujours, et avec un courage bien méritoire chez le plus timide des hommes, quand il était temps de prévenir une faute, ou d'agir sur la conduite générale des affaires. Et, comme

Octob. 1800.

Caractère et rôle de M. Cambacérès.

s'il fallait qu'un caractère qui se contient sans cesse, s'échappe au moins par quelque côté, le consul Cambacérès laissait voir avec ses inférieurs une vanité puérile, vivait avec quelques courtisans subalternes, qui brûlaient devant lui un encens grossier, se promenait presque tous les jours au Palais-Royal dans un costume ridiculement magnifique, et cherchait, dans la satisfaction d'une gourmandise devenue proverbiale, des plaisirs qui suffisaient à son âme vulgaire et sage. Qu'importent au surplus quelques travers, à côté d'une raison supérieure!

Le Premier Consul pardonnait volontiers ces travers à son collègue, et faisait de lui un cas considérable. Il appréciait ce bon sens supérieur, qui ne voulait jamais briller, mais être utile ; qui éclairait toutes choses d'une lumière tempérée et vraie. Il appréciait surtout la sincérité de son attachement, riait de ses travers, toujours avec égards, et lui rendait le plus grand des hommages, celui de ne dire tout qu'à lui, de n'être jamais inquiet que de son jugement. Aussi ne recevait-il d'influence que de lui seul, influence à peine soupçonnée, et à cause de cela très-grande.

Le consul Cambacérès était propre surtout à tempérer ses emportements à l'égard des personnes, sa précipitation à l'égard des choses. Au milieu de ce conflit de deux tendances opposées, l'une poussant à une réaction précipitée, l'autre, au contraire, combattant cette réaction, M. Cambacérès, inflexible quand il s'agissait du maintien de l'ordre, était, dans tout le reste, toujours prononcé pour qu'on allât moins vite.

Octob. 1800.

Sentiments du Premier Consul pour son collègue Cambacérès.

Il ne contestait pas le but auquel on tendait visiblement. Qu'on décernât un jour au Premier Consul tout le pouvoir qu'on voudrait, soit, mais pas trop tôt, répétait-il sans cesse. Il voulait surtout qu'on préférât toujours la réalité à l'apparence, le pouvoir véritable à ce qui n'en était que l'ostentation. Un Premier Consul pouvant tout ce qu'il voulait pour le bien, lui semblait valoir beaucoup mieux qu'un prince couronné, gêné dans son action. Agir et se cacher, surtout ne jamais agir trop vite, composait toute sa sagesse. Ce n'est pas là le génie sans doute, mais c'est la prudence; et pour fonder un grand État, il faut des deux.

M. Cambacérès avait pour le Premier Consul un autre genre d'utilité que celui de le conseiller avec une raison supérieure, c'était de gouverner le Sénat. Ce corps, ainsi que nous l'avons dit, avait une immense importance, puisqu'il faisait toutes les élections. Dans les premiers moments, on l'avait en quelque sorte abandonné à M. Sieyès, comme dédommagement du pouvoir exécutif, déféré tout entier au général Bonaparte. M. Sieyès, d'abord satisfait d'abdiquer, et vivant à sa terre de Crosne, commençait à ressentir quelque humeur de sa nullité, car il n'y a jamais eu d'abdication sans regret. S'il avait eu de la volonté et de la suite, il aurait pu enlever le Sénat au Premier Consul, et alors il ne serait plus resté d'autre ressource qu'un coup d'État. Mais M. Cambacérès, sans bruit, sans ostentation, s'insinuant peu à peu dans ce corps, y occupait le terrain que la négligence boudeuse de M. Sieyès lui abandonnait. On savait que c'était par lui qu'il fallait parvenir au Premier Consul, source de toute faveur, et c'est à lui qu'on s'adressait en effet. Il en profitait avec un art infini et toujours caché, pour contenir ou ramener les opposants. Mais cela se faisait avec une telle discrétion que personne ne songeait à s'en plaindre. Dans un temps où le repos était devenu la vraie sagesse, où le repos même était nécessaire pour faire renaître un jour le goût de la liberté, on n'ose blâmer, on n'ose appeler du nom de corrupteur, l'homme qui d'un côté tempérait le maître imposé par les événements, et de l'autre arrêtait les imprudences d'une opposition qui n'avait ni but, ni à-propos, ni lumières politiques.

Quant au consul Lebrun, le général Bonaparte le traitait avec égards, même avec affection, mais comme un personnage se mêlant peu des affaires, l'administration exceptée. Il le chargeait de veiller au détail des finances, et de le tenir surtout au courant de ce que faisaient ou pensaient les royalistes, dont ce troisième consul était souvent entouré. C'était une oreille, un œil qu'il avait parmi eux, n'attachant d'ailleurs qu'un pur intérêt de curiosité à ce qui pouvait venir de ce côté.

Pour avoir une idée exacte de l'entourage du Premier Consul, il faut dire un mot de sa famille. Il avait quatre frères, Joseph, Lucien, Louis et Jérôme. Nous ferons connaître, en leur temps, les deux derniers. Joseph et Lucien avaient seuls alors quelque importance. Joseph, l'aîné de tous, avait épousé la fille d'un riche et honorable négociant de Marseille. Il était doux, assez fin, agréable de sa personne, et causait à son frère moins d'ennuis qu'aucun autre. C'était à lui que le Premier Consul réservait l'honneur de négocier la paix de la République, avec les États de l'ancien et du nouveau monde. Il l'avait chargé de conclure le traité qui se préparait avec l'Amérique, et venait de le nommer plénipotentiaire à Lunéville, cherchant ainsi à lui ménager un rôle qui plût à la France. Lucien, actuellement ministre de l'intérieur, était un homme d'esprit, mais d'un esprit inégal, inquiet, ingouvernable, et n'ayant pas assez de talent, quoiqu'il en eût, pour racheter ce qui lui manquait sous le rapport du bon sens. Tous deux flattaient le penchant du Premier Consul à s'élever jusqu'au pouvoir suprême; et cela se conçoit. Le génie du Premier Consul, sa gloire, étaient choses à lui personnelles : une qualité seule pouvait être transmissible à sa famille, c'était la qualité princière, s'il la prenait un jour, en la préférant à celle de premier magistrat de la République. Ses frères étaient de ceux qui disaient avec le moins de retenue, que la forme actuelle du gouvernement n'avait été qu'une transition, imaginée pour ménager les préjugés révolutionnaires, mais qu'il fallait en prendre son parti, et que si on voulait fonder quelque chose de vraiment stable, on ne pouvait se dispenser de donner au pouvoir plus de concentration, d'unité et de durée. La conclusion de tout cela était facile à tirer. Le Premier Consul, comme tout le monde le sait, n'avait pas d'enfants, ce qui embarrassait fort ceux qui rêvaient déjà la transformation de la république en monarchie. Il était en effet difficile de prétendre qu'on voulait assurer la transmission régulière et naturelle du pouvoir, dans la famille d'un homme qui n'avait pas d'héritiers. Aussi, bien que dans l'avenir ce défaut d'héritiers pût être un avantage personnel pour les frères du Premier Consul, c'était alors un argument contre leurs projets, et ils reprochaient souvent à madame Bonaparte un malheur, dont ils la disaient la cause. Brouillés avec elle par jalousie d'influence, ils l'avaient peu ménagée auprès de son mari, et la poursuivaient de leurs propos, répétant sans cesse et bien haut, qu'il fallait absolument au Premier Consul une femme qui lui donnât des enfants, que ce n'était point là un intérêt privé, mais public, et qu'une résolution à cet égard devenait indispensable, si on voulait assurer l'avenir de la France. Ils lui faisaient répéter par toutes les bouches ces funestes discours, pleins pour elle de la plus sinistre conclusion. L'épouse en apparence si fortunée du Premier Consul était donc, en ce moment, bien loin d'être heureuse.

Joséphine Bonaparte, mariée d'abord au comte de Beauharnais, puis au jeune général qui avait sauvé la Convention au 13 vendémiaire, et maintenant partageant avec lui une place qui commençait à ressembler à un trône, était créole de naissance, et avait toutes les grâces, tous les défauts ordinaires aux femmes de cette origine. Bonne, prodigue et frivole, point belle, mais parfaitement élégante, douée d'un charme infini, elle savait plaire beaucoup plus que des femmes qui lui étaient supérieures en esprit et en beauté. La légèreté de sa conduite dépeinte à son mari, sous de fâcheuses couleurs, lorsqu'il revint d'Égypte, le remplit de colère. Il voulut s'éloigner d'une épouse, qu'à tort ou à raison il croyait coupable. Elle pleura long-temps à ses pieds; ses deux enfants, Hortense et Eugène de Beauharnais, très-chers tous les deux au général Bonaparte, pleurèrent aussi : il fut vaincu, et ramené par une tendresse conjugale, qui, pendant bien des années, fut victorieuse chez lui de la politique. Il oublia les fautes vraies ou supposées de Joséphine, et l'aima encore, mais jamais comme dans les premiers temps de leur union. Les prodigalités sans bornes, les imprudences fâcheuses, auxquelles chaque jour elle se livrait, causaient souvent à son mari des mouvements d'impatience, dont il n'était pas maître; mais il pardonnait avec la bonté de la puissance heureuse, et ne savait pas être irrité long-temps contre une femme, qui avait partagé les premiers moments de sa grandeur naissante, et qui, en venant s'asseoir un jour à côté de lui, semblait avoir amené la fortune avec elle.

Madame Bonaparte était une véritable femme de l'ancien régime, dévote, superstitieuse, et même royaliste, détestant ce qu'elle appelait les Jacobins, lesquels le lui rendaient bien; ne recherchant que les gens d'autrefois, qui, rentrés en foule, comme nous l'avons dit, venaient la visiter le matin. Ils l'avaient connue femme d'un homme honorable, et assez élevé en rang et en dignité militaire, l'infortuné Beauharnais, mort sur l'échafaud révolutionnaire; ils la trouvaient l'épouse d'un parvenu, mais d'un parvenu plus puissant qu'aucun prince de l'Europe; ils ne craignaient pas de venir lui demander des faveurs, tout en affectant de la dédaigner. Elle mettait de l'empressement à leur faire part de sa puissance, à leur rendre des services. Elle s'appliquait même à faire naître chez eux un genre d'illusion, auquel ils se prêtaient volontiers, c'est qu'au fond le général Bonaparte n'attendait qu'une occasion favorable pour rappeler les Bourbons, et leur rendre un héritage qui leur appartenait. Et, chose singulière, cette illusion, qu'elle se plaisait à provoquer chez eux, elle aurait presque voulu la partager aussi; car elle eût préféré voir son époux sujet des Bourbons, mais sujet protecteur de ses rois, entouré des hommages de l'ancienne aristocratie française, plutôt que monarque couronné par la main de la nation. C'était une femme d'un cœur très-faible. Bien que légère, elle aimait cet homme qui la couvrait de gloire et l'aimait davantage depuis qu'elle en était moins aimée. N'imaginant pas qu'il pût mettre un pied audacieux sur les marches du trône, sans tomber aussitôt sous le poignard des républicains ou des royalistes, elle voyait confondus dans une ruine commune, ses enfants, son mari, elle-même. Mais, en supposant qu'il parvînt sain et sauf sur ce trône usurpé, une autre crainte assiégeait son cœur : elle n'irait pas s'y asseoir avec lui. Si on faisait un jour le général Bonaparte roi ou empereur, ce serait évidemment sous prétexte de donner à la France un gouvernement stable, en le rendant héréditaire;

et malheureusement les médecins ne lui laissaient plus l'espérance d'avoir des enfants. Elle se rappelait à ce sujet la singulière prédiction d'une femme, espèce de pythonisse alors en vogue, qui lui avait dit : Vous occuperez la première place du monde, mais pour peu de temps. — Elle avait déjà entendu les frères du Premier Consul prononcer le mot fatal de divorce. L'infortunée, que les reines de l'Europe auraient pu envier, à ne juger de son sort que par l'éclat extérieur dont elle était entourée, vivait dans les plus affreux soucis. Chaque progrès de sa fortune ajoutait des apparences à son bonheur, et des chagrins à sa vie; et, si elle parvenait à échapper à ses peines cuisantes, c'était par une légèreté de caractère, qui la sauvait des préoccupations prolongées. L'attachement du général Bonaparte pour elle, ses brusqueries, quand il s'en permettait, réparées à l'instant même par des mouvements d'une parfaite bonté, finissaient aussi par la rassurer. Entraînée d'ailleurs, comme tous les gens de ce temps, par un tourbillon étourdissant, elle comptait sur le dieu des révolutions, sur le hasard; et, après de vives agitations, elle revenait à jouir de sa fortune. Elle essayait, en attendant, de détourner son mari des idées d'une grandeur exagérée, osait même lui parler des Bourbons, sauf à essuyer des orages, et, malgré ses goûts, qui auraient dû lui faire préférer M. de Talleyrand à M. Fouché, elle avait pris ce dernier en gré, parce que, tout jacobin qu'il était, disait-elle, il osait faire entendre la vérité au Premier Consul; et à ses yeux faire entendre la vérité au Premier

Consul, c'était lui conseiller la conservation de la République, sauf à augmenter son pouvoir consulaire. MM. de Talleyrand et Fouché, croyant se rendre plus forts en pénétrant dans la famille du Premier Consul, s'y introduisaient en flattant chaque côté comme il aimait à être flatté. M. de Talleyrand cherchait à complaire aux frères, en disant qu'il fallait imaginer pour le Premier Consul une autre position que celle qu'il tenait de la Constitution. M. Fouché cherchait à complaire à madame Bonaparte, en disant que l'on commettait de graves imprudences, et qu'on perdrait tout, en voulant tout brusquer. Cette manière de pénétrer dans sa famille, d'en exciter les agitations en s'y mêlant, déplaisait singulièrement au Premier Consul. Il le témoignait souvent, et, quand il avait quelque communication à faire aux siens, en chargeait son collègue Cambacérès, qui, avec sa prudence accoutumée, entendait tout, ne disait rien que ce qu'on lui ordonnait de dire, et s'acquittait de ce genre de commission avec autant de ménagement que d'exactitude.

Une circonstance assez étrange venait de donner à toutes ces agitations intérieures un objet présent et positif. Le prince, qui fut depuis Louis XVIII, exilé alors, avait tenté une démarche singulière, et peu réfléchie. Beaucoup de royalistes, pour expliquer et excuser leur retour vers le nouveau gouvernement, feignaient de croire ou croyaient en effet, que le général Bonaparte voulait rappeler les Bourbons. Ces hommes, qui n'avaient pas lu, ou pas su lire, l'histoire de la révolution d'Angleterre, et y dé-

Octob. 1800.

Singulière démarche de Louis XVIII auprès du Premier Consul.

couvrir les terribles leçons dont elle est pleine, venaient tout à coup d'y découvrir une analogie qui charmait leurs espérances : c'était le rappel des Stuarts par le général Monck. Ils supprimaient Cromwell, dont cependant le rôle était assez grand pour n'être pas oublié. Ils avaient fini par produire une opinion factice, qui était arrivée jusqu'à Louis XVIII. Ce prince, doué de tact et d'esprit, avait eu la maladresse d'écrire au général Bonaparte lui-même, et lui avait fait parvenir plusieurs lettres, qu'il croyait dignes, mais qui ne l'étaient pas, et qui ne prouvaient qu'une chose, les illusions ordinaires de l'émigration. Voici la première de ces lettres.

« 20 février 1800.

» Quelle que soit leur conduite apparente, des
» hommes tels que vous, monsieur, n'inspirent ja-
» mais d'inquiétude. Vous avez accepté une place
» éminente, et je vous en sais gré. Mieux que per-
» sonne, vous savez ce qu'il faut de force et de
» puissance pour faire le bonheur d'une grande na-
» tion. Sauvez la France de ses propres fureurs, vous
» aurez rempli le premier vœu de mon cœur : ren-
» dez-lui son roi, et les générations futures béni-
» ront votre mémoire. Vous serez toujours trop né-
» cessaire à l'État pour que je puisse acquitter par
» des places importantes la dette de mes aïeux et la
» mienne.

» Louis. »

Le Premier Consul fut fort surpris en recevant cette lettre, et demeura incertain, ne sachant s'il fallait y répondre. Elle lui avait été transmise par le consul Lebrun, qui l'avait reçue lui-même de l'abbé de Montesquiou. Le Premier Consul, absorbé par la multiplicité des affaires au début de son gouvernement, laissa passer le temps sans faire de réponse. Le prince, impatient comme un émigré, écrivit une seconde lettre encore plus empreinte de la crédulité de son parti, encore plus regrettable pour sa dignité. La voici.

« Depuis long-temps, général, vous devez savoir
» que mon estime vous est acquise. Si vous doutiez
» que je fusse susceptible de reconnaissance, mar-
» quez votre place, fixez le sort de vos amis. Quant
» à mes principes, je suis Français : clément par ca-
» ractère, je le serais encore par raison.

» Non, le vainqueur de Lodi, de Castiglione,
» d'Arcole, le conquérant de l'Italie et de l'Égypte,
» ne peut pas préférer à la gloire une vaine célé-
» brité. Cependant vous perdez un temps précieux :
» nous pouvons assurer le repos de la France ; je dis
» *nous*, parce que j'ai besoin de Bonaparte pour
» cela, et qu'il ne le pourrait sans moi.

» Général, l'Europe vous observe, la gloire vous
» attend, et je suis impatient de rendre la paix à
» mon peuple.

» LOUIS. »

Cette fois, le Premier Consul ne crut pas pouvoir se dispenser de répondre. Au fond, il n'avait jamais eu aucun doute sur ce qu'il avait à faire à l'égard des princes déchus. Indépendamment de toute ambition, il regardait comme impraticable et funeste le rappel des Bourbons. C'est de conviction qu'il les repoussait, quel que fût d'ailleurs son désir d'être le maître de la France. Sa femme avait été instruite de son secret, son secrétaire aussi; et bien qu'il ne leur fît pas l'honneur de les admettre à de telles délibérations, il leur donna ses motifs. Sa femme s'était jetée presque à ses pieds, pour le supplier de laisser au moins quelque espérance aux Bourbons; il la repoussa avec humeur, et s'adressant à son secrétaire: Vous ne connaissez pas ces gens-là, lui dit-il; si je leur rendais leur trône, ils croiraient l'avoir recouvré par la grâce de Dieu. Ils seraient bientôt entourés, entraînés par l'émigration; ils bouleverseraient tout, en voulant tout refaire, même ce qui ne peut pas être refait. Que deviendraient les nombreux intérêts créés depuis quatre-vingt-neuf? Que deviendraient, et les acquéreurs de biens nationaux, et les chefs de l'armée, et tous les hommes qui ont engagé dans la révolution leur vie et leur avenir? Après les hommes, que deviendraient les choses? Que deviendraient les principes pour lesquels on a tant combattu? Tout cela périrait, mais ne périrait pas sans conflit; il y aurait une affreuse lutte; des milliers d'hommes succomberaient. Jamais, non jamais, je ne prendrai une aussi funeste résolution. —Il avait raison. Tout intérêt personnel à part, il faisait bien. Sa dictature, qui retardait l'établissement de la liberté politique en France, liberté d'ailleurs bien difficile alors, sa dictature achevait le triomphe de la Révolution française, que Waterloo même, à condition d'arriver quinze ans plus tard, ne pouvait plus détruire.

Sa réponse devait être conforme à sa pensée, et ne pas laisser plus d'espérances qu'il n'en voulait donner. On ne peut juger que par le texte même de sa lettre, de la grandeur d'expression avec laquelle il répondit à l'imprudente démarche du prince exilé.

« Paris, le 26 fructidor an VIII (7 septembre 1800).

» J'ai reçu, monsieur, votre lettre; je vous re-
» mercie des choses honnêtes que vous me dites.

» Vous ne devez pas souhaiter votre retour en
» France; il vous faudrait marcher sur cinq cent
» mille cadavres.

» Sacrifiez votre intérêt au repos et au bonheur
» de la France; l'histoire vous en tiendra compte.

» Je ne suis pas insensible aux malheurs de votre
» famille : je contribuerai avec plaisir à la douceur
» et à la tranquillité de votre retraite.

» BONAPARTE. ».

Il se répandit de cela quelque chose, et les desseins personnels du Premier Consul n'en devinrent que plus évidents.

Ce sont toujours les tentatives des partis contre un pouvoir naissant, qui hâtent ses progrès, et l'encouragent à oser tout ce qu'il médite. Une tentative plus ridicule que criminelle, des républicains contre le Premier Consul, hâta une démonstration tout aussi ridicule, de la part des hommes qui voulaient

Octob. 1800.

Ridicule complot de Ceracchi et Aréna.

précipiter son élévation : ni l'une ni l'autre n'aboutirent.

Les déclamateurs patriotes, plus bruyants et beaucoup moins redoutables que les agents du royalisme, se réunissaient souvent chez un ancien employé du comité de salut public, resté sans fonctions. Il s'appelait Demerville; il parlait beaucoup, colportait des brochures contre le gouvernement, et n'était guère capable de faire davantage. Chez lui se rendaient le Corse Aréna, l'un des membres des Cinq-Cents qui avaient fui par la fenêtre, lors du 18 brumaire; Topino-Lebrun, peintre de quelque talent, élève de David, participant à l'exaltation révolutionnaire des artistes de ce temps-là; puis beaucoup de réfugiés italiens, qui étaient exaspérés contre le général Bonaparte, de ce qu'il protégeait le Pape, et ne rétablissait pas la République Romaine. Le principal, le plus bruyant de ces derniers, était un sculpteur du nom de Ceracchi. Ces brouillons, ordinairement assemblés chez Demerville, y tenaient les propos les plus absurdes. Il fallait, disaient-ils, en finir; on avait beaucoup de monde avec soi, Masséna, Carnot, Lannes, Sieyès, Fouché lui-même. Il n'y avait qu'à frapper le tyran, et tous les vrais républicains se prononceraient alors; tous se réuniraient pour relever la République expirante. Mais il fallait trouver un Brutus pour frapper le nouveau César. Il ne s'en présentait pas. Un militaire sans emploi, nommé Harrel, vivant par désœuvrement et par misère avec ces déclamateurs, indigent et mécontent comme eux, leur parut l'homme de main dont ils avaient besoin. Ils lui firent des propositions, qui l'effrayèrent beaucoup. Dans son agitation, il s'ouvrit à un commissaire des guerres, avec lequel il avait quelques liaisons, et qui lui conseilla de faire part de ce qu'il savait au gouvernement. Ce nommé Harrel alla trouver le secrétaire du Premier Consul, M. de Bourrienne, et le général Lannes, commandant de la garde consulaire. Le Premier Consul, averti par eux, fit donner par la police de l'argent à Harrel, ainsi que l'ordre de se prêter à tout ce que lui proposeraient ses complices. Ces misérables conspirateurs croyaient avoir rencontré dans cet individu un véritable homme d'exécution; mais ils trouvaient que ce n'était pas assez d'un. Harrel leur proposa de leur en amener d'autres. Ils y consentirent, et Harrel leur amena des agents de M. Fouché. Après avoir donné dans ce piége, ils songèrent à se procurer des poignards, pour armer Harrel et ses compagnons. Cette fois ils s'en chargèrent eux-mêmes, et apportèrent des poignards achetés par Topino-Lebrun. Enfin ils firent choix du lieu pour frapper le Premier Consul, et ce fut l'Opéra, nommé alors théâtre des Arts. Ils fixèrent le moment, et ce fut le 10 octobre (18 vendémiaire an IX), jour où le Premier Consul devait assister à la première représentation d'un opéra nouveau. La police avertie avait pris ses précautions. Le Premier Consul se rendit au théâtre de l'Opéra, suivi de Lannes, qui, veillant sur lui avec la plus grande sollicitude, avait doublé la garde, et placé autour de sa loge les plus braves de ses grenadiers. Les prétendus assassins vinrent en effet au rendez-vous, mais pas tous, et pas armés. Topino-Lebrun n'y était pas, Demerville non plus. Aréna et Ceracchi se présentèrent seuls. Ceracchi s'était plus approché que les autres de la loge du Premier Consul, mais il était sans poignard. Il n'y avait de hardis, de présents sur les lieux, et d'armés, que les conspirateurs placés par la police sur le théâtre du crime. On arrêta Ceracchi, Aréna, et successivement tous les autres, mais la plupart chez eux, ou dans les maisons dans lesquelles ils étaient allés chercher un refuge.

Cette affaire produisit un grand éclat; elle ne le méritait pas. Certainement, la police, que les hommes ignorants, étrangers à la connaissance des choses, accusent ordinairement de fabriquer elle-même les complots qu'elle découvre, la police n'avait pas inventé celui-ci, mais on peut dire qu'elle y avait pris trop de part. Les conspirateurs souhaitaient sans aucun doute la mort du Premier Consul, mais ils étaient incapables de le frapper de leurs propres mains, et en les encourageant, en leur fournissant ce qui était le plus difficile à trouver, de prétendus exécuteurs, on les avait entraînés dans le crime, plus qu'ils ne s'y seraient engagés, si on les avait livrés à eux-mêmes. Si tout cela ne devait aboutir qu'à une punition sévère mais temporaire, comme on doit l'infliger à des fous, soit; mais les envoyer à la mort par une telle voie, c'était plus qu'il n'est permis de faire, même quand il s'agit de protéger une vie précieuse. On n'y regardait pas alors de si près; on instruisit sur-le-champ une procédure, qui devait conduire ces malheureux à l'échafaud.

Cette tentative causa une épouvante générale. Jusqu'ici, ce qu'on avait vu pendant la Révolution, c'était ce qu'on appelait alors des journées, c'est-à-dire des attaques à main armée; mais on était rassuré contre de tels assauts par la puissance militaire du gouvernement. On n'avait pas songé encore à l'assassinat, et à la possibilité de voir le Premier Consul frappé à l'improviste, malgré l'entourage de ses grenadiers. La tentative de Ceracchi, dont le ridicule n'était pas connu, fut une sorte d'avertissement, qui effraya tout le monde. La crainte de se voir replongé dans le chaos envahit tous les esprits, et fit naître en faveur du Premier Consul une sorte d'entraînement. La foule courut aux Tuileries. Le Tribunat, le seul des corps de l'État qui fût réuni en ce moment, puisqu'il tenait une séance par quinzaine dans l'intervalle des sessions, s'y rendit en corps. Toutes les autorités publiques suivirent cet exemple. Une multitude d'adresses furent envoyées au Premier Consul. Elles pouvaient toutes se résumer par ces paroles du corps municipal de Paris :

« Général, disait-il, nous venons, au nom de nos
» concitoyens, vous exprimer l'indignation pro-
» fonde qu'ils ont ressentie à la nouvelle de l'at-
» tentat médité contre votre personne. Trop d'inté-
» rêts se rattachent à votre existence, pour que les
» complots qui l'ont menacée ne deviennent pas un
» sujet de douleur publique, comme les soins qui

Octob. 1800.

Entraînement général dont le Premier Consul est l'objet au bruit de cette tentative d'assassinat.

» l'ont garantie seront un sujet de reconnaissance
» et de joies nationales.

» La Providence qui en vendémiaire an VIII vous
» ramena d'Égypte, qui à Marengo sembla vous pré-
» server de tous les périls, qui enfin, le 18 vendé-
» miaire an IX, vient de vous sauver de la fureur
» des assassins, est, permettez-nous de le dire, la
» providence de la France, bien plus que la vôtre.
» Elle n'a pas voulu qu'une année si belle, si pleine
» d'événements glorieux, destinée à occuper une si
» grande place dans le souvenir des hommes, fût
» terminée tout à coup par un crime détestable.....
» Que les ennemis de la France cessent de vouloir
» votre perte et la nôtre; qu'ils se soumettent à cette
» destinée qui, plus puissante que tous les complots,
» assurera votre conservation et celle de la Républi-
» que... Nous ne vous parlons pas des coupables, ils
» appartiennent à la loi... »

Ces adresses, jetées toutes dans le même moule, répétaient au Premier Consul qu'il n'avait pas le droit d'être clément, que sa vie appartenait à la République, et devait être défendue comme le bonheur public, dont elle était le gage. Il faut ajouter que ces manifestations étaient sincères. Tout le monde se croyait en péril avec le Premier Consul. Quiconque n'était pas factieux souhaitait sa conservation. Les royalistes croyaient, s'il venait à mourir, rebrousser chemin vers l'échafaud ou l'exil; les révolutionnaires croyaient voir la contre-révolution triomphante par les armes de l'étranger.

Le Premier Consul apporta un soin particulier, et

digne de remarque, à diminuer l'opinion qu'on se faisait du péril auquel il avait été exposé. Il ne voulait pas qu'on crût que sa vie dépendait du premier venu, et regardait cela comme aussi nécessaire à sa sûreté qu'à sa dignité. S'entretenant avec les autorités chargées de le complimenter, il leur disait à toutes que le danger dont on était si alarmé, n'avait eu rien de sérieux; il leur expliquait comment, entouré des officiers de la garde consulaire, et d'un piquet de ses grenadiers, il était complétement garanti contre les sept ou huit misérables qui avaient voulu l'atteindre. Il croyait, beaucoup plus que ses paroles ne pouvaient le faire supposer, au péril dont sa vie était menacée; mais il jugeait utile de se montrer à toutes les imaginations, entouré des grenadiers de Marengo, et inaccessible, au milieu d'eux, aux coups des assassins.

De plus graves complots que celui dont on faisait tant de bruit, et ourdis par d'autres mains, se préparaient dans l'ombre. On en avait le vague sentiment, et on se disait que ces tentatives se renouvelleraient plus d'une fois. Ce fut pour les partisans du Premier Consul, une occasion de répéter qu'il fallait quelque chose de plus stable qu'un pouvoir éphémère, reposant sur la tête d'un seul homme, et pouvant disparaître sous le coup de poignard d'un assassin. Les frères du Premier Consul, MM. Rœderer, Regnaud de Saint-Jean-d'Angely, de Talleyrand, de Fontanes, et beaucoup d'autres, étaient dans ces idées, les uns par conviction, les autres pour plaire au maître, tous, comme il arrive ordinairement, par un mélange de sentiments sincères et intéressés. Il sortit de là un pamphlet anonyme, fort singulier, fort remarquable, qui avait, disait-on, pour auteur Lucien Bonaparte, mais qui par la rare élégance du langage, par la connaissance classique de l'histoire, aurait dû être attribué à son véritable auteur, c'est-à-dire à M. de Fontanes lui-même. Ce pamphlet fut l'occasion d'un assez grand mouvement dans les esprits, pour mériter d'être mentionné ici. Il marque l'un des pas que fit le général Bonaparte, dans la carrière du pouvoir suprême. Le titre était celui-ci : PARALLÈLE ENTRE CÉSAR, CROMWELL, MONCK ET BONAPARTE. L'auteur comparait d'abord le général Bonaparte à Cromwell, et ne lui trouvait aucune ressemblance avec ce personnage principal de la révolution d'Angleterre. Cromwell, disait-il, était un fanatique, un chef de factieux sanguinaire, assassin de son roi, vainqueur uniquement dans la guerre civile, conquérant de quelques cités ou provinces d'Angleterre, un barbare enfin, qui avait ravagé les universités d'Oxford et de Cambridge. C'était un scélérat habile, ce n'était pas un héros. L'analogue de Cromwell dans la Révolution française serait Robespierre, si Robespierre avait eu du courage, et si, la France n'ayant eu à combattre que la Vendée, il en avait été le vainqueur. Le général Bonaparte, au contraire, étranger aux maux de la Révolution, avait couvert d'une gloire immense des crimes qui n'étaient pas les siens. Il avait aboli la fête barbare instituée en l'honneur du régicide; il mettait fin aux horreurs du fanatisme révolutionnaire; il honorait les sciences et les arts, rétablissait les écoles, ouvrait le temple des arts. Il n'avait pas fait la guerre civile; il avait conquis, non des cités, mais des royaumes. Quant à Monck, qu'avait de commun cet esprit incertain, ce transfuge de tous les partis, ne sachant où il marchait, ayant fait échouer le vaisseau de la révolution à la monarchie, comme il aurait pu le faire échouer à la république, qu'avait de commun ce triste personnage avec le général Bonaparte, cet esprit si ferme, sachant si clairement ce qu'il voulait?... Le titre de duc d'Albemarle avait pu contenter la vanité du vulgaire général Monck, « mais » croit-on que le bâton de maréchal, ou que l'épée » de connétable, suffit à l'homme *devant qui l'uni-* » *vers s'est tu?*... Ne sait-on pas qu'il est de cer-» taines destinées qui appellent la première place?... » Et dailleurs, si Bonaparte pouvait jamais imiter » Monck, ne voit-on pas que la France serait re-» plongée dans les horreurs d'une nouvelle révolu-» tion? Les tempêtes au lieu de se calmer renaî-» traient de toutes parts... »

Après avoir repoussé ces comparaisons, l'auteur ne trouvait dans toute l'histoire, d'analogue au général Bonaparte, que César. Il lui reconnaissait la même grandeur militaire, la même grandeur politique, mais il lui découvrait une dissemblance. César, à la tête des démagogues romains, avait opprimé le parti des honnêtes gens, et détruit la république; le général Bonaparte, au contraire, avait relevé en France le parti des honnêtes gens, et rabaissé celui des méchants.

Tout cela était vrai; l'œuvre entreprise jusqu'ici par le général Bonaparte était bien plus morale que celle de César.

Après toutes ces comparaisons, il fallait conclure... Heureuse la république, s'écriait l'auteur, *si Bonaparte était immortel!* « Mais où sont, ajou-
» tait-il, où sont ses héritiers? où sont les institu-
» tions qui peuvent maintenir ses bienfaits et per-
» pétuer son génie? le sort de trente millions
» d'hommes ne tient qu'à la vie d'un seul homme!
» Français, que deviendriez-vous si à l'instant un
» cri funèbre vous annonçait que cet homme a
» vécu? »

L'auteur examinait ici les chances diverses qui se présenteraient à la mort du général Bonaparte. Retomberait-on sous le joug d'une assemblée? mais le souvenir de la Convention était là, pour éloigner de l'esprit de tout le monde une pareille supposition. Se jetterait-on dans les bras du gouvernement militaire? mais où était l'égal du général Bonaparte? La République comptait sans doute de grands généraux, mais lequel effaçait assez tous les autres, pour prévenir toute rivalité, et empêcher que les armées ne s'égorgeassent, dans l'intérêt de leur chef particulier?... A défaut du gouvernement des assemblées, à défaut du gouvernement des prétoriens, voulait-on recourir à la dynastie *légitime*, qui était sur la frontière, tendant les bras à la France?... mais c'était la contre-révolution, et le retour de Charles II et de Jacques II en Angleterre, le sang ruisselant à leur apparition, étaient des exemples suffisants pour éclairer les peuples... et si l'on avait besoin d'exemples plus récents, la rentrée que la reine de Naples et son imbécile époux venaient de faire dans leur royaume infortuné, était une leçon écrite en caractères de sang!... FRANÇAIS! VOUS DORMEZ AU BORD D'UN ABIME! Tel était le dernier mot de ce singulier écrit.

Tout ce qu'il contenait, sauf les flatteries de langage, était vrai; mais c'étaient des vérités bien prématurées, à en juger par l'impression qu'elles produisirent. Lucien, ministre de l'intérieur, employa les moyens dont il disposait, pour répandre cet écrit dans toute la France. Il en remplit Paris et les provinces, ayant bien soin d'en cacher l'origine. Le pamphlet produisit un grand effet. Au fond, il disait ce que tout le monde pensait; mais il exigeait de la France un aveu qu'un orgueil fort légitime ne lui permettait pas encore de faire. On avait aboli, huit ans auparavant, une royauté de quatorze siècles, et il fallait sitôt venir avouer aux pieds d'un général de trente ans, qu'on s'était trompé, et le prier de faire revivre cette royauté dans sa personne! On voulait bien lui donner un pouvoir égal à celui des rois, mais il fallait au moins sauver les apparences, ne fût-ce que dans l'intérêt de la dignité nationale. D'ailleurs, ce jeune guerrier avait remporté d'admirables victoires, déjà rendu un commencement de sécurité au pays; mais il commençait à peine la réconciliation des partis, la réorganisation de la France, la rédaction de ses lois; il n'avait surtout pas encore donné la paix au monde. Il lui restait donc bien des

Octob. 1800.

titres à conquérir, qu'il était assuré, d'ailleurs, de réunir bientôt sur sa glorieuse tête.

L'impression fut générale et pénible. De tous côtés les préfets mandèrent que l'écrit produisait un fâcheux effet, qu'il donnait quelque raison à la faction démagogique, que les Césars provoquaient des Brutus, que la brochure était imprudente et regrettable. A Paris, l'impression était la même. Dans le sein du Conseil d'État, la désapprobation ne se cachait point. Le Premier Consul, soit qu'il eût pris part au pamphlet, soit qu'il eût été compromis à son insu par des amis impatients et maladroits, crut devoir le désavouer, surtout aux yeux du parti révolutionnaire. Il appela M. Fouché, et lui demanda publiquement comment il laissait circuler de tels écrits. — Je connais l'auteur, répondit le ministre. — Si vous le connaissez, reprit le Premier Consul, il fallait le mettre à Vincennes. — Je ne pouvais pas le mettre à Vincennes, ajouta M. Fouché, car c'était votre propre frère. — A ce mot, le général Bonaparte se plaignit amèrement de ce frère, qui l'avait déjà compromis plus d'une fois. L'aigreur s'ensuivit à l'égard de Lucien Bonaparte. Un jour, celui-ci n'ayant pas été exact à un conseil des ministres, ce qui lui arrivait souvent, et beaucoup de plaintes s'élevant contre son administration, le Premier Consul témoigna sur son compte un vif mécontentement, et parut même vouloir le révoquer immédiatement. Mais le consul Cambacérès conseilla d'y mettre plus d'égards, et de ne pas enlever à Lucien le portefeuille de l'intérieur, sans lui donner un dédommagement convenable. Le Premier Consul y consentit. M. Cambacérès imagina l'ambassade d'Espagne, et fut chargé de l'offrir à Lucien. Il la lui fit accepter sans difficulté. Lucien partit, et bientôt on ne songea plus à l'imprudent pamphlet.

Ainsi une première tentative d'assassinat contre le Premier Consul avait provoqué en sa faveur une première tentative d'élévation ; mais l'une était aussi folle, que l'autre était maladroite. Il fallait que le général Bonaparte achetât, par de nouveaux services, une augmentation d'autorité, que personne ne définissait encore avec précision, mais que tout le monde prévoyait confusément dans l'avenir, et à laquelle lui ou ses amis aspiraient déjà d'une manière ouverte. Du reste, sa fortune allait lui fournir, en services rendus, en dangers évités, des titres immenses auxquels la France ne résisterait plus.

FIN DU LIVRE SIXIÈME.

LIVRE SEPTIÈME.

HOHENLINDEN.

Paix avec les États-Unis et les Régences Barbaresques. — Réunion du Congrès de Lunéville. — M. de Cobentzel se refuse à une négociation séparée, et veut au moins la présence d'un plénipotentiaire anglais, pour couvrir la négociation réelle entre l'Autriche et la France. — Le Premier Consul, afin de hâter la conclusion, ordonne la reprise des hostilités. — Plan de la campagne d'hiver. — Moreau est chargé de franchir l'Inn, et de marcher sur Vienne. — Macdonald avec une seconde armée de réserve a ordre de passer des Grisons dans le Tyrol. — Brune avec 80 mille hommes est destiné à forcer l'Adige et le Mincio. — Plan du jeune archiduc Jean, devenu généralissime des armées autrichiennes. — Son projet de tourner Moreau, manqué par des fautes d'exécution. — Il s'arrête en route, et veut assaillir Moreau dans la forêt de Hohenlinden. — Belle manœuvre de Moreau, supérieurement exécutée par Richepanse. — Mémorable bataille de Hohenlinden. — Grands résultats de cette bataille. — Passage de l'Inn, de la Salza, de la Traun, de l'Ens. — Armistice de Steyer. — L'Autriche promet de signer la paix immédiatement. — Opérations dans les Alpes et en Italie. — Passage du Splugen par Macdonald, au milieu des horreurs de l'hiver. — Arrivée de Macdonald dans le Tyrol italien. — Dispositions de Brune pour passer le Mincio sur deux points. — Vice de ces dispositions. — Le général Dupont essaie un premier passage à Pozzolo, et attire sur lui seul le gros de l'armée autrichienne. — Le Mincio est forcé, après une effusion de sang inutile. — Passage du Mincio et de l'Adige. — Heureuse fuite du général Laudon au moyen d'un mensonge. — Les Autrichiens battus demandent un armistice en Italie. — Signature de cet armistice à Trevise. — Reprise des négociations à Lunéville. — Le principe d'une paix séparée admis par M. de Cobentzel. — Le premier Consul veut faire payer à l'Autriche les frais de cette seconde campagne, et lui impose des conditions plus dures que dans les préliminaires de M. de Saint-Julien. — Il pose pour *ultimatum* la limite du Rhin en Allemagne, la limite de l'Adige en Italie. — Courageuse résistance de M. de Cobentzel. — Cette résistance, quoique honorable, fait perdre à l'Autriche un temps précieux. — Pendant qu'on négocie à Lunéville, l'empereur Paul, à qui le Premier Consul avait cédé l'île de Malte, la réclame des Anglais, qui la refusent. — Colère de Paul Ier. — Il appelle à Pétersbourg le roi de Suède, et renouvelle la ligue de 1780. — Déclaration des neutres. — Rupture de toutes les cours du Nord avec la Grande-Bretagne. — Le Premier Consul en profite pour être plus exigeant envers l'Autriche. — Il veut, outre la limite de l'Adige, l'expulsion de l'Italie de tous les princes de la maison d'Autriche. — Le grand-duc de Toscane doit avec le duc de Modène être transporté en Allemagne. — M. de Cobentzel finit par céder, et signe avec Joseph Bonaparte, le 9 février 1801, le célèbre traité de Lunéville. — La France obtient pour la seconde fois la ligne du Rhin dans toute son étendue, et reste à peu près maîtresse de l'Italie. — L'Autriche est rejetée au delà de l'Adige. — La République Cisalpine doit comprendre le Milanais, le Mantouan, le duché de Modène et les Légations. — La Toscane destinée à la maison de Parme, sous le titre de royaume d'Étrurie. — Le principe des sécularisations posé pour l'Allemagne. — Grands résultats obtenus par le Premier Consul dans l'espace de quinze mois.

Octob. 1800.

Joseph Bonaparte venait de signer à Morfontaine, avec MM. Ellsworth, Davie et Van-Murray, le traité qui rétablissait la paix entre la France et l'Amérique. C'était le premier traité conclu par le gouvernement consulaire. Il était naturel que la réconciliation de la France avec les différentes puissances du globe commençât par la république qu'elle avait en quelque sorte mise au monde. Le Premier Consul avait permis qu'on ajournât les difficultés relatives au traité d'alliance du 6 février 1778; mais en revanche il avait exigé l'ajournement des réclamations des Américains relatives aux bâtiments capturés. Il jugeait avec raison que, dans le moment, il fallait se contenter de la reconnaissance des droits des neutres. C'était donner sur les mers un allié de plus à la France, et un ennemi de plus à l'Angleterre; c'était un nouveau ferment ajouté à la querelle maritime qui s'élevait dans le Nord, et qui de jour en jour devenait plus grave. En conséquence les principaux articles du droit des neutres, tel au moins que le professent la France et tous les États mariti-

Traité de paix avec les États-Unis.

mes, ces articles furent insérés intégralement dans le nouveau traité.

Ces articles étaient ceux que nous avons déjà fait connaître.

1° *Le pavillon couvre la marchandise*, par conséquent le neutre peut transporter toute marchandise ennemie, sans être recherché.

2° Il n'y a d'exception à cette règle que pour la contrebande de guerre, et cette contrebande ne s'étend pas aux denrées alimentaires, ni aux munitions navales, bois, goudrons, chanvres, mais uniquement aux armes et munitions de guerre confectionnées, telles que *poudre, salpêtre, pétards, mèches, balles, boulets, bombes, grenades, carcasses, piques, hallebardes, épées, ceinturons, pistolets, fourreaux, selles de cavalerie, harnais, canons, mortiers avec leurs affûts, et généralement toutes armes, munitions de guerre, et ustensiles à l'usage des troupes.*

3° Le neutre peut aller de tout port à tout port; il n'y a d'exception à sa liberté de naviguer qu'à l'égard des ports réellement bloqués, et il n'y a de ports réellement bloqués que ceux qui sont gardés par une force telle qu'il y ait un danger sérieux à vouloir forcer le blocus.

4° Le neutre doit subir la visite pour constater sa qualité véritable; mais le visiteur doit se tenir à portée de canon, n'envoyer qu'un canot et trois hommes; et si le neutre est convoyé par un bâtiment de guerre, la visite ne peut avoir lieu, la présence du pavillon militaire étant une garantie suffisante contre toute espèce de fraude.

Le traité contenait d'autres stipulations de détail, mais ces quatre dispositions principales, qui constituent véritablement le droit des neutres, étaient une importante victoire; car les Américains, en les adoptant, étaient obligés d'en exiger l'application à leur commerce de la part des Anglais, ou bien forcés de faire la guerre.

La signature de ce traité fut solennellement célébrée à Morfontaine, belle terre que Joseph, plus riche que ses frères, grâce à son mariage, avait acquise depuis quelque temps. Le Premier Consul s'y rendit, accompagné d'une société nombreuse et brillante. D'élégantes décorations, placées dans le château et les jardins, montraient partout la France et l'Amérique unies. On porta des toasts analogues à la circonstance. Le Premier Consul proposa celui-ci : « Aux mânes des Français et des Américains, morts » sur le champ de bataille, pour l'indépendance du » Nouveau-Monde. »

Lebrun proposa cet autre : « A l'union de l'Amé- » rique avec les puissances du Nord, pour faire res- » pecter la liberté des mers. » Enfin Cambacérès proposa le troisième : AU SUCCESSEUR DE WASHINGTON !

On attendait avec impatience M. de Cobentzel à Lunéville, pour savoir si sa cour était disposée à conclure la paix. Le Premier Consul, s'il n'était pas satisfait de la marche des négociations, était décidé à reprendre les hostilités, quelque avancée que fût la saison. Il ne comptait plus les obstacles pour rien, depuis qu'il avait franchi le Saint-Bernard, et croyait qu'on pouvait se battre sur la neige et la glace,

Octob. 1800.

Arrivée
de M. de
Cobentzel
à Lunéville

aussi bien que sur une terre couverte de verdure ou de moissons. L'Autriche, au contraire, désirait gagner du temps, parce qu'elle s'était engagée avec l'Angleterre à n'accepter aucune paix séparée, avant le mois de février suivant, c'est-à-dire février 1801 (pluviôse an IX). Craignant fort la reprise des hostilités, elle venait de faire demander une troisième prolongation d'armistice. Le Premier Consul avait péremptoirement refusé, par le motif que M. de Cobentzel n'était pas encore arrivé à Lunéville. Il ne voulait se laisser vaincre à cet égard que lorsqu'il verrait le plénipotentiaire autrichien rendu sur le lieu même de la négociation. Enfin M. de Cobentzel arriva le 24 octobre 1800 à Lunéville. Il fut reçu à la frontière et sur toute la route, au bruit du canon, et avec de grands témoignages de considération. Le général Clarke avait été nommé gouverneur de Lunéville, pour en faire les honneurs aux membres du congrès, et pour qu'il pût s'acquitter convenablement de ce soin, on avait mis à sa disposition des fonds et de beaux régiments. Joseph s'y était rendu de son côté, accompagné de M. de Laforêt pour secrétaire. A peine M. de Cobentzel était-il arrivé, que le Premier Consul, tenant à se convaincre par lui-même des dispositions du négociateur autrichien, lui adressa l'invitation de venir passer quelques jours à Paris. M. de Cobentzel[1] n'osa pas s'y refuser, et s'achemina vers Paris avec beaucoup de déférence. Il y était

---

[1] Napoléon a dit à Sainte-Hélène que M. de Cobentzel avait voulu venir à Paris pour gagner du temps. C'est une erreur de mémoire. La correspondance diplomatique prouve le contraire.

rendu le 29 octobre. On lui accorda sur-le-champ une nouvelle prolongation d'armistice de vingt jours. Le Premier Consul l'entretint ensuite de la paix, et des conditions auxquelles on pourrait la conclure. M. de Cobentzel n'était pas fort rassurant sur la question d'une négociation séparée, et, quant aux conditions, il apportait des prétentions tout à fait déplacées. L'Autriche avait sur l'Italie des vues impossibles à satisfaire, et elle voulait, si on ne lui accordait qu'en Allemagne les indemnités promises en Italie par le traité de Campo-Formio, elle voulait, ou en Bavière, ou dans le Palatinat, ou en Souabe, des concessions de territoire exorbitantes. Le Premier Consul se permit quelques mouvements de vivacité. Cela lui était arrivé déjà dans les négociations de Campo-Formio, avec ce même M. de Cobentzel; mais, l'âge et la puissance venant, il se contenait encore moins qu'autrefois. M. de Cobentzel se plaignit amèrement, disant n'avoir jamais été traité de la sorte, ni par Catherine, ni par Frédéric, ni par l'empereur Paul lui-même. Il demanda donc à retourner à Lunéville, et on le laissa repartir, imaginant qu'il valait mieux négocier pied à pied avec lui, par l'intermédiaire de Joseph. Ce dernier, doux, calme, et assez intelligent, était plus propre que son frère à ce travail de patience.

M. de Cobentzel et Joseph Bonaparte, réunis à Lunéville, échangèrent leurs pleins pouvoirs le 9 novembre (18 brumaire). Joseph avait ordre de lui adresser les trois questions suivantes : 1° avait-il l'autorisation de traiter? 2° avait-il celle de traiter séparément de l'Angleterre? 3° traiterait-il pour

Nov. 1800.

M. de Cobentzel pour quelques jours à Paris.

Retour de M. de Cobentzel à Lunéville.

Échange de pouvoirs entre Joseph Bonaparte et M. de Cobentzel.

Nov. 1800.

l'empereur, au nom seul de la maison d'Autriche, ou au nom de l'empire germanique tout entier?

Les pouvoirs échangés et reconnus valables, ce qu'on examina d'une manière très-minutieuse, à cause de la mésaventure de M. de Saint-Julien, on s'expliqua sur la limite de ces pouvoirs. M. de Cobentzel n'hésita pas à déclarer qu'il ne pouvait pas traiter sans la présence au congrès d'un plénipotentiaire anglais. Quant à la question de savoir s'il traiterait pour la maison d'Autriche seule ou pour l'empire tout entier, il déclara qu'il lui fallait des instructions nouvelles.

Après échange des pouvoirs, M. de Cobentzel refuse de traiter sans l'Angleterre.

Ces réponses furent mandées à Paris. Sur-le-champ le Premier Consul fit annoncer à M. de Cobentzel que les hostilités seraient reprises à la fin de l'armistice, c'est-à-dire aux derniers jours de novembre; que le congrès, du reste, ne serait pas tenu de se dissoudre; que, les hostilités continuant, on pourrait négocier, mais que les armées françaises ne s'arrêteraient dans leur marche que lorsque le plénipotentiaire autrichien aurait consenti à traiter sans l'Angleterre.

Déclaration du Premier Consul et annonce d'une prochaine reprise des hostilités.

Dans ces entrefaites, le Premier Consul avait pris à l'égard de la Toscane une précaution devenue indispensable. Le général autrichien Somma-Riva y était resté avec quelques centaines d'hommes, conformément à la convention d'Alexandrie; mais il continuait de faire des levées en masse, avec l'argent de l'Angleterre. Dans le moment, on annonçait un débarquement à Livourne de ces mêmes troupes anglaises, que depuis si long-temps on promenait

Occupation de la Toscane.

de Mahon au Ferrol, du Ferrol à Cadix. Les Napolitains, de leur côté, s'avançaient sur Rome, et les Autrichiens s'étendaient dans les Légations, au delà des limites tracées par l'armistice, s'efforçant ainsi de tendre la main à l'insurrection toscane. Le Premier Consul voyant que, pendant que l'on cherchait à gagner du temps, on s'apprêtait à mettre l'armée française entre deux feux, enjoignit au général Dupont de marcher sur la Toscane, et à Murat, commandant du camp d'Amiens, de se rendre sur-le-champ en Italie. Il avait plusieurs fois averti les Autrichiens de ce qu'il était prêt à faire, si on ne suspendait les mouvements de troupes commencés en Toscane; et voyant qu'on ne tenait aucun compte de ses avis, il en avait effectivement donné l'ordre. Le général Dupont avec les brigades Pino, Malher, Carra-Saint-Cyr, traversa rapidement l'Apennin, et occupa Florence, tandis que le général Clément allait de Lucques à Livourne. Nulle part on ne trouva de résistance. Cependant les insurgés se réunirent dans la ville d'Arezzo, qui s'était déjà signalée contre les Français, lors de la retraite de Macdonald en 1799. Il fallut la prendre d'assaut, et la punir. Cela fut fait, moins sévèrement peut-être qu'elle ne l'avait mérité par sa conduite envers nos soldats. La Toscane fut dès lors soumise tout entière. Les Napolitains furent arrêtés dans leur marche, et les Anglais repoussés du sol d'Italie, au moment même où ils allaient entrer à Livourne. Deux jours plus tard ils débarquaient 12 mille hommes.

De toute part les armées étaient en mouvement

depuis les bords du Mein jusqu'aux bords de l'Adriatique, depuis Francfort jusqu'à Bologne. Les hostilités d'ailleurs étaient dénoncées. L'Autriche effrayée fit une dernière tentative par l'intermédiaire de M. de Cobentzel, tentative qui prouvait sa bonne volonté d'en finir, mais l'embarras résultant de ses malheureux engagements avec l'Angleterre. M. de Cobentzel s'adressa donc à Joseph Bonaparte, et, prenant un ton de confiance, lui demanda plusieurs fois si on pouvait compter sur la discrétion du gouvernement français. Rassuré à cet égard par Joseph, il lui montra une lettre, dans laquelle l'empereur témoignant les inquiétudes qu'il venait de témoigner lui-même, relativement au danger d'une indiscrétion, mais s'en remettant à sa connaissance des hommes et des choses, l'autorisait à faire l'ouverture qui suit. L'Autriche consentait enfin à se détacher de l'Angleterre, et à traiter séparément, à deux conditions, auxquelles elle tenait d'une manière absolue: premièrement un secret inviolable jusqu'au 1er février 1801, époque où finissaient ses engagements avec l'Angleterre, avec promesse formelle, si la négociation ne réussissait pas, de rendre toutes les pièces écrites de part et d'autre; secondement l'admission d'un plénipotentiaire anglais à Lunéville, pour couvrir par sa présence la négociation véritable. A ces deux conditions, l'Autriche consentait à traiter immédiatement, et demandait une nouvelle prolongation d'armistice.

La proximité de Paris permit une réponse immédiate. Le Premier Consul ne voulut à aucun prix admettre un négociateur anglais à Lunéville. Il consentait bien à suspendre de nouveau les hostilités, à la condition d'une paix signée secrètement, si cela convenait à l'Autriche, mais signée en quarante-huit heures. Les conditions de cette paix se trouvaient déjà fort éclaircies par la discussion sur les préliminaires. C'étaient les suivantes. Le Rhin pour frontière de la République française en Allemagne; le Mincio pour frontière de l'Autriche en Italie, au lieu de l'Adige qu'elle avait en 1797, mais avec la cession de Mantoue à la Cisalpine; le Milanais, la Valteline, Parme et Modène à la Cisalpine; la Toscane au duc de Parme; les Légations au duc de Toscane; enfin, comme dispositions générales, l'indépendance du Piémont, de la Suisse, de Gênes. C'était le fond des préliminaires Saint-Julien, avec une seule différence, l'abandon de Mantoue à la Cisalpine, pour punir l'Autriche de son refus de ratification. Mais le Premier Consul exigeait que le traité fût signé en quarante-huit heures, autrement il annonçait la guerre immédiate et à outrance. Dans le cas de l'acceptation, il s'engageait à un secret absolu jusqu'au 1er février, et à une nouvelle suspension des hostilités.

L'Autriche ne voulait ni aller aussi vite, ni concéder autant de choses en Italie. Se faisant des illusions sur les conditions qu'elle était en mesure d'obtenir, elle rejeta la proposition française. Les hostilités furent donc immédiatement reprises. M. de Cobentzel et Joseph restèrent à Lunéville, attendant, pour se faire de nouvelles communications,

Nov. 1800.

Reprise des hostilités.

Plan de la campagne d'hiver.

les événements qui allaient se passer à la fois sur le Danube, sur l'Inn, sur les Grandes-Alpes et sur l'Adige.

La reprise des hostilités avait été annoncée pour le 28 novembre (7 frimaire an IX). Tout était prêt pour cette campagne d'hiver, l'une des plus célèbres et des plus décisives de nos annales.

Le Premier Consul avait disposé cinq armées sur le vaste théâtre de cette guerre. Son projet était de les diriger de Paris, sans se mettre de sa personne à leur tête. Toutefois il n'avait pas renoncé à se rendre en Allemagne ou en Italie, et à prendre le commandement direct de l'une d'elles, si un revers imprévu, ou toute autre cause, rendait sa présence nécessaire. Ses équipages étaient à Dijon, tout prêts à s'acheminer sur le point où il serait obligé de se transporter.

Ces cinq armées étaient celles d'Augereau sur le Mein, de Moreau sur l'Inn, de Macdonald dans les Grisons, de Brune sur le Mincio, de Murat en marche vers l'Italie, avec les grenadiers d'Amiens. Augereau avait sous ses ordres 8 mille Hollandais, 12 mille Français, en tout 20 mille hommes; Moreau, 130 mille, dont 110 mille à l'armée active. L'armée de celui-ci avait été portée à cette force considérable, par le recrutement, par la rentrée des malades et des blessés, par la réunion du corps de Sainte-Suzanne. La remise de Philipsbourg, d'Ulm, d'Ingolstadt, avait en outre permis à Moreau de concentrer toutes ses troupes entre l'Isar et l'Inn. Macdonald pouvait disposer de 15 mille hommes dans les Grisons.

Brune en Italie était à la tête de 125 mille soldats, dont 80 mille sur le Mincio, 12 mille en Lombardie, Piémont et Ligurie, 8 mille en Toscane, 25 mille aux hôpitaux. Le corps de Murat présentait une force de 10 mille grenadiers. Cela faisait un total de 300 mille combattants. Si on ajoute à ce nombre 40 mille hommes en Égypte et aux colonies, 60 mille dans l'intérieur et sur les côtes, on verra que la République, depuis l'administration du Premier Consul, comptait à peu près 400 mille soldats sous les armes. Les 300 mille placés sur le théâtre de la guerre, dont 250 mille valides et capables d'agir immédiatement, étaient pourvus de tout, grâce aux ressources réunies du trésor, et des contributions sur les pays conquis. La cavalerie était bien montée, surtout celle d'Allemagne; l'artillerie était nombreuse et parfaitement servie. Moreau comptait 200 bouches à feu, Brune 180. On était donc bien plus préparé qu'au printemps, et nos armées avaient en elles-mêmes une confiance sans bornes.

Des juges éclairés, mais sévères, ont demandé pourquoi le Premier Consul, au lieu de diviser en cinq corps l'ensemble de ses forces actives, n'avait pas, suivant ses propres principes, formé deux grandes masses, l'une de 170 mille hommes sous Moreau, marchant sur Vienne par la Bavière; l'autre de 130 mille sous Brune, passant le Mincio, l'Adige, les Alpes, et menaçant Vienne par le Frioul. C'est en effet le plan qu'il adopta lui-même en 1805; mais l'exposé des faits fera comprendre ses motifs, et prouvera avec quelle connaissance profonde des hommes et des choses, il savait, suivant les circonstances, diversifier l'application des grands principes de la guerre.

Nos deux armées principales, celle de Moreau, celle de Brune, étaient placées des deux côtés des Alpes, à peu près à la même hauteur, la première le long de l'Inn, la seconde le long du Mincio. (Voir la carte n° 4.) Moreau devait forcer la ligne de l'Inn, Brune celle du Mincio. Ces deux armées étaient au moins égales en force numérique, immensément supérieures en force morale, à celles qui leur étaient opposées. Restait entre elles deux la chaîne des Alpes, formant en cet endroit ce qu'on appelle le Tyrol. Les Autrichiens avaient le corps du général Iller dans le Tyrol allemand, et celui du général Davidovich dans le Tyrol italien. Le général Macdonald avec les 15 mille hommes qui lui étaient confiés, et qu'on avait qualifiés du titre de seconde armée de réserve, devait occuper ces deux corps, et attirer toute leur attention, en les laissant incertains sur le point d'attaque qu'il choisirait; car, placé dans les Grisons, il était libre de se jeter ou directement dans le Tyrol allemand, ou par le Splügen dans le Tyrol italien. Le titre que portait son armée, les doutes répandus sur sa force, devaient faire craindre encore quelque coup extraordinaire, et elle était là pour profiter du prestige produit par le passage du Saint-Bernard. On n'avait pas assez cru à la première armée de réserve, on allait trop croire à la seconde. Dès lors Moreau et Brune, n'ayant plus d'inquiétude du côté des Alpes, pouvaient sans craindre pour leurs flancs, se porter en avant, avec la totalité de leurs forces.

La petite armée d'Augereau était destinée à surveiller les levées en masse de la Franconie et de la Souabe, soutenues par le corps autrichien de Simbschen. Elle couvrait ainsi la gauche et les derrières de Moreau. Enfin Murat, avec 10 mille grenadiers et une forte artillerie, devait jouer à l'égard de Brune, le rôle qu'Augereau allait jouer à l'égard de Moreau. Il devait couvrir la droite et les derrières de Brune contre les insurgés de l'Italie centrale, contre les Napolitains, les Anglais, etc.

Ces précautions de prudence étaient celles qu'il convient de prendre, quand on reste dans les conditions de la guerre ordinaire. Or le Premier Consul y était nécessairement enfermé, quand il avait pour exécuteurs de ses plans, deux généraux comme Brune et Moreau. Moreau, le meilleur des deux et l'un des meilleurs de l'Europe, n'était cependant pas homme à faire ce que le Premier Consul, devenu empereur, fit lui-même en 1805, lorsque, réunissant une force considérable sur le Danube, et laissant une force moindre en Italie, il marcha d'une manière foudroyante sur Vienne, ne s'inquiétant ni pour ses flancs ni pour ses derrières, et plaçant sa sûreté dans la vigueur écrasante des coups qu'il portait à l'ennemi principal. Mais Moreau, mais Brune, n'étaient pas hommes à se comporter ainsi. Il fallait donc, en les dirigeant, se placer dans les conditions de la guerre méthodique; il fallait garder leurs flancs et leurs derrières, les mettre en sécurité sur ce qui pouvait se

Nov. 1800.

passer autour d'eux, car ni l'un ni l'autre n'était en mesure de dominer les accidents par la grandeur et la vigueur de sa marche. C'est pourquoi Macdonald fut placé dans le Tyrol, Augereau en Franconie, Murat dans l'Italie centrale.

Ces dispositions n'auraient dû changer, que si l'état des affaires intérieures avait permis au Premier Consul de faire la guerre de sa personne; mais tout le monde était d'accord qu'il ne devait pas en ce moment quitter le centre du gouvernement. Son absence, pendant la courte campagne de Marengo, avait eu d'assez grands inconvénients, pour ne pas s'y exposer de nouveau, sans une nécessité absolue.

Dispositions militaires et forces des Autrichiens dans cette campagne.

Les dispositions des Autrichiens étaient de tout point inférieures aux nôtres. Leurs armées, à peu près égales en nombre aux armées françaises, ne les valaient d'ailleurs sous aucun autre rapport. Elles n'étaient pas encore remises de leurs défaites récentes. L'archiduc Jean commandait en Allemagne, le maréchal Bellegarde en Italie. Le corps de Simbschen, destiné à former le noyau des levées de la Souabe et de la Franconie, s'appuyait sur le général Klenau. Celui-ci commandait un corps intermédiaire, placé à cheval sur le Danube, se liant par sa droite avec le corps de Simbschen, par sa gauche avec l'armée principale de l'archiduc. Les généraux Simbschen et Klenau comptaient à eux deux 24 mille hommes, indépendamment des troupes de partisans levées en Allemagne. Le général Klenau était destiné à suivre les mouvements du général Sainte-Suzanne, à se rapprocher de l'archiduc si Sainte-

Suzanne se rapprochait de Moreau, à se réunir au corps de Simbschen, si Sainte-Suzanne se réunissait à la petite armée d'Augereau.

Nov. 1800.

L'archiduc Jean avait 80 mille hommes sous sa main, dont 60 mille Autrichiens en avant de l'Inn, 20 mille Wurtembergeois ou Bavarois derrière les retranchements de ce fleuve. Le général Iller commandait 20 mille hommes dans le Tyrol, indépendamment de 10 mille Tyroliens. Le maréchal Bellegarde en Italie était à la tête de 80 mille soldats, bien établis derrière le Mincio. Enfin, 10 mille Autrichiens, détachés vers Ancône et la Romagne, devaient seconder les Napolitains et les Anglais, dans le cas où ceux-ci feraient une tentative vers l'Italie centrale ou méridionale. C'était donc une force principale de 224 mille hommes, qui, avec les Mayençais, les Tyroliens, les Napolitains, les Toscans, les Anglais, pouvait s'élever à 300 mille environ. Le Premier Consul en faisant désarmer les Toscans, en fermant Livourne aux Anglais, en contenant les Napolitains, avait pris une précaution fort utile, et fort propre à empêcher l'augmentation des forces ennemies.

Par une sorte de résolution commune, les deux parties belligérantes se disposaient à vider la querelle en Allemagne, entre l'Inn et l'Isar. Les opérations avaient commencé le 28 novembre (7 frimaire), par un temps rigoureux, qui produisait une pluie très-froide en Souabe, une gelée affreuse dans les Alpes. Tandis qu'Augereau, s'avançant par Francfort, Aschaffenbourg, Wurtzbourg et Nurem-

Commencement des hostilités.

berg, livrait un combat brillant à Burg-Eberach, séparait les levées mayençaises du corps de Simbschen, et neutralisait ce dernier pour le reste de la campagne; tandis que Macdonald, après avoir assez long-temps occupé les Autrichiens vers les sources de l'Inn, s'apprêtait à franchir, malgré la saison, la grande chaîne des Alpes, pour se jeter hardiment dans le Tyrol italien, et faciliter à Brune l'attaque de la ligne du Mincio, Moreau, avec la masse principale de ses forces, s'avançait entre l'Isar et l'Inn, sur un champ de bataille long-temps étudié par lui, cherchant une rencontre décisive avec la grande armée autrichienne.

Il est nécessaire de faire bien connaître le terrain sur lequel allaient se rencontrer les Français et les Autrichiens, dans l'une des occasions les plus importantes de nos longues guerres. (Voir la carte n° 14.) Nous avons décrit ailleurs le bassin du Danube, composé de ce grand fleuve, et d'une suite d'affluents, qui, tombant brusquement des Alpes, viennent grossir successivement la masse de ses eaux. Ces affluents, avons-nous dit, sont les lignes que doit défendre une armée autrichienne qui veut couvrir Vienne, et que doit conquérir une armée française qui veut marcher sur cette capitale. Dans la campagne d'été, Moreau, comme on s'en souvient, après avoir pénétré de la vallée du Rhin dans celle du Danube, et avoir franchi l'Iller, le Lech, l'Isar, s'était arrêté entre l'Isar et l'Inn. Il était maître du cours de l'Isar, dont il occupait tous les points principaux, Munich d'abord, puis Freising, Moosburg, Landshut, etc. Il s'était porté en avant de ce fleuve, et se trouvait en face de l'Inn, occupé en force par les Autrichiens.

Nov. 1800.

L'Isar et l'Inn (voir la carte n° 15), sortis tous les deux des Alpes, coulent ensemble vers le Danube, séparés par une distance à peu près constante, de dix à douze lieues. Se dirigeant d'abord au nord, l'Isar jusqu'à Munich, l'Inn jusqu'à Wasserbourg, ils se détournent tous deux vers l'est, jusqu'à ce qu'ils tombent dans le Danube, l'Isar à Deggendorf, l'Inn à Passau. Nous étions maîtres de l'Isar, il fallait forcer l'Inn ; mais l'Inn, large, profond, défendu à sa sortie des montagnes par le fort de Kufstein, et dans la partie inférieure de son cours par la place de Braunau, couvert entre ces deux points d'une quantité de retranchements, l'Inn était une barrière difficile à franchir. Voulait-on le forcer dans la partie supérieure de son cours, entre Kufstein, Rosenheim et Wasserbourg, on trouvait des difficultés locales presque insurmontables ; on avait de plus l'armée du Tyrol sur son flanc droit. Voulait-on le forcer dans la partie inférieure de son cours, entre Braunau et Passau, près du point où il se réunit au Danube, on s'exposait à faire par la gauche une marche allongée, dans un pays difficile, boisé, marécageux, en prêtant le flanc à l'armée autrichienne, qui par Mühldorf et Braunau, avait le moyen de se jeter sur l'aile droite de l'armée française. Ces deux inconvénients étaient jugés extrêmement graves. Si les Autrichiens, ayant soin de se bien garder et d'ob-

Description du pays compris entre l'Isar et l'Inn.

server avec vigilance tous les passages de l'Inn, se bornaient à la défensive, Moreau pouvait rencontrer des obstacles presque invincibles. Mais tel n'était pas leur projet. L'offensive était résolue dans l'état-major autrichien. Le jeune archiduc Jean, la tête pleine des nouvelles théories inventées par les Allemands, et jaloux aussi d'imiter quelque chose des grands mouvements du général Bonaparte, imagina un plan fort étendu, qui n'était même pas mal conçu, au dire des bons juges. Malheureusement ce plan était vain, parce qu'il ne reposait pas sur l'appréciation exacte des circonstances présentes. Le voici, tel qu'on est parvenu à le connaître.

Moreau était établi sur le terrain qui sépare l'Isar de l'Inn. Entre Munich et Wasserbourg, ce terrain, formé d'un plateau élevé, couvert d'une forêt épaisse, s'abaisse en se rapprochant du Danube, et, en s'abaissant, se déchire, forme des ravins nombreux, reste boisé dans quelques parties, devient marécageux dans d'autres, ne présente enfin de tout côté que des accès très-difficiles. Moreau était en possession de ce plateau, de la forêt qui le couvre, et des routes qui le parcourent. De Munich, où était son quartier-général, deux routes aboutissent à l'Inn, l'une donnant directement par Ebersberg sur Wasserbourg, l'autre obliquant à gauche, et passant par Hohenlinden, Haag, Ampfing et Muhldorf. L'une et l'autre traversaient la sombre forêt de sapins, qui recouvre cette région élevée. C'est dans cette formidable retraite, formée par un pays montueux et boisé, abordable par deux routes, dont Moreau était maître, qu'il fallait venir le chercher, pour se mesurer avec lui. Les autres chemins ne consistaient qu'en des voies fort étroites, destinées uniquement à l'exploitation des bois, et impraticables pour les gros transports d'une armée.

Le jeune archiduc projeta une grande manœuvre. Il ne voulut pas aborder de front la position de Moreau, mais la tourner, en débouchant par les ponts de Mühldorf, Neu-OEtting et Braunau. Laissant une vingtaine de mille hommes, Bavarois, Wurtembergeois, émigrés de Condé, pour disputer l'Inn, il se proposait de prendre l'offensive avec 60 mille Autrichiens, et de cheminer sur la gauche de Moreau, dans cette contrée moitié boisée, moitié marécageuse, qui s'étend entre l'Inn et l'Isar, près des points où ils se réunissent au Danube. Si le jeune archiduc franchissait rapidement cette contrée difficile, par Eggenfelden, Neumarkt, Vilsbiburg, et arrivait à temps à Landshut sur l'Isar, il pouvait remonter l'Isar sur nos derrières, jusqu'à Freising, le passer à Freising même, se porter ensuite sur une chaîne de hauteurs qui commence à Dachau, et qui domine la plaine de Munich. Placé sur ce point, il menaçait dangereusement la ligne de retraite de Moreau et l'obligeait à évacuer le pays entre l'Inn et l'Isar, à traverser Munich en toute hâte, afin de prendre une position rétrograde sur le Lech. Mais, pour assurer le succès d'une telle manœuvre, il fallait en avoir bien calculé tous les moyens d'exécution; et, après s'y être engagé, il fallait un grand caractère pour en braver les

Nov. 1800.

Plan du jeune archiduc Jean.

Nov. 1800.

chances menaçantes; car on avait à parcourir un pays presque impraticable, dans une détestable saison, et en côtoyant sans cesse un ennemi, qui n'était pas prompt et audacieux, il est vrai, mais intelligent, ferme, difficile à déconcerter.

Premières opérations

Les troupes des deux nations étaient en mouvement dès les 26 et 27 novembre (5 et 6 frimaire) pour commencer les hostilités le 28 (7 frimaire). Le général autrichien Klenau, placé sur le Danube pour soutenir Simbschen contre la petite armée d'Augereau, avait attiré l'attention du général Sainte-Suzanne, commandant le quatrième corps de Moreau. Entraînés ainsi l'un et l'autre, assez loin du théâtre principal des événements, ils étaient sur le Danube, le général Sainte-Suzanne vers Ingolstadt, le général Klenau vers Ratisbonne.

Moreau avait porté son aile gauche, forte de 26 mille hommes, et placée sous les ordres du général Grenier, sur la grande route de Munich à Muhldorf, par Hohenlinden, Haag et Ampfing, lui faisant occuper ainsi les pentes de cette espèce de plateau, qui s'étend entre les deux fleuves. Son centre, qu'il commandait en personne, et qui s'élevait à environ 34 mille hommes[1], occupait la route directe de Munich à Wasserbourg par Ebersberg. L'aile droite, sous Lecourbe, d'environ 26 mille hommes, était placée le long de l'Inn supérieur, aux environs de Rosenheim, observant le Tyrol par

[1] Le centre était de 30 mille hommes; mais la division polonaise de Kniacewitz, qui avait rejoint le général Decaen, et la réserve d'artillerie, devaient le porter à 34 ou 35 mille hommes environ.

une division. Moreau n'avait par conséquent sous sa main que sa gauche et son centre, à peu près 60 mille hommes. Il avait mis son armée en mouvement, pour faire une forte reconnaissance depuis Rosenheim jusqu'à Mühldorf, et pour forcer l'ennemi à dévoiler ses intentions. Moreau, qui ne savait pas, comme le général Bonaparte, deviner les projets de son adversaire, ou les dicter lui-même en prenant fortement l'initiative, Moreau était réduit à tâtonner, pour découvrir ce qu'il ne savait ni deviner ni commander. Mais il s'avançait prudemment, et, s'il était surpris, réparait vite, avec un grand calme, le dommage de la surprise.

Les journées des 29 et 30 novembre (8, 9 frimaire an IX) furent employées par l'armée française à reconnaître la ligne de l'Inn, par l'armée autrichienne à franchir cette ligne, et à traverser le bas pays, entre l'Inn, le Danube et l'Isar. Moreau força les avant-postes autrichiens à se replier, porta sa droite sous Lecourbe à Rosenheim, son centre sous ses ordres directs à Wasserbourg, sa gauche sous Grenier sur les hauteurs d'Ampfing. De ces hauteurs on domine, mais de très-loin, les bords de l'Inn. La gauche de l'armée française était un peu compromise; car, en voulant suivre le mouvement de l'Inn jusqu'à Mühldorf, elle était à quinze lieues de Munich, tandis que le reste de l'armée n'en était qu'à dix. Aussi Moreau avait-il eu soin de la faire soutenir par une division du centre, celle que commandait le général Grandjean. Mais c'était une faute de s'avancer ainsi en trois corps, distants à ce point les uns des autres, et de ne pas aborder l'Inn en masse, en se présentant devant un seul débouché, sauf à faire de fausses démonstrations sur plusieurs. Cette faute faillit entraîner de graves conséquences.

L'armée autrichienne avait passé par Braunau, Neu-OEtting, Mühldorf, et traversé la région basse dont nous avons déjà parlé. Une partie des troupes de l'archiduc, récemment arrivées, avaient eu à peine le temps de se reposer. Elles cheminaient péniblement dans cette région tantôt boisée, tantôt coupée de petites rivières, la Vils, la Rott, l'Isen, qui descendent du plateau qu'occupait l'armée française. Les petits chemins qu'il fallait suivre étaient défoncés; les gros transports avaient la plus grande peine à s'y mouvoir. Le jeune archiduc et ses conseillers, qui n'avaient prévu aucune de ces circonstances, furent effrayés de l'entreprise, une fois commencée. Notre aile gauche, avancée jusque vers Ampfing et Mühldorf, les inquiétait, et leur faisait craindre d'être coupés de l'Inn. Ils avaient voulu déborder Moreau, et ils avaient peur d'être débordés à leur tour. Il aurait fallu prévoir ce danger, et se préparer sur le Danube, entre Ratisbonne et Passau, une nouvelle base d'opérations, en cas qu'on fût séparé de l'Inn. Mais on n'en avait rien fait. Dans toute opération hardie, il faut prévoir d'abord les difficultés d'exécution, puis, l'exécution commencée, persévérer avec caractère dans ce qu'on a voulu; car il est rare que les dangers qu'on fait courir à son adversaire, on ne les coure pas soi-même. L'état-major autrichien, dès les premiers pas, fut surpris, effrayé de ce qu'il avait projeté, et changea subitement son plan. Au lieu de persister à gagner l'Isar, pour le remonter sur nos derrières, il s'arrêta tout court, et imagina de se rabattre sur notre gauche, pour livrer bataille sur-le-champ. C'était aborder la difficulté de front, et tout entière; car il fallait, en remontant le lit des rivières, gravir le terrain élevé que nous occupions, et pénétrer ensuite dans la forêt, où nous étions depuis long-temps établis. On pouvait, au début, avoir un avantage sur notre gauche, un peu compromise; mais, ce succès obtenu, on trouvait notre armée concentrée dans un vrai labyrinthe, dont elle connaissait et occupait toutes les issues.

Le 1ᵉʳ décembre, en effet (10 frimaire an IX), l'archiduc Jean porta la plus grande partie de son armée sur notre gauche, par trois chemins à la fois: la vallée de l'Isen, la grande chaussée de Mühldorf à Ampfing, enfin le pont de Kraibourg sur l'Inn. La vallée de l'Isen, prenant naissance sur les flancs du plateau boisé, décrit précédemment, permettait de tourner la position très-allongée de notre gauche. Un corps de 15 mille hommes la remontait. Un autre corps marchait droit sur la grande route de Mühldorf, laquelle, après avoir gravi les hauteurs d'Ampfing, conduit, à travers la forêt, jusqu'à Hohenlinden et Munich. Enfin un détachement, franchissant l'Inn à Kraibourg, passant par Aschau, prenait en flanc notre aile gauche, malheureusement aventurée jusqu'à Ampfing. Quarante mille

Déc. 1800.

L'archiduc Jean se décide à livrer immédiatement bataille.

hommes allaient, dans le moment, en aborder vingt-six mille.

Aussi la journée fut-elle vive et difficile pour ces vingt-six mille hommes, commandés par le général Grenier. Ney, qui défendait les hauteurs d'Ampfing, y déploya cette incomparable vigueur qui le distinguait à la guerre. Il fit des prodiges de bravoure, et réussit à se retirer sans accident. Menacé par le corps qui avait passé l'Inn à Kraibourg, et qui pénétrait dans le défilé d'Aschau, il fut heureusement dégagé par la division Grandjean, que Moreau, comme nous l'avons dit, avait détachée de son centre pour appuyer sa gauche. La division Legrand, qui était dans la vallée de l'Isen, remonta cette vallée en rétrogradant sur Dorfen. Moreau, voyant la supériorité des Autrichiens, eut le bon esprit de ne pas s'obstiner, et opéra sa retraite avec le plus grand ordre.

Il ressort de ces premiers mouvements, que Moreau n'avait pas su pénétrer les projets de l'ennemi, et qu'en s'avançant sur tous les débouchés de l'Inn à la fois, au lieu de diriger une attaque sur un seul point, il avait compromis sa gauche. La valeur extraordinaire de ses troupes, la vigueur de ses lieutenants, qui, dans l'exécution, étaient des généraux accomplis, avaient tout réparé.

Mais ce n'était là qu'un début insignifiant. Moreau avait abandonné les abords de sa position, et s'était retiré au centre de la vaste forêt de Hohenlinden. Il fallait le forcer dans cette redoutable retraite. Son sang-froid, sa vigueur allaient se retrouver ici, face à face avec l'inexpérience de l'archiduc, infatué d'un premier succès.

Nous avons déjà dit que deux routes traversent la forêt : l'une, de droite, qui tombe directement sur l'Inn par Ebersberg et Wasserbourg; l'autre, de gauche, qui passe par Hohenlinden, Mattenboett, Haag, Ampfing, et joint l'Inn à Mühldorf, par un trajet plus allongé. (Voir la carte n° 16.) C'est sur cette dernière route que les Autrichiens se portaient en masse, les uns suivant le défilé qu'elle forme à travers la forêt, les autres remontant avec peine le lit des petites rivières, qui donnaient accès sur le flanc de notre position. Moreau jugea sur-le-champ cette situation, la jugea sainement, et conçut une pensée à laquelle il dut de grands résultats : c'était de laisser engager dans la forêt les Autrichiens, déjà aux prises avec sa gauche, et puis, lorsqu'ils y seraient bien engagés, de rabattre son centre de la route d'Ebersberg sur la route de Hohenlinden, pour les surprendre dans ce coupe-gorge, et les y détruire. Il fit ses dispositions en conséquence.

La route de gauche, ou de Hohenlinden, adoptée par les Autrichiens, après avoir quitté les bords de l'Inn et gravi les hauteurs d'Ampfing, parcourait jusqu'à Mattenboett des coteaux alternativement boisés ou découverts, puis de Mattenboett à Hohenlinden, s'enfonçait dans un bois épais, et formait là un long défilé, bordé de hauts sapins. A Hohenlinden même la forêt s'éclaircissait tout à coup. Une petite plaine déboisée, et semée de quelques

Déc. 1800.

Champ
de bataille
de
Hohenlinden

hameaux, s'étendait à droite et à gauche de la route; au milieu se trouvaient le village de Hohenlinden, et le relais de poste. C'est là que devait aboutir l'armée autrichienne, tant la colonne principale, cheminant dans le défilé de la forêt, que les détachements remontant la rivière de l'Isen, pour déboucher par diverses issues sur la gauche de notre position.

Moreau déploya, dans cette petite plaine de Hohenlinden, son aile gauche sous Grenier, plus la division Grandjean, déjà détachée du centre, enfin toutes les réserves d'artillerie et de cavalerie.

Dispositions de Moreau.

A droite de la route et du village de Hohenlinden, il plaça la division Grandjean, commandée ce jour-là par le général Grouchy; à gauche, la division Ney; plus à gauche encore, à la lisière des bois, et à la tête des chemins par lesquels devaient arriver les colonnes autrichiennes remontant la vallée de l'Isen, les divisions Legrand et Bastoul, l'une et l'autre rangées en avant des villages de Preisendorf et de Harthofen. Les réserves de cavalerie et d'artillerie étaient en arrière de ces quatre divisions d'infanterie, déployées au milieu de la plaine. Le centre, réduit aux deux divisions Richepanse et Decaen, se trouvait à quelques lieues de là, sur la route de droite, aux environs d'Ebersberg. Moreau fit parvenir à ces deux divisions l'ordre, un peu vaguement rédigé, mais positif, de se jeter de la route de droite sur la route de gauche, d'arriver aux environs de Mattenboett, et d'y surprendre l'armée autrichienne, engouffrée dans la forêt. Cet ordre n'était ni précis, ni clair, ni détaillé, comme doivent l'être des ordres bien conçus et bien donnés, comme l'étaient ceux du général Bonaparte. Il n'indiquait pas la route à suivre, ne prévoyait aucun des accidents possibles ; il laissait tout à faire à l'intelligence des généraux Decaen et Richepanse. On pouvait, du reste, s'en fier à eux, du soin de suppléer à tout ce que ne disait pas le général en chef. Moreau prescrivit en outre à Lecourbe, qui formait sa droite vers le Tyrol, au général Sainte-Suzanne, qui formait sa gauche vers le Danube, de se rapprocher en hâte du lieu sur lequel allait se passer l'événement décisif de la campagne. Mais l'un se trouvait à quinze lieues au moins, l'autre à vingt-cinq, et ils étaient, par conséquent, hors de portée. Ce n'est pas ainsi qu'en agissait le général Bonaparte, la veille des grandes batailles ; il ne laissait pas, dans de pareils moments, une moitié de ses forces à de telles distances. Mais, pour amener à temps, sur le point où se décident les destinées, toutes les parties dont se compose une armée nombreuse, il faut une prévoyance supérieure, que les plus grands hommes possèdent seuls, et sans laquelle on peut être encore un excellent général. Moreau allait combattre près de 70 mille Autrichiens avec moins de 60 mille Français : c'était plus qu'il n'en fallait, avec les soldats dont se composaient alors nos légions.

Déc. 1800.

L'archiduc Jean, ignorant tout cela, était enivré de son succès du 1ᵉʳ décembre (10 frimaire). Il était cune, et il avait vu rétrograder devant lui cette redoutable armée du Rhin, que, depuis bien des

Dispositions de l'archiduc Jean.

années, les généraux autrichiens n'avaient plus l'art d'arrêter. Il se reposa le 2 décembre (11 frimaire), ce qui laissa le temps à Moreau de faire les dispositions que nous venons de rapporter; et il prépara tout, pour traverser dans la journée du 3 décembre (12 frimaire), la vaste forêt de Hohenlinden. Ce général, un peu nouveau dans sa profession, n'imaginait pas que l'armée française pût lui opposer la moindre résistance sur la route qu'il allait parcourir. Tout au plus croyait-il la trouver en avant de Munich.

Il divisa son armée en quatre corps. (Voir la carte n° 16.) Le principal, celui du centre, composé de la réserve, des grenadiers hongrois, des Bavarois, de la plus grande partie de la cavalerie, des bagages, de cent pièces de canon, devait suivre la grande route de Mühldorf à Hohenlinden, franchir le défilé qu'elle forme à travers la forêt, et déboucher ensuite dans la petite plaine de Hohenlinden. Le général Riesch, qui avait passé l'Inn à Kraibourg, dans la journée du 1er décembre, avec une douzaine de mille hommes, devait flanquer le centre, et déboucher dans l'éclaircie de Hohenlinden, à gauche des Autrichiens, à droite des Français. A l'autre extrémité de ce champ de bataille, les corps de Baillet-Latour et de Kienmayer, qui étaient engagés dans la vallée de l'Isen, devaient continuer à la remonter, et déboucher à quelque distance l'un de l'autre, le premier par Isen sur Kronaker et Preisendorf, le second par Lendorf sur Harthofen, tous deux dans la plaine déboisée de Hohenlinden. Ils avaient ordre de ne pas perdre de temps, de laisser même leur artillerie en arrière, le corps du centre en amenant une grande quantité par la chaussée principale, et de ne porter, en fait de bagages, que ce qui était nécessaire pour faire la soupe du soldat.

Ainsi les quatre corps de l'armée autrichienne, marchant à une assez grande distance les uns des autres, dans cette épaisse forêt, un seul, celui du centre, sur une grande route ferrée, les trois autres dans des chemins uniquement destinés à l'exploitation des bois, avaient rendez-vous dans cette éclaircie, qui s'étendait entre Hohenlinden et Harthofen, exposés à ne pas arriver ensemble, et à faire, pendant le trajet, bien des rencontres imprévues. Les Bavarois ayant rejoint les Autrichiens, l'armée de l'archiduc s'élevait en ce moment à 70 mille hommes.

Le 3 décembre, au matin, les Français étaient déployés entre Hohenlinden et Harthofen. Moreau, à cheval avant le jour, était à la tête de son état-major; et, un peu plus loin, Richepanse et Decaen exécutaient le mouvement qui leur était prescrit, de la route d'Ebersberg sur celle de Hohenlinden.

De leur côté les quatre corps autrichiens s'avançaient simultanément, chacun le plus vite qu'il pouvait, sentant le prix du temps, dans une saison où l'on avait si peu de jour, soit pour marcher, soit pour combattre. Une neige épaisse obscurcissait l'air et empêchait de distinguer les objets à la distance la plus rapprochée. L'archiduc Jean, à la tête du centre, s'était enfoncé dans le défilé de la forêt, de Mattenboett à Hohenlinden, et l'avait

Déc. 1800.

Bataille de Hohenlinden, livrée le 3 décembre 1800.

presque franchi, bien avant que le général Riesch à sa gauche, les généraux Baillet-Latour et Kienmayer à sa droite, eussent pu arriver sur le champ de bataille, embarrassés qu'ils étaient dans des chemins horribles. Le jeune prince avait enfin paru à la lisière des bois, en face de la division Grandjean et de la division Ney, toutes deux rangées en bataille, en avant du village de Hohenlinden. La 108ᵉ demi-brigade, de la division Grandjean, était déployée, ayant sur ses ailes la 46ᵉ et la 57ᵉ, formées en colonne serrée. Le 4ᵉ de hussards, le 6ᵉ de ligne l'appuyaient en arrière. De part et d'autre on ouvre un feu très-vif d'artillerie. Les Autrichiens abordent la 108ᵉ, qui leur résiste de pied ferme. Ils font filer à travers le bois huit bataillons de grenadiers hongrois, pour la tourner par sa droite. A cette vue, les généraux Gronchy et Grandjean accourent avec la 46ᵉ au secours de la 108ᵉ, qui était débordée, et commençait à perdre du terrain. Ils pénètrent dans le bois, et engagent un combat furieux au milieu des sapins, presque corps à corps, avec les grenadiers hongrois. Un bataillon de la 57ᵉ s'enfonce plus avant, déborde les Hongrois, et les oblige à se réfugier dans l'épaisseur de la forêt. La division Grandjean demeure ainsi victorieuse, et empêche la colonne autrichienne de se déployer dans la plaine de Hohenlinden.

Après quelques instants de repos, l'archiduc Jean dirige une nouvelle attaque sur Hohenlinden, et sur la division Grandjean. Cette seconde attaque est repoussée comme la première. Dans ce moment, on commençait à voir, du côté de Kronaker, les troupes autrichiennes de Baillet-Latour, qui se montraient à notre gauche, à la lisière des bois, prêtes à déboucher dans la plaine de Hohenlinden. La neige, qui avait cessé de tomber pour quelques instants, permettait de les discerner facilement. Mais elles n'étaient pas encore en mesure d'agir; et du reste les divisions Bastoul et Legrand s'apprêtaient à les recevoir. Tout à coup, on aperçoit une sorte d'agitation, de flottement, dans les troupes autrichiennes du centre, qui n'avaient pu sortir encore du défilé de la forêt. Quelque chose d'extraordinaire semble se passer sur leurs derrières. Moreau, avec une sagacité qui fait honneur à son coup d'œil militaire, remarque cette circonstance, et dit à Ney : C'est le moment de charger; Richepanse et Decaen doivent être sur les derrières des Autrichiens. — Sur-le-champ il ordonne aux divisions Ney et Grandjean, qui étaient à droite et à gauche de Hohenlinden, de se former en colonnes d'attaque, de charger les Autrichiens placés à la lisière de la forêt, et de les refouler dans ce long défilé, dans lequel ils étaient demeurés enfermés jusqu'ici. Ney les aborde de front, Grouchy avec la division Grandjean les prend par le flanc, et tous deux les poussent vivement dans cette gorge, où ils s'accumulent pêle-mêle, avec leur artillerie et leur cavalerie.

En cet instant même, à l'autre bout du défilé, à Mattenboett, se passaient les événements que Moreau avaient prévus et préparés. Richepanse et

Déc. 1800.

Mouvement de Richepanse contre l'armée autrichienne

Déc. 1800.

engagée dans la forêt d'Ebersberg.

Decaen, obéissant aux ordres qu'ils avaient reçus de lui, s'étaient rabattus de la route d'Ebersberg sur celle de Hohenlinden. Richepanse, le plus rapproché de Mattenboett, était parti sans attendre Decaen, et s'était enfoncé audacieusement dans cette contrée de bois, de ravins, qui séparait les deux routes, marchant pendant qu'on se battait à Hohenlinden, et faisant des efforts inouïs pour traîner avec lui, dans ces terres inondées, six pièces de petit calibre. Il avait déjà traversé heureusement le village de Saint-Christophe, quand le corps du général Riesch, destiné à flanquer le centre des Autrichiens, y était arrivé; mais il avait dépassé Saint-Christophe avec une seule brigade, laissant la seconde, celle Drouet, aux prises avec l'ennemi. Richepanse, comptant sur Decaen pour dégager la brigade Drouet, avait, sans perdre un moment, marché sur Mattenboett, où son instinct militaire lui disait que se trouvait le point décisif. Bien qu'il ne lui restât que deux demi-brigades d'infanterie, la 8ᵉ et la 48ᵉ, un seul régiment de cavalerie, le 1ᵉʳ de chasseurs, et six bouches à feu, environ six mille hommes, il avait continué son mouvement, traînant à bras son artillerie, qui roulait presque toujours dans la boue. Arrivé à Mattenboett, à l'autre bout du défilé de la forêt, dont nous venons de dire que Ney attaquait la tête, il rencontre une troupe de cuirassiers, pied à terre, la bride de leurs chevaux passée à leurs bras; il se jette sur eux, et les fait prisonniers. Puis se déployant dans le petit terrain ouvert, qui entoure Mattenboett, il range la 8ᵉ à droite, la 48ᵉ à gauche, et lance le 1ᵉʳ de chasseurs sur huit escadrons de cavalerie, qui, en le voyant, s'étaient formés pour le charger. Le 1ᵉʳ de chasseurs, après une charge vigoureuse, est ramené, et se replie derrière la 8ᵉ demi-brigade. Celle-ci, croisant la baïonnette, arrête l'élan de la cavalerie autrichienne. En ce moment, la position de Richepanse devient critique. Ayant laissé sa seconde brigade en arrière, pour tenir tête au corps de Riesch, enveloppé lui-même de toutes parts, il pense qu'il ne doit pas donner aux Autrichiens le temps d'apercevoir sa faiblesse. Il confie au général Walther, avec la 8ᵉ demi-brigade et le 1ᵉʳ de chasseurs, le soin de contenir l'arrière-garde ennemie, qui se disposait à combattre, et lui, avec la 48ᵉ seulement, il se rabat à gauche, et prend la résolution hardie de s'enfoncer à la suite des Autrichiens, dans le défilé de la forêt. Quelque hasardeuse que fût sa résolution, elle était aussi sensée que vigoureuse; car la colonne de l'archiduc, engouffrée dans ce défilé, devait avoir en tête le gros de l'armée française, et, en se jetant en désespéré sur ses derrières, il était probable qu'on y produirait un grand désordre, et qu'on amènerait des résultats considérables. Richepanse forme aussitôt la 48ᵉ en colonnes, et, marchant l'épée à la main, au milieu de ses grenadiers, pénètre dans la forêt, essuie sans s'ébranler un feu violent de mitraille, puis rencontre deux bataillons hongrois, qui accourent pour l'arrêter. Richepanse veut soutenir de la voix et du geste ses braves soldats, mais ils n'en ont pas besoin. — Ces hommes-là sont à nous, s'écrient-ils, marchons. — On marche, en effet, on culbute les bataillons hongrois. Bientôt on trouve des masses de bagages, d'artillerie, d'infanterie, accumulées pêle-mêle en cet endroit. Richepanse cause à cette multitude une terreur indicible, et la jette dans un affreux désordre. Au même instant il entend des cris confus à l'autre extrémité de ce défilé. En avançant, ces cris plus distincts révèlent la présence des Français. C'est Ney qui, partant de Hohenlinden, a pénétré par la tête du défilé, et a poussé devant lui la colonne autrichienne, que Richepanse a poussée par derrière, en la prenant en queue.

Ney et Richepanse se joignent, se reconnaissent, et s'embrassent, ivres de joie, en voyant un si beau résultat. On fond de toute part sur les Autrichiens, qui, fuyant dans les bois, se jettent partout aux pieds du vainqueur. On fait des milliers de prisonniers, on prend toute l'artillerie et les bagages. Richepanse, abandonnant à Ney le soin de recueillir ces trophées, revient à Mattenboett, où le général Walther est resté avec une demi-brigade, et un seul régiment de cavalerie. Il trouve ce brave général percé d'une balle, porté sur les bras de ses soldats, mais le visage rayonnant de contentement, et dédommagé de ses souffrances par la satisfaction d'avoir contribué à une manœuvre décisive. Richepanse le dégage, revient à Saint-Christophe, où il avait laissé la brigade Drouet, seule aux prises avec le corps de Riesch. Mais toutes ses prévisions s'étaient vérifiées, dans cette heureuse journée. Le général Decaen était arrivé à temps, avait dégagé la brigade Drouet, et repoussé le corps de Riesch, après lui avoir fait un grand nombre de prisonniers.

On était déjà parvenu à la moitié du jour. Le centre de l'armée autrichienne, enveloppé, avait succombé tout entier. La gauche, sous le général Riesch, arrivée trop tard pour arrêter Richepanse, atteinte et rejetée sur l'Inn par Decaen, était en pleine retraite, après avoir essuyé des pertes considérables. Avec de tels résultats au centre et à la gauche des Autrichiens, l'issue de la journée ne pouvait plus être douteuse.

Pendant ces événements, les divisions Bastoul et Legrand, placées à la gauche de l'éclaircie de Hohenlinden, avaient eu sur les bras l'infanterie des généraux Baillet-Latour et Kienmayer. Ces divisions avaient fort à faire, car elles étaient inférieures de moitié à l'ennemi; elles avaient de plus le désavantage du lieu, car la tête des ravins boisés, par lesquels les Autrichiens débouchaient dans la petite plaine de Hohenlinden, dominait un peu cette plaine découverte, et permettait d'y faire un feu plongeant. Mais les généraux Bastoul et Legrand, sous les ordres du général Grenier, se soutenaient vigoureusement, secondés par le courage de leurs braves soldats. Heureusement d'ailleurs, la réserve de cavalerie de d'Hautpoul était là pour les appuyer, ainsi que la seconde brigade de Ney, celui-ci n'étant entré dans le défilé qu'avec une seule.

Les deux divisions françaises, d'abord accablées

Déc. 1800.

Combat à l'extrême gauche, entre les divisions Bastoul et Legrand, et les corps de Baillet-Latour et Kienmayer.

par le nombre, avaient perdu un peu de terrain. Abandonnant la lisière des bois, elles s'étaient repliées dans la plaine, mais avec un aplomb rare, et en montrant à l'ennemi une héroïque fermeté. Deux demi-brigades de la division Legrand, la 54ᵉ et la 42ᵉ, ramenées sur Harthofen, avaient à combattre l'infanterie autrichienne de Kienmayer, et de plus une division de cavalerie attachée à ce corps. Tantôt faisant un feu nourri sur l'infanterie, tantôt croisant la baïonnette sur la cavalerie, elles opposaient à toutes les attaques une résistance invincible. Mais dans ce moment, Grenier, apprenant la nouvelle du succès obtenu au centre, forme la division Legrand en colonnes, la fait appuyer par les charges de la cavalerie de d'Hautpoul, et ramène le corps de Kienmayer jusqu'à la lisière des bois. De son côté, le général Bonnet, avec une brigade de la division Bastoul, charge les Autrichiens, et les culbute dans le vallon dont ils avaient essayé de sortir. En même temps les grenadiers de la brigade Jola, la seconde de Ney, fondent sur Baillet-Latour, et le repoussent. L'impulsion de la victoire, communiquée à ces braves troupes, double leur ardeur et leurs forces. Elles précipitent enfin les deux corps de Baillet-Latour et de Kienmayer, l'un sur Isen, l'autre sur Lendorf, dans cette contrée basse et difficile, de laquelle ils avaient tenté vainement de déboucher, pour envahir le plateau de Hohenlinden.

Grands résultats de cette bataille. Moreau revient dans ce moment du fond de la forêt, avec un détachement de la division Grandjean, afin de porter secours à sa gauche, si vivement attaquée. Mais là, comme sur tous les autres points, il trouve ses soldats victorieux, transportés de joie, félicitant leur général d'un si beau triomphe. Le triomphe était beau en effet. L'armée autrichienne avait encore plus de peine à sortir de ces bois, qu'elle n'en avait eu à y pénétrer. On voyait partout des corps égarés, qui, ne sachant où fuir, tombaient dans les mains de l'armée victorieuse, et mettaient bas les armes. Il était cinq heures, la nuit couvrait de ses ombres le champ de bataille. On avait tué ou blessé 7 à 8 mille hommes à l'ennemi, fait 12 mille prisonniers, pris 300 voitures et 87 pièces de canon, résultats bien rares à la guerre. L'armée autrichienne avait donc perdu en un jour près de 20 mille soldats, presque toute son artillerie, ses bagages, et, ce qui était plus grave encore, toute sa force morale.

Cette bataille est la plus belle de celles qu'a livrées Moreau, et assurément l'une des plus grandes de ce siècle, qui en a vu livrer de si extradinaires. On a dit à tort qu'il y avait un autre vainqueur de Marengo que le général Bonaparte, et que c'était le général Kellermann. On pourrait dire, avec bien plus de raison, qu'il y a un autre vainqueur de Hohenlinden que le général Moreau, et que c'est le général Richepanse; car celui-ci, sur un ordre un peu vague, avait exécuté la plus belle manœuvre. Mais, quoique moins injuste, cette assertion serait injuste encore. Laissons à chaque homme la propriété de ses œuvres, et n'imitons pas ces tristes efforts de l'envie, qui cherche partout un autre vainqueur que le vainqueur lui-même.

Moreau, en s'avançant le long de l'Inn, depuis Kufstein jusqu'à Mühldorf, sans avoir choisi un point précis d'attaque, sans avoir concentré sur ce point toutes ses forces, pour ne faire ailleurs que de simples démonstrations, Moreau avait ainsi exposé sa gauche dans la journée du 1er décembre. Mais ce ne pouvait être là qu'un avantage d'un moment laissé à l'ennemi; et en se retirant dans le fond du labyrinthe de Hohenlinden, en y attirant les Autrichiens, en rabattant à propos son centre sur sa gauche, d'Ebersberg sur Mattenboett, il avait exécuté l'une des plus heureuses manœuvres connues dans l'histoire de la guerre. On a dit que Richepanse avait marché sans ordre[1]; cela est inexact: l'ordre avait été donné, ainsi que nous l'avons rapporté, mais il était trop général, pas assez détaillé. Rien de ce qui pouvait arriver n'avait été prévu. Moreau s'était borné à prescrire à Richepanse et à Decaen, de se rabattre d'Ebersberg sur Saint-Christophe, sans désigner la route, sans prévoir ni la présence du corps de Riesch, ni aucun des accidents possibles, et même probables, au milieu de cette forêt remplie d'ennemis; et, sans un officier aussi vigoureux que Richepanse, il aurait pu recueillir un désastre au lieu d'un triomphe. Mais la fortune a toujours sa part dans les succès militaires.

---

[1] Napoléon l'a dit par erreur à Sainte-Hélène. Les ordres écrits existent, et ont été imprimés dans le mémorial de la guerre.

Tout ce qu'on peut dire, c'est qu'elle fut très-grande ici, et même plus grande que de coutume.

On a reproché à Moreau, tandis qu'il combattait avec six divisions sur douze, d'en avoir laissé trois sous le général Sainte-Suzanne sur le Danube, trois sous le général Lecourbe sur l'Inn supérieur, et d'avoir ainsi exposé sa gauche, sous le général Grenier, à combattre dans la proportion d'un contre deux. Ce reproche assurément est plus grave, et plus mérité; mais ne ternissons pas un aussi beau triomphe, et ajoutons, pour être justes, que dans les plus belles œuvres des hommes il y a des taches, que dans les plus belles victoires il y a des fautes, des fautes que la fortune répare, et qu'il faut admettre comme un accompagnement ordinaire des grandes actions guerrières.

Après cette importante victoire, il fallait poursuivre vivement l'armée autrichienne, marcher sur Vienne, faire tomber, en se portant en avant, les défenses du Tyrol, déterminer ainsi un mouvement rétrograde dans toute la ligne des Autrichiens, depuis la Bavière jusqu'à l'Italie; car la retraite des troupes de l'Inn entraînait celle des troupes du Tyrol, et la retraite de ces dernières rendait inévitable l'abandon du Mincio. Mais pour obtenir tous ces résultats, il fallait forcer l'Inn, puis la Salza, qui se jette dans l'Inn, et forme une seconde ligne à franchir après la première. Dans le moment, on pouvait tout attendre de la vive impulsion donnée à notre armée par la journée de Hohenlinden.

Moreau, dès qu'il eut accordé quelque repos à ses

troupes, porta sa gauche et une partie de son centre sur la route de Mühldorf, menaçant à la fois les ponts de Kraibourg, Mühldorf et Braunau, afin de persuader à l'ennemi qu'il voulait traverser l'Inn dans sa partie inférieure. Mais pendant ce temps Lecourbe, qui, quelques mois auparavant, avait si glorieusement passé le Danube dans la journée d'Hochstett, était chargé avec la droite de passer l'Inn, aux environs de Rosenheim. (Voir la carte n° 15.) Ce général avait découvert un endroit, celui de Neubeurn, où la rive gauche que nous occupions, dominait la rive droite occupée par l'ennemi, et où l'on pouvait établir avantageusement l'artillerie, afin de protéger le passage. Ce point fut donc choisi. On perdit malheureusement plusieurs jours à réunir le matériel nécessaire, et ce ne fut que le 9 décembre au matin, six jours après la grande bataille de Hohenlinden, que Lecourbe fut en mesure d'agir.

Moreau avait soudainement reporté son armée sur l'Inn supérieur. Les trois divisions du centre avaient été dirigées de Wasserbourg sur Aibling, à peu de distance de Rosenheim, prêtes à secourir Lecourbe. La gauche les avait remplacées dans leurs positions, et le général Collaud, avec deux divisions du corps de Sainte-Suzanne, avait été porté en avant de l'Isar, à Erding.

Le 9 décembre au matin (18 frimaire), Lecourbe commença les travaux du passage devant Neubeurn. C'était la division Montrichard qui devait franchir l'Inn la première. Le général Lemaire plaça sur les hauteurs de la rive gauche une batterie de 28 pièces de canon, et balaya tout ce qui se présentait sur la rive droite. Il n'y avait dans cette partie de l'Inn que le corps de Condé, trop faible pour opposer une résistance sérieuse. Après avoir écarté par un feu continu d'artillerie tous les détachements ennemis, les pontonniers se jetèrent dans des barques, suivis de quelques bataillons d'élite, destinés à protéger leurs travaux. En deux heures et demie le pont fut établi, et la division Montrichard put commencer à déboucher. Elle s'avança sur les Autrichiens, qui se mirent en retraite, et descendirent la rive droite de l'Inn, jusque vis-à-vis Rosenheim. Ils prirent une forte position à Stephanskirchen. Pendant ce mouvement, les divisions du centre, placées devant Rosenheim même, avaient fait leurs efforts pour empêcher les Autrichiens de détruire tout à fait le pont de cette ville. N'y ayant pas réussi, elles remontèrent l'Inn, et le passèrent à Neubeurn, afin de seconder Lecourbe. Le corps de Condé, renforcé de quelques secours, s'appuyait d'un côté au pont détruit de Rosenheim, de l'autre au petit lac de Simm-Sée. Lecourbe fit tourner ce lac par un détachement, et obligea l'ennemi à se retirer, après une résistance qui fut peu meurtrière.

L'Inn était donc franchi, et ce formidable obstacle qui devait, disait-on, arrêter l'armée française, était vaincu. Lecourbe venait ainsi de cueillir un nouveau laurier, dans la campagne d'hiver. La marche ne se ralentit pas. Le lendemain on jeta un pont devant Rosenheim, pour faire passer le reste du centre. Grenier avec la gauche traversa l'Inn, sur les ponts de Wasserbourg et de Mühldorf, que l'ennemi avait abandonnés sans les détruire.

Il fallait se hâter de pousser les Autrichiens jusqu'aux bords de la Salza, qui coule derrière l'Inn, et se réunit à ce fleuve, un peu au-dessus de Braunau. (Voir la carte n° 45.) La Salza est comme un second bras de l'Inn lui-même. Quand on veut franchir l'Inn près des montagnes, il faut en quelque sorte le franchir deux fois, tandis qu'en le passant aux environs de Braunau, après sa réunion avec la Salza, on n'a qu'un seul passage à exécuter. Mais alors le volume de ses eaux est doublé, et la difficulté de le traverser de vive force, augmentée en proportion. Ce motif, et le désir de surprendre l'ennemi, qui ne s'attendait pas à voir les Français tenter le passage au-dessus de Rosenheim, avaient décidé le choix de Moreau.

Lecourbe, appuyé des divisions du centre, s'avança rapidement, malgré toutes les difficultés que lui présentait ce pays montueux, coupé de bois, de rivières, de lacs; pays difficile en tout temps, mais plus difficile encore au milieu de décembre. L'armée autrichienne, quoique frappée de tant de revers, se maintenait cependant. Le sentiment de l'honneur, réveillé par le danger de la capitale, lui fit tenter encore de nobles efforts pour nous arrêter. La cavalerie autrichienne couvrait la retraite, chargeant avec vigueur les corps français qui s'avançaient trop témérairement. On passa l'Alz, qui porte les eaux du lac de Chiem-Sée dans l'Inn; on franchit Traunstein; on arriva enfin près de la Salza, pas loin de Salzbourg.

Il restait là, devant Salzbourg même, une forte

position à occuper. L'archiduc Jean crut pouvoir y concentrer ses troupes, espérant leur ménager un succès, qui relèverait leur courage, et ralentirait un peu l'audacieuse poursuite des Français. Il s'y concentra en effet le 13 décembre (22 frimaire).

Déc. 1800.

La ville de Salzbourg est placée sur la Salza. (Voir la carte n° 15.) En avant de cette rivière coule une autre petite rivière, la Saal, qui descend des montagnes voisines, et vient se joindre à la Salza au-dessous de Salzbourg. Le terrain entre les deux cours d'eau, est uni, marécageux, couvert de bouquets de bois, d'un accès partout difficile. C'est là que l'archiduc Jean avait pris position, la droite à la Salza, la gauche aux montagnes, le front couvert par la Saal. Son artillerie battait cette plage unie. Sa cavalerie, rangée sur les parties découvertes et solides du terrain, était prête à charger les corps français qui oseraient prendre l'offensive. Son infanterie était solidement appuyée à la ville de Salzbourg.

Position de l'archiduc Jean devant Salzbourg, et danger de Lecourbe.

Le 14 au matin, Lecourbe, entraîné par son ardeur, franchit à gué la Saal, essuya plusieurs charges de cavalerie sur les grèves qui bordent la rivière, et les supporta bravement ; mais bientôt, le brouillard épais qui couvrait la plaine se dissipant, il aperçut en avant de Salzbourg une ligne formidable de cavalerie, d'artillerie et d'infanterie. C'était l'armée autrichienne tout entière. En présence de ce danger il se conduisit avec beaucoup d'aplomb, mais il fit quelques pertes.

Heureusement la division Decaen passait en ce

Decaen

Déc. 1800.

dégage heureusement Lecourbe en passant la Salza.

moment la Salza vers Laufen, d'une manière presque miraculeuse. La veille l'avant-garde de cette division, trouvant le pont de Laufen détruit, avait parcouru les rives de la Salza, couvertes partout de tirailleurs ennemis, et s'était mise à la recherche d'un passage. Elle avait aperçu sur la rive opposée une barque. A cette vue, trois chasseurs de la 14ᵉ, se jetant à la nage, étaient parvenus sur l'autre bord, malgré le froid le plus vif, et un courant encore plus rapide que celui de l'Inn. Après s'être battus corps à corps avec plusieurs tirailleurs autrichiens, ils avaient enlevé et ramené la barque. Quelques centaines de Français s'en étaient servis pour passer successivement sur la rive opposée, avaient occupé un village, tout près du pont détruit de Laufen, et s'y étaient barricadés de telle manière, qu'un petit nombre d'entre eux suffisaient à le défendre. Les autres avaient fondu sur l'artillerie autrichienne, l'avaient enlevée, s'étaient emparés de tous les bateaux existants sur la rive droite de la Salza, et avaient ainsi procuré à la division, restée sur la rive gauche, des moyens de passage. Le lendemain 14 au matin, la division Decaen avait passé tout entière, et remontant jusqu'à Salzbourg, survint à l'instant même où Lecourbe se trouvait seul engagé contre toute l'armée autrichienne. Il était impossible d'arriver plus à propos. L'archiduc, averti du passage des Français et de leur marche sur Salzbourg, se hâta de décamper, et Lecourbe fut ainsi dégagé du grave péril, auquel le hasard et son ardeur l'avaient exposé.

Toutes les défenses de l'Inn et de la Salza étaient donc tombées. Dès ce moment, aucun obstacle ne couvrait l'armée autrichienne, et ne pouvait lui rendre la force de résister à l'armée française. Il restait, il est vrai, 25 mille hommes dans le Tyrol, qui auraient pu inquiéter nos derrières ; mais ce n'est pas quand on est victorieux, et que la démoralisation s'est emparée de l'ennemi, qu'on a des tentatives hardies à redouter. Moreau, après avoir laissé le corps de Sainte-Suzanne, en arrière pour investir Braunau, et occuper l'espace compris entre l'Inn et l'Isar, Moreau, enhardi par le succès à chaque pas qu'il faisait, marcha sur la Traun et l'Ens, qui n'étaient plus capables de l'arrêter. (Voir la carte n° 44.) Richepanse faisait l'avant-garde, soutenu par Grouchy et Decaen. La retraite des Autrichiens s'opérait en désordre. A tout instant on ramassait des hommes, des voitures, des canons. Richepanse livra de brillants combats à Frankenmarkt, à Vœklabruck, à Schwanstadt. Ayant sans cesse affaire à la cavalerie autrichienne, il enleva jusqu'à 1,200 chevaux à la fois. Le 20 décembre (29 frimaire), on avait franchi la Traun, on marchait sur Steyer, pour y passer l'Ens.

Le jeune archiduc Jean, que tant de désastres avaient complétement abattu, venait d'être remplacé par l'archiduc Charles, qu'on tirait enfin de sa disgrâce, pour lui confier une tâche désormais impossible, celle de sauver l'armée autrichienne. Il arriva, et vit avec douleur le spectacle que lui offraient ces soldats de l'empire, qui, après avoir noblement résisté aux Français, demandaient enfin qu'on cessât de les sacrifier à une politique funeste, et universellement réprouvée. Il envoya M. de Meerfeld à Moreau, pour proposer un armistice. Moreau voulut bien accorder quarante-huit heures, à condition que, dans ce délai, cet officier reviendrait de Vienne, muni des pouvoirs de l'empereur; mais il stipula toutefois que, dans l'intervalle, l'armée française pourrait s'avancer jusqu'à l'Ens.

Le 24, il passa l'Ens à Steyer; ses avant-postes se montrèrent sur l'Ips et l'Erlaf. Il était aux portes de Vienne; il pouvait avoir la tentation d'y entrer, et de se donner la gloire qu'aucun général français n'avait eue encore, de pénétrer dans la capitale de l'empire. Mais l'âme modérée de Moreau n'aimait pas à pousser la fortune à bout. L'archiduc Charles lui engageait sa parole qu'on ne suspendrait les hostilités que pour traiter immédiatement de la paix, aux conditions qu'avait toujours exigées la France, notamment celle d'une négociation séparée. Moreau, plein d'une juste estime pour ce prince, se montra disposé à l'en croire.

Plusieurs de ses lieutenants l'excitèrent à conquérir Vienne. Il vaut mieux, leur répondit-il, conquérir la paix... Je n'ai pas de nouvelles de Macdonald et de Brune; je ne sais pas si l'un a réussi à pénétrer dans le Tyrol, si l'autre est parvenu à franchir le Mincio. Augereau est bien loin de moi, bien compromis; je pousserais peut-être les Autrichiens au désespoir, en voulant les humilier. Il vaut mieux nous arrêter, et nous contenter de la paix, car c'est pour elle seule que nous combattons. —

C'étaient là de sages et louables sentiments. Le 25 décembre (4 nivôse an IX), il consentit donc à signer à Steyer une nouvelle suspension d'armes, dont les conditions furent les suivantes. Il y avait cessation d'hostilités en Allemagne, entre les armées autrichiennes et les armées françaises, commandées par Moreau et Augereau. Les généraux Brune et Macdonald devaient recevoir l'invitation de signer un semblable armistice, pour les armées des Grisons et d'Italie. On livrait aux Français toute la vallée du Danube, le Tyrol compris, plus les places de Braunau, Wurtzbourg, les forts de Scharnitz et de Kufstein, etc... Les magasins autrichiens étaient mis à leur disposition. Aucun détachement de forces ne pouvait être envoyé en Italie, s'il arrivait qu'une suspension d'armes ne fût pas consentie par les généraux opérant dans cette contrée. Cette disposition était commune aux deux armées.

Moreau se contenta de ces conditions, comptant avec raison sur la paix, et la préférant à des triomphes plus éclatants, mais plus hasardeux. Une belle gloire entourait son nom, car sa campagne d'hiver surpassait encore celle du printemps. Après avoir franchi le Rhin dans cette première campagne du printemps, et avoir acculé les Autrichiens au Danube, pendant que le Premier Consul passait les Alpes; après les avoir ensuite délogés de leur camp d'Ulm par la bataille d'Hochstett, et les avoir rejetés sur l'Inn, il avait repris haleine pendant la belle sai-

Déc. 1800.

Armistice de Steyer, signé le 25 décembre.

Gloire de Moreau.

Déc. 1800.

son, et, recommençant sa marche en hiver, par le froid le plus rigoureux, il les avait accablés à Hohenlinden, puis les avait rejetés de l'Inn sur la Salza, de la Salza sur la Traun et l'Ens, les poussant en désordre jusqu'aux portes de Vienne. Il leur accordait enfin, en s'arrêtant à quelques lieues de la capitale, le temps de signer la paix. Il y avait là sans doute des tâtonnements, des lenteurs, des fautes enfin, que des juges sévères ont depuis relevées amèrement, comme pour venger sur la mémoire de Moreau les injustices commises sur la mémoire de Napoléon; mais il y avait des succès soutenus, justifiés par une conduite sage et ferme. Il faut respecter toutes les gloires, et ne pas détruire l'une pour venger l'autre. Moreau avait su commander cent mille hommes, avec prudence et vigueur; personne, Napoléon mis à part, ne l'a fait aussi bien dans ce siècle; et si la place du vainqueur de Hohenlinden est à une immense distance de celle du vainqueur de Rivoli, de Marengo et d'Austerlitz, cette place est belle encore, et serait restée belle, si des égarements criminels, funeste produit de la jalousie, n'avaient souillé plus tard une vie jusque-là noble et pure.

Augereau dégagé par l'armistice, d'une position hasardée.

L'armistice d'Allemagne arrivait heureusement pour tirer de sa position hasardée l'armée gallo-batave commandée par Augereau. Le général autrichien Klenau, qui était toujours resté à une assez grande distance de l'archiduc Jean, s'était tout à coup réuni à Simbschen, et, par cette réunion de forces, avait mis Augereau en danger. Mais celui-ci avait défendu la Rednitz avec bravoure, et avait ainsi gagné la fin des hostilités. La retraite des Autrichiens en Bohême le tirait d'embarras, et l'armistice le mettait à couvert contre les périls d'une position trop dénuée de soutien, depuis que Moreau se trouvait aux portes de Vienne.

Pendant ces événements en Allemagne, les hostilités continuaient dans les Alpes et en Italie. Le Premier Consul, voyant dès le début de la campagne, que Moreau pouvait se passer du secours de l'armée des Grisons, avait ordonné à Macdonald de franchir le Splugen, de se jeter par-dessus la grande chaîne des Alpes, dans la Valteline, de la Valteline dans le Tyrol italien, de se porter ensuite sur Trente, de déborder ainsi la ligne du Mincio, pour faire tomber par cette manœuvre toute la résistance des Autrichiens dans les plaines d'Italie. Aucune objection, tirée de la hauteur du Splugen, ou de la rigueur de la saison, n'avait pu ébranler le Premier Consul. Il avait constamment répondu que, partout où deux hommes pouvaient poser le pied, une armée avait le moyen de passer, et que les Alpes étaient plus faciles à franchir pendant la gelée que pendant la fonte des neiges, époque à laquelle il avait lui-même traversé le Saint-Bernard. C'était le raisonnement d'un esprit absolu, qui veut à tout prix atteindre son but. L'événement prouva que, dans les montagnes, l'hiver présentait des dangers au moins égaux à ceux du printemps, et que de plus il condamnait les hommes à d'horribles souffrances.

Le général Macdonald se mit en mesure d'obéir, et

le fit avec toute l'énergie de son caractère. (Voir la carte n° 1.) Après avoir laissé la division Morlot dans les Grisons, pour garder les débouchés qui communiquent des Grisons dans l'Engadine (vallée supérieure de l'Inn), il s'approcha du Splugen. Depuis quelque temps, la division Baraguay-d'Hilliers était dans la Haute-Valteline, menaçant l'Engadine du côté de l'Italie, tandis que Morlot la menaçait du côté des Grisons. Avec le gros de son armée, 12 mille hommes environ, Macdonald commença son mouvement, et gravit les premières pentes du Splugen. Le passage de cette haute montagne, étroit et tournant pendant une montée de plusieurs lieues, présentait les plus grands dangers, surtout dans cette saison, où de fréquentes tourmentes encombraient la route de monceaux énormes de neige et de glace. On avait placé l'artillerie et les munitions sur des traîneaux, et chargé les soldats de biscuits et de cartouches. La première colonne, composée de cavalerie et d'artillerie, aborda le passage par un beau temps; mais elle fut tout à coup assaillie par une tempête affreuse. Une avalanche emporta la moitié d'un escadron de dragons, et remplit les soldats de terreur. Cependant on ne perdit pas courage. Après trois jours, la tourmente ayant cessé, on essaya de nouveau de franchir cette redoutable montagne. La neige l'avait encombrée. On se faisait précéder par des bœufs, qui foulaient cette neige en y enfonçant jusqu'au poitrail; puis des travailleurs la battaient fortement; l'infanterie, en y passant, achevait de la rendre solide; enfin des sapeurs élargissaient les passages trop étroits, en taillant la glace à coups de hache. C'est après tous ces travaux, que la route devenait praticable à la cavalerie et à l'artillerie. Les premiers jours de décembre furent ainsi employés à faire passer les trois premières colonnes. Les soldats endurèrent ces horribles souffrances avec une patience admirable, se nourrissant de biscuit et d'un peu d'eau-de-vie. La quatrième et dernière colonne allait enfin atteindre le sommet du col, lorsqu'une nouvelle tourmente le ferma encore une fois, dispersa en entier la 104ᵉ demi-brigade, et ensevelit une centaine d'hommes. Le général Macdonald était là. Il rallia ses soldats, les soutint contre le péril et la souffrance, fit rouvrir avec des efforts inouis le chemin barré par des blocs de neige glacée, et déboucha enfin avec tout le reste de son corps dans la Valteline.

Cette tentative, vraiment extraordinaire, avait transporté au delà de la grande chaîne, et aux portes même du Tyrol italien, la majeure partie de l'armée des Grisons. Le général Macdonald, comme il en avait ordre, chercha dès qu'il eut passé le Splugen, à se concerter avec Brune, pour se porter aux sources du Mincio et de l'Adige, et faire tomber ainsi toute la ligne défensive des Autrichiens, qui s'étendait des Alpes à l'Adriatique.

Brune ne voulut pas se priver d'une division entière pour aider Macdonald, mais il consentit à détacher la division italienne de Lecchi, laquelle dut remonter de la vallée de la Chiesa jusqu'à la Rocca d'Anfo.

Macdonald essaya donc en remontant la Valteline, d'attaquer le mont Tonal, qui donne entrée dans le Tyrol et la vallée de l'Adige. Mais ici, quoique la hauteur fût moindre qu'au Splugen, la glace était tout aussi amoncelée; et, de plus, le général Wukassowich avait couvert de retranchements les principaux abords du mont Tonal. Le 22 et le 23 décembre, le général Vandamme essaya l'attaque à la tête d'un corps de grenadiers, et la renouvela plusieurs fois avec un courage héroïque. Ces braves gens firent des efforts incroyables, mais inutiles. Plusieurs fois, marchant sur la glace, et à découvert, sous un feu meurtrier, ils arrivèrent jusqu'aux palissades du retranchement, essayèrent de les arracher, mais, la terre étant gelée, ne purent y réussir. Il était inutile de s'obstiner davantage; on résolut de passer dans la vallée de l'Oglio, de la descendre jusqu'à Pisogno, pour se porter ensuite dans la vallée de la Chiesa. On voulait ainsi traverser les montagnes dans une région moins élevée, et par des passages moins défendus. Macdonald, descendu jusqu'à Pisogno, franchit les cols qui le séparaient de la vallée de la Chiesa, fit sa jonction avec la brigade Lecchi vers la Rocca d'Anfo, et se trouva transporté au delà des obstacles qui le séparaient du Tyrol italien et de l'Adige. Il pouvait arriver à Trente, avant que le général Wukassowich eût opéré sa retraite des hauteurs du mont Tonal, et prendre position, entre les Autrichiens qui défendaient, au milieu des Alpes, les sources des fleuves, et les Autrichiens qui en défendaient le cours inférieur, dans les plaines de l'Italie.

Brune, avant de forcer le Mincio, avait attendu que Macdonald eût fait assez de progrès, pour que les attaques fussent à peu près simultanées, dans les montagnes et dans la plaine. Sur 125 mille hommes répandus en Italie, il avait, comme nous l'avons dit, 100 mille soldats valides, éprouvés, et remis de leurs souffrances; une artillerie parfaitement organisée par le général Marmont, et une excellente cavalerie. Vingt mille hommes à peu près gardaient la Lombardie, le Piémont, la Ligurie, la Toscane. Une faible brigade, commandée par le général Petitot, observait les troupes autrichiennes, qui, sorties de Ferrare, menaçaient Bologne. La garde nationale de cette dernière ville était prête d'ailleurs à se défendre contre les Autrichiens. Les Napolitains traversaient de nouveau l'État Romain pour marcher sur la Toscane; mais Murat, avec les 10 mille hommes du camp d'Amiens, se portait à leur rencontre. Brune, après avoir pourvu à la garde des diverses parties de l'Italie, pouvait diriger environ 70 mille hommes sur le Mincio. Le général Bonaparte, qui connaissait parfaitement ce théâtre d'opérations, lui avait recommandé soigneusement de concentrer, le plus possible, ses troupes dans la Haute-Italie; de ne tenir aucun compte de ce que les Autrichiens entreprendraient vers les rives du Pô, dans les Légations, même en Toscane; de rester ferme, comme il l'avait fait lui-même autrefois aux débouchés des Alpes; et il lui répétait sans cesse, que lorsque les Autrichiens auraient été battus entre le Mincio et l'Adige, c'est-à-dire sur la ligne par laquelle ils entrent en Italie,

Déc. 1800.

Situation de Brune sur le Mincio.

tout ce qui aurait passé le Pô, pénétré dans l'Italie centrale, n'en serait que plus compromis.

Les Autrichiens firent mine, en effet, de sortir de Ferrare, de menacer Bologne; mais le général Petitot sut les contenir, et la garde nationale de Bologne montra de son côté l'attitude la plus ferme.

Brune, se conformant d'abord aux instructions qu'il avait reçues, s'avança jusqu'au Mincio, du 20 au 24 décembre (29 frimaire au 3 nivôse), enleva les positions que les Autrichiens avaient occupées en avant de ce fleuve, et fit ses dispositions pour le passer le 25 au matin. Le général Delmas commandait son avant-garde, le général Moncey sa gauche, le général Dupont sa droite, le général Michaud sa réserve. Outre la cavalerie et l'artillerie répandues dans les divisions, il avait une réserve considérable de cavalerie et d'artillerie.

En racontant les premières campagnes du général Bonaparte[1], nous avons déjà décrit ce théâtre de tant d'événements mémorables; il faut néanmoins retracer en quelques mots la configuration des lieux. (Voir la carte n° 4.) La masse des eaux du Tyrol se jette par l'Adige dans l'Adriatique: aussi l'Adige forme-t-il une ligne d'une grande force. Mais, avant de parvenir à la ligne de l'Adige, on en trouve une moins importante, c'est celle du Mincio. Les eaux de quelques vallées latérales à celle du Tyrol, d'abord accumulées dans le lac de Garda, se déversent ensuite dans le Mincio, s'arrêtent quelque peu à Mantoue, autour de laquelle elles forment une inonda-

[1] *Histoire de la Révolution française.*

tion, puis se jettent dans le Pô. Il y avait donc une double ligne à franchir : celle du Mincio d'abord, celle de l'Adige ensuite, cette dernière beaucoup plus considérable et plus forte. Il fallait franchir l'une et l'autre, et si on le faisait assez promptement pour donner la main à Macdonald, qui marchait par la Rocca d'Anfo et par Trente sur le Haut-Adige, on pouvait séparer l'armée autrichienne qui défendait le Tyrol, de l'armée autrichienne qui défendait le Mincio, et enlever la première.

La ligne du Mincio, longue tout au plus de 7 à 8 lieues, s'appuyant au lac de Garda d'un côté, à Mantoue de l'autre, hérissée d'artillerie, et défendue par 70 mille Autrichiens, sous le commandement du comte de Bellegarde, n'était pas facile à forcer. L'ennemi avait à Borghetto et Vallegio un pont bien retranché, qui lui permettait d'agir sur les deux rives. Le fleuve n'était pas guéable en cette saison; on avait encore augmenté la masse de ses eaux, en fermant tous les canaux de dérivation.

Brune, après avoir réuni ses colonnes, eut la singulière idée de passer le Mincio sur deux points à la fois, à Pozzolo et à Mozzembano. Sur ces deux points, le lit du fleuve formait un contour, dont la convexité était tournée de notre côté; de plus, la rive droite, que nous occupions, dominait la rive gauche qu'occupaient les Autrichiens, de manière qu'à Mozzembano comme à Pozzolo, l'on pouvait établir des feux supérieurs et convergents sur la rive ennemie, et couvrir ainsi l'opération du passage. Mais sur l'un et l'autre point, on trouvait les Autri-

Déc. 1800.

Dispositions de Brune pour le passage du Mincio.

chiens solidement assis derrière le Mincio, couverts de gros retranchements, appuyés ou sur Mantoue ou sur Peschiera. Les avantages et les inconvénients du passage étaient donc à peu près les mêmes, à Pozzolo comme à Mozzembano. Mais ce qui devait décider Brune à préférer l'un des deux points, n'importe lequel, sauf à faire une fausse démonstration sur l'autre, c'est qu'entre ces deux points se trouvait une tête de pont, celle de Borghetto, actuellement occupée par l'ennemi. Les Autrichiens pouvaient donc déboucher par cette tête de pont, et se jeter sur l'une des deux opérations pour la troubler : il ne fallait, par conséquent, en essayer qu'une, mais avec toutes ses forces.

Brune n'en persista pas moins dans son double projet, apparemment pour diviser l'attention de l'ennemi, et, le 25 décembre, disposa toutes choses pour un double passage. Mais des difficultés survenues dans les transports, difficultés très-grandes en cette saison, empêchèrent que tout fût prêt à Mozzembano, point où se trouvait Brune lui-même avec la plus grande partie de ses troupes, et l'opération fut remise au lendemain. Il semble dès lors que le second passage aurait dû être contremandé ; mais Brune, ayant toujours considéré la tentative vers Pozzolo comme une simple diversion, pensa que la diversion produirait bien plus sûrement son effet, si elle précédait de 24 heures l'opération principale.

Dupont, qui commandait à Pozzolo, était un officier plein d'ardeur ; il s'avança, le 25 au matin, sur le bord du Mincio, couronna d'artillerie les hauteurs de Molino-della-Volta, qui dominaient la rive opposée, jeta un pont en très-peu de temps, et, favorisé par un brouillard épais, réussit à porter sur la rive gauche la division Wattrin. Pendant ce temps, Brune demeurait immobile avec la gauche et les réserves à Mozzembano; le général Suchet, placé entre deux avec le centre, masquait le pont autrichien de Borghetto. Le général Dupont se trouvait donc avec un seul corps sur la rive gauche, en présence de toute l'armée autrichienne. Le résultat était facile à prévoir. Le comte de Bellegarde, allant au plus pressé, dirigea sur Pozzolo la masse de ses forces. Le général Dupont fit avertir son voisin Suchet et le général en chef du succès du passage, et du danger auquel ce succès l'exposait. Le général Suchet, en brave et loyal compagnon d'armes, conrut au secours de la division Dupont : mais, quittant Borghetto, il fit demander à Brune de pourvoir à la garde de ce débouché, qu'il laissait découvert par son mouvement vers Pozzolo. Brune, au lieu d'accourir avec toutes ses forces sur le point où un accident heureux venait d'ouvrir à son armée le passage du Mincio, Brune, toujours occupé de son opération du lendemain sur Mozzembano, ne quitta pas sa position. Il approuva le mouvement du général Suchet, en lui recommandant toutefois de ne pas trop se compromettre au delà du fleuve, et se contenta d'envoyer la division Boudet pour masquer le pont de Borghetto.

Mais le général Dupont, impatient de profiter de

Déc. 1000

pour passer à Pozzolo.

Déc. 1800.

son succès, s'était tout à fait engagé. Il avait passé le Mincio, enlevé Pozzolo, qui est situé sur la rive gauche, et porté successivement au delà du fleuve les divisions Wattrin et Monier. L'une de ses ailes était appuyée à Pozzolo, et l'autre au Mincio, sous la protection des batteries élevées de la rive droite.

Les Autrichiens marchaient avec tous leurs renforts sur cette position. Ils étaient précédés par une grande quantité de pièces de canon. Heureusement notre artillerie, placée à Molino-della-Volta, et tirant d'une rive à l'autre, protégeait nos soldats par la supériorité de son feu. Les Autrichiens se précipitèrent avec fureur sur les divisions Wattrin et Monier. La 6ᵉ légère, la 28ᵉ, et la 40ᵉ de ligne, faillirent être accablées; mais elles résistèrent avec une admirable bravoure, à tous les assauts réunis de l'infanterie et de la cavalerie autrichienne. Cependant la division Monier, surprise dans Pozzolo par une colonne de grenadiers, en fut délogée. Dans ce moment, le corps de Dupont, détaché de son principal point d'appui, allait être jeté dans le Mincio. Mais le général Suchet arrivait sur l'autre rive avec la division Gazan, et apercevant des hauteurs de Molino-della-Volta le grave péril de son collègue Dupont, engagé avec 10 mille hommes contre 30 mille, se hâta de lui dépêcher des renforts. Retenu toutefois par les ordres de Brune, il n'osa pas lui envoyer toute la division Gazan, et ne jeta que la brigade Clauzel au delà du fleuve. Cette brigade était insuffisante, et Dupont allait succomber malgré ces secours, lorsque le reste de la division

Gazan, couronnant la rive opposée, d'où l'on pouvait tirer à mitraille, même à coups de fusil sur les Autrichiens, les accabla d'un feu meurtrier, et les arrêta ainsi tout court. Les troupes de Dupont soutenues reprirent l'offensive, et firent reculer les Autrichiens. Le général Suchet, voyant le danger croître à chaque instant, prit le parti de faire passer sur l'autre bord la division Gazan tout entière. On se disputa dès lors avec acharnement le point important de Pozzolo. Ce village fut pris et repris six fois. A neuf heures du soir, on se battait encore au clair de la lune, et par un froid rigoureux. Enfin les Français restèrent maîtres de la rive gauche, mais ils avaient perdu l'élite de quatre divisions. Les Autrichiens avaient laissé 6 mille morts ou blessés sur le champ de bataille; les Français, à peu près autant. Sans l'arrivée du général Suchet notre aile droite eût été écrasée; et encore n'osa-t-il pas s'engager complétement, retenu qu'il était par les ordres du général en chef. Si M. de Bellegarde avait porté là toute son armée, ou s'il eût débouché du pont de Borghetto, pendant que Brune était immobile à Mozzembano, il aurait pu faire essuyer un désastre au centre et à la droite de l'armée française.

Heureusement il n'en fut rien. Le Mincio se trouvait donc franchi sur un point. Brune persista dans le projet de le passer le lendemain, 26 décembre, vers Mozzembano, s'exposant ainsi à courir de nouveau les chances d'une opération de vive force. Il couvrit de 40 pièces de canon les hauteurs de Mozzembano, et, favorisé par les brouillards de la saison, réussit à jeter un pont. Les Autrichiens, fatigués de la journée précédente, croyant peu à un second passage, opposèrent une moindre résistance que la veille, et se laissèrent enlever les positions environnantes de Sallionzo et de Vallegio.

Déc. 1800.

Toute l'armée, portée au delà du Mincio, marche sur l'Adige.

L'armée entière déboucha de la sorte au delà du Mincio, et put marcher, toutes ses divisions réunies, sur la seconde ligne, celle de l'Adige. La tête de pont de Borghetto devait tomber naturellement par le mouvement offensif de nos colonnes. On eut encore le tort de sacrifier plusieurs centaines de nos braves soldats pour la conquête d'un point qui ne pouvait tenir. On y prit 1,200 Autrichiens.

Les Français étaient victorieux, mais au prix d'un sang précieux, que les généraux Bonaparte et Moreau n'auraient pas manqué d'épargner à l'armée. Lecourbe passait autrement les fleuves d'Allemagne. Brune, ayant forcé le Mincio, s'avança sur l'Adige, qu'il aurait dû franchir immédiatement. Il ne fut prêt à en opérer le passage que le 31 décembre (10 nivôse). Le 1ᵉʳ janvier le général Delmas avec l'avant-garde traversa heureusement le fleuve au-dessus de Vérone, à Bussolengo. Le général Moncey avec la gauche dut le remonter jusqu'à Trente, tandis que le reste de l'armée le redescendait pour envelopper Vérone.

Le comte de Bellegarde se trouvait en ce moment dans un grave péril. Une partie des troupes du Tyrol sous le général Laudon s'étaient retirées devant Macdonald, et se repliaient sur Trente. Le général Moncey, avec son corps, y marchait de son côté, en remontant l'Adige. Le général Laudon, pris entre les corps de Macdonald et de Moncey, devait succomber, à moins qu'il n'eût le temps de se sauver dans la vallée de la Brenta, qui, coulant au delà de l'Adige, vient, après beaucoup de contours, aboutir à Bassano. Brune, s'il passait brusquement l'Adige, et poussait vivement le comte de Bellegarde par delà Vérone, jusqu'à Bassano même, pouvait prévenir sur ce dernier point le corps du Tyrol, et l'enlever tout entier, en lui fermant le débouché de la Brenta.

Janv. 1801.

Un acte peu loyal du général Laudon, et la lenteur de Brune, excusée, il est vrai, par la saison, dégagèrent le corps du Tyrol de tous ces périls.

Macdonald était en effet parvenu jusqu'à Trente, tandis que le corps de Moncey s'y était rendu de son côté. Le général Laudon, enfermé entre ces deux corps, eut recours au mensonge. Il annonça au général Moncey qu'un armistice venait d'être signé en Allemagne, et que cet armistice était commun à toutes les armées ; ce qui était faux, car la convention signée à Steyer par Moreau ne s'appliquait qu'aux armées opérant sur le Danube. Le général Moncey, par excès de loyauté, crut à la parole du général Laudon, et lui ouvrit les passages qui conduisent dans la vallée de la Brenta. Celui-ci put ainsi rejoindre le comte de Bellegarde dans les environs de Bassano.

Le général autrichien Laudon se sauve par un subterfuge.

Mais les désastres d'Allemagne étaient connus. L'armée autrichienne, battue en Italie, poussée par une masse de 90 mille hommes, depuis la réunion des troupes de Macdonald et de Brune, ne pouvait

Armistice de Trévise.

plus tenir. Un armistice fut proposé à Brune, qui se hâta de l'accepter, et le signa le 16 janvier à Trévise. Brune, pressé d'en finir, se contenta d'exiger la ligne de l'Adige, avec les places de Ferrare, Peschiera, Portolegnago. Il ne songea pas à se faire donner Mantoue. Ses instructions cependant lui enjoignaient de ne s'arrêter qu'à l'Isonzo, et de conquérir Mantoue. Cette place était la seule qui en valût la peine, car toutes les autres devaient tomber naturellement. Il importait surtout de l'occuper, pour être fondé à demander au congrès de Lunéville qu'elle fût laissée à la Cisalpine.

Tandis que ces événements se passaient dans la haute Italie, les Napolitains pénétraient en Toscane. Le comte de Damas, qui commandait un corps de 16 mille hommes, dont 8 mille Napolitains, s'était avancé jusqu'à Sienne. Le général Miollis, obligé de garder tous les postes de la Toscane, n'avait pas plus de 3,500 hommes disponibles, la plupart italiens. Il marcha néanmoins sur les Napolitains. Les braves soldats de la division Pino se jetèrent sur l'avant-garde du comte de Damas, la culbutèrent, entrèrent de vive force dans Sienne, et passèrent au fil de l'épée un bon nombre d'insurgés. Le comte de Damas fut obligé de se replier. D'ailleurs Murat, s'avançant avec ses grenadiers, allait lui arracher la signature d'un troisième armistice.

La campagne était donc partout finie, et la paix assurée. Sur tous les points la guerre nous avait réussi. L'armée de Moreau, flanquée par celle d'Augereau, avait pénétré jusqu'aux portes de Vienne;

celle de Brune, secondée par celle de Macdonald, avait franchi le Mincio et l'Adige, et s'était portée jusqu'à Trévise. Bien qu'elle n'eût point entièrement rejeté les Autrichiens au delà des Alpes, elle leur avait enlevé assez de territoire, pour fournir au négociateur français à Lunéville, de puissants arguments contre les prétentions de l'Autriche en Italie. Murat allait achever de soumettre la cour de Naples.

En apprenant la bataille de Hohenlinden, le Premier Consul, qu'on disait jaloux de Moreau, fut rempli d'une joie sincère[1]. Cette victoire ne perdait rien à ses yeux de son prix parce qu'elle lui venait d'un rival. Il se croyait si supérieur à tous ses compagnons d'armes, en gloire militaire et en influence politique, qu'il n'éprouvait de jalousie pour aucun d'eux. Voué sans réserve au soin de pacifier et de réorganiser la France, il apprenait avec une vive satisfaction tout événement qui contribuait à lui faciliter sa tâche, dût cet événement agrandir les hommes, dont on devait plus tard faire ses rivaux.

Ce qui lui déplut dans cette campagne, ce fut l'inutile effusion de sang français à Pozzolo, et surtout la faute si grave de n'avoir point exigé Mantoue. Il refusa de ratifier la convention de Trévise, et déclara qu'il allait ordonner la reprise des hostilités, si la place de Mantoue n'était immédiatement remise à l'armée française.

Janv. 1801.

Joie du Premier Consul en apprenant les succès des armées françaises.

---

[1] M. de Bourrienne dit qu'il *sauta de joie*, et ce narrateur est peu suspect, car, bien qu'il dût tout à Napoléon, il n'a pas semblé s'en souvenir dans ses Mémoires.

Janv. 1801.

Reprise des négociations de Lunéville.

Dans ce moment, Joseph Bonaparte et M. de Cobentzel étaient à Lunéville, dans l'attente des événements qui se passaient sur le Danube et sur l'Adige. C'est une singulière situation que celle de deux négociateurs, traitant pendant que l'on se bat, témoins en quelque sorte du duel de deux grands peuples, et attendant à chaque instant la nouvelle, non pas de la mort, mais de l'épuisement de l'un ou de l'autre. M. de Cobentzel montra dans cette occasion une vigueur de caractère, qui peut être donnée en exemple aux hommes qui sont appelés à servir leur pays, dans des circonstances malheureuses. Il ne se laissa déconcerter ni par la défaite des Autrichiens à Hohenlinden, ni par le passage de l'Inn, de la Salza, de la Traun, etc. A tous ces événements il répondait, avec un flegme imperturbable, que tout cela était fâcheux sans doute, mais que l'archiduc Charles était remis de ses souffrances, qu'il arrivait à la tête des levées extraordinaires de la Bohême et de la Hongrie, qu'il amenait au secours de la capitale 25 mille Bohémiens, 75 mille Hongrois; qu'en avançant davantage les Français trouveraient une résistance à laquelle ils ne s'attendaient pas. Du reste, il persistait dans toutes les prétentions de l'Autriche, notamment dans celle de ne pas traiter sans un plénipotentiaire anglais, qui couvrît au moins de sa présence les négociations réelles qui pourraient s'établir entre les deux légations. Quelquefois même il lui arrivait de dire qu'il se retirerait à Francfort, et qu'il ferait évanouir ainsi les espérances de paix, dont le Premier Consul avait

Fermeté de M. de Cobentzel.

besoin d'entretenir les esprits. A cette menace, le Premier Consul, qui ne tergiversait guère, quand on voulait l'intimider, fit répondre à M. de Cobentzel, que, s'il quittait Lunéville, toute chance d'accommodement serait à jamais perdue, que la guerre serait poussée à outrance, jusqu'à l'entière destruction de la monarchie autrichienne.

Janv. 1801.

Au milieu de cette lutte diplomatique, M. de Cobentzel reçut la nouvelle de l'armistice de Steyer, l'ordre de l'empereur de traiter à tout prix, et surtout de vives instances pour faire étendre à l'Italie l'armistice déjà convenu pour l'Allemagne; car on n'avait rien fait, si, ayant arrêté l'une des deux armées françaises qui marchaient sur Vienne, on laissait l'autre marcher au même but, par le Frioul et la Carinthie. En conséquence M. de Cobentzel déclara, le 31 décembre, qu'il était prêt à traiter sans le concours de l'Angleterre, qu'il consentait à signer des préliminaires de paix ou un traité définitif, comme on le voudrait, mais qu'avant de se compromettre définitivement en se séparant de l'Angleterre, il demandait que l'on signât un armistice, commun à l'Italie et à l'Allemagne, et qu'on s'expliquât sur les conditions de la paix, au moins d'une manière générale. Quant à lui, il faisait connaître ses conditions : l'Oglio pour limite de l'Autriche en Italie, plus les Légations; et en même temps le rétablissement des ducs de Modène et de Toscane dans leurs anciens États.

Ordre donné à M. de Cobentzel de conclure la paix.

Conditions de l'Autriche.

Ces conditions étaient déraisonnables. Le Premier Consul ne les aurait pas même admises, avant les triomphes de la campagne d'hiver, et encore moins après.

On se souvient des préliminaires du comte de Saint-Julien. Le traité de Campo-Formio y était adopté pour base, avec cette différence que certaines indemnités promises à l'Autriche pour divers petits territoires, seraient prises en Italie au lieu de l'être en Allemagne. Nous avons déjà indiqué ce que cela voulait dire : le traité de Campo-Formio assignait à la République Cisalpine et à l'Autriche l'Adige pour limite; en promettant à l'Autriche des indemnités en Italie, on lui faisait espérer le Mincio, par exemple, au lieu de l'Adige comme frontière ; mais le Mincio tout au plus, et jamais le territoire des Légations, dont le Premier Consul entendait disposer autrement.

Les idées du Premier Consul étaient désormais arrêtées. Il voulait que l'Autriche payât les frais de la campagne d'hiver; il voulait qu'elle eût purement et simplement l'Adige, et qu'elle perdît ainsi toute indemnité, soit en Allemagne, soit en Italie, pour les petits territoires cédés sur la rive gauche du Rhin. Quant aux Légations, il entendait se les réserver pour les faire servir à diverses combinaisons. Jusqu'ici elles avaient appartenu à la République Cisalpine. Son projet était de les lui laisser, ou bien de les consacrer à l'agrandissement de la maison de Parme, promis par traité à la cour d'Espagne. Dans ce dernier cas il aurait donné Parme à la Cisalpine, la Toscane à la maison de

Parme, ce qui était un agrandissement considérable, et les Légations au grand-duc de Toscane. Quant au duc de Modène, l'Autriche avait promis par le traité de Campo-Formio de l'indemniser de son duché perdu, au moyen du Brisgau. C'était à elle à tenir ses engagements envers ce prince.

Le Premier Consul souhaitait une autre chose fort bien entendue, mais fort difficile à faire accepter à l'Autriche. Il voulait n'être pas réduit, comme après la paix de Campo-Formio, à tenir un congrès avec les princes de l'empire, pour obtenir individuellement de chacun d'eux, l'abandon formel de la rive gauche du Rhin à la France. Il se souvenait du congrès de Rastadt, terminé par l'assassinat de nos plénipotentiaires; il se souvenait de la peine qu'on avait eue à traiter avec chaque prince en particulier, et à convenir avec tous ceux qui perdaient des territoires, d'un système d'indemnités qui les satisfît. En conséquence il demandait que l'empereur signât comme chef de la maison d'Autriche pour ce qui regardait sa maison, et comme empereur pour ce qui regardait l'Empire. En un mot, il voulait avoir d'un seul coup la reconnaissance de nos conquêtes, soit de la part de l'Autriche, soit de la part de la Confédération germanique.

Il ordonna donc à son frère Joseph de signifier à M. de Cobentzel, comme définitivement arrêtées, les conditions suivantes : la rive gauche du Rhin à la France. — La limite de l'Adige à l'Autriche et à la Cisalpine, sans abandon des Légations. — Les Légations au duc de Toscane. — La Toscane au duc

Janv. 1801.

de Parme. — Parme à la Cisalpine. — Le Brisgau à l'ancien duc de Modène. — Enfin la paix signée par l'empereur tant pour lui que pour l'Empire. — Quant à l'armistice en Italie, il voulait bien l'accorder, à condition de la remise immédiate de la place de Mantoue à l'armée française.

Singulière manière de signifier à l'Autriche l'ultimatum de la France.

Comme le Premier Consul connaissait la manière de traiter des Autrichiens, et particulièrement celle de M. de Cobentzel, il voulut couper court à beaucoup de difficultés, à beaucoup de résistances, à beaucoup de menaces d'un désespoir simulé; et il imagina une manière nouvelle de signifier son *ultimatum*. Le Corps Législatif venait de s'assembler; on lui proposa, le 2 janvier (12 nivôse), de déclarer que les quatre armées commandées par les généraux Moreau, Brune, Macdonald et Augereau, avaient bien mérité de la patrie. Un message, joint à cette proposition, annonçait que M. de Cobentzel venait enfin de s'engager à traiter sans le concours de l'Angleterre, et que la condition définitive de la paix était le Rhin pour la France, l'Adige pour la République Cisalpine. Le message ajoutait que, dans le cas où ces conditions ne seraient pas acceptées, on irait signer la paix à Prague, à Vienne et à Venise.

Cette communication fut accueillie avec transport à Paris, mais causa une vive émotion à Lunéville. M. de Cobentzel éleva de grandes doléances contre la dureté de ces conditions, surtout contre leur forme. Il se plaignit amèrement de ce que la France semblait faire le traité toute seule, sans avoir à négocier avec personne. Néanmoins il tint ferme, déclara que l'Autriche ne pouvait pas céder sur tous les points, qu'elle aimerait mieux succomber les armes à la main que d'accéder à de telles conditions. M. de Cobentzel consentait cependant à reculer de l'Oglio jusqu'à la Chiesa, qui coule entre l'Oglio et le Mincio, à condition d'avoir Peschiera, Mantoue, Ferrare, sans obligation de démolir ces places. Il consentait à indemniser le duc de Modène avec le Brisgau; mais il insistait sur la restitution des États du duc de Toscane. Il parlait de garanties formelles à donner à l'indépendance du Piémont, de la Suisse, du Saint-Siége, de Naples, etc... Quant à la paix avec l'Empire, il déclarait que l'empereur allait demander des pouvoirs à la Diète germanique, mais que ce monarque ne prendrait pas sur lui de traiter pour elle, sans y être autorisé. Il insistait encore sur la signature d'un armistice en Italie, déclarant que, quant à ce qui regardait Mantoue, remettre cette place à l'armée française, c'était livrer immédiatement l'Italie aux Français, et s'ôter tout moyen de résistance, si les hostilités venaient à recommencer. M. de Cobentzel, joignant les caresses à la fermeté, s'efforça de toucher Joseph, en lui parlant des dispositions de l'empereur pour la France, et particulièrement pour le Premier Consul, en lui insinuant même que l'Autriche pourrait bien s'allier à la République française, et qu'une telle alliance serait fort utile contre le mauvais vouloir caché, mais réel, des cours du nord.

Joseph, qui était très-doux, ne laissait pas que

Janv. 1801.

Langage prescrit à Joseph par le Premier Consul.

d'être sensible à un certain degré, aux plaintes, aux menaces, aux caresses de M. de Cobentzel. Le Premier Consul remontait son énergie par de nombreuses dépêches. Il vous est interdit, lui mandait-il, d'admettre aucune discussion sur le principe posé dans l'ultimatum : LE RHIN, L'ADIGE. Tenez ces deux conditions pour irrévocables. Les hostilités ne cesseront en Italie qu'avec la remise de Mantoue. Si elles recommencent, le thalweg de l'Adige se trouvera reporté sur la crête des Alpes Juliennes, et l'Autriche sera exclue de l'Italie. Quand l'Autriche, ajoutait le Premier Consul, parlera de son amitié et de son alliance, répondez que les gens qui viennent de se montrer si attachés à l'alliance anglaise, ne sauraient tenir à la nôtre. Ayez en négociant l'attitude du général Moreau, et imposez à M. de Cobentzel l'attitude de l'archiduc Jean. —

M. de Cobentzel cède enfin le double principe de la ligne du Rhin et de l'Adige.

Enfin, après plusieurs jours de résistance, des nouvelles plus alarmantes arrivant à chaque instant des bords du Mincio (il faut ne pas oublier que les événements s'étaient prolongés en Lombardie plus qu'en Allemagne), M. de Cobentzel consentit, le 15 janvier 1801 (25 nivôse), à ce que l'Adige fût adopté pour limite des possessions de l'Autriche en Italie. Il cessa de parler du duc de Modène, mais renouvela la demande formelle du rétablissement du duc de Toscane dans ses États. Il consentit encore à déclarer que la paix de l'Empire serait signée à Lunéville, mais après que l'empereur se serait fait donner des pouvoirs par la Diète germanique. Ce plénipotentiaire réclamait dans le même protocole l'armistice pour l'Italie, mais sans accorder la condition que la France y mettait, la remise immédiate de Mantoue à nos troupes. Sa crainte était, qu'après l'abandon de ce point d'appui, la France ne lui imposât des conditions plus dures; et, quelque effrayante que lui parût la reprise des hostilités en Italie, il ne voulait pas encore se démunir de ce gage.

Cette opiniâtreté à défendre son pays dans une situation si difficile, était naturelle et honorable; cependant elle finissait par être imprudente, et elle amena des conséquences que M. de Cobentzel n'avait pas prévues.

Ce qui se passait dans le nord contribuait autant que les victoires de nos armées, à élever les exigences du Premier Consul. Il avait pressé jusqu'à ce moment la paix avec l'Autriche, d'abord pour avoir la paix, et ensuite pour se garantir contre les retours si fréquents du caractère de l'empereur Paul. Depuis quelques mois, il est vrai, ce prince montrait un vif ressentiment contre l'Autriche et l'Angleterre, mais une manœuvre du cabinet autrichien ou anglais pouvait ramener le czar à la coalition, et alors la France aurait eu encore l'Europe entière sur les bras. C'est cette crainte qui avait porté le Premier Consul à braver les inconvénients d'une campagne d'hiver, afin d'écraser l'Autriche, pendant qu'elle était privée du concours des forces du continent. La tournure que venaient de prendre les événements dans le nord lui ôtant toute crainte de ce côté, il était devenu

Janv. 1801.

Les événements du nord secondent les prétentions du Premier Consul.

Janv. 1801.

à la fois plus patient, et plus exigeant. Paul, en effet, avait rompu formellement avec ses anciens alliés, et s'était jeté tout à fait dans les bras de la France, avec cette chaleur qu'il mettait à toutes ses actions. Déjà fort disposé à se conduire ainsi, par l'effet qu'avaient produit sur son esprit les merveilles de Marengo, la restitution des prisonniers russes, l'offre de l'île de Malte, enfin les flatteries adroites et délicates du Premier Consul, il avait été définitivement entraîné par un dernier événement. On se souvient que le Premier Consul, désespérant de sauver Malte, étroitement bloquée par les Anglais, avait eu l'heureuse idée d'offrir cette île à Paul Ier, que ce prince avait reçu cette offre avec transport, qu'il avait chargé M. de Sprengporten d'aller à Paris remercier le chef du gouvernement français, de recevoir les prisonniers russes, et de les conduire à Malte pour y tenir garnison. Mais dans l'intervalle le général Vaubois, réduit à la dernière extrémité, avait été contraint de rendre l'île aux Anglais. Cet événement, qui, en toute autre circonstance, aurait dû affliger le Premier Consul, le chagrina peu. J'ai perdu Malte, dit-il, mais j'ai placé la pomme de discorde entre les mains de mes ennemis. — En effet, Paul se hâta de réclamer auprès de l'Angleterre le siége de l'ordre de Saint-Jean-de-Jérusalem ; mais le cabinet britannique se garda de le rendre, et répondit par un refus pur et simple. Paul n'y tint plus. Il mit l'embargo sur les vaisseaux anglais, en fit arrêter jusqu'à 300 à la fois dans les ports de la Russie, et ordonna même de couler à fond ceux qui chercheraient à se sauver. Cette circonstance, jointe à la querelle des neutres exposée plus haut, ne pouvait manquer d'amener une guerre. Le czar se mit à la tête de cette querelle, et, appelant à lui la Suède, le Danemark, la Prusse même, leur proposa de renouveler la ligue de neutralité maritime de 1780. Il invita le roi de Suède à venir à Pétersbourg pour conférer sur ce grave sujet. Le roi Gustave s'y rendit, et fut reçu magnifiquement. Paul, plein de la manie qui le possédait, tint à Saint-Pétersbourg un grand chapitre de Malte, reçut chevaliers le roi de Suède et tous les personnages qui l'accompagnaient, et prodigua sans mesure les honneurs de l'ordre. Mais il fit quelque chose de plus sérieux, et renouvela sur-le-champ la ligue de 1780. Le 26 décembre fut signée, par les ministres de Russie, de Suède et de Danemark, une déclaration, par laquelle ces trois puissances maritimes s'engageaient à maintenir, même par les armes, les principes du droit des neutres. Elles énuméraient tous ces principes dans leur déclaration, sans omettre un seul de ceux que nous avons déjà mentionnés, et que la France venait de faire reconnaître par l'Amérique. Elles s'engageaient en outre à réunir leurs forces, pour les diriger en commun contre toute puissance, quelle qu'elle fût, qui porterait atteinte aux droits qu'elles disaient leur appartenir. Le Danemark, quoique fort zélé pour les intérêts des neutres, aurait voulu cependant ne pas procéder si vite; mais les glaces le couvraient pour trois mois; il espérait qu'avant le retour de la belle saison,

Janv. 1801.

La célèbre déclaration de 1780 renouvelée le 26 décembre 1800.

Janv. 1801.

La Prusse adhère à la déclaration des neutres.

l'Angleterre aurait cédé, ou du moins que les préparatifs des neutres de la Baltique seraient suffisants, pour empêcher la flotte britannique de se présenter devant le Sund, comme elle venait de le faire au mois d'août. La Prusse, qui aurait voulu négocier aussi sans se prononcer avec autant de promptitude, fut entraînée comme la Suède et le Danemark, et adhéra deux jours après à la déclaration de Pétersbourg.

C'étaient là des événements graves, et qui assuraient à la France l'alliance de tout le nord de l'Europe contre l'Angleterre; mais ce n'étaient pas là tous les succès diplomatiques du Premier Consul. L'empereur Paul avait proposé à la Prusse de s'entendre avec la France sur ce qui se passait à Lunéville, et de convenir à trois des bases de la paix générale. Or, les idées que ces deux puissances[1] venaient de communiquer à Paris, étaient exactement celles que la France cherchait à faire prévaloir à Lunéville.

La Prusse et la Russie concédaient sans contestation à la République française, la rive gauche du Rhin; seulement elles demandaient une indemnité pour les princes qui perdaient des portions de territoire, mais uniquement pour les princes héréditaires, et au moyen de la sécularisation des États ecclésiastiques. C'était justement le principe que repoussait l'Autriche, et qu'admettait la France. La Russie et la Prusse demandaient l'indépendance de la Hollande, de la Suisse, du Piémont, de Na-

[1] Lettre du roi de Prusse du 14 janvier, communiquée par M. de Lucchesini.

ples, ce qui, dans le moment, n'était en rien contraire aux projets du Premier Consul. L'empereur Paul ne se mêlait des intérêts de Naples et du Piémont, qu'à cause du traité d'alliance conclu avec ces États en 1798, lorsqu'il avait fallu les entraîner dans la guerre de la seconde coalition; mais il n'entendait protéger Naples, qu'à condition que cette cour romprait avec l'Angleterre. Quant au Piémont, il ne réclamait qu'une légère indemnité pour la cession de la Savoie à la France. Il trouvait bon, et la Prusse avec lui, que la France réprimât l'ambition de l'Autriche en Italie, et la réduisît à la limite de l'Adige. Paul enfin était si ardent, qu'il demandait au Premier Consul de se lier étroitement à lui contre l'Angleterre, au point de s'engager à ne faire de paix avec elle, qu'après la restitution de Malte à l'ordre de Saint-Jean-de-Jérusalem. C'était plus que ne voulait le Premier Consul, qui craignait des engagements aussi absolus. Paul, désirant que les dehors répondissent à l'état vrai des choses, établit, au lieu de communications clandestines entre M. de Krudener et le général Beurnonville à Berlin, une négociation publique à Paris même. En conséquence, il nomma un plénipotentiaire, M. de Kalitscheff, pour aller traiter ostensiblement avec le cabinet français. M. de Kalitscheff avait ordre de se rendre immédiatement en France. Ce négociateur était porteur d'une lettre destinée au Premier Consul, et de plus écrite de la propre main de l'empereur Paul. Nous avions déjà M. de Sprengporten à Paris, nous allions avoir M. de Kalitscheff; il n'était pas possible de désirer une réconciliation plus éclatante de la Russie avec la France.

Tout était donc changé en Europe, au nord comme au midi. Au nord, les puissances maritimes, en guerre ouverte avec l'Angleterre, cherchaient à se liguer avec nous et contre elle, par des engagements absolus. Au midi, l'Espagne s'était enchaînée à nous par les liens les plus étroits; elle menaçait le Portugal pour l'obliger à rompre avec la Grande-Bretagne. Enfin l'Autriche, vaincue en Allemagne et en Italie, abandonnée à nos coups par toutes les puissances, n'avait pour se défendre que l'audacieuse obstination de son négociateur à Lunéville.

Ces événements, préparés par l'habileté du Premier Consul, venaient d'éclater, coup sur coup, dans les premiers jours de janvier. La Prusse et la Russie, en effet, manifestaient leurs vues pour la paix du Continent, et Paul annonçait de sa propre main au Premier Consul l'envoi de M. de Kalitscheff, au moment même où M. de Cobentzel, cédant sur la limite de l'Adige, mais se défendant opiniâtrément sur tout le reste, refusait la remise de Mantoue pour prix d'un armistice en Italie.

Le Premier Consul voulut suspendre immédiatement la marche de la négociation à Lunéville. Il fit donner des instructions à Joseph, et lui écrivit [1] pour tracer à notre légation une conduite nouvelle. Dans un état de crise comme celui où se trouvait l'Europe, il jugeait peu convenable de se presser. On pourrait, en effet, avoir trop cédé, ou stipulé quelque chose

[1] Lettre du 1er pluviôse (21 janvier). (Dépôt de la Secrétairerie d'État.)

qui contrarierait les vues des cours du nord. Croyant d'ailleurs que M. de Kalitscheff allait arriver sous peu de jours, il voulait l'avoir vu, avant de s'engager définitivement. Ordre fut donc donné à Joseph de temporiser au moins pendant dix jours, avant de signer, et d'exiger des conditions encore plus dures que les précédentes.

L'Autriche avait consenti à se renfermer sur l'Adige. Le Premier Consul voulait entendre aujourd'hui par là, que le duc de Toscane ne resterait pas en Italie, et recevrait comme le duc de Modène une indemnité en Allemagne. Son projet définitif était de ne laisser en Italie aucun prince autrichien. Laisser le duc de Toscane en Toscane, c'était, suivant lui, donner Livourne aux Anglais; le transporter dans les Légations, c'était ménager un pied à terre à l'Autriche, au delà du Pô. En conséquence, il s'arrêtait à l'idée de transférer la Toscane à la maison de Parme, comme on l'avait stipulé à Madrid; de confier par conséquent Livourne à la marine espagnole, et de composer dès lors la République Cisalpine de toute la vallée du Pô; car, d'après ce plan, elle aurait le Milanais, le Mantouan, Plaisance, Parme, Modène et les Légations. Le Piémont, situé à l'origine de cette vallée, ne serait plus qu'un prisonnier de la France. L'Autriche, ramenée au delà de l'Adige, était jetée à une extrémité de l'Italie; Rome, Naples étaient confinées à l'autre extrémité; la France, placée au centre par la Toscane et la Cisalpine, contenait et dominait cette superbe contrée.

Joseph Bonaparte eut donc pour nouvelles instructions d'exiger, que le duc de Toscane fût, comme le duc de Modène, transporté en Allemagne ; que le principe de la sécularisation des États ecclésiastiques servît à indemniser les princes héréditaires allemands, aussi bien que les princes italiens dépossédés par la France ; que la paix avec l'Empire fût signée en même temps que la paix avec l'Autriche, sans même attendre les pouvoirs de la Diète ; que l'on ne stipulât rien sur Naples, Rome, le Piémont, par le motif que la France, tout en voulant conserver ces États, désirait auparavant s'entendre avec eux sur les conditions de leur conservation ; enfin que Mantoue fût remise à l'armée française, sous peine d'une reprise immédiate des hostilités.

Rien n'est plus simple, quand une négociation n'est pas terminée, quand un traité n'est pas signé, rien n'est plus simple que de modifier les conditions proposées. Le cabinet français était donc dans son droit, en changeant ses premières conditions ; mais il faut reconnaître que le changement ici était brusque et considérable.

M. de Cobentzel, pour trop attendre, pour trop demander, pour s'obstiner à méconnaître sa vraie position, avait perdu le moment favorable. Suivant sa coutume, il se récria beaucoup, et menaça la France du désespoir de l'Autriche. Il était pressé néanmoins d'obtenir l'armistice pour l'Italie, et dès lors résigné à livrer Mantoue ; mais il craignait, après avoir livré ce boulevard, d'être à la merci de la France, et de voir surgir de nouvelles exigences. Dans cette disposition d'esprit, il se montra méfiant, questionneur, et ne rendit Mantoue qu'à la dernière extrémité. Enfin, le 26 janvier (6 pluviôse), il signa la remise de cette place à l'armée française, moyennant un armistice en Italie, et une prolongation d'armistice en Allemagne. Les négociateurs firent partir des courriers de Lunéville même, pour prévenir sur l'Adige une effusion de sang, qui était imminente.

Janv. 1804.

par M. de Cobentzel.

Les conférences des jours suivants se passèrent, à Lunéville, en vives discussions. M. de Cobentzel disait qu'on lui avait promis le rétablissement du grand-duc, le jour même où il avait consenti à la limite de l'Adige. Joseph répondait que cela était vrai, mais qu'on accordait le rétablissement de ce prince en Allemagne; que chaque État profitait de sa situation présente, pour traiter plus avantageusement; que la France, en agissant ainsi, appliquait les propres principes exprimés par M. de Thugut, dans ses lettres de l'hiver dernier; que d'ailleurs le grand-duc, dont il s'agissait maintenant, serait en Toscane isolé de l'Autriche, et compromis; que dans les Légations, au contraire, il serait trop bien placé, car il servirait de lien entre l'Autriche, Rome et Naples, c'est-à-dire entre les ennemis de la France, et que de cela, on n'en voulait à aucun prix. Il fallait donc renoncer à le placer soit en Toscane, soit dans les Légations.

Après de vives controverses, M. de Cobentzel semblait consentir enfin à ce que les indemnités pour le grand-duc fussent prises en Allemagne; mais il ne voulait pas admettre le principe absolu de la sécularisation des États ecclésiastiques. Les États ecclésiastiques étaient à la dévotion de l'Autriche, notamment les trois électeurs-archevêques de Trèves, de Cologne et de Mayence, tandis que les princes héréditaires, au contraire, étaient souvent opposés à son influence dans la Diète germanique. L'Autriche consentait aux sécularisations, entendues de telle façon, que les petits États ecclésiastiques serviraient à indemniser non-seulement les princes héréditaires de Bavière, Wurtemberg, Orange, mais les grands princes ecclésiastiques, tels que les archevêques de Trèves, Cologne et Mayence; alors son influence aurait été en partie maintenue en Allemagne. Joseph Bonaparte avait ordre de se refuser obstinément à cette proposition. Il ne devait admettre le principe des sécularisations qu'au profit des princes héréditaires seulement. Enfin, M. de Cobentzel ne voulait pas signer la paix de l'Empire, sans pouvoirs de la Diète. A l'en croire, c'était pour ne pas manquer aux formes; mais, en réalité, c'était pour ne pas rendre trop évident le rôle qu'on jouait ordinairement à l'égard des membres du corps germanique, rôle qui consistait à les compromettre avec la France toutes les fois que l'Autriche y avait intérêt, et à les abandonner ensuite quand la guerre avait été malheureuse. En 1797, elle avait livré Mayence à l'armée française, ce qui avait été jugé fort sévèrement par toute l'Allemagne; et aujourd'hui, signer pour l'Empire sans pouvoirs de la Diète, semblait à M. de Cobentzel un nouveau fait bien grave, à joindre à tous les faits antérieurs, que les princes allemands reprochaient à leur souverain. Joseph Bonaparte répondait à ces raisons, qu'on découvrait bien le véritable motif de l'Autriche, qu'elle craignait de se compromettre avec le corps germanique, mais que ce n'était pas à la France à entrer dans de telles considérations; que, quant à la question de forme, il y avait l'exemple de la paix de Baden en 1714, signée par l'empereur, sans les pouvoirs de la Diète; que d'ailleurs on lui demandait uniquement de sanctionner ce que la députation de l'Empire avait déjà consenti à Rastadt, c'est-à-dire l'abandon de la rive gauche du Rhin à la France, et que son refus serait un triste service rendu à l'Allemagne, car les armées françaises resteraient dans les territoires occupés par elles, jusqu'à la paix avec l'Empire, tandis que, si la paix était commune à tous les princes allemands, l'évacuation suivrait immédiatement les ratifications.

Ces discussions durèrent plusieurs jours. Cependant M. de Cobentzel était pressé de conclure. De son côté, la légation française, qui avait d'abord voulu différer de quelques jours la signature du traité, avertie aujourd'hui que M. de Kalitscheff ne devait pas arriver aussi prochainement à Paris qu'on l'avait cru d'abord, ne voyait plus d'avantage à temporiser; elle désirait en finir aussi. L'ordre, en effet, venait d'être donné aux deux plénipotentiaires de se mettre d'accord, et, afin de décider M. de Cobentzel, on avait autorisé Joseph Bonaparte à faire l'une de ces concessions, qui, au dernier moment, servent de prétexte à un négociateur épuisé, pour se rendre avec honneur. Le thalweg du Rhin était la limite assignée à la France et à l'Allemagne; il en

Fév. 1804.

résultait que Dusseldorf, Ehrenbreitstein, Philipsbourg, Kehl, Vieux-Brisach, situés sur la rive droite, quoique attachés à la rive gauche par beaucoup de liens, devaient rester à la confédération germanique. Mais Cassel, faubourg de Mayence sur la rive droite, était un sujet de contestation, car ce faubourg était difficile à détacher de la ville même. On autorisa Joseph à céder Cassel, mais à condition de le démanteler. De la sorte, Mayence n'était plus une tête de pont fortifiée, donnant passage en tout temps sur la rive droite du Rhin.

Le 9 février 1804 (20 pluviôse an IX), eut lieu la dernière conférence. Suivant l'usage, on ne fut jamais plus près de rompre, que le jour où l'on était près de s'entendre définitivement. M. de Cobentzel insista vivement sur le maintien du grand-duc de Toscane en Italie, sur l'indemnité destinée aux princes allemands, indemnité qu'il voulait rendre commune aux princes ecclésiastiques de premier ordre, sur l'inconvénient enfin de signer pour le corps germanique, sans avoir les pouvoirs de la Diète. Un article relatif aux dettes de la Belgique fit naître aussi de grandes difficultés. Sur tout cela enfin, il déclara qu'il n'oserait pas conclure sans recourir à Vienne. Là-dessus, Joseph répondit que son gouvernement lui enjoignait de déclarer les négociations rompues, si on ne terminait pas sans désemparer; il ajoutait que cette fois l'Autriche serait rejetée au delà des Alpes Juliennes. Enfin il céda Cassel, outre toutes les positions fortifiées de la rive droite, mais à la condition que la France les démolirait avant de les évacuer, et que ces fortifications ne seraient pas rétablies.

A cette concession, M. de Cobentzel se rendit, et le traité fut signé le 9 février 1801, à cinq heures et demie du soir, à la grande joie de Joseph, à la grande douleur de M. de Cobentzel, qui n'avait au surplus rien à se reprocher, car, s'il avait compromis les intérêts de sa cour, c'était pour avoir voulu les trop bien défendre.

Tel fut le célèbre traité de Lunéville, qui terminait la guerre de la deuxième coalition, et, pour la seconde fois, concédait la rive gauche du Rhin à la France, avec une situation dominante en Italie. En voici les dispositions essentielles.

Le thalweg du Rhin, depuis sa sortie du territoire helvétique, jusqu'à son entrée sur le territoire batave, formait la limite de la France et de l'Allemagne. Dusseldorf, Ehrenbreitstein, Cassel, Kehl, Philipsbourg, Vieux-Brisach, situés sur la rive droite, restaient à l'Allemagne, mais après avoir été démantelés. Les princes héréditaires qui faisaient des pertes sur la rive gauche, devaient être indemnisés. Il n'était pas parlé des princes ecclésiastiques, ni du mode des indemnités; mais il était bien entendu que tout ou partie des territoires ecclésiastiques fourniraient la matière de l'indemnité. L'empereur, à Lunéville comme à Campo-Formio, cédait les provinces belgiques à la France, ainsi que les petits territoires qu'il possédait sur la rive gauche, tels que le comté de Falkenstein, le Frickthal, une enclave entre Zurzach et Bâle. Il abandonnait de plus le Milanais à la Cisalpine. Il n'obtenait d'autre in-

Fév. 1801.

Signature du traité de Lunéville, le 9 février 1801.

demnité pour cela que les États vénitiens jusqu'à l'Adige, qui lui étaient précédemment assurés par le traité de Campo-Formio. Il perdait l'évêché de Salzbourg, qui lui avait été promis par un article secret du même traité. Sa maison, en outre, était privée de la Toscane, cédée à la maison de Parme. Une indemnité en Allemagne était promise au duc de Toscane. Le duc de Modène conservait la promesse du Brisgau.

L'Italie se trouvait donc constituée sur une base beaucoup plus avantageuse pour la France, qu'à l'époque du traité de Campo-Formio. L'Autriche continuait d'avoir l'Adige pour limite, mais la Toscane était enlevée à sa maison, et donnée à une maison dépendante de la France; les Anglais étaient exclus de Livourne; toute la vallée du Pô, depuis la Sesia et le Tanaro jusqu'à l'Adriatique, appartenait à la République Cisalpine, fille dépendante de la République française; le Piémont enfin, confiné aux sources du Pô, dépendait de nous. Ainsi, maîtres de la Toscane et de la Cisalpine, nous occupions toute l'Italie centrale, et nous empêchions les Autrichiens de donner la main au Piémont, au Saint-Siège et à Naples.

L'Autriche avait perdu à la première coalition la Belgique et la Lombardie, outre Modène pour sa maison. Elle perdait à la seconde l'évêché de Salzbourg pour elle-même, la Toscane pour sa maison; ce qui entraînait une position un peu inférieure en Allemagne, mais très-inférieure en Italie. Ce n'était pas trop assurément pour tant de sang répandu, pour tant d'efforts imposés à la France.

Fév. 1801.

Le principe des sécularisations n'était pas explicitement, mais implicitement posé, puisque l'on promettait d'indemniser les princes héréditaires, sans parler des princes ecclésiastiques. Évidemment l'indemnité ne pouvait être demandée qu'aux princes ecclésiastiques eux-mêmes.

La paix était déclarée commune aux Républiques batave, helvétique, cisalpine et ligurienne. Leur indépendance était garantie. Rien n'était dit à l'égard de Naples, du Piémont et du Saint-Siége. Ces États dépendaient du bon vouloir de la France, qui, du reste, était liée à l'égard du Piémont et de Naples, par l'intérêt que l'empereur Paul portait à ces deux cours, et à l'égard du Saint-Siége, par les projets religieux du Premier Consul.

Cependant le Premier Consul, comme on l'a vu, n'avait encore voulu s'expliquer avec personne relativement au Piémont. Mécontent du roi de Sardaigne, qui livrait ses ports aux Anglais, il tenait à conserver sa liberté, à l'égard d'un territoire placé si près de la France, et qui lui importait si fort.

L'empereur signait la paix pour lui-même, comme souverain des États Autrichiens, et pour tout le corps germanique, comme empereur d'Allemagne. La France promettait secrètement l'emploi de son influence auprès de la Prusse, pour la disposer à trouver bonne cette manière de procéder de l'empereur. Les ratifications devaient être échangées sous trente jours, par l'Autriche et par la France. Les armées françaises ne devaient évacuer l'Allemagne qu'après que les ratifications auraient été échangées à Lunéville, mais devaient l'avoir évacuée entièrement un mois après cet échange.

Ici, comme à Campo-Formio, la liberté de tous les détenus pour cause politique était stipulée. Il était convenu que les Italiens renfermés dans les prisons de l'Autriche, Moscati et Caprara notamment, seraient relâchés. Le Premier Consul n'avait cessé de demander cet acte d'humanité, depuis l'ouverture du congrès.

Le général Bonaparte était arrivé au pouvoir le 9 novembre 1799 (18 brumaire an VIII); on était parvenu au 9 février 1801 (20 pluviôse an IX); il s'était par conséquent écoulé quinze mois tout juste, et déjà la France, en partie réorganisée au dedans, complétement victorieuse au dehors, était en paix avec le continent, en alliance avec le nord et le midi de l'Europe contre l'Angleterre. L'Espagne s'apprêtait à marcher contre le Portugal; la reine de Naples se jetait à nos pieds; la cour de Rome négociait à Paris l'arrangement des affaires religieuses.

Le général Bellavène, chargé de porter le traité, partit de Lunéville le 9 février au soir, et arriva en courrier extraordinaire à Paris. Le texte même du traité qu'il apportait fut inséré immédiatement au *Moniteur*. Paris fut soudainement illuminé; une joie vive et générale éclata de toute part; on rendit mille actions de grâces au Premier Consul, pour cet heureux résultat de ses victoires et sa politique.

FIN DU LIVRE SEPTIÈME.

LIVRE HUITIÈME.

MACHINE INFERNALE.

Complots dirigés contre la vie du Premier Consul. — Trois agents de Georges, les nommés Carbon, Saint-Réjant, Limoëlan, forment le projet de faire périr le Premier Consul par l'explosion d'un baril de poudre. — Choix de la rue Saint-Nicaise et du 3 nivôse, pour l'exécution de ce crime. — Le Premier Consul sauvé par la dextérité de son cocher. — Émotion générale. — Le crime attribué aux révolutionnaires, et aux faiblesses du ministre Fouché pour eux. — Déchaînement des nouveaux courtisans contre ce ministre. — Son silence et son sang-froid. — Il découvre en partie la vérité, et la fait connaître; mais on n'en persiste pas moins à poursuivre les révolutionnaires. — Irritation du Premier Consul. — Projet d'une mesure arbitraire. — Délibération à ce sujet dans le sein du Conseil d'État. — On se fixe après de longues discussions, et on aboutit à la résolution de déporter un certain nombre de révolutionnaires sans jugement. — Quelques résistances, mais bien faibles, opposées à cet acte arbitraire. — On examine s'il aura lieu par une loi, ou par une mesure spontanée du gouvernement, déférée seulement au Sénat, sous le rapport de la constitutionnalité. — Ce dernier projet l'emporte. — La déportation prononcée contre cent trente individus qualifiés de terroristes. — Fouché, qui les savait étrangers à l'attentat du 3 nivôse, consent néanmoins à la mesure qui les proscrit. — Découverte des vrais auteurs de la machine infernale. — Supplice de Carbon et Saint-Réjant. — Injuste condamnation de Topino-Lebrun, Aréna, etc. — Session de l'an IX. — Nouvelles manifestations de l'opposition dans le Tribunat. — Loi des tribunaux spéciaux pour la répression du brigandage sur les grandes routes. — Plan de finances pour la liquidation des années V, VI, VII et VIII. — Budget de l'an IX. — Règlement définitif de la dette publique. — Rejet par le Tribunat, et adoption par le Corps Législatif, de ce plan de finances. — Sentiment qu'éprouve le Premier Consul. — Continuation de ses travaux administratifs. — Routes. — Canal de Saint-Quentin. — Ponts sur la Seine. — Travaux du Simplon. — Religieux du grand Saint-Bernard établis au Simplon et au Mont-Cenis.

Déc. 1890.

Tandis que la situation extérieure de la France devenait tous les jours plus brillante, que l'Autriche et l'Allemagne signaient la paix, que les puis-

Déc. 1800.

sances du nord se liguaient avec nous pour résister à la domination maritime de l'Angleterre, que le Portugal et le royaume de Naples se fermaient pour elle, et que tout enfin réussissait comme à souhait à un gouvernement victorieux et modéré, la situation intérieure offrait le spectacle, quelquefois horrible, des dernières convulsions des partis expirants. On a déjà vu, malgré la prompte réorganisation du gouvernement, le brigandage infestant les grandes routes, et les factions au désespoir essayant l'assassinat contre la personne du Premier Consul. C'étaient là les conséquences inévitables de nos anciennes discordes. Les hommes que la guerre civile avait formés au crime, et qui ne pouvaient plus se résigner à une vie paisible et honnête, cherchaient une occupation sur les grands chemins. Les factions abattues, désespérant de vaincre les grenadiers de la garde consulaire, essayaient de détruire, par des moyens atroces, l'invincible auteur de leur défaite.

Les derniers efforts des partis, dirigés contre la personne du Premier Consul.

Affreux brigandages sur les grandes routes.

Le brigandage s'était encore accru à l'approche de l'hiver. On ne pouvait plus parcourir les routes, sans s'exposer à y être pillé ou assassiné. Les départements de la Normandie, de l'Anjou, du Maine, de la Bretagne, du Poitou, étaient comme jadis les théâtres de ce brigandage. Mais le mal s'était propagé. Plusieurs départements du centre et du midi, tels que ceux du Tarn, de la Lozère, de l'Aveyron, de la Haute-Garonne, de l'Hérault, du Gard, de l'Ardèche, de la Drôme, de Vaucluse, des Bouches-du-Rhône, des Hautes et Basses-Alpes, du Var, avaient été infestés à leur tour. Dans ces départements, les troupes de brigands s'étaient recrutées des assassins du midi, qui, sous prétexte de poursuivre les Jacobins, égorgeaient, pour les voler, les acquéreurs de biens nationaux; des jeunes gens qui ne voulaient pas obéir à la conscription, et de quelques soldats que la misère avait chassés de l'armée de Ligurie, pendant le cruel hiver de 1799 à 1800. Ces malheureux, une fois engagés dans cette vie criminelle, y avaient pris goût, et il n'y avait que la force des armes, et la rigueur des lois, qui pussent les en détourner. Ils arrêtaient les voitures publiques; ils enlevaient chez eux les acquéreurs de biens nationaux, souvent aussi les propriétaires riches, les transportaient dans les bois, comme le sénateur Clément de Ris, par exemple, qu'ils avaient détenu pendant vingt jours, faisaient subir d'horribles tortures à leurs victimes, quelquefois leur brûlaient les pieds jusqu'à ce qu'elles se rachetassent, en livrant des sommes considérables. Ils s'attaquaient surtout aux caisses publiques, et allaient chez les percepteurs eux-mêmes, s'emparer des fonds de l'État, sous prétexte de faire la guerre au gouvernement. Des vagabonds, qui, au milieu de ces temps de trouble, avaient quitté leur province pour se livrer à la vie errante, leur servaient d'éclaireurs, en exerçant dans les villes le métier de mendiants. Ces misérables, s'informant de tout pendant qu'ils étaient occupés à mendier, signalaient aux brigands leurs complices ou les voitures à arrêter, ou les maisons à piller.

Déc. 1800.

Déc. 1806.

Il fallait de petits corps d'armée pour combattre ces bandes. Quand on parvenait à les atteindre, la justice ne pouvait sévir, car les témoins n'osaient pas déposer, et les jurés craignaient de prononcer des condamnations. Les mesures extraordinaires sont toujours regrettables, moins par les rigueurs qu'elles entraînent, que par l'ébranlement qu'elles causent à la constitution d'un pays, surtout quand cette constitution est nouvelle. Mais ici des mesures de ce genre étaient inévitables, car la justice ordinaire, après avoir été essayée, venait d'être reconnue impuissante. On avait préparé un projet de loi pour instituer des tribunaux spéciaux, destinés à réprimer le brigandage. Ce projet, présenté au Corps Législatif réuni dans le moment, était l'objet des plus vives attaques de la part de l'opposition. Le Premier Consul, exempt de ces scrupules de légalité, qui ne naissent que dans les temps calmes, et qui, même lorsqu'ils arrivent à être petits ou étroits, sont du moins un signe heureux de respect pour le régime légal, le Premier Consul n'avait pas hésité à recourir aux lois militaires, en attendant l'adoption du projet actuellement en discussion. Comme il fallait employer des corps de troupes pour réprimer ces bandes de brigands, la gendarmerie n'étant plus assez forte pour les combattre, il crut pouvoir assimiler cette situation à un état de guerre véritable, qui autorisait l'application des lois propres à l'état de guerre. Il forma plusieurs petits corps d'armée, qui parcouraient les départements infestés, et que suivaient des commissions militaires. Tous les brigands pris les armes à la main étaient jugés en quarante-huit heures, et fusillés.

Déc. 1800.

L'horreur qu'inspiraient ces scélérats était si grande et si générale, que personne n'osait élever un doute ni sur la régularité, ni sur la justice de ces exécutions. Pendant ce temps, des scélérats d'une autre espèce méditaient, par des moyens différents et plus atroces encore, la ruine du gouvernement consulaire. Tandis que Demerville, Ceracchi, Aréna, étaient soumis à une instruction judiciaire, leurs adhérents du parti révolutionnaire continuaient à former mille projets, plus insensés les uns que les autres. Ils avaient imaginé d'assassiner le Premier Consul dans sa loge à l'Opéra, et avaient à peine osé, comme on a vu, se saisir de leurs poignards. Maintenant ils rêvaient autre chose. Tantôt ils voulaient provoquer un tumulte à la sortie de l'un des théâtres, et, au milieu de ce tumulte, égorger le Premier Consul; tantôt ils voulaient l'enlever sur la route de la Malmaison, et l'assassiner après l'avoir enlevé. Tout cela, en vrais déclamateurs de clubs, ils le disaient partout, et tout haut, de telle manière que la police était informée heure par heure de chacun de leurs projets. Mais tandis qu'ils parlaient sans cesse, pas un d'eux n'était assez hardi pour mettre la main à l'œuvre. M. Fouché les craignait peu, et néanmoins les surveillait avec une attention continuelle. Cependant, parmi leurs nombreuses inventions, il en était une plus redoutable que les autres, et qui avait donné beaucoup d'éveil à la police. Un nommé Chevalier, ouvrier employé dans les fabrications d'armes, établies à Paris sous la Convention, avait été surpris travaillant à une machine affreuse. C'était un baril rempli de poudre et de mitraille, auquel était ajusté un canon de fusil avec une détente. Cette machine était évidemment destinée à faire sauter le Premier Consul. L'inventeur fut saisi, et jeté en prison. Cette nouvelle invention fit quelque bruit, et contribua davantage à tenir tous les regards fixés sur ceux qu'on appelait les Jacobins et les terroristes. Leur réputation de quatre-vingt-treize leur valait d'être plus redoutés qu'ils ne le méritaient. Le Premier Consul, ainsi que nous l'avons déjà dit, partageait à leur égard l'erreur du public, et ayant toujours affaire au parti révolutionnaire, tantôt avec les honnêtes gens de ce parti, mécontents d'une réaction trop rapide, tantôt avec les scélérats rêvant le crime dont ils n'avaient plus l'énergie, s'en prenait aux révolutionnaires de toutes choses, n'en voulait qu'à eux, ne parlait de punir qu'eux seuls. M. Fouché persistait, mais en vain, à ramener son attention sur les royalistes. Il aurait fallu des faits graves, pour redresser l'opinion du Premier Consul, et celle du public à ce sujet. Malheureusement il s'en préparait d'atroces.

Georges, revenu de Londres dans le Morbihan, regorgeait d'argent, grâce aux Anglais, et dirigeait secrètement les pillards de diligences. Il avait envoyé à Paris quelques sicaires avec mission d'assassiner le Premier Consul. Parmi eux se trouvaient les nommés Limoëlan et Saint-Réjant, tous deux éprouvés dans les horreurs de la guerre civile, et le second, ancien officier de marine, ayant quelques connaissances en artillerie. A ces deux hommes s'était joint un troisième, appelé Carbon, personnage subalterne, digne valet de ces grands criminels. Arrivés les uns après les autres à Paris, vers la fin de novembre 1800 (premiers jours de frimaire), ils cherchaient le moyen le plus sûr de tuer le Premier Consul, et ils avaient fait dans les environs de Paris, plus d'un essai, avec des fusils à vent. Le ministre Fouché, averti de leur présence et de leur projet, les faisait observer avec soin. Mais par la maladresse de deux agents employés à les suivre, il les avait perdus de vue. Tandis que la police s'efforçait de ressaisir leurs traces, ces scélérats s'étaient enveloppés des plus épaisses ténèbres. Ne déclamant pas comme les jacobins, ne livrant leur secret à personne, ils préparaient un horrible forfait, qui n'a été égalé qu'une fois, c'est de nos jours. La machine de Chevalier leur avait inspiré l'idée de faire mourir le Premier Consul, au moyen d'un baril de poudre, chargé de mitraille. Ils résolurent de disposer ce baril sur une petite charrette, et de le placer dans l'une des rues étroites qui aboutissaient alors au Carrousel, et que le Premier Consul traversait souvent en voiture. Ils achetèrent un cheval, une charrette, et louèrent une remise, en se faisant passer pour marchands forains. Saint-Réjant qui était, comme nous venons de le dire, officier de marine et artilleur, fit les expériences nécessaires, se rendit plusieurs fois au Carrousel, pour voir sortir des Tui-

Déc. 1800.

Projet de la machine dite infernale.

leries la voiture du Premier Consul, calculer le temps qu'elle mettait à se rendre aux rues voisines, et tout disposer de manière que le baril fît explosion à propos. Ces trois hommes adoptèrent, pour l'accomplissement de leur projet, un jour où le Premier Consul devait se rendre à l'Opéra, afin d'entendre un oratorio de Haydn, *la Création*, qu'on exécutait pour la première fois. C'était le 3 nivôse (24 décembre 1800). Ils choisirent pour théâtre du crime la rue Saint-Nicaise, qui aboutissait du Carrousel à la rue de Richelieu, et que le Premier Consul avait l'habitude de traverser fort souvent. Dans cette rue, plusieurs détours consécutifs devaient ralentir la voiture la mieux conduite. Le jour arrivé, Carbon, Saint-Réjant et Limoëlan conduisirent leur charrette rue Saint-Nicaise, et se séparèrent ensuite. Tandis que Saint-Réjant était chargé de mettre le feu au baril de poudre, les deux autres devaient se placer en vue des Tuileries, pour venir l'avertir, dès qu'ils verraient paraître la voiture du Premier Consul. Saint-Réjant avait eu la barbarie de donner à garder à une jeune fille de quinze ans, le cheval attelé à cette horrible machine. Quant à lui, il se tenait tout prêt à mettre le feu.

Dans ce moment, en effet, le Premier Consul, épuisé de travail, hésitait à se rendre à l'Opéra. Mais il se laissa persuader par les vives instances de ceux qui l'entouraient, et partit des Tuileries à huit heures un quart. Les généraux Lannes, Berthier et Lauriston l'accompagnaient. Un détachement de grenadiers à cheval lui servait d'escorte.

Heureusement ces grenadiers suivaient la voiture au lieu de la précéder. Elle arriva dans le passage étroit de la rue Saint-Nicaise, sans avoir été annoncée, ni par le détachement, ni par les complices eux-mêmes. Ceux-ci ne vinrent pas prévenir Saint-Réjant, soit que la peur les en eût empêchés, soit qu'ils n'eussent point reconnu l'équipage du Premier Consul. Saint-Réjant lui-même n'aperçut la voiture que lorsqu'elle avait un peu dépassé la machine. Il fut vivement heurté par un des gardes à cheval, mais il ne se déconcerta pas, mit le feu, et se hâta de s'enfuir. Le cocher du Premier Consul, qui était fort adroit, et qui conduisait ordinairement son maître avec une extrême rapidité, avait eu le temps de franchir l'un des tournants de la rue, quand l'explosion se fit tout à coup entendre. La secousse fut épouvantable; la voiture faillit être renversée; toutes les glaces furent brisées; la mitraille vint déchirer la façade des maisons voisines. Un des grenadiers à cheval reçut une légère blessure, et une quantité de personnes mortes ou mourantes encombrèrent sur-le-champ les rues d'alentour. Le Premier Consul et ceux qui l'accompagnaient crurent d'abord qu'on avait tiré sur eux à mitraille; ils s'arrêtèrent un instant, surent bientôt ce qui en était, et continuèrent leur route. Le Premier Consul voulut se rendre à l'Opéra. Il montra un visage calme, impassible, au milieu de l'émotion extraordinaire qui de toutes parts éclatait dans la salle. On disait déjà que, pour l'atteindre, des brigands avaient fait sauter un quartier de Paris.

Il ne resta que peu de moments à l'Opéra, et revint immédiatement aux Tuileries, où, sur le bruit de l'attentat, une foule immense était accourue. Sa colère, qu'il avait contenue jusque-là, fit alors explosion. — Ce sont les Jacobins, les terroristes, s'écria-t-il, ce sont ces misérables en révolte permanente, en *bataillon carré* contre tous les gouvernements, ce sont les assassins des 2 et 3 septembre, les auteurs du 31 mai, les conspirateurs de prairial; ce sont ces scélérats qui, pour m'assassiner, n'ont pas craint d'immoler des milliers de victimes. J'en vais faire une justice éclatante... — Il n'était pas besoin d'une impulsion partant de si haut, pour déchaîner l'opinion contre les révolutionnaires. Leur réputation exagérée, et leurs tentatives depuis deux ou trois mois, étaient de nature à leur faire attribuer tous les crimes. Dans ce salon, où affluaient surtout les personnes jalouses de faire remarquer leur empressement, il n'y eut bientôt qu'un cri contre ce qu'on appelait les terroristes. Les nombreux ennemis de M. Fouché se hâtèrent de profiter de l'occasion, et de se répandre en invectives contre lui. Sa police, disait-on, ne voyait rien, laissait tout faire; elle était d'une indulgence criminelle pour le parti révolutionnaire. Cela tenait aux ménagements de M. Fouché pour ses anciens complices. La vie du Premier Consul n'était plus en sûreté dans ses mains. En un instant, le déchaînement contre ce ministre fut au comble; le soir même on proclamait sa disgrâce. Quant à M. Fouché, retiré dans un coin du salon des Tuileries, avec quelques personnes qui ne partageaient pas l'entraînement général, il se laissait accuser avec le plus grand sang-froid. Son air d'incrédulité excitait davantage encore la colère de ses ennemis. Toutefois il ne voulait pas dire ce qu'il savait, par la crainte de nuire au succès des recherches commencées. Mais, se rappelant les agents de Georges, suivis quelque temps par la police, perdus plus tard de vue, il n'hésitait pas, dans sa pensée, à leur imputer le crime. Certains membres du Conseil d'État ayant voulu adresser quelques observations au Premier Consul, et lui exprimer leur doute sur les vrais auteurs de l'attentat de la rue Saint-Nicaise, il s'emporta vivement. — On ne me fera pas prendre le change, s'écria-t-il ; il n'y a ici ni chouans, ni émigrés, ni ci-devant nobles, ni ci-devant prêtres. Je connais les auteurs, je saurai bien les atteindre, et leur infliger un châtiment exemplaire. — En disant cela, sa parole était véhémente, son geste menaçant. Ses flatteurs approuvaient, excitaient cette colère, qu'il aurait fallu contenir au lieu de l'exciter, après l'horrible événement qui venait d'ébranler toutes les imaginations.

Le lendemain les mêmes scènes se renouvelèrent. Suivant un usage récemment établi, le Sénat, le Corps Législatif, le Tribunat, le Conseil d'État, les tribunaux, les autorités administratives, les états-majors, se rendirent chez le Premier Consul, pour lui témoigner leur douleur et leur indignation, sentiments sincères, et universellement partagés. Jamais, en effet, chose pareille ne s'était vue. La Révolution avait habitué les esprits aux cruautés des partis victorieux, mais pas encore aux noires trames

des partis vaincus. On était saisi de surprise et d'épouvante; on craignait le retour de ces atroces tentatives, et on se demandait avec effroi ce que deviendrait la France, si l'homme qui retenait seul ces misérables, venait à être frappé. Tous les corps de l'État, admis aux Tuileries, exprimaient des vœux ardents pour le héros pacificateur, qui avait promis de donner, et qui donnait en effet la paix au monde. La forme des discours était banale, mais le sentiment qui les remplissait tous était aussi vrai que profond. Le Premier Consul dit au conseil municipal : « J'ai
» été touché des preuves d'affection que le peuple de
» Paris m'a données, dans cette circonstance. Je les
» mérite, parce que l'unique but de mes pensées,
» de mes actions, est d'accroître la prospérité et la
» gloire de la France. Tant que cette troupe de bri-
» gands s'est attaquée directement à moi, j'ai pu
» laisser aux lois le soin de les punir; mais puisqu'ils
» viennent, par un crime sans exemple dans l'his-
» toire, de mettre en danger une partie de la popu-
» lation de la capitale, la punition sera aussi prompte
» que terrible. Assurez, en mon nom, le peuple de
» Paris, que cette poignée de scélérats dont les cri-
» mes ont failli déshonorer la liberté, sera bientôt
» réduite à l'impuissance de nuire. »

Tout le monde applaudissait à ces paroles de vengeance, car il n'y avait personne qui, pour son compte, n'en proférât de pareilles. Les gens sages entrevoyaient avec peine que le lion en colère franchirait peut-être la barrière des lois; mais la multitude demandait des supplices. Dans Paris l'agitation était extrême. Les royalistes rejetaient le crime sur les révolutionnaires, et les révolutionnaires sur les royalistes. Les uns et les autres étaient de bonne foi, car le crime était demeuré le secret profond de ses auteurs. Chacun dissertait sur ce sujet, et, suivant son penchant à condamner tel parti plutôt que tel autre, trouvait des raisons également plausibles pour accuser les royalistes ou les révolutionnaires. Les ennemis de la Révolution, tant anciens que nouveaux, disaient que les terroristes avaient pu seuls inventer un forfait aussi atroce, et citaient comme preuve concluante de leur opinion, la machine de l'armurier Chevalier, récemment découverte. Les gens sages, au contraire, restés fidèles à la Révolution, demandaient pourquoi les brigands des grandes routes, les *Chauffeurs*, qui commettaient tant de crimes, qui chaque jour déployaient un raffinement de cruauté sans exemple, et venaient notamment d'enlever le sénateur Clément de Ris, pourquoi ces hommes ne pourraient pas être, aussi bien que les prétendus terroristes, les auteurs de l'horrible explosion de la rue Saint-Nicaise. Du reste, il faut ajouter que les esprits calmes pouvaient à peine se faire écouter en ce moment, tant l'opinion générale était émue, et tendait à condamner le parti révolutionnaire. Mais, le croirait-on? au milieu de ce conflit d'imputations diverses, il y avait, des deux côtés, des hommes assez légers, ou assez pervers, pour tenir un tout autre langage. Certains royalistes factieux, souhaitant la destruction du Premier Consul à tout prix, et s'en rapportant à l'opinion commune qui attribuait le crime aux terro-

Déc. 1800.

ristes, admiraient l'atroce énergie, le secret profond, qu'il avait fallu pour commettre un tel attentat. Les révolutionnaires, au contraire, semblaient presque envier de tels mérites pour leur parti, et il y avait parmi eux des fanfarons de crime, qui avaient la coupable folie d'être presque fiers de l'événement exécrable qu'on leur imputait. Il faut des temps de guerre civile pour rencontrer tant de légèreté et de perversité de langage chez des hommes qui seraient incapables de commettre eux-mêmes les actes qu'ils osent approuver.

Au surplus, tous ceux qui parlaient de cet événement étaient dans une complète erreur. Le ministre Fouché se doutait seul des vrais coupables.

Divers moyens de répression imaginés contre les révolutionnaires.

Tandis qu'il était occupé à les découvrir, tout le monde se demandait comment on pourrait faire pour prévenir désormais des tentatives du même genre. On était si habitué alors aux mesures violentes, qu'on trouvait presque naturel de s'emparer des hommes connus pour être d'anciens terroristes, et de les traiter comme en quatre-vingt-treize ils avaient traité leurs victimes. Les deux sections du Conseil d'État, que ce sujet concernait plus particulièrement, les sections de législation et de l'intérieur, s'assemblèrent deux jours après l'événement, le 26 décembre (5 nivôse), pour rechercher, entre les projets divers qui se présentaient à l'esprit, celui qui était le plus admissible. Comme on discutait alors le projet de loi sur les tribunaux spéciaux, on imagina d'y ajouter deux articles. Le premier instituait une commission militaire pour juger les crimes commis contre les membres du gouvernement; le second attribuait au Premier Consul la faculté d'éloigner de Paris les hommes dont la présence dans la capitale serait jugée dangereuse, et de les punir de la déportation s'ils essayaient de se soustraire à ce premier exil.

Après l'examen préalable de ce sujet dans le sein des deux sections de législation et de l'intérieur, le Conseil d'État se réunit tout entier sous la présidence du Premier Consul. M. Portalis exposa ce qui s'était passé le matin dans les deux sections, et soumit leurs propositions au Conseil assemblé. Le Premier Consul, impatient, trouva ces propositions insuffisantes. Un simple changement de juridiction lui parut trop peu de chose pour la circonstance. Il voulait enlever les Jacobins en masse, fusiller ceux qui seraient convaincus d'avoir participé au crime, et déporter les autres. Mais il voulait faire cela par mesure extraordinaire, afin d'être plus sûr du résultat. — L'action d'un tribunal spécial, dit-il, sera lente, et n'atteindra pas les vrais coupables. Il ne s'agit pas ici de faire de la métaphysique judiciaire. Les esprits métaphysiques ont tout perdu en France depuis dix années. Il faut juger la situation en hommes d'État, et y porter remède en hommes résolus. Quel est le mal qui nous tourmente? Il y a en France dix mille scélérats, répandus sur le sol entier, qui ont persécuté tous les honnêtes gens, et qui se sont souillés de sang. Tous ne sont pas coupables au même degré, il s'en faut. Beaucoup sont susceptibles de repentir, et ne sont pas des criminels incorrigibles; mais tant qu'ils voient le quartier-général établi à Paris, et les chefs formant impunément des complots, ils conservent de l'espérance, ils se tiennent en haleine. Frappez hardiment les chefs, et les soldats se disperseront. Ils retourneront au travail, auquel les a enlevés une révolution violente; ils oublieront cette orageuse époque de leur vie, et redeviendront des citoyens paisibles. Les honnêtes gens qui tremblent sans cesse, se rassureront et se rattacheront à un gouvernement qui aura su les protéger. Il n'y a pas de milieu ici : ou il faut tout pardonner comme Auguste, ou bien il faut une vengeance prompte, terrible, proportionnée au crime. Il faut frapper autant de coupables qu'il y a eu de victimes. Il faut fusiller quinze ou vingt de ces scélérats, et en déporter deux cents. Par ce moyen on débarrassera la République de perturbateurs qui la désolent; on la purgera d'une lie sanglante..... — Le Premier Consul s'animait davantage en prononçant chacune de ces paroles, et, s'irritant par la désapprobation même qu'il apercevait sur certains visages : Je suis, s'écria-t-il, je suis si convaincu de la nécessité et de la justice d'une grande mesure pour purger la France et la rassurer tout à la fois, que je suis prêt à me constituer moi seul en tribunal, à y faire comparaître les coupables, à les interroger, à les juger, à faire exécuter leur condamnation. La France entière m'applaudira, car ce n'est pas ma personne que je cherche à venger ici. Ma fortune, qui m'a préservé tant de fois sur les champs de bataille, saura bien me préserver encore. Je ne songe pas à moi, je songe à l'ordre social que j'ai mission de rétablir, à l'honneur national que j'ai mission de laver d'une souillure abominable. —

Cette scène avait glacé de surprise et de crainte une partie du Conseil d'État. Quelques hommes partageant les passions sincères, mais immodérées, du Premier Consul, applaudissaient à ses discours. La très-grande majorité reconnaissait avec regret dans ses paroles le langage que les révolutionnaires avaient tenu eux-mêmes quand ils avaient proscrit des milliers de victimes. Ils avaient dit aussi que les aristocrates mettaient la République en danger, qu'il fallait s'en défaire par les moyens les plus prompts et les plus sûrs, et que le salut public valait bien quelques sacrifices. La différence était grande assurément; car, au lieu de brouillons sanguinaires, qui, dans leur aveugle fureur, avaient fini par se prendre eux-mêmes pour des aristocrates, et par s'égorger les uns les autres, on voyait un homme de génie marchant avec suite et vigueur vers un noble but, celui de remettre en ordre la société bouleversée. Malheureusement il voulait y arriver, non par la lente observation des règles, mais par des moyens prompts et extraordinaires, comme ceux qu'on avait employés à la bouleverser. Son bon sens, son cœur généreux, et l'horreur du sang, alors générale, étaient là, pour empêcher des exécutions sanglantes; mais, excepté l'effusion du sang, on était disposé à tout se permettre à l'égard des hommes qu'on qualifiait alors des noms de Jacobins et de terroristes.

Des objections s'élevèrent dans le sein du Conseil d'État, timidement toutefois, car le soulèvement qu'inspirait partout le crime de la rue Saint-Nicaise glaçait le courage de ceux qui auraient voulu opposer quelque résistance à des actes arbitraires. Cependant un personnage qui ne craignait pas de tenir tête au Premier Consul, et qui le faisait sans adresse, mais avec franchise, l'amiral Truguet, voyant qu'il s'agissait de frapper les révolutionnaires en masse, éleva des doutes sur les véritables auteurs du crime. On veut, dit-il, se défaire des scélérats qui troublent la République, soit; mais des scélérats, il y en a de plus d'un genre. Les émigrés rentrés menacent les acquéreurs de biens nationaux ; les chouans infestent les grandes routes ; les prêtres rentrés enflamment dans le midi les passions du peuple ; on corrompt l'esprit public par des pamphlets..... — L'amiral Truguet faisait allusion par ces dernières paroles au fameux pamphlet de M. de Fontanes, dont nous avons parlé plus haut. A ces mots, le Premier Consul, piqué au vif, et allant droit à son interlocuteur : De quels pamphlets parlez-vous? lui dit-il. — De pamphlets qui circulent publiquement, répondit l'amiral Truguet. — Désignez-les, reprit le Premier Consul. — Vous les connaissez aussi bien que moi, répliqua l'homme courageux qui osait braver un tel courroux.

On n'avait pas encore vu, dans le sein du Conseil d'État, une scène pareille. Les circonstances faisaient éclater le caractère impétueux de l'homme qui tenait alors dans ses mains les destinées de la France. Là-dessus il s'emporta, et déploya toute l'éloquence de la colère. — Nous prend-on, s'écria-t-il, pour des enfants? Croit-on nous entraîner avec ces déclamations contre les émigrés, les chouans, les prêtres? parce qu'il y a encore quelques attentats partiels dans la Vendée, va-t-on nous demander comme autrefois de déclarer la patrie en danger?... La France a-t-elle jamais été dans une situation plus brillante, les finances en meilleure voie, les armées plus victorieuses, la paix plus près d'être générale? Si les chouans commettent des crimes, je les ferai fusiller. Mais faut-il que je recommence à proscrire, pour le titre de noble, de prêtre, de royaliste? faut-il que je renvoie dans l'exil dix mille vieillards, qui ne demandent qu'à vivre paisibles, en respectant les lois établies? N'avez-vous pas vu Georges lui-même, faire égorger en Bretagne de pauvres ecclésiastiques, parce qu'il les voyait se rapprocher peu à peu du gouvernement? faut-il que je proscrive encore pour une qualité? que je frappe ceux-ci parce qu'ils sont prêtres, ceux-là parce qu'ils sont anciens nobles? Ne savez-vous pas, messieurs les membres du Conseil, qu'excepté deux ou trois, vous passez tous pour des royalistes? Vous, citoyen Defermon, ne vous prend-on pas pour un partisan des Bourbons? Faut-il que j'envoie le citoyen Portalis à Sinnamary, le citoyen Devaisne à Madagascar, et puis que je me compose un conseil à la Babœuf? Allons, citoyen Truguet, on ne me fera pas prendre le change; il n'y a de menaçants pour notre repos que les septembriseurs. Ils ne vous épargneraient pas vous-même; et vous auriez beau leur dire que vous les avez défendus aujourd'hui au Conseil d'État, ils vous immoleraient comme moi, comme tous vos collègues. —

Il n'y avait qu'un mot à répondre à cette vive apostrophe, c'est qu'il ne fallait proscrire personne pour une qualité, ni les uns pour la qualité de royalistes, ni les autres pour celle de révolutionnaires. Le Premier Consul avait à peine achevé ses dernières paroles, qu'il se leva brusquement, et mit fin à la séance.

Le consul Cambacérès, toujours calme, avait un art infini pour obtenir par la douceur ce que son impérieux collègue voulait emporter par l'unique puissance de sa volonté. Il assembla le lendemain les deux sections chez lui, s'efforça d'excuser en quelques mots la vivacité du Premier Consul, affirma, ce qui était vrai, qu'il acceptait volontiers la contradiction, quand on n'y mêlait ni amertume ni personnalité; et il essaya de ramener les esprits à l'idée d'une mesure extraordinaire. Ceci n'était pas digne de sa modération accoutumée; mais quoique très-habitué à conseiller sagement le Premier Consul, il cédait quand il le voyait tout à fait résolu, et surtout quand il s'agissait de réprimer les terroristes. M. Portalis, qui avait le mérite de ne pas vouloir proscrire les autres, quoiqu'il eût été proscrit lui-même, revint à l'idée des deux sections, proposant d'ajouter deux articles à la loi des tribunaux spéciaux. Cependant le consul Cambacérès insista, et fit prévaloir l'idée d'une mesure extraordinaire, sauf à la discuter ensuite de nouveau, devant les sections réunies. Dans cette espèce de huis-clos, les paroles furent encore très-vives. M. Rœderer cria fort contre les Jacobins, imputa leurs crimes aux ménagements de M. Fouché, et alla jusqu'à provoquer une déclaration du Conseil d'État, dans laquelle on demanderait la destitution de ce ministre.

M. Cambacérès réprima tous ces écarts de zèle, et convoqua les sections chez le général Bonaparte, en présence duquel on tint une espèce de conseil privé, composé des Consuls, des deux sections de l'intérieur et de législation, et des ministres des affaires étrangères, de l'intérieur et de la justice. Les préventions étaient si grandes contre M. Fouché, qu'on ne l'avait pas même appelé à ces conférences.

La proposition d'une résolution extraordinaire fut de nouveau présentée, et longuement discutée. Il fallut plusieurs séances de ce même conseil privé, avant de se mettre d'accord. Enfin, on convint de prendre une mesure générale, contre ce qu'on appelait les terroristes. Mais il restait une question grave, c'était la forme même de cette mesure. Il s'agissait de savoir si on procéderait au moyen d'un acte spontané du gouvernement, ou au moyen d'une loi. Le Premier Consul, ordinairement si hardi, voulait une loi. Il tenait à compromettre les grands corps de l'État dans cette occasion, et le déclarait assez ouvertement. — Les Consuls sont irresponsables, dit-il, mais les ministres ne le sont pas, et celui qui signera une telle résolution pourrait être un jour recherché. Il ne faut pas compromettre un individu seul; il faut que le Corps Législatif partage la responsabilité de l'acte proposé. Les Consuls eux-mêmes, ajouta-t-il, ne savent pas ce qui peut arriver. Quant à moi, tant que je vivrai, je ne crains pas que quelqu'un ose venir me demander compte de mes actions. Mais je puis être tué, et alors je ne réponds pas de la sûreté de mes deux collègues. Ce serait à votre tour à gouverner, dit-il en riant au second consul Cambacérès, et *vous n'êtes pas fort sur vos étriers*. Mieux vaut une loi, pour le présent comme pour l'avenir. —

Il se passa dans ce moment une scène singulière. Ceux mêmes qui répugnaient à la mesure voulurent qu'elle fût prise, non pas au moyen d'une loi, mais au moyen d'une résolution spontanée du gouvernement. Ils désiraient en faire peser sur le gouvernement la responsabilité tout entière, et ils ne voyaient pas qu'ils lui laissaient prendre ainsi la funeste habitude d'agir seul, et de sa pleine autorité. On dit, pour appuyer cette opinion, que la loi ne passerait pas, que les avis commençaient à être partagés sur les vrais auteurs du crime, que le Corps Législatif reculerait devant une liste de proscription, qu'on s'exposerait dès lors au plus grave des échecs. MM. Rœderer et Regnaud de Saint-Jean-d'Angely se prononcèrent eux-mêmes dans ce sens. Le Premier Consul répondit à ce dernier : Depuis que le Tribunat vous a rejeté une ou deux lois, vous êtes saisi d'épouvante. Il y a bien, il est vrai, quelques Jacobins dans le Corps Législatif, mais ils sont dix à douze au plus. Ils font peur aux autres, qui savent que, sans moi, sans le 18 brumaire, on les aurait égorgés. Ces derniers ne me feront pas défaut en cette occasion ; la loi passera.—

On insista, et M. de Talleyrand, se rangeant à l'avis de ceux qui craignaient les chances d'une loi, donna au Premier Consul la raison la plus capable de le toucher, c'est qu'au dehors l'acte en serait plus imposant. On y verrait, disait-il, un gouvernement qui osait et savait se défendre des anarchistes. — Le Premier Consul se rendit à cet argument, mais imagina un terme moyen qui fut adopté ; c'était d'en référer au Sénat, pour que ce corps examinât si l'acte était attentatoire ou non à la Constitution. On se souvient sans doute que, d'après la Constitution de l'an VIII, le Sénat ne votait point les lois, mais qu'il pouvait les casser, s'il les jugeait contraires à la Constitution. Il avait le même pouvoir à l'égard des mesures du gouvernement. L'idée du Premier Consul fut donc trouvée bonne, et on chargea M. Fouché de dresser une liste des principaux terroristes, afin de les déporter dans les déserts du Nouveau-Monde. Les deux sections du Conseil d'État furent chargées de rédiger les motifs. Le Premier Consul devait signer la résolution, et le Sénat déclarer si elle était contraire ou non à la Constitution.

Résolution de déporter un certain nombre d'hommes qualifiés de terroristes.

Cette mesure contre les terroristes, illégale et arbitraire en elle-même, n'avait pas même la justice que l'arbitraire peut avoir quelquefois, quand il frappe sur les vrais coupables ; car les terroristes n'étaient pas les auteurs du crime. On commençait alors à se douter de la vérité. Le ministre Fouché et le préfet de police Dubois n'avaient cessé de se livrer aux plus actives recherches, et ces recherches n'étaient pas restées sans succès. La violence de l'explosion avait fait disparaître presque tous les instruments du forfait. La jeune fille, à qui Saint-Réjant avait donné le cheval à garder, avait été mise en pièces; il ne restait que les pieds et les jambes de cette infortunée. Les bandes de fer appartenant aux roues de la charrette, avaient été jetées à une grande distance. Partout on avait trouvé, épars et fort éloignés les uns des autres, les débris des objets employés à commettre le crime, et propres à en faire découvrir les auteurs. Cependant il subsistait quelques vestiges de la charrette et du cheval. On rapprocha ces vestiges, on en composa un signalement, on le fit connaître au public par la voie des journaux, et on appela tous les marchands de chevaux de Paris. Par un heureux hasard, le premier propriétaire du cheval le reconnut parfaitement, et désigna un marchand grainetier auquel il l'avait vendu. Ce marchand, appelé, déclara avec une complète franchise tout ce qu'il savait. Il avait revendu le cheval à deux individus, se faisant passer pour marchands forains. Il avait communiqué deux ou trois fois avec eux, et les signalait d'une manière très-circonstanciée. Un loueur de voitures, qui avait prêté pour quelques jours la remise dans laquelle la charrette avait été déposée, fit aussi une déclaration fort précise. Il désigna les mêmes individus, et donna des indications tout à fait conformes à celles qu'on tenait du marchand grainetier. Le tonnelier qui avait vendu le baril, et l'avait cerclé avec du fer, fournit des renseignements entièrement concordants avec les premiers. Toutes ces dépositions s'accordaient parfaitement, quant à la taille, à la figure, aux vêtements, à la qualification des individus dénoncés. Lorsque tous ces témoins eurent été entendus, on eut recours à une épreuve décisive. On tira de prison, pour les faire comparaître devant eux, plus de deux cents révolutionnaires arrêtés à cette occasion. Ces confrontations durèrent pendant les journées des 1er, 2, 3 et 4 janvier (11, 12, 13, 14 nivôse), et amenèrent la certitude qu'aucun des révolutionnaires arrêtés n'était auteur du crime, car aucun n'était reconnu. Et on ne pouvait douter de la bonne foi des témoins qui donnaient ces signalements, car presque tous s'étaient spontanément offerts à déposer, et mettaient un grand zèle à seconder la police. Il y avait donc certitude à peu près acquise que les révolutionnaires étaient innocents. La certitude, il est vrai, ne pouvait devenir complète que par la découverte des véritables auteurs. Mais une circonstance grave accusait les agents de Georges, envoyés depuis plus d'un mois à Paris, et toujours considérés par M. Fouché comme les vrais coupables. Quoiqu'on eût perdu leurs traces, cependant, jusqu'au 3 nivôse, ils avaient encore été aperçus, tantôt dans un lieu, tantôt dans un autre, sans qu'on pût arriver jusqu'à les saisir. Mais, depuis le 3 nivôse, ils avaient entièrement disparu : on aurait dit qu'ils s'étaient ensevelis sous terre. Cette disparition, si subite et si complète, à partir du jour du crime, était une circonstance frappante

Ajoutez à cela que l'un des signalements donnés par les témoins, concordait tout à fait avec le signalement du nommé Carbon. M. Fouché, d'après tous ces indices, croyant plus que jamais que les vrais auteurs étaient les Chouans, se hâta d'envoyer un émissaire auprès de Georges, pour obtenir des informations sur Carbon, Saint-Réjant et Limoëlan. Dans l'intervalle, il avait fait assez de confidences, pour ébranler la conviction de bien des gens, même celle du Premier Consul, qui cependant ne voulait abandonner sa première opinion que sur une certitude entière.

Tel était l'état de l'instruction au 4 janvier (14 nivôse), jour où fut définitivement arrêté l'acte qui frappait les hommes qualifiés de terroristes[1].

On était successivement tombé d'accord sur tous les points; on n'avait jamais songé d'une manière sérieuse à un tribunal qui jugerait sommairement, et ferait fusiller les terroristes; on s'était toujours arrêté

---

[1] J'ai comparé les dates de tous les actes de l'instruction, avec les dates des résolutions prises à l'égard du parti révolutionnaire, et il en résulte que, du 11 au 14 nivôse (du 1er au 4 janvier), on ne savait qu'une chose, c'est que les confrontations avec les hommes qualifiés de terroristes n'en avaient fait reconnaître aucun. On avait donc de fortes raisons de croire que le parti révolutionnaire était étranger au crime de la rue Saint-Nicaise; mais on ne put en avoir la certitude complète que beaucoup plus tard, c'est-à-dire le 28 nivôse (18 janvier), jour de l'arrestation et de la reconnaissance complète de Carbon par les vendeurs du cheval, de la charrette et du baril. L'acte contre les révolutionnaires est du 14 nivôse (4 janvier) : il n'est donc pas vrai, comme on l'a dit quelquefois, que cette proscription ait eu lieu en parfaite connaissance des vrais auteurs du crime, et qu'on ait frappé les révolutionnaires en sachant qu'ils étaient innocents. L'acte n'en est pas moins grave; mais il faut le donner tel qu'il est, sans l'exagérer ni l'atténuer.

à l'idée de déporter un certain nombre d'entre eux, et, après bien des discussions, on était convenu de les déporter en vertu d'un acte des Consuls, déféré à l'approbation du Sénat. Tout étant arrêté avec les principaux membres du Conseil et du Sénat, le reste ne pouvait plus être qu'une vaine formalité.

M. Fouché, qui, sans savoir toute la vérité, en connaissait cependant une partie, M. Fouché, battu de tous les côtés, eut la faiblesse de se prêter à une mesure dirigée, il est vrai, contre des hommes souillés de sang, mais point auteurs du crime qu'on voulait punir dans le moment. De tous ceux qui participèrent à cet acte de proscription, il était donc le plus inexcusable; mais on l'attaquait de toutes parts, on l'accusait de complaisance à l'égard des révolutionnaires, et il n'eut pas le courage de résister. Il fit lui-même au Conseil d'État le rapport, sur lequel fut fondée la résolution des Consuls.

Dans ce rapport, présenté au Conseil d'État le 1ᵉʳ janvier 1801 (11 nivôse), on dénonçait une classe d'hommes, qui, depuis dix ans, s'étaient couverts de tous les crimes, qui avaient versé le sang des prisonniers de l'Abbaye, envahi et violenté la Convention, menacé le Directoire, et qui, réduits aujourd'hui au désespoir, s'armaient du poignard pour frapper la République dans la personne du Premier Consul. *Tous ces hommes*, disait-on, *n'ont pas été pris le poignard à la main; mais tous sont universellement connus pour être capables de l'aiguiser et de le prendre.* On ajoutait que les formes tutélaires de la justice n'étaient pas faites pour eux; on proposait donc de les enlever, et de les déporter hors du territoire de la République.

L'examen du rapport fit naître la question de savoir, si on ne devait pas y dénoncer les Jacobins comme auteurs du 3 nivôse. Le Premier Consul eut grand soin de s'y opposer. On le croit, dit-il, mais on ne le sait pas (il commençait, en effet, à être ébranlé dans sa conviction); on les déporte pour le 2 septembre, le 31 mai, les journées de prairial, la conspiration de Babœuf, pour tout ce qu'ils ont fait, pour tout ce qu'ils pourraient faire encore. —

Une liste de cent trente individus condamnés à la déportation, suivait ce rapport. On ne se bornait pas à les déporter; mais, ce qui était plus cruel peut-être, on ajoutait au nom de plusieurs d'entre eux la qualification de *Septembriseurs*, sans autre autorité pour les qualifier ainsi que la notoriété publique.

Le Conseil d'État éprouva une visible répugnance en entendant ces cent trente noms, car on eût dit qu'il était appelé à rédiger une liste de proscription. Le conseiller Thibaudeau dit qu'on ne pouvait composer une telle liste dans le sein du Conseil. Je ne suis pas assez insensé, repartit avec humeur le Premier Consul, pour vous faire prononcer sur des individus; je vous soumets seulement le principe de la mesure. — Le principe fut approuvé; il y eut cependant quelques suffrages contraires.

On proposa ensuite la question de savoir, si la mesure serait un acte de haute police de la part du gouvernement, ou une loi rendue dans les formes accoutumées. On s'était mis d'accord préalablement ; on confirma les résolutions déjà secrètement arrêtées, et il fut décidé que la mesure serait un acte spontané du gouvernement, déféré seulement au Sénat, pour prononcer sur la question de constitutionnalité.

Janv. 1801.

Le 4 janvier (14 nivôse), le Premier Consul, après avoir fait rédiger la liste définitive, prit un arrêté par lequel il déportait hors du territoire de la République les individus inscrits sur cette liste, et, sans aucune hésitation, apposa sa signature au bas de cet arrêté.

L'acte de déportation signé par le Premier Consul le 4 janvier.

Le 5 janvier (15 nivôse), le Sénat assemblé renchérit encore sur la délibération du Conseil d'État, et déclara que la résolution du Premier Consul était une mesure conservatrice de la Constitution.

Le lendemain ces malheureux furent réunis, et dirigés sur la route de Nantes, pour être embarqués, et envoyés sur des terres lointaines. Il y avait parmi eux quelques députés de la Convention, plusieurs membres de l'ancienne Commune, tout ce qui restait des assassins de septembre, et le fameux Rossignol, l'ancien général de l'armée révolutionnaire. Sans doute ces hommes ne méritaient aucun intérêt, du moins pour la plupart ; mais toutes les formes de la justice étaient violées à leur égard, et ce qui prouve le danger de la violation de ces formes sacrées, c'est que plusieurs des désignations faites par la police furent contestées, et avec une grande apparence de raison. Il fallait quelque force morale, dans le moment, pour réclamer en faveur de ces proscrits; cependant il y en eut quelques-uns qui, sur des recommandations d'hommes courageux, furent justement rayés de la liste de proscription, et dispensés à Nantes de l'embarquement fatal. Que sur une recommandation influente, un individu puisse obtenir ou ne pas obtenir la faveur d'un gouvernement, soit; mais qu'il suffise d'une recommandation pour être sauvé de la proscription, qu'il suffise de ne pas trouver un ami ou courageux ou influent, pour y être compris, voilà ce qui doit révolter tout sentiment de justice, et prouver que, les formes violées, il ne reste dans la société que le plus horrible arbitraire! Et néanmoins, ce temps était éclatant de gloire! il était tout plein de l'amour de l'ordre, de la haine du sang! Mais on sortait du chaos révolutionnaire, on n'avait aucun respect des règles, on les trouvait incommodes, insupportables. Quand on parlait de cet acte arbitraire, il suffisait d'un seul mot pour le justifier. Ces misérables, disait-on, se sont couverts de sang, ils s'en couvriraient encore, si on les laissait faire; on les traite bien mieux qu'ils n'ont traité leurs victimes. Et en effet, si cet acte, sous le rapport de la violation des formes, égalait tout ce qu'on avait vu aux époques antérieures, il présentait avec le passé deux différences : on frappait pour la plupart des scélérats, et on ne versait pas leur sang! Triste excuse, nous en convenons, mais qu'il faut présenter cependant, pour faire remarquer que l'année dix-huit cent n'avait rien de commun avec l'année quatre-vingt-treize.

Quand ces malheureux furent acheminés vers

Nantes, on eut la plus grande peine à les sauver des fureurs de la populace, dans toutes les villes qu'ils traversèrent, tant le sentiment public était prononcé contre eux. Sous l'empire de ce sentiment, il se passa encore quelque chose de plus déplorable, ce fut la condamnation de Ceracchi, Aréna, Demerville et Topino-Lebrun. On se souvient qu'au mois d'octobre précédent (vendémiaire), ces brouillons étaient entrés dans un complot, tendant à assassiner le Premier Consul à l'Opéra. Mais aucun d'eux n'avait eu le courage, ni peut-être même l'intention bien arrêtée, de contribuer à l'exécution du complot. Les agents de police qu'on leur fournit, et auxquels ils donnèrent des poignards, développèrent en eux, plus qu'elle n'y était, la résolution du crime. Mais, en tout cas, ils ne s'étaient pas présentés sur le lieu de l'exécution, et Ceracchi, arrêté seul à l'Opéra, n'était pas même armé de l'un des poignards, qu'ils s'étaient distribués entre eux. C'étaient des déclamateurs qui souhaitaient certainement la destruction du Premier Consul, mais qui jamais n'auraient osé la consommer. On les jugea le 9 janvier (19 nivôse), au moment même où se passaient les événements que nous venons de raconter. Les avocats, sentant la terrible influence qu'exerçait sur l'esprit du jury l'événement du 3 nivôse, firent de vains efforts pour la combattre. Cette influence fut irrésistible sur le jury, qui est de toutes les juridictions la plus dominée par l'opinion publique, et qui a les avantages et les inconvénients de cette disposition. Quatre de ces malheureux furent

Janv. 1801.

Procès de Ceracchi, Aréna, Demerville et Topino-Lebrun.

condamnés à mort; c'étaient Ceracchi, Aréna, Demerville et Topino-Lebrun. Ce dernier méritait quelque intérêt, et devint un éclatant exemple de la cruelle mobilité des destinées, pendant les révolutions! Ce jeune Topino-Lebrun était peintre de quelque talent, et élève du célèbre David. Partageant l'exaltation des artistes, il avait été juré au tribunal révolutionnaire; mais il s'y était montré beaucoup moins impitoyable que ses collègues. Il fit venir le respectable défenseur des victimes de ce temps, l'avocat Chauveau-Lagarde, qui témoigna vainement de son humanité. Singulier retour de la fortune! l'ancien juré du tribunal révolutionnaire, accusé à son tour, appelait aujourd'hui à son aide l'ancien défenseur des victimes de ce sanglant tribunal! Mais ce secours, donné généreusement, ne put le sauver. Tous les quatre, condamnés le 9 janvier (19 nivôse), furent, après un inutile pourvoi devant le tribunal de cassation, exécutés le 31 janvier...

Pendant ce temps, l'horrible mystère de la machine infernale s'éclaircissait peu à peu. M. Fouché avait envoyé auprès de Georges des agents pour s'informer de Carbon, de ce qu'il était devenu, du logement qu'il occupait. Il avait appris, par cette voie, que Carbon avait des sœurs demeurant à Paris, et il avait, de plus, connu leur domicile. La police s'y rendit, et y trouva un baril de poudre. Elle obtint de la plus jeune sœur de Carbon la révélation du nouveau logement dans lequel il était allé se cacher. C'était chez des personnes fort respectables, les demoiselles de Cicé, sœurs de M. de Cicé, autrefois archevêque de Bordeaux, et ministre de la justice. Ces demoiselles, le prenant pour un émigré rentré, dont les papiers n'étaient pas en règle, lui avaient procuré un refuge chez d'anciennes religieuses, vivant en commun dans un quartier reculé de Paris. Ces malheureuses, qui, tous les jours, rendaient grâces au ciel de ce que le Premier Consul avait échappé à la mort, car elles se considéraient toutes comme perdues s'il avait cessé de vivre, avaient donné asile, sans s'en douter, à l'un de ses assassins. La police se transporta chez elles le 18 janvier (28 nivôse), arrêta Carbon, et avec lui toutes les personnes qui l'avaient reçu. Il fut le même jour confronté avec les témoins précédemment appelés à déposer, et reconnu. D'abord il nia tout, puis finit par avouer sa participation au crime, mais participation innocente suivant lui; car, à l'en croire, il ignorait à quel usage la charrette et le baril étaient destinés. Il dénonça Limoëlan et Saint-Réjant. Limoëlan avait eu le temps de s'enfuir, et de passer à l'étranger. Mais Saint-Réjant, renversé par l'explosion, à demi mort pendant quelques minutes, n'avait eu que le temps et la force de changer de logement. Un agent de Georges, employé à le soigner, et qu'on avait laissé en liberté dans l'espoir, en suivant ses traces, de trouver celles de Saint-Réjant, servit à indiquer sa demeure. On s'y rendit, et on le trouva encore malade des suites de ses blessures. Bientôt il fut confronté, reconnu, et convaincu par une foule de témoignages qui ne permettaient aucun doute. On trouva sous son lit une lettre à Georges, dans laquelle il rapportait avec quelques déguisements les principales circonstances du crime, et se justifiait auprès de son chef de n'avoir pas réussi. Carbon et Saint-Réjant furent envoyés au tribunal criminel, qui fit tomber leurs exécrables têtes.

Lorsque tous ces détails furent publiés, les accusateurs obstinés du parti révolutionnaire, les défenseurs complaisants du parti royaliste, furent surpris et confus. Les ennemis de M. Fouché éprouvèrent aussi un certain embarras. La sûreté de son jugement était reconnue, et sa faveur rétablie auprès du Premier Consul. Mais il avait fourni une arme dont ses ennemis se servirent avec justice. Puisqu'il était si sûr de son fait, pourquoi, disait-on, avait-il laissé proscrire les révolutionnaires? — Il méritait en effet ce grave reproche. Le Premier Consul, qui ne se souciait guère des formes violées, et ne songeait qu'aux résultats obtenus, ne laissa voir aucun regret. Il trouva que ce qu'on avait fait, était bien fait, de tous points; qu'il était débarrassé de ce qu'il appelait *l'état-major des Jacobins*, et que le 3 nivôse prouvait seulement une chose, la nécessité de veiller sur les royalistes, aussi bien que sur les terroristes. — Fouché, dit-il, a mieux jugé que beaucoup d'autres; il a raison; il faut avoir l'œil ouvert sur les émigrés rentrés, sur les Chouans, et sur tous les gens de ce parti. —

Cet événement diminua beaucoup l'intérêt qu'inspiraient ces royalistes, qu'on appelait complaisamment les victimes de la terreur, et diminua beaucoup aussi le déchaînement contre les révolutionnaires.

M. Fouché y gagna non pas en estime, mais en crédit.

Janv. 1801.

Les douloureux sentiments dont la machine, appelée depuis infernale, venait d'être la cause, avaient bientôt disparu devant la joie produite par la paix de Lunéville. Tous les jours ne sont pas heureux, sous le gouvernement même le plus heureux. Celui du Consulat avait l'avantage inouï, si des impressions de tristesse s'emparaient un moment des esprits, de pouvoir les dissiper à chaque instant par un résultat grand, nouveau, imprévu. Quelques scènes lugubres, mais courtes, dans lesquelles il figurait comme le sauveur de la France, que tous les partis voulaient détruire, et après ces scènes, des victoires, des traités, des actes réparateurs qui fermaient des plaies profondes ou ravivaient la prospérité publique, tel était le spectacle qu'alors il donnait sans cesse. Le général Bonaparte en sortait toujours plus grand, plus cher à la France, plus clairement destiné au pouvoir suprême.

La seconde session du Corps Législatif était commencée. On poursuivait en ce moment la discussion et l'adoption de plusieurs lois, dont la principale, celle des tribunaux spéciaux, n'avait plus de véritable importance, après ce qu'on venait de faire. Mais l'opposition du Tribunat contestait ces lois au gouvernement, cela suffisait pour qu'il y tînt. La première était relative aux archives de la République. Elle était devenue nécessaire, depuis que l'abolition des anciennes provinces avait livré au désordre un grand nombre de vieux titres et de documents, ou très-utiles encore, ou très-curieux. Il fallait dé-

Seconde session du Corps Législatif.

cider dans quel lieu seraient déposés une foule d'actes, tels que les lois, les traités, etc. C'était là une mesure d'ordre, sans aucune signification politique. Le Tribunat vota contre la loi, et après avoir, suivant l'usage, envoyé ses trois orateurs au Corps Législatif, en obtint le rejet à une grande majorité. Le Corps Législatif, quoique fort attaché au gouvernement, était, comme les assemblées dévouées, jaloux de montrer quelquefois son indépendance dans les mesures de détail, et il le pouvait assurément sans danger à propos d'une loi qui se bornait à décider le dépôt, ici ou là, de certains documents séculaires.

Les deux assemblées étaient saisies dans le moment d'une loi plus importante, mais aussi étrangère que la précédente, à la politique. Il s'agissait des justices de paix, dont le nombre avait été reconnu trop grand. Portées à six mille, à l'époque de leur première institution, elles n'avaient pas atteint le but qu'on s'était proposé en les créant. Les hommes capables de bien remplir de telles fonctions, manquaient dans beaucoup de cantons. Elles avaient failli par un autre endroit. On avait voulu leur confier la police judiciaire; elles s'en étaient mal acquittées, et d'ailleurs le caractère paternel et bienveillant de leur juridiction, en avait éprouvé une certaine altération. Le projet du gouvernement proposait deux modifications aux justices de paix : d'abord leur réduction de six mille à deux mille six cents, et ensuite l'attribution de la police judiciaire à d'autres magistrats. Le projet était raisonnable, et présenté dans des intentions excellentes; mais il rencontra une vive opposition dans le Tribunat. Plusieurs orateurs parlèrent contre, surtout M. Benjamin Constant. Néanmoins il fut adopté au Tribunat par 59 voix contre 32, et au Corps Législatif par 218 contre 41.

Une autre loi, plus sujette à discussion, et d'une nature tout à fait politique, était présentée dans le moment; c'était la loi qui avait pour but d'instituer les tribunaux spéciaux. Mais celle-là même avait perdu sa plus grande utilité, depuis que le Premier Consul avait institué des commissions militaires, à la suite des colonnes mobiles qui poursuivaient le brigandage, depuis surtout qu'il n'avait pas hésité à proscrire arbitrairement les révolutionnaires jugés dangereux. Ces commissions militaires avaient déjà produit de salutaires effets. Les juges en habit de guerre qui les composaient, ne craignaient pas les accusés; ils rassuraient les témoins chargés de déposer, et souvent ces témoins n'étaient que les soldats eux-mêmes, qui avaient arrêté les brigands, et les avaient surpris les armes à la main. Une prompte et rigoureuse justice, venant après l'emploi très-actif de la force, avait singulièrement contribué à rétablir la sûreté des routes. Les escortes placées sur l'impériale des diligences, obligées souvent de livrer des combats meurtriers, avaient intimidé les brigands. Les attaques étaient moins fréquentes, la sécurité commençait à renaître, grâce à la vigueur du gouvernement et des tribunaux, grâce aussi à la fin de l'hiver. La loi proposée venait donc quand le mal était déjà moindre; mais elle avait une utilité, celle de régulariser la justice militaire établie sur les grandes routes, et de faire planer sur le brigandage une mesure permanente et tout à fait légale. Voici quelle était l'organisation imaginée.

Loi sur les tribunaux spéciaux.

Les tribunaux spéciaux devaient être composés de trois juges ordinaires, tous membres du tribunal criminel, de trois militaires, et de deux adjoints, ces derniers choisis par le gouvernement, et ayant les qualités requises pour être juges. Les militaires ne pouvaient donc avoir la majorité. Le gouvernement avait la faculté d'établir ces tribunaux dans les départements où il le croirait utile. Ils étaient appelés à connaître des crimes commis sur les grandes routes et dans les campagnes, par des bandes armées, des attentats dirigés contre les acquéreurs de biens nationaux, et enfin des assassinats tentés avec préméditation, contre les chefs du gouvernement. Ce dernier article comprenait les crimes tels que la machine infernale, le complot de Ceracchi et Aréna, etc. Le tribunal de cassation était chargé de juger, toutes affaires cessantes, les cas de compétence douteux. Cette institution devait être abolie de plein droit, deux ans après la paix générale.

On pouvait objecter à ces tribunaux tout ce qu'on peut objecter à la justice exceptionnelle. Mais il y avait à dire en leur faveur, que jamais société plus profondément agitée, n'avait exigé des moyens plus prompts et plus extraordinaires, pour la calmer. Sous le rapport de la fidélité à la Constitution, on faisait valoir l'article de cette constitution, qui permettait au Corps Législatif de la suspendre dans les départements, où cela serait jugé nécessaire. Le cas des juridictions extraordinaires était évidemment compris dans cet article, car la suspension de la Constitution entraînait l'établissement immédiat de la justice militaire. Du reste, la discussion était vaine, dans un pays et dans un temps où l'on venait de proscrire cent trente individus sans jugement, et où l'on venait d'établir des commissions militaires en plusieurs départements, sans que l'opinion publique élevât la moindre réclamation. Il faut même le reconnaître, la loi proposée était, à côté de tous ces faits, un retour à la légalité. Mais elle fut vivement, aigrement attaquée par les opposants ordinaires, par MM. Daunou, Constant, Ginguené et autres. Elle ne passa dans le Tribunat qu'à la majorité de 49 voix contre 41. Au Corps Législatif, la majorité fut beaucoup plus grande, car le projet obtint 192 voix contre 88. Mais une minorité de 88 voix dépassait le chiffre ordinaire de la minorité, dans cette assemblée toute dévouée au gouvernement. On attribua ce grand nombre de suffrages négatifs, à un discours de M. Français de Nantes, dans lequel il fit entendre au Corps Législatif un langage peut-être trop peu mesuré. — M. Français de Nantes a bien fait, répondit le Premier Consul, à ses collègues Cambacérès et Lebrun, qui semblaient désapprouver ce discours. Il vaut mieux avoir moins de voix, et prouver qu'on sent les injures, et qu'on est décidé à ne pas les tolérer. —

Le Premier Consul tint des propos beaucoup plus vifs encore, à une députation du Sénat, qui lui apportait une résolution de ce corps. Il s'exprima de la manière la plus hardie, et on l'entendit, dans plusieurs

Fév 1801.

colloques, dire nettement, que si on l'incommodait outre mesure, que si on voulait l'empêcher de rendre la paix et l'ordre à la France, il compterait sur l'opinion qu'elle avait de lui, et gouvernerait par des arrêtés consulaires. A chaque instant son ascendant s'accroissait avec le succès, sa hardiesse avec son ascendant, et il ne se donnait plus la peine de dissimuler l'étendue de ses volontés.

Il rencontra une opposition plus vive encore dans les questions de finances qui furent les dernières traitées dans cette session. C'était cependant la partie la plus méritoire des travaux du gouvernement, et la plus particulièrement due à l'intervention personnelle du Premier Consul.

Lois de finances destinées à liquider le passé.

Nous avons exposé bien des fois les moyens employés pour assurer la perception et le versement régulier des revenus de l'État. Ces moyens avaient parfaitement réussi. Il était rentré en l'an VIII (1799-1800), la somme de 518 millions, ce qui égalait la valeur d'une année entière de l'impôt, car le budget en dépenses et en recettes ne s'élevait pas alors au delà de 500 millions. Sur ces 518 millions, 172 appartenaient aux années V, VI et VII, et 346 millions à l'an VIII. Tout n'était pas acquitté pour ces quatre années; il fallait en achever la liquidation, pour entrer enfin avec l'an IX (1800-1801), qui était l'année courante, dans une complète régularité. L'an IX devait se suffire à lui-même, car les impôts pouvaient produire de 500 à 520 millions, et il ne fallait pas davantage pour couvrir les dépenses du pied de paix. La comptabilité par exercice ayant été établie, et dès lors, les recettes de l'an ix devant être exclusivement appliquées aux dépenses de l'an ix, les recettes de l'an x aux dépenses de l'an x, et ainsi de suite, l'avenir était assuré. Mais pour le passé, c'est-à-dire pour les années v, vi, vii et viii, il restait un déficit à combler. On y consacrait les rentrées quotidiennes, provenant des contributions arriérées de ces diverses années. Mais ces contributions arriérées, qu'on demandait principalement à la propriété foncière, la réduisaient à une gêne fort grande. Dans la réunion des conseils généraux des départements, réunion qui venait d'avoir lieu pour la première fois, 87 conseils généraux sur 106 avaient réclamé contre le fardeau excessif des contributions directes. On était donc obligé, comme nous l'avons dit plus haut, de renoncer à une partie des contributions arriérées, si l'on voulait exiger dans l'avenir un acquittement ponctuel et intégral de l'impôt. Une loi fut présentée, afin d'autoriser les administrations locales à dégrever les contribuables trop chargés. Cette loi ne rencontra point d'obstacles. Mais il devait en résulter une insuffisance de ressources assez notable pour les années v, vi, vii et viii. On évaluait cette insuffisance pour les trois années v, vi et vii à 90 millions, et pour l'an viii en particulier, à 30 millions. On distinguait l'an viii (1799-1800) des années v, vi et vii, parce que l'an viii appartenait au Consulat.

Il fallait décider comment on ferait face à ces déficits. Il restait environ 400 millions de biens nationaux disponibles; et c'est ici que le bon sens du

Fév. 1801.

L'équilibre des dépenses et des recettes rétabli par l'an ix.

Premier Consul exerça la plus heureuse influence sur les projets de finances, et fit prévaloir le meilleur emploi possible de la fortune publique.

Ne pouvant pas vendre à volonté les biens nationaux, on avait toujours disposé de leur valeur par anticipation, au moyen d'un papier qu'on avait émis sous des noms divers, et qui devait servir à payer ces biens. Depuis la chute des assignats, le dernier nom imaginé pour cette sorte de papier, était celui de *rescriptions*. Dans le cours de l'an VIII, on avait négocié quelques-unes de ces *rescriptions*, avec moins de désavantage que par le passé, mais avec beaucoup trop de désavantage encore, pour qu'il fût sage d'y recourir. Ces valeurs se négociaient à perte dès le premier jour de leur émission, étaient bientôt avilies, passaient alors dans les mains des spéculateurs, qui, par ce moyen, achetaient les domaines nationaux à vil prix. C'est ainsi qu'une ressource précieuse avait été follement dissipée, au grand détriment de l'État, au grand avantage des agioteurs. Les 400 millions restants, si on réussissait à les sauver du désordre dans lequel tant d'autres millions avaient péri jusqu'à ce jour, devaient acquérir bientôt, avec le temps et la paix, une valeur trois ou quatre fois plus considérable. Le Premier Consul était résolu à ne pas les dépenser, comme l'avaient été les quelques milliards déjà dévorés.

Il fallait cependant une ressource immédiate. Le Premier Consul la chercha dans les rentes, qui déjà, depuis son avénement, avaient recouvré une certaine valeur. Elles étaient montées, du cours de 10 et

12, à celui de 25 et 30 après Marengo; elles avaient dépassé celui de 50 depuis la paix de Lunéville; on annonçait qu'elles atteindraient le cours de 60 à la paix générale. A ce taux, on pouvait commencer à en faire usage; car il y avait moins de dommage à vendre des rentes que des biens nationaux. Le Premier Consul, sans vouloir ouvrir un emprunt, imagina de payer avec des rentes certains créanciers de l'État, et d'affecter à la caisse d'amortissement une somme équivalente en domaines fonciers, que cette caisse vendrait plus tard, lentement, à leur valeur véritable, de manière à compenser ainsi l'augmentation qu'on allait ajouter à la dette publique. Ce fut là le principe des lois de finances proposées cette année.

Fév. 1801.

de biens nationaux.

Les créances qui restaient à liquider pour les trois dernières années du Directoire, v, vi et vii, passaient pour des créances véreuses. Elles étaient le plus indigne reste des six cents millions de fournitures, faites sous le Directoire. Pour entrer dans des voies nouvelles, on voulut respecter ces créances, quelles que fussent leur origine et leur nature. Elles s'élevaient à une somme d'environ 90 millions; mais presque toutes vendues à des spéculateurs, elles perdaient 75 pour cent sur la place. On imagina de les acquitter au moyen d'une rente, constituée au taux de 3 pour cent. Le total de ces dettes montant à 90 millions, il fallait, à 3 pour cent, une rente de 2,700,000 francs pour y faire face. Cette rente, au prix actuel des fonds publics, représentait une valeur réelle de 27 ou 30 millions, et devait en représenter une de 40 au moins, dans les huit ou

Liquidation particulière des années v, vi et vii.

Fév. 1801.

dix mois qui ne pouvaient manquer de s'écouler, avant que la liquidation fût achevée. Les créances qu'il s'agissait d'acquitter, perdant sur la place 75 pour cent, et le capital de 90 millions dont elles se composaient, étant réduit en réalité à 22 ou 23, on les payait beaucoup plus qu'elles ne valaient en leur accordant une rente de 2,700,000 francs, puisque cette rente, vendue sur-le-champ, aurait produit 27 ou 30 millions, et allait en produire bientôt 40.

Liquidation de l'an VIII.

Les créances de l'an VIII restant à liquider, étaient d'une nature toute différente. Elles représentaient des services exécutés pendant la première année du gouvernement consulaire, lorsque déjà l'ordre régnait dans l'administration. Sans doute, ces services, exécutés dans un temps où la détresse était grande encore, avaient été payés à un taux fort élevé; mais il eût été contraire à l'honneur du gouvernement consulaire, de traiter ses engagements, qui étaient tout récents, qui n'avaient pas été comme ceux du Directoire rangés au nombre des valeurs discréditées, et négociés comme tels, de les traiter de la même manière que ceux qui appartenaient aux années V, VI et VII. On n'hésita donc pas à solder intégralement, et à sa valeur nominale, l'excédant des dépenses de l'an VIII. Il était actuellement évalué à 60 millions; mais la rentrée des contributions arriérées de l'an VIII devait le réduire à 30. On résolut d'en acquitter une partie, 20 millions, avec une rente constituée à 5 pour cent, ce qui faisait un million de rentes. Nous dirons tout à l'heure comment on fit face au surplus de 10 millions.

L'an IX (1800-1801) semblait devoir se suffire à

lui-même, dans l'hypothèse à peu près certaine d'une fin prochaine de la guerre, car la paix continentale conclue à Lunéville, devait bientôt amener la paix maritime. Le budget ne se votait pas alors une année d'avance; il se votait dans l'année même, pendant laquelle s'exécutait la dépense. On présentait, par exemple, et on discutait en ventôse an IX, le budget de l'an IX, c'est-à-dire en mars 1801 le budget de 1801. On évaluait dans le moment à 415 millions, les dépenses et les recettes de cet exercice (les frais de perception et divers services locaux comptés en dehors, ce qui suppose une centaine de millions en plus, et signifie 515 au lieu de 415). Mais l'évaluation de 415 millions en dépenses et recettes, était inférieure à la réalité, car alors comme aujourd'hui la réalité dépassait toujours les prévisions. Nous montrerons même plus tard que le chiffre de 415 millions monta jusqu'à 500. Heureusement, le produit de l'impôt devait s'élever autant que la dépense, au-dessus de la somme prévue. On s'attendait bien à ce double excédant; mais craignant, du reste à tort, que l'excédant des recettes n'égalât point l'excédant des dépenses, on voulut s'assurer une ressource supplémentaire. Il restait 10 millions à trouver, comme nous venons de le dire, pour compléter le solde de l'an VIII; on supposait qu'il faudrait 20 millions pour le solde de l'an IX : c'étaient 30 millions à se procurer en deux ans. On se décida, pour cette somme uniquement, à recourir à une aliénation de biens nationaux. Quinze millions de ces biens à vendre par an, ne dépassaient pas la somme d'aliénations qu'on pouvait exé-

Fév. 1801.

Mars 1801.

Règlement définitif de la dette publique.

cuter avec avantage et sans désordre, dans le cours d'une année. En chargeant de ce soin la caisse d'amortissement, qui s'en était déjà très-habilement acquittée, on était assuré d'obtenir à un prix avantageux le placement de cette portion des domaines de l'État. De la sorte, le passé se trouvait liquidé, et le présent en équilibre. Il n'y avait plus qu'une seule opération à exécuter, pour terminer la réorganisation des finances de l'État, c'était de régler définitivement le sort de la dette publique.

Le moment était venu, en effet, d'en fixer le montant, de mettre les forces de la caisse d'amortissement en rapport avec ce montant reconnu, et de faire, dans ce but, un usage convenable des 400 millions de biens nationaux, qui se trouvaient encore à la disposition de l'État.

La dette publique était telle que l'avait laissée la banqueroute, banqueroute déclarée par le Directoire, mais préparée par la Convention et l'Assemblée Constituante. Un tiers de cette dette avait été maintenu sur le grand livre; c'est la portion que, dans la langue du temps, on avait appelée *Tiers consolidé*. Un intérêt de 5 pour cent avait été affecté à ce tiers, sauvé de la banqueroute. Il en avait été inscrit au grand livre pour 37 millions (intérêt et non pas capital). Il en restait à inscrire une somme assez considérable. Deux tiers avaient été *mobilisés*, autre expression du temps, c'est-à-dire rayés du grand livre, et consacrés au payement des biens nationaux, ce qui les avait amenés à n'être plus que de véritables assignats. Une loi postérieure avait achevé de les avilir, en les réduisant à un seul usage, celui de payer exclusivement les propriétés bâties, et point du tout les terres ou les bois faisant partie des propriétés nationales.

Il fallait mettre un terme à cet état de choses, et pour cela porter au grand livre le reste du *tiers consolidé*, que le gouvernement antérieur avait différé d'inscrire, pour être dispensé d'en servir l'intérêt. La justice et le bon ordre des finances voulaient qu'on en finît. On proposa de porter au grand livre pour un million et demi de *tiers consolidés*, mais avec intérêt seulement à partir de l'an XII. Cette partie de la dette, bien qu'ajournée à deux ans sous le rapport de la jouissance des revenus, acquérait sur-le-champ, par le fait seul de l'inscription, une valeur presque égale aux portions déjà inscrites ; et on donnait de plus une valeur très-grande à tout le reste du *tiers provisoire*, par cette démonstration d'exactitude. Il restait une somme considérable à inscrire, soit en *tiers consolidés*, proprement dits, soit en dettes des émigrés, que l'État avait prises à sa charge, en confisquant leurs biens, soit en dettes de la Belgique, qui avaient été la condition de la conquête. Il y avait enfin les *deux tiers mobilisés*, fort avilis à cette époque, et dont il était juste de ménager un emploi aux porteurs. On en offrit la conversion en *tiers consolidés*, à raison de cinq capitaux pour cent capitaux. Il était probable que les porteurs se hâteraient d'accepter cette offre. On proposa de créer pour cela un million de rentes, et si ce premier essai réussissait, on se promettait

Mars 1801.

d'avoir bientôt absorbé la valeur entière des *deux tiers mobilisés*. On fixa de plus un délai fatal, à l'égard des biens nationaux payables en bons des *deux tiers*. Ce délai fatal expiré, les biens non payés devaient faire retour à l'État.

On estimait qu'en ajoutant aux 37 millions de *tiers consolidés*, déjà inscrits au grand livre, la somme de 20 millions de rentes, on ferait face à la somme du *tiers consolidé* restant à inscrire, aux *deux tiers mobilisés*, dont on voulait offrir la conversion, enfin aux dettes des émigrés et de la Belgique. Le total devait former par conséquent une dette publique de 57 millions, en rentes perpétuelles. Il existait 20 millions de rentes viagères, 19 millions de pensions civiles et religieuses (celles-ci servies à l'ancien clergé dont on avait pris les biens), et enfin 30 millions de pensions militaires, c'est-à-dire une dette viagère de 69 millions. Il s'éteignait de celle-ci environ 3 millions par an. On pouvait donc espérer en quelques années, au moyen des extinctions sur la dette viagère, de couvrir les augmentations successives qu'allait subir la dette perpétuelle, par suite des nouvelles inscriptions au grand livre. On devait par conséquent, même en liquidant tout le passé, ne jamais dépasser un chiffre de 100 millions, pour le service annuel de la dette publique, dont moitié environ en rente perpétuelle, moitié en rente viagère. La situation devenait alors celle-ci : une dette de 100 millions, un budget de 500 millions, tant en recettes qu'en dépenses, et de 600 en comptant les frais de perception. C'était une situation certainement bien meilleure que celle de l'Angleterre, qui avait une dette annuelle de près de 500 millions, par rapport à un revenu de mille à onze cents millions. Ajoutez qu'il restait à la France la ressource des contributions indirectes, c'est-à-dire les impôts sur les boissons, sur le tabac, sur le sel, etc., non encore rétablis, et qui devaient fournir un jour d'immenses produits.

Le Premier Consul voulut proportionner les ressources de la Caisse d'amortissement à l'accroissement de la dette. Il venait de décider la création de 2,700,000 francs de rentes, pour combler le déficit des années v, vi et vii, de 1 million pour le déficit de l'an viii, et de plusieurs autres millions encore, pour l'inscription du *tiers consolidé*, pour la conversion *des deux tiers mobilisés*, etc... Il fit adjuger à la Caisse d'amortissement un capital de 90 millions en biens nationaux, aliénable à sa convenance, et employable en rachats de rentes. Le Premier Consul lui fit transférer en outre une rente de 5,400,000 francs appartenant à l'instruction publique, et qui fut remplacée comme on le verra tout à l'heure.

Les biens nationaux étaient préservés du gaspillage par cette combinaison, car la Caisse, les aliénant lentement et à propos, ou les gardant même s'il lui convenait, ne devait pas renouveler les dilapidations qu'on avait eu jadis à déplorer. Pour sauver le reste plus sûrement encore, le Premier Consul voulut en appliquer une notable partie à divers autres services, auxquels il portait une grande sollicitude, tels que l'instruction publique et les invalides. L'instruction publique lui paraissait le service le plus important de

Mars 1801.

l'État, celui surtout auquel un gouvernement éclairé comme le sien, ayant une société nouvelle à fonder, devait se hâter de pourvoir. Quant aux invalides, c'est-à-dire aux militaires blessés, ceux-là composaient en quelque sorte sa famille, étaient les soutiens de son pouvoir, les instruments de sa gloire : il leur devait tous ses soins; il leur devait quelque chose du milliard, autrefois promis par la République aux défenseurs de la patrie.

Le Premier Consul n'aimait pas à voir ces grands services dépendre du budget, de ses variations, de ses insuffisances. En conséquence il fit allouer 120 millions de biens nationaux à l'instruction publique, et 40 à l'entretien des Invalides. Il y avait là de quoi doter richement la noble institution qu'il voulait consacrer un jour à l'enseignement de la jeunesse française, et de quoi doter aussi plusieurs hospices d'invalides, comme celui qui doit son origine à Louis XIV. Que ces allocations fussent ou ne fussent pas maintenues plus tard, c'étaient pour le moment 160 millions sauvés du désordre des aliénations, et une décharge annuelle pour le budget. Ainsi sur les 400 millions restant des biens nationaux, 10 millions étaient donnés aux dépenses de l'an viii, 20 à celles de l'an ix, 90 à la Caisse d'amortissement, 120 à l'instruction publique, 40 aux Invalides. C'était une somme totale de 280 millions sur 400, dont on trouvait un emploi immédiatement utile, sans recourir au système des aliénations. Sur cette somme de 280 millions, 10 seulement pour l'an viii, 20 pour l'an ix, devaient être aliénés en deux ans, ce qui ne présentait aucun inconvénient : les 90 millions affectés à la Caisse d'amortissement ne devaient être vendus que très-lentement, lorsque la Caisse en aurait indispensablement besoin, peut-être même pas du tout. Les 120 de l'instruction publique, les 40 des Invalides, ne pouvaient jamais être mis en vente. Il restait, sur le total de 400 millions, 120 millions disponibles et sans affectation. En réalité on n'aliénait que 30 millions sur 400 ; le reste demeurait comme gage de divers services, ou comme réserve disponible, avec la certitude d'acquérir bientôt, au profit de l'État, une valeur double ou triple au moins.

Mars 1801.

En résumé, on profitait du retour du crédit pour substituer la ressource des créations de rentes à celle des aliénations de biens nationaux ; on acquittait avec une très-faible portion de ces biens, et une création de rentes, le restant à payer des ans v, vi, vii, viii ; on achevait la liquidation de la dette publique, et on en assurait le service d'une manière certaine et régulière. Après avoir ainsi réglé le passé, sauvé le reste des domaines de l'État, fixé le sort de la dette, on devait avoir annuellement 100 millions de rentes à servir, des moyens d'extinction suffisants, enfin un budget en équilibre de 500 millions sans les frais de perception, de 600 avec ces frais.

Une telle distribution de la fortune publique, conçue avec autant d'équité que de bon sens, aurait dû rencontrer l'approbation générale. Cependant une opposition violente s'éleva dans le Tribunat. Les 415 millions demandés pour l'année courante de l'an ix furent accordés sans difficulté; mais les opposants se plaignirent de ce que le budget n'était pas voté un an d'avance; reproche injuste, car rien n'était disposé alors pour une telle manière de procéder. Elle n'était pas pratiquée encore en Angleterre, et elle faisait même question parmi les financiers. Les mêmes opposants reprochèrent au règlement de l'arriéré de renouveler la banqueroute à l'égard des créanciers des années v, vi et vii, en ne consolidant leurs créances qu'à 3 pour cent au lieu de 5, comme on le faisait pour ceux de l'an viii. Ils reprochèrent au règlement de la dette de priver les porteurs du *tiers consolidé* de l'intérêt de leurs rentes pendant deux ans, puisque cet intérêt ne devait courir qu'à partir de l'an xii. Ces deux reproches étaient peu fondés; car, ainsi qu'on l'a vu, les créanciers des ans v, vi et vii, en obtenant une rente constituée à 3 pour cent, recevaient plus que ne valaient leurs créances; et quant à la portion des *tiers consolidés* dont l'inscription était ordonnée, on rendait aux porteurs un grand service par le fait seul de l'inscription. Si, en effet, on avait différé cette inscription d'un an ou deux encore, comme avait déjà fait le gouvernement antérieur, on aurait enlevé aux porteurs non-seulement l'intérêt, mais le bienfait de la consolidation définitive. C'était déjà une grande amélioration pour eux que de reprendre le travail de cette consolidation.

Pour ces minces objections, le Tribunat s'échauffa, ne tint aucun compte des réponses qui lui furent adressées, et rejeta le plan de finances à la majorité de 56 voix contre 30, dans la séance du 19 mars (28 ventôse). Quelques cris de Vive la République! éclatèrent même dans les tribunes, ce qui n'était pas arrivé depuis long-temps, et ce qui rappelait de sinistres souvenirs de la Convention. Sur la demande de MM. Rioufle et de Chauvelin, le président fit évacuer les tribunes.

Le surlendemain, 21 mars (30 ventôse), dernier jour de la session de l'an IX, le Corps Législatif entendit la discussion du projet. Trois tribuns devaient l'attaquer, et trois conseillers d'État le défendre. M. Benjamin Constant était au nombre des trois tribuns. Il fit valoir d'une manière brillante les objections élevées contre le plan du gouvernement. Néanmoins le Corps Législatif en prononça l'adoption à la majorité de 227 voix contre 58. Le Premier Consul devait se tenir pour satisfait. Mais il ne savait pas, et on ne savait pas encore autour de lui, qu'il faut faire le bien, sans s'étonner, sans s'inquiéter des injustices, qui en sont souvent le prix. Et quel homme eut jamais autant de gloire que le Premier Consul, pour se dédommager de quelques attaques, ou légères ou indiscrètes? D'ailleurs, malgré ces attaques, les dispositions étaient excellentes à l'égard du gouvernement. La majorité dans le Corps Législatif était des cinq sixièmes au moins, et dans le Tribunat, dont le vote n'était pas décisif, elle était des deux tiers. Il y avait peu à s'étonner, peu à s'effrayer de si faibles minorités. Mais, quoique entouré de l'admiration universelle, l'homme qui gouvernait alors la France ne savait pas supporter les mesquines critiques dont son administration était l'objet. Le temps du vrai gouvernement représentatif n'était pas venu : les opposants n'en avaient pas plus les principes et les mœurs, que le gouvernement lui-même. Ce qui achèvera de peindre les opposants du Tribunat, c'est que l'acte odieux contre les révolutionnaires ne fut pas même de leur part le sujet d'une observation. On profita de ce que l'acte n'était pas déféré à la Législature pour se taire. On déclamait sur les choses peu importantes ou irréprochables, on laissait passer inaperçue une impardonnable infraction à toutes les règles de la justice. Ainsi vont la plupart du temps les hommes et les partis.

Du reste, les stériles agitations de quelques opposants, méconnaissant le mouvement général des esprits et les besoins du temps, faisaient peu de sensation. Le public était tout entier au spectacle des travaux immenses qui avaient procuré à la France la victoire et la paix continentale, et qui devaient lui procurer bientôt la paix maritime.

Au milieu de ses occupations militaires et politiques, le Premier Consul, ainsi que nous l'avons fait remarquer bien des fois, ne cessait de donner son attention aux routes, aux canaux, aux ponts, à l'industrie et au commerce.

Nous avons déjà dit quel était le délabrement des routes, et quels étaient les moyens employés par le Premier Consul pour suppléer à l'insuffisance du produit des barrières. Il avait ordonné un ample examen de la question ; mais, comme il arrive le plus souvent, la difficulté consistait bien plutôt dans le défaut d'argent, que dans le choix d'un bon système. Il alla droit au but, et affecta sur le budget de l'an IX de nouvelles sommes, prises sur les fonds généraux du trésor, pour continuer les réparations extraordinaires déjà commencées. On parlait beaucoup aussi de canaux. Les esprits, dégoûtés des agitations politiques, se reportaient volontiers vers tout ce qui touchait à l'industrie et au commerce. Le canal connu aujourd'hui sous le nom de canal de Saint-Quentin, liant la navigation de la Seine et de l'Oise avec celle de la Somme et de l'Escaut, c'est-à-dire, liant la Belgique avec la France, était abandonné. On n'avait jamais pu se mettre d'accord sur la manière d'exécuter le percement, au moyen duquel on devait passer de la vallée de l'Oise dans celles de la Somme et de l'Escaut. Les ingénieurs étaient divisés de sentiment. Le Premier Consul s'y rendit de sa personne, les entendit tous, jugea la question, et la jugea bien. Le percement fut décidé, et continué dans la direction la meilleure, celle même qui a réussi. La population de Saint-Quentin l'accueillit avec transport, et à peine était-il retourné à Paris, que les habitants de la Seine-Inférieure lui adressèrent une députation, pour lui demander à leur tour quarante-huit heures de son temps. Il promit une visite prochaine à la Normandie. Il fit décider et confier à des compagnies l'établissement, à Paris, de trois nouveaux ponts sur la Seine, celui qui aboutit au Jardin des Plantes, et qu'on appelle pont d'Austerlitz, celui qui rattache l'île de la Cité à l'île Saint-Louis, celui enfin qui conduit du Louvre au

Mars 1801.

Canaux.

Canal de Saint-Quentin.

Mars 1801.

Route du Simplon.

palais de l'Institut. Il s'occupait en même temps de la route du Simplon, premier projet de sa jeunesse, projet toujours le plus cher à son cœur, le plus digne de prendre place dans l'avenir, à côté des souvenirs de Rivoli et de Marengo. On se souvient que, dès qu'il eut fondé la République Cisalpine, le Premier Consul voulut la rapprocher de la France par une route qui, partant de Lyon ou de Dijon, passant à Genève, traversant le Valais, tombant sur le lac Majeur et Milan, permît en tout temps de déboucher au milieu de la Haute-Italie, avec cinquante mille hommes et cent bouches à feu. Faute d'une route pareille, on avait été obligé de franchir le Saint-Bernard. Maintenant que la République Cisalpine venait d'être reconstituée au congrès de Lunéville, il était temps plus que jamais, d'établir une grande communication militaire entre la Lombardie et la France. Le Premier Consul avait sur-le-champ ordonné les travaux nécessaires. Le général Turreau, que nous avons vu descendre du Petit-Saint-Bernard avec des légions de conscrits, pendant que le général Bonaparte descendait du Grand-Saint-Bernard avec ses troupes aguerries, le général Turreau avait reçu ordre de porter son quartier-général à Domo-d'Ossola, au pied même du Simplon. Ce général devait protéger les travailleurs, et les aider avec les bras de ses soldats.

A ce magnifique ouvrage, le Premier Consul voulut en ajouter un autre en commémoration du passage des Alpes. Les Pères du Grand-Saint-Bernard avaient rendu de véritables services à l'armée française. Aidés de quelque argent, ils avaient, pendant dix jours, soutenu par des aliments et du vin les forces de nos soldats. Le Premier Consul en avait gardé une vive reconnaissance. Il décida l'établissement de deux hospices semblables, l'un au Mont-Cenis, l'autre au Simplon, tous deux succursales du couvent du Grand-Saint-Bernard. Ils devaient contenir quinze religieux chacun, et recevoir de la République Cisalpine une dotation considérable en biens fonds. Cette république n'avait rien à refuser à son fondateur. Mais, comme ce fondateur aimait en toutes choses une prompte exécution, il fit exécuter les travaux de premier établissement avec l'argent de la France, afin qu'aucun retard ne fût apporté à ces belles créations. Ainsi, de magnifiques routes, des établissements d'une noble bienfaisance, devaient attester aux âges futurs le passage à travers les Alpes du moderne Annibal.

A côté de ces vues grandes ou bienfaisantes, se développaient des vues d'un autre genre, et qui avaient pour objet une création bien autrement utile, celle du Code civil. Le Premier Consul avait chargé de la rédaction de ce code plusieurs jurisconsultes éminents, MM. Portalis, Tronchet, Bigot de Préameneu. Leur travail était achevé, et venait d'être communiqué au tribunal de cassation, ainsi qu'aux vingt-neuf tribunaux d'appel, depuis cours royales. L'avis de toute la magistrature ainsi recueilli, le travail allait être soumis au Conseil d'État, et solennellement discuté sous la présidence du Premier Consul. On se proposait ensuite de le présenter au Corps Législatif dans la session prochaine, celle de l'an x.

Mars 1804.

Toujours prêt à ordonner de grands travaux, mais toujours prêt aussi à récompenser grandement leurs auteurs, le Premier Consul venait d'employer son influence à porter M. Tronchet au Sénat. Il récompensait en lui un grand jurisconsulte, un des auteurs du Code civil, et, ce qui n'était pas indifférent à ses yeux, sous le rapport de la signification politique, le courageux défenseur de Louis XVI.

Tout s'organisait donc à la fois, avec l'ensemble qu'un esprit vaste peut mettre dans ses œuvres, avec la rapidité que peut y apporter une volonté ardente, et déjà ponctuellement obéie. Le génie qui faisait ces choses était extraordinaire sans doute; mais, il faut le dire, la situation aussi extraordinaire que le génie. Le général Bonaparte avait la France et l'Europe à remuer, et pour levier la victoire; il avait à rédiger tous les codes de la nation française, et en même temps tous les esprits disposés à recevoir ses lois; il avait des routes, des canaux, des ponts à construire, et personne pour lui contester les ressources; il avait même des nations prêtes à lui fournir leurs trésors, comme les Italiens, par exemple, pour contribuer à l'ouverture du Simplon, ou pour doter les hospices placés au sommet des Alpes. C'est que la Providence ne fait rien à demi : à un grand génie, elle procure une grande œuvre, et, à toute grande œuvre, un grand génie.

FIN DU LIVRE HUITIÈME.

LIVRE NEUVIÈME.

LES NEUTRES.

Suite des négociations avec les diverses cours de l'Europe. — Traité avec la cour de Naples. — Exclusion des Anglais des ports des Deux-Siciles, et obligation contractée par le gouvernement napolitain, de recevoir à Otrante une division française. — L'Espagne promet d'exiger par la force l'interdiction aux Anglais des côtes de Portugal. — Vastes projets maritimes du Premier Consul, tendant à faire agir de concert les forces navales de l'Espagne, de la Hollande et de la France. — Moyens imaginés pour secourir l'Égypte. — L'amiral Gantéaume, à la tête d'une division, sort de Brest par une tempête, et se dirige vers le détroit de Gibraltar, pour se rendre aux bouches du Nil. — Coalition générale de toutes les nations maritimes contre l'Angleterre. — Préparatifs des neutres dans la Baltique. — Ardeur belliqueuse de Paul Ier. — Détresse de l'Angleterre. — Une affreuse disette la tourmente. — Son état financier et commercial avant la guerre, et depuis. — Ses charges et ses ressources également doublées. — Déchaînement contre M. Pitt. — Son dissentiment avec Georges III, et sa retraite. — Ministère Addington. — L'Angleterre, malgré ses embarras, fait tête à l'orage, et envoie dans la Baltique les amiraux Nelson et Parker, pour rompre la coalition des neutres. — Plan de Nelson et de Parker. — Ils se décident à forcer le passage du Sund. — La côte suédoise étant mal défendue, la flotte anglaise passe le Sund, presque sans difficulté. — Elle se porte devant Copenhague. — L'avis de Nelson, avant de s'engager dans la Baltique, est de livrer bataille aux Danois. — Description de la position de Copenhague, et des moyens adoptés pour défendre cette importante place maritime. — Nelson fait une manœuvre hardie, et vient s'embosser dans la *Passe royale*, en face des bâtiments danois. — Bataille meurtrière. — Vaillance des Danois, et danger de Nelson. — Il envoie un parlementaire au prince régent de Danemark, et obtient par ce moyen les avantages d'une victoire. — Suspension d'armes de quatorze semaines. — Dans l'intervalle, on apprend la mort de Paul Ier. — Événements qui se sont passés en Russie. — Exaspération de la noblesse russe contre l'empereur Paul, et disposition à se débarrasser de ce prince par tous les moyens, même par un crime. — Le comte Pahlen. — Son caractère et ses projets. — Sa conduite avec le grand-duc Alexandre. — Projet d'assassinat caché sous un projet d'abdication forcée. — Scène affreuse au palais Michel, dans la nuit du 23 mars. — Mort tragique de Paul Ier. —

LIVRE IX.

Mars 1804.

Avénement d'Alexandre. — La coalition des neutres dissoute par la mort de l'empereur Paul. — Armistice de fait dans la Baltique. — Le Premier Consul essaie, en offrant le Hanovre à la Prusse, de la retenir dans la ligue des neutres. — L'Angleterre, satisfaite d'avoir dissous cette ligue par la bataille de Copenhague, et d'être délivrée de Paul Ier, songe à profiter de l'occasion, pour traiter avec la France, et pour réparer les fautes de M. Pitt. — Le ministère Addington fait offrir la paix au Premier Consul, par l'intermédiaire de M. Otto. — Acceptation de cette proposition, et ouverture à Londres d'une négociation entre la France et l'Angleterre. — La paix va devenir générale sur terre et sur mer. — Progrès de la France depuis le 18 brumaire.

Le Premier Consul veut profiter de la paix du continent pour amener la paix maritime.

La paix avec l'empereur et avec l'Empire ayant été signée à Lunéville, en février 1804, le Premier Consul était impatient d'en recueillir les conséquences. Ces conséquences devaient être de conclure la paix avec les États du continent qui ne s'étaient pas encore rapprochés de la République, de les contraindre à fermer leurs ports à l'Angleterre, de tourner contre celle-ci toutes les forces des neutres, de s'unir aux neutres pour préparer quelque grande opération contre le territoire et le commerce britanniques, de conquérir enfin par cet ensemble de moyens la paix maritime, complément indispensable de la paix continentale. Tout annonçait que ces grandes et heureuses conséquences ne se feraient pas longtemps attendre.

La Diète germanique avait ratifié la signature donnée par l'empereur au traité de Lunéville. On n'avait point à craindre qu'il en fût autrement, car l'Autriche disposait des États ecclésiastiques, les seuls véritablement opposés au traité. Quant aux princes séculiers, comme ils devaient être indemnisés de leurs pertes, avec la ressource des sécularisations, ils avaient intérêt à voir promptement acceptées les stipulations arrêtées entre l'Autriche et la France. Ils étaient en outre placés sous l'influence de la Prusse, que la France avait disposée à trouver bon ce qu'on venait de faire à Lunéville. D'ailleurs tout le monde alors voulait la paix, et était prêt à y contribuer, même par des sacrifices. Seulement la Prusse, en ratifiant la signature donnée par l'empereur, sans pouvoirs de la Diète, avait voulu accorder une ratification, qui eût plutôt la forme de la tolérance que celle de l'approbation, et qui réservât pour l'avenir les droits de l'Empire. Mais, la proposition de la Prusse, qui, tout en ratifiant le traité, contenait un blâme indirect pour l'Empereur, n'obtint point la majorité. Le traité fut ratifié, purement et simplement, par un *conclusum* du 9 mars 1801 (18 ventôse an IX). Les ratifications furent échangées à Paris le 16 mars (25 ventôse). Il ne restait plus qu'à régler le système des indemnités, ce qui devait être le sujet de négociations ultérieures.

Ratification du traité de Lunéville par la diète, le 9 mars.

La paix était donc faite avec la plus grande partie de l'Europe. Elle n'était pas encore signée avec la Russie, mais on était, comme on va le voir, engagé avec elle et les cours du Nord, dans une grande coalition maritime. On avait à Paris deux ministres russes à la fois, M. de Sprengporten pour l'affaire des prisonniers, M. de Kalitscheff pour le règlement des questions générales. Ce dernier venait d'arriver dans les premiers jours de mars (milieu de ventôse).

Restaient la cour de Naples et le Portugal à contraindre, pour que le continent tout entier fût fermé à l'Angleterre.

Murat s'était avancé vers l'Italie méridionale avec un corps d'élite, celui qui avait été formé au camp d'Amiens. Renforcé par plusieurs détachements tirés de l'armée du général Brune, il s'était porté à Foligno, afin d'obliger la cour de Naples à condescendre aux volontés de la France. Sans l'intérêt témoigné par l'empereur de Russie en faveur de cette cour, le Premier Consul aurait peut-être donné tout de suite à la maison de Parme le royaume des Deux-Siciles, afin d'arracher ce beau pays à une famille ennemie. Mais les dispositions manifestées par l'empereur Paul ne lui permettaient pas une telle résolution. Il voulait d'ailleurs ménager l'opinion de l'Europe, et, pour cela, il fallait éviter autant que possible le bouleversement des anciennes royautés. Il était donc prêt à concéder la paix à la cour de Naples, pourvu qu'elle rompît avec l'Angleterre. Mais cette détermination était la plus difficile de toutes à obtenir. Murat s'avança jusqu'aux frontières du royaume, en ayant soin d'éviter Rome, et en prodiguant au Pape les plus grands témoignages de respect. La cour de Naples ne résista plus, et signa un armistice qui stipulait, suivant les vœux du Premier Consul, l'exclusion des Anglais des ports des Deux-Siciles. Cependant l'armistice était court; il était de trente jours; il fallait, les trente jours écoulés, signer une paix définitive. Le marquis de Gallo, l'un des négociateurs de Campo-Formio, qui se vantait de connaître le Premier Consul, et d'avoir sur lui autant d'influence que M. de Cobentzel, s'était rendu à Paris. Il espérait qu'en s'appuyant sur ces relations toutes personnelles, sur la protection de la légation de Russie, et sur les recommandations de l'Autriche, il pourrait obtenir les conditions désirées par la cour de Naples, et consistant dans la simple neutralité. La prétention était ridicule, car une cour qui avait donné le signal de la seconde coalition, qui nous avait fait une guerre acharnée, qui avait enfin traité les Français indignement, ne devait pas, lorsqu'elle était à notre discrétion, en être quitte pour se séparer purement et simplement de l'Angleterre. C'était bien le moins qu'on l'obligeât, de gré ou de force, à faire contre l'Angleterre autant qu'elle avait fait contre la France.

M. de Gallo ayant montré quelque suffisance à Paris, ayant même paru s'appuyer, plus qu'il ne convenait, sur la légation russe, on mit une prompte fin à sa négociation. M. de Talleyrand lui déclara qu'un plénipotentiaire français était parti pour se rendre à Florence, que la négociation était par conséquent transportée dans cette ville, qu'il ne pouvait d'ailleurs traiter avec un négociateur, qui n'avait pas le pouvoir de consentir à la seule condition considérée comme essentielle, c'est-à-dire à l'expulsion des Anglais des ports des Deux-Siciles, condition qui était désirée par l'empereur Paul autant que par le Premier Consul lui-même. En conséquence M. de Gallo dut quitter Paris sur-le-champ. On venait, en effet, de faire partir pour Florence M. Alquier, rap-

Mars 1801.

Envoi de M. de Gallo à Paris.

Renvoi de M. de Gallo.

pelé de Madrid depuis que Lucien Bonaparte avait été envoyé en Espagne. M. Alquier avait des instructions et des pouvoirs pour traiter.

Ce plénipotentiaire se rendit à Florence en toute hâte, et y trouva le chevalier Micheroux, le même qui avait signé un armistice avec Murat, et qui venait de recevoir les pleins pouvoirs de sa cour. La négociation, transportée en ces lieux, faite sous les baïonnettes de l'armée française, ne devait plus rencontrer les mêmes difficultés qu'à Paris. Le traité de paix fut signé le 18 mars 1801 (27 ventôse an IX). On peut dire qu'il était modéré, si on le compare à la situation de la cour de Naples à l'égard de la République française. On laissait à cette branche de la maison de Bourbon l'intégralité de ses États. On ne lui demandait que la portion fort insignifiante de territoire, qu'elle possédait dans l'île d'Elbe. C'était Porto-Longone et la banlieue environnante. L'île d'Elbe appartenait alors partie à la Toscane, partie aux Deux-Siciles. L'intention du Premier Consul était de la donner tout entière à la France. Un historien des traités s'est fort élevé contre cette prétendue violence, comme si ce n'était pas là le plus simple droit de la victoire. Sauf cet insignifiant sacrifice, la cour de Naples ne perdait rien. Elle s'obligeait à fermer ses ports aux Anglais, à donner à la France trois frégates, armées et rendues à Ancône. Le Premier Consul les destinait à l'Égypte. La plus importante stipulation du traité était secrète. Elle obligeait le gouvernement napolitain à recevoir une division de 12 à 15 mille Français dans le golfe de Tarente, et à les nourrir pendant tout le temps de cette occupation. L'intention véritable et sans arrière-pensée du Premier Consul, était de les porter là, pour secourir l'Égypte. Ainsi placés, ils n'avaient que la moitié du chemin à faire pour se rendre à Alexandrie. Un dernier article stipulait la restitution des objets d'arts qui avaient été choisis à Rome pour la France, qui se trouvaient tout encaissés quand l'armée napolitaine avait pénétré dans les États du Pape en 1799, et dont la cour de Naples s'était emparée pour son propre compte. Une indemnité de 500 mille francs était accordée aux Français, qui avaient été pillés ou vexés par les bandes indisciplinées des Napolitains.

Mars 1801.

Le golfe de Tarente occupé par une division de 15 mille Français.

Tel fut ce traité de Florence, qu'on peut considérer comme un acte de clémence, quand on songe à la conduite antérieure de la cour de Naples, mais qui était parfaitement adapté aux vues du Premier Consul, uniquement occupé du soin de fermer les ports du continent à l'Angleterre, et de s'assurer des positions avantageuses pour communiquer avec l'Égypte.

Il ne stipula rien encore avec le Pape, dont le plénipotentiaire traitait à Paris la plus importante des questions, la question religieuse. Il était mécontent du roi de Piémont, qui avait livré la Sardaigne aux Anglais, et mécontent aussi du peuple piémontais, qui avait montré des dispositions peu amicales aux Français. Il voulut donc rester libre de tout engagement, à l'égard de cette partie si importante de l'Italie.

Restaient l'Espagne et le Portugal. Tout marchait au mieux de ce côté. La cour d'Espagne, enchantée des stipulations de Lunéville, qui assuraient la Toscane au jeune infant de Parme, avec le titre de roi, se montrait tous les jours plus dévouée au Premier Consul et à ses projets. Un événement prévu, la chute de M. d'Urquijo, loin de nuire à nos relations, n'avait fait que les rendre plus intimes. On ne l'avait pas cru d'abord, car M. d'Urquijo était en Espagne une espèce de révolutionnaire, duquel on aurait dû attendre plus de faveur pour la France que de la part de tout autre. Mais le résultat avait prouvé que c'était là une erreur. M. d'Urquijo avait gouverné fort peu de temps. Voulant corriger certains abus, il avait fait adresser au Pape, par le roi Charles IV, une lettre tout entière écrite de la main royale, et qui contenait une suite de propositions pour la réforme du clergé espagnol. Le Pape, effrayé de voir l'esprit réformateur s'introduire même en Espagne, s'était adressé au vieux duc de Parme, frère de la reine, pour se plaindre de M. d'Urquijo, et pour le peindre comme un mauvais catholique. Il n'en fallait pas davantage pour perdre M. d'Urquijo dans l'esprit du roi. Le prince de la Paix, ennemi déclaré de M. d'Urquijo, avait profité de l'occasion, et lui avait porté le dernier coup pendant un voyage de la cour. Par ces influences réunies, M. d'Urquijo venait d'être destitué avec une brutalité sans exemple. On l'avait enlevé de chez lui, et transporté hors de Madrid comme un criminel d'État. M. de Cevallos, parent et créature du prince de la Paix, avait été nommé son successeur. Ce prince était redevenu depuis ce moment, le véritable premier ministre de la cour d'Espagne. Comme il avait quelquefois montré une certaine opposition à l'alliance intime avec la France, probablement pour avoir occasion de blâmer le ministère espagnol, on craignait que cette révolution ministérielle ne fût nuisible aux projets du Premier Consul. Mais Lucien Bonaparte, arrivé récemment à Madrid, et jugeant bien la situation, négligea M. de Cevallos, espèce de titulaire impuissant, et se mit directement en rapport avec le prince de la Paix. Il fit entendre à ce prince que c'était lui qu'on regardait à Paris comme le véritable premier ministre de Charles IV, qu'on s'en prendrait à lui seul de toutes les difficultés que la politique française rencontrerait en Espagne, et qu'on serait à son égard, amis ou ennemis, suivant sa conduite. Le prince de la Paix qui avait soulevé de nombreuses haines, et notamment celle de l'héritier présomptif, profondément irrité de l'état d'oppression dans lequel il était condamné à vivre, le prince de la Paix, qui se sentait perdu si le roi et la reine venaient à mourir, regarda comme très-précieuse l'amitié des Bonaparte, et se hâta de préférer leur alliance à leur hostilité. Dès ce jour les affaires se traitèrent directement entre le prince de la Paix et Lucien. M. d'Urquijo, se sentant trop faible pour résoudre la question du Portugal, avait sans cesse différé une explication positive sur ce sujet. Il avait fait à la France mille promesses, jamais suivies de résultat. Le prince de la Paix avoua, dans ses entretiens avec Lucien, que jusqu'ici on n'avait rien voulu

Mars 1801.

Le prince de la Paix redevenu le personnage influent du gouvernement espagnol.

faire, que M. d'Urquijo avait amusé la France avec de belles paroles, mais il déclara qu'il était prêt, quant à lui, à se concerter avec le Premier Consul, pour agir efficacement contre le Portugal, si toutefois on parvenait à être d'accord sur certains points. Il demandait d'abord l'adjonction d'une division française de vingt-cinq mille hommes, car l'Espagne était hors d'état d'en mettre plus de vingt mille sur pied, tant cette belle monarchie était déchue. La présence d'une force française pouvait alarmer le roi et la reine; il fallait donc pour les rassurer tous les deux, que cette force fût placée sous le commandement d'un général espagnol. Ce général devait être le prince de la Paix lui-même. Enfin les provinces du Portugal dont on allait faire la conquête, devaient rester en dépôt entre les mains du roi d'Espagne jusqu'à la paix générale; en attendant, on tiendrait les ports du Portugal fermés à l'Angleterre.

Ces propositions furent admises par le Premier Consul, avec le plus grand empressement, et renvoyées à l'acceptation du roi Charles IV. Ce prince dominé par la reine, qui l'était elle-même par le prince de la Paix, consentit à la guerre contre son gendre, à condition qu'on n'enlèverait à celui-ci aucune partie de son territoire, qu'on l'obligerait seulement à rompre avec les Anglais, et à entrer dans l'alliance de la France et de l'Espagne. Ces vues ne répondaient pas tout à fait à celles du prince de la Paix, qui désirait, disait-on à Madrid, se ménager une principauté en Portugal. Quoi qu'il en soit, il fut obligé de se soumettre, et il reçut le grade de généralissime. Sommation fut faite à la cour de Lisbonne de s'expliquer avant quinze jours, et de choisir entre l'Angleterre et l'Espagne, celle-ci appuyée par la France. En attendant, on commença, des deux côtés des Pyrénées, les préparatifs de cette guerre. Le prince de la Paix, devenu généralissime des troupes espagnoles et françaises, enleva au roi jusqu'à ses propres gardes, pour arriver à composer une armée. Il amusa la cour avec des revues, avec des fêtes guerrières, et se livra aux plus beaux rêves de gloire militaire. Le Premier Consul, de son côté, se hâta de diriger vers l'Espagne une partie des troupes qui rentraient en France. Il forma une division de 25 mille hommes, bien armés et bien équipés. Le général Leclerc était chargé de commander l'avant-garde. Le général Gouvion-Saint-Cyr, qu'il regardait avec raison comme l'un des généraux les plus capables du temps, devait commander le corps d'armée tout entier, et suppléer à la parfaite incapacité du prince généralissime.

Il était convenu que ces troupes, mises en mouvement dès le mois de mars, seraient prêtes à entrer en Espagne, dans le courant d'avril.

L'Europe concourait donc tout entière à nos desseins. Sous l'influence du Premier Consul, les États du Midi fermaient leurs ports à l'Angleterre, et des États du Nord se liguaient activement contre elle. Dans cette situation, il fallait que cette puissance eût des forces partout : dans la Méditerranée, pour bloquer l'Égypte; au détroit de Gibraltar, pour arrêter le mouvement des flottes françaises, de l'une à l'au-

Mars 1801.

Une division française se prépare à entrer en Espagne pour servir sous les ordres du prince de la Paix.

tre mer; sur la côte de Portugal, pour secourir cet allié menacé; devant Rochefort et Brest, pour bloquer la grande escadre franco-espagnole, qui était prête à mettre à la voile; dans le Nord, pour contenir la Baltique, et empêcher le soulèvement des neutres. Il lui en fallait dans l'Inde enfin, pour y maintenir sa domination et ses conquêtes.

Combinaisons maritimes du Premier Consul.

Le Premier Consul voulait saisir ce moment unique, où les forces britanniques, obligées d'être partout à la fois, seraient nécessairement disséminées, pour essayer quelque grande expédition; la principale, celle qui lui tenait le plus à cœur, avait pour objet de secourir l'Égypte. Il avait de grands devoirs envers l'armée conduite par lui au delà des mers, et abandonnée ensuite pour venir au secours de la France. Il considérait d'ailleurs la colonie fondée sur les bords du Nil, comme la plus belle de ses œuvres. Il lui importait de prouver au monde, qu'en portant trente-six mille hommes en Orient, il avait, non pas cédé aux inspirations d'une jeune et ardente imagination, mais tenté une entreprise sérieuse, susceptible d'être conduite à bonne fin. On a vu les efforts essayés pour négocier un armistice naval, qui permît de faire entrer six frégates dans le port d'Alexandrie. Cet armistice, comme on s'en souvient, n'avait pas été conclu. N'ayant pas assez de ressources financières, pour suffire aux armements de terre et de mer, le Premier Consul n'avait pas pu entreprendre encore la vaste opération qu'il projetait pour secourir l'Égypte. Maintenant, délivré de la guerre continentale, pouvant exclusivement diriger ses ressources vers la guerre maritime, ayant l'étendue presque entière des côtes de l'Europe à sa disposition, il méditait, pour conserver l'Égypte, des projets aussi grands et aussi hardis que ceux qu'il avait exécutés pour la conquérir. La saison d'hiver s'y prêtait, en rendant impossible la continuation des croisières anglaises.

En attendant, des bâtiments de toute espèce, de commerce ou de guerre, depuis de simples avisos jusqu'à des frégates, partaient de tous les ports de la Hollande, de la France, de l'Espagne, de l'Italie, et même des côtes de Barbarie, pour porter en Égypte des nouvelles de France, des rafraîchissements, des denrées d'Europe, du vin, des munitions de guerre. Quelques-uns de ces bâtiments étaient pris, mais la plupart entraient dans Alexandrie, et il ne se passait pas une semaine sans qu'on eût au Kaire des nouvelles du gouvernement, et des signes de l'intérêt que lui inspirait la colonie.

Le Premier Consul formait en outre une marine adaptée aux parages de l'Égypte. Il avait arrêté le modèle d'un vaisseau de 74, qui pût joindre à une grande force l'avantage de franchir les passes d'Alexandrie, sans décharger son artillerie[1]. Les ordres étaient donnés pour en exécuter un certain nombre, d'après ce modèle.

Pendant qu'il prenait tous ces soins pour soutenir le moral de l'armée d'Égypte, en lui envoyant fréquemment des nouvelles et des secours partiels, le Premier Consul préparait une vaste expé-

[1] Lettre du 1er nivôse an ix (dépôt de la secrétairerie d'État).

dition, pour lui faire arriver d'un seul coup un grand secours en matériel et en troupes. Les armées rentraient sur le sol de la France. Elles allaient peser sur nos finances; mais, en revanche, elles présentaient au gouvernement de grands moyens, pour inquiéter, peut-être pour frapper l'Angleterre. Trente mille hommes étaient restés dans la Cisalpine, 10 mille en Piémont, 6 mille en Suisse; 15 mille s'acheminaient vers le golfe de Tarente; 25 mille se dirigeaient vers le Portugal; 25 mille étaient stationnés en Hollande. C'étaient 111 mille hommes, qui devaient vivre encore aux dépens de l'étranger. Le reste allait se trouver à la charge du trésor français, mais tout à fait à la disposition du Premier Consul. Un camp se formait en Hollande, un autre dans la Flandre française, un troisième à Brest. Un quatrième était déjà réuni dans la Gironde, soit pour le Portugal, soit pour fournir des troupes d'embarquement à Rochefort. Les corps revenant d'Italie se réunissaient vers Marseille et Toulon. La division de 15 mille hommes, destinée à se rendre dans le golfe de Tarente, devait occuper Otrante, en vertu d'un article secret du traité avec Naples, y couvrir les rades environnantes de nombreuses batteries et préparer un mouillage, où une flotte pourrait venir embarquer une division de 10 ou 12 mille hommes, afin de les porter en Égypte. L'amiral Villeneuve était parti pour ordonner sur les lieux mêmes les dispositions nécessaires à un tel embarquement.

Les forces navales de la Hollande, de la France, de

l'Espagne, et quelques restes de la marine italienne, placés auprès de ces divers rassemblements de troupes, devaient faire craindre à l'Angleterre des expéditions dirigées sur tous les points à la fois : sur l'Irlande, sur le Portugal, sur l'Égypte et les Indes.

Le Premier Consul s'était concerté avec l'Espagne et la Hollande, relativement à l'emploi des trois marines. En réunissant les débris de l'ancienne puissance hollandaise, on pouvait encore armer cinq bâtiments de haut bord et quelques frégates. Il y avait à Brest trente vaisseaux, dont quinze français, quinze espagnols, retenus dans ce port depuis deux ans. Le Premier Consul était convenu avec l'Espagne des dispositions suivantes. Cinq vaisseaux hollandais, réunis à cinq vaisseaux français et à cinq des vaisseaux espagnols de Brest, devaient se rendre au Brésil, pour protéger ce beau royaume, et empêcher l'Angleterre de se dédommager avec les colonies portugaises, de l'entreprise tentée en ce moment contre le Portugal. Vingt vaisseaux espagnols et français devaient, suivant cette convention, rester à Brest, et se tenir prêts à tout moment à jeter une armée en Irlande. Une division française, sous l'amiral Ganteaume, s'organisait, dans ce même port de Brest, pour se rendre, disait-on, à Saint-Domingue, et y rétablir les dominations française et espagnole. Une autre division française s'équipait à Rochefort, et une division espagnole de cinq vaisseaux au Ferrol, dans le but de porter des troupes aux Antilles, et de recouvrer la Trinité, par exemple, ou la Martinique. L'Espagne, par le traité qui lui assurait la

Mars 1801.

Distribution des trois marines de France, d'Espagne et de Hollande.

Mars 1801.

Toscane en échange de la Louisiane, avait promis de donner à la France six vaisseaux tout armés, de les livrer à Cadix, et de profiter des ressources de cet ancien arsenal pour réorganiser une partie des forces qu'elle y avait autrefois.

Le Premier Consul, en faisant ces arrangements, ne disait pas au cabinet espagnol sa véritable pensée, parce qu'il redoutait l'indiscrétion de ce cabinet. Il voulait bien envoyer une partie des forces combinées au Brésil et dans les Antilles, pour y atteindre le but avoué, et y attirer les flottes anglaises; mais, à Brest, il ne songeait qu'à une seule expédition, c'était celle de Ganteaume, annoncée pour Saint-Domingue, et destinée en réalité pour l'Égypte. Il avait ordonné de choisir les sept vaisseaux de l'escadre, les plus fins marcheurs, ainsi que deux frégates et un brick. Ces bâtiments devaient transporter cinq mille hommes de débarquement, des munitions de tout genre, des bois, des fers, des médicaments, et les denrées d'Europe les plus désirables en Égypte. Le Premier Consul avait ordonné de refaire le chargement déjà presque terminé, et de le recommencer d'après des dispositions nouvelles. Il voulait en effet que chaque vaisseau contînt un assortiment complet de tous les objets préparés pour la colonie, et non pas la totalité d'une même chose, afin que, si l'un d'eux était pris, l'expédition ne manquât pas entièrement des objets que contiendrait le bâtiment enlevé par l'ennemi. Cette disposition contrariait les habitudes de la marine, rendait plus difficile l'arrimage des bâtiments, mais la volonté absolue du Premier Consul avait vaincu tous les obstacles. Son aide-de-camp Lauriston était à Brest, joignant aux lettres dont il était porteur l'influence de sa présence et de ses excitations.

Mars 1801.

L'expédition de Rochefort, annoncée pour les Antilles, avait encore l'Égypte pour destination. On travaillait à l'équiper le plus rapidement possible. L'aide-de-camp Savary en pressait le départ, et y faisait arriver des troupes, détachées du corps d'armée du Portugal. La division de 25 mille hommes qui allait bientôt passer les Pyrénées, étant réunie dans la Gironde, fournissait un moyen commode pour dissimuler le but de l'expédition de Rochefort. On lui avait emprunté, en effet, sans que personne s'en doutât, quelques bataillons, afin de les placer sur l'escadre. Cette escadre devait être confiée au plus remarquable peut-être des hommes de mer que la France eût alors, à l'amiral Bruix. Cet amiral joignait à un esprit supérieur, toujours rare chez les hommes civils comme chez les hommes de guerre, une grande connaissance de la mer, et s'était signalé en 1799 par la belle croisière de la Méditerranée, si souvent citée. Lorsqu'au dernier moment, le général Bonaparte aurait dit son secret au cabinet de Madrid, l'amiral Bruix devait rallier en passant la division espagnole du Ferrol, toucher à Cadix pour y rallier la division donnée par l'Espagne, se rendre ensuite à Otrante, embarquer les troupes réunies sur ce point, et d'Otrante faire voile vers l'Égypte.

Cette division de Cadix, donnée par l'Espagne, se composait de six beaux vaisseaux, qu'on armait avec

Division de Cadix sous Dumanoir.

la plus grande hâte. L'amiral Dumanoir venait de partir en poste pour Cadix, afin d'en presser l'équipement. Des troupes de matelots s'acheminaient par terre vers ce port. On y envoyait en même temps de petits bâtiments chargés de marins, pour contribuer en les désarmant à former les équipages des bâtiments de guerre.

Ces nombreuses expéditions devaient attirer l'attention des Anglais sur tous les points à la fois, la diviser, la troubler, et l'une d'elles, profitant de ce trouble, avait la chance presque certaine d'arriver en Égypte. Voulant profiter de la mauvaise saison, qui rendait difficile et intermittente la croisière ennemie devant Brest, le Premier Consul tenait à faire partir avant le printemps l'escadre de l'amiral Ganteaume. Ses ordres à cet égard étaient formels; mais il ne lui était pas facile de communiquer à ses généraux de mer l'audace qui animait ses généraux de terre. L'amiral Ganteaume lui avait paru hardi et heureux, car c'était lui qui l'avait transporté miraculeusement d'Alexandrie à Fréjus. Mais ce n'était là qu'une illusion. Cet officier, marin très-expérimenté, connaissant bien les parages du Levant, brave au feu, était d'ailleurs un esprit incertain, et pliant sous le fardeau, dès qu'on le chargeait d'une grande responsabilité. L'expédition était prête; on avait embarqué plusieurs familles d'employés, en leur disant qu'elles allaient à Saint-Domingue; cependant on hésitait encore à partir. Savary, armé des ordres du Premier Consul, vainquit toutes les difficultés, et força Ganteaume à mettre à la voile. Des croiseurs ennemis s'en aperçurent, signalèrent le départ des Français à l'escadre de blocus, et Ganteaume fut obligé de revenir mouiller dans la rade extérieure, celle de Bertheaume. Il feignit alors de rentrer dans la rade intérieure, afin de persuader aux Anglais qu'il n'avait d'autre but que celui d'exercer ses équipages, en faisant des évolutions.

Mars 1801.

Enfin, le 23 janvier (3 pluviôse), par une tempête affreuse, qui dispersa la croisière ennemie, il mit à la voile, et, malgré les plus grands dangers, sortit heureusement du port de Brest, s'acheminant vers le détroit de Gibraltar. Le secours de Ganteaume était d'autant plus désirable, que la fameuse expédition, consistant en quinze ou dix-huit mille Anglais, tantôt destinée au Ferrol, tantôt à Cadix, tantôt au midi de la France, se dirigeait dans ce moment vers l'Égypte. Elle était dans la rade de Macri, vis-à-vis l'île de Rhodes, attendant la saison des débarquements, et l'achèvement des préparatifs faits par les Turcs.

L'ordre était donné à tous les journaux de la capitale de ne rien dire des mouvements qui se remarquaient dans les ports de France, à moins qu'ils n'empruntassent leurs nouvelles au *Moniteur*[1].

---

[1] Voici à ce sujet une lettre curieuse :

« *Le Premier Consul au ministre de la police générale*.

« Je vous prie, citoyen ministre, de prévenir par une petite circulaire les rédacteurs des quatorze journaux, de ne rien mettre qui puisse instruire l'ennemi des différents mouvements qui s'opèrent dans nos escadres, à moins que cela ne soit tiré du journal officiel.

« Paris, le 1er ventôse an IX. » (Dépôt de la secrétairerie d'État.)

Avant de suivre les opérations de nos escadres vers le Midi, il faut se reporter vers le Nord, et voir ce qui se passait alors entre l'Angleterre et les neutres.

Les plus grands dangers s'accumulaient en cet instant sur la tête du gouvernement britannique. La guerre avait enfin éclaté entre ce gouvernement et les puissances de la Baltique. La déclaration des neutres, semblable à celle qu'ils avaient faite en 1780, n'étant qu'une simple déclaration de leurs droits, l'Angleterre aurait pu dissimuler encore avec eux, ne pas prendre cette déclaration, qui s'adressait d'une manière générale à toutes les parties belligérantes, comme lui étant directement adressée, et s'appliquer pour l'instant à éviter les collisions, en ayant soin de ménager les bâtiments des Danois, des Suédois, des Prussiens et des Russes. Elle avait, en effet, beaucoup plus d'intérêt à se maintenir en paix avec le nord de l'Europe qu'à gêner le commerce des petites puissances maritimes avec la France. D'ailleurs le besoin qu'elle éprouvait dans le moment des blés étrangers, lui rendait à elle-même la liberté des neutres temporairement nécessaire. A la rigueur, elle n'avait de mesures de représailles à exercer qu'envers la Russie; car entre tous les membres de la ligue de neutralité, il n'y avait que l'empereur Paul qui eût ajouté à la déclaration la mesure de l'embargo. Encore l'avait-il fait bien plus pour la question de Malte que pour l'un des points contestés du droit maritime.

Mais l'Angleterre, dans son orgueil, avait répondu

à une exposition de principes par un acte de violence, et frappé d'embargo tous les navires russes, suédois et danois. Elle n'avait exclu de ces rigueurs que le commerce de la Prusse, qu'elle ménageait encore, parce qu'elle espérait la détacher de la coalition, et surtout parce que cette puissance avait le Hanovre sous sa main.

{Mars 1801.}

L'Angleterre se trouvait donc à la fois en guerre avec la France et l'Espagne, ses vieilles ennemies; avec les cours de Russie, de Suède, de Prusse, ses anciennes alliées; elle venait d'être abandonnée par l'Autriche depuis la paix de Lunéville, par la cour de Naples depuis le traité de Florence. Le Portugal, son dernier pied-à-terre sur le continent, allait lui être enlevé aussi. Sa situation était devenue celle de la France en 1793. Elle était réduite à lutter seule contre l'Europe entière, avec moins de dangers, il est vrai, que la France, et aussi moins de mérite à se défendre, parce que sa position insulaire la préservait du péril d'une invasion. Mais, pour rendre cette similitude de situation plus singulière et plus complète, l'Angleterre était en proie à une affreuse famine. Son peuple manquait des aliments de première nécessité. Tout cela était dû à l'entêtement de M. Pitt, et au génie du général Bonaparte. M. Pitt n'ayant pas voulu traiter avant Marengo, le général Bonaparte ayant désarmé une partie de l'Europe par ses victoires, et tourné l'autre contre l'Angleterre par sa politique, étaient incontestablement, l'un et l'autre, les auteurs de ce prodigieux changement de fortune.

{L'Angleterre en 1801, dans la position de la France en 1793.}

{M. Pitt et le général Bonaparte sont les auteurs de ce changement de fortune}

Mars 1801.

Mauvaise récolte en grains, et famine qui en est la suite.

Le cas était grave pour l'Angleterre, et il faut reconnaître que, dans ce moment, elle ne se laissa point abattre. La récolte de l'année précédente en grains, ayant été inférieure d'un tiers aux récoltes moyennes, toutes les réserves antérieures avaient été consommées. L'année 1800 ayant encore présenté un déficit d'un quart, la disette s'en était suivie. Cette disette avait été doublement aggravée par la guerre générale, et par la guerre particulière avec les puissances maritimes, parce que les approvisionnements en grains venaient ordinairement de la mer du Nord. Si donc la mauvaise récolte était la cause première de la famine, il était vrai de dire que la guerre en était une cause aggravante. N'aurait-elle influé que sur les prix, par la gêne apportée au commerce de la Baltique, elle aurait déjà exercé sur la détresse publique une influence des plus fâcheuses. Tous les impôts présentaient cette année des déficits inquiétants. L'*income tax*, les droits sur les consommations, faisaient craindre une insuffisance dans le revenu de 75 à 100 millions de francs[1]. Les charges de l'année étaient énormes. Il fallait, pour y suffire, ajouter aux recettes ordinaires un emprunt de 625 à 650 millions[2]. Le total des dépenses de l'année pour les trois royaumes (l'Irlande venait d'être réunie), devait, avec les intérêts de la dette créée par M. Pitt, s'élever à la somme de 1,723 millions de francs[3], somme énorme en tout temps, mais surtout en 1800, car à cette épo-

---

[1] 3 à 4 millions sterling.
[2] 25 ou 26 millions sterling. — [3] 69 millions sterling.

que, les budgets n'avaient pas encore reçu l'accroissement considérable que les quarante ans écoulés leur ont valu en tout pays. La France, comme nous l'avons dit, n'avait alors à supporter qu'une dépense de 600 millions. Le chiffre de la dette anglaise était, suivant l'usage, fort contesté; mais en prenant les évaluations mêmes du gouvernement[1], elle s'élevait en capital à 12 milliards 109 millions de francs[2]. Elle exigeait annuellement, pour le service de l'intérêt et de l'amortissement, une dépense de 504 millions[3], sans compter la dette d'Irlande, et les emprunts garantis pour le compte de l'empereur d'Allemagne. On accusait M. Pitt d'avoir, pour la guerre de la Révolution, accru le capital de la dette de plus de 7 milliards 500 millions[4]. D'après les aveux du gouvernement, il l'avait accru de 7 milliards 454 millions[5].

Mais il faut dire que l'Angleterre présentait un véritable phénomène d'accroissement en tout genre, et que la richesse y était augmentée dans la même proportion que les charges. Outre la conquête de l'Inde, achevée par la destruction de Tippoo-Saëb, outre la conquête d'une partie des colonies françaises, espagnoles et hollandaises, à laquelle venait de s'ajouter l'acquisition de l'île de Malte, l'Angleterre avait envahi le commerce du monde entier. D'après les états officiels, les importations, qui avaient

[1] Je tire tous ces chiffres des propositions de finances présentées au Parlement en juin 1801 par M. Addington, successeur de M. Pitt.
[2] 484,365,474 livres sterling. — [3] 20 millions 144 mille livres sterling. — [4] Plus de 300 millions sterling.
[5] 298 millions sterling.

Mars 1801.

été en 1781, vers la fin de la guerre d'Amérique, de 348 millions de francs[1], et en 1792, au commencement de la guerre de la Révolution, de 494 millions[2], venaient, en 1799, de s'élever à 748 millions[3]. Les exportations en produits manufacturés de l'Angleterre, qui avaient été en 1781 de 190 millions de francs[4], en 1792 de 622 millions[5], venaient de s'élever en 1799, à 849 millions[6]. Ainsi tout était triplé depuis la fin de la guerre d'Amérique, et à peu près doublé depuis la guerre de la Révolution. En 1788, le commerce anglais avait employé 13,827 navires et 107,925 matelots; il venait d'employer en 1801, 18,877 navires, et 143,661 matelots. Le revenu des impôts de consommation était monté de 183 millions de francs[7], à 389 millions[8]. La puissance de l'amortissement, qui était en 1784 de 25 millions de francs[9], se trouvait portée à 137 millions[10] en 1800.

Toutes les forces de l'empire britannique avaient donc reçu un accroissement du double ou du triple depuis vingt ans, et si la gêne était grande dans le moment, c'était la gêne du riche. Il est bien vrai que l'Angleterre avait une dette de plus de 12 milliards, une charge annuelle de 500 millions pour le service de cette dette; qu'elle avait à supporter cette année une dépense de 1,700 millions, et

---

[1] 12,724,000 livres sterling. — [2] 19,659,000 livres sterling.
[3] 29,945,000 livres sterling. — [4] 7,633,000 livres sterling.
[5] 24,905,000 livres sterling. — [6] 33,991,000 livres sterling.
[7] 7,320,000 livres sterling. — [8] 15,587,000 livres sterling.
[9] Un million sterling. — [10] 5,500,000 livres sterling.

un emprunt à faire de 600 millions, pour subvenir à ses besoins. Tout cela était énorme sans doute, si on songe d'ailleurs aux valeurs du temps; mais l'Angleterre avait aussi des forces proportionnées à ces charges. Quoiqu'elle ne fût pas puissance continentale, elle comptait 193 mille hommes de troupes réglées, 109 mille de milices et fencibles, en tout 302 mille hommes. Elle possédait 814 bâtiments de guerre de toute grandeur, en construction, en réparation, en armement, en course. Dans le nombre se trouvaient 100 vaisseaux de ligne et 200 frégates sous voile, répandus dans toutes les mers; 20 vaisseaux et 40 frégates de réserve, prêts à sortir des ports. On ne pouvait donc pas estimer sa force effective, à moins de 120 vaisseaux de ligne et 250 frégates, montés par 120 mille matelots. A ces forces matérielles colossales, l'Angleterre joignait une foule d'officiers de marine du plus grand mérite, et à leur tête un grand homme de mer, Nelson. C'était un caractère bizarre, violent, qu'il ne fallait pas charger d'un commandement où la politique serait mêlée à la guerre; et tout récemment encore il en avait donné la preuve à Naples, en laissant compromettre son nom par des femmes, dans les sanglantes exécutions ordonnées par le gouvernement napolitain. Mais au milieu du danger c'était un héros; il y déployait autant d'intelligence que d'audace. Les Anglais étaient justement fiers de sa gloire.

L'Angleterre et la France ont rempli le siècle présent de leur formidable rivalité. Le moment auquel

Mars 1801.

Forces navales de l'Angleterre en 1801.

nous sommes parvenus dans ce récit, est l'un des plus remarquables de la lutte qu'elles ont soutenue l'une contre l'autre. Toutes deux venaient de combattre pendant huit années. La France, avec des ressources financières beaucoup moins vastes, mais plus solides peut-être, parce qu'elles étaient fondées sur un revenu territorial, la France avec une population double, avec l'enthousiasme qu'inspire une belle cause, avait résisté à l'Europe, porté son territoire jusqu'au Rhin et aux Alpes, obtenu la domination de l'Italie, et une influence décisive sur le continent. L'Angleterre, avec les produits du commerce du monde, avec une puissante marine, avait acquis sur les mers la prépondérance que la France venait d'acquérir sur terre. Elle avait jeté, en les soldant, les puissances européennes sur sa rivale, et les avait poussées à se battre, jusqu'à se faire détruire. Mais tandis qu'elle les exposait à être écrasées pour son service, elle prenait les colonies de toutes les nations, opprimait les neutres, se vengeait des succès de la France sur terre, par une intolérable domination sur mer; et cependant bien que victorieuse sur cet élément, elle n'avait pu empêcher la France de se créer en Égypte un magnifique établissement maritime, menaçant même pour les Indes britanniques.

Il s'opérait alors, comme nous l'avons déjà dit ailleurs, un revirement étrange dans l'opinion générale. La France, admirablement gouvernée, paraissait, aux yeux du monde, humaine, sage, tranquille, et, ce qui va si bien ensemble, victorieuse et modérée. Tandis que tous les cabinets lui revenaient, tous s'apercevaient en même temps du rôle de dupe qu'ils avaient joué à la suite de la politique anglaise. L'Autriche s'était fait battre pour l'Angleterre autant que pour elle-même. Pour cette même Angleterre, l'empire germanique avait été démembré. Les puissances du Nord, la Russie en tête, reconnaissaient enfin que, sous prétexte de poursuivre un but moral, en combattant la Révolution française, elles n'avaient servi qu'à procurer à l'Angleterre le commerce de l'univers. Aussi tout le monde en cet instant se tournait-il contre la dominatrice des mers. Paul Ier en avait donné le signal avec l'impétuosité de son caractère ; la Suède l'avait suivi sans hésiter ; le Danemark et la Prusse l'avaient suivi également, quoique avec moins de résolution. L'Autriche, vaincue et revenue de ses illusions, dévorait son chagrin en silence, et, pour le moment du moins, se promettait de résister long-temps à l'influence des subsides britanniques.

L'Angleterre recueillait les conséquences de la politique qu'elle avait adoptée ; elle avait doublé ses colonies, son commerce, ses revenus, sa marine, mais elle avait doublé aussi sa dette, ses dépenses, ses charges, ses ennemis, et elle présentait, à côté d'une fortune immense, la hideuse misère d'un peuple mourant de faim. La France, l'Espagne, la Russie, la Prusse, le Danemark, la Suède, étaient ligués contre elle. La France, l'Espagne et la Hollande réunies comptaient 80 vaisseaux armés et pouvaient en armer davantage. La Suède en comptait 28, la Russie 35, le Danemark 23. C'était donc une masse totale de 166 vaisseaux, force bien supérieure à celle de la marine britannique. Mais l'Angleterre avait, de son côté, un grand avantage, c'était d'avoir affaire à une coalition; de plus ses armements surpassaient en qualité ceux de tous les coalisés. Il n'y avait que les vaisseaux danois et français qui pussent tenir tête aux siens; encore le pouvaient-ils difficilement en combattant en escadres nombreuses, la marine anglaise étant devenue la plus manœuvrière du monde. Cependant le danger devenait menaçant, car si la lutte durait, le général Bonaparte était capable de tenter quelque expédition formidable, et s'il réussissait à traverser le détroit avec une armée, l'Angleterre était perdue.

La vieille fortune de M. Pitt allait, comme celle de M. de Thugut, fléchir devant la fortune naissante du jeune général Bonaparte. M. Pitt avait eu la plus brillante destinée de son siècle, après celle du Grand-Frédéric. Il avait quarante-trois ans seulement, et il comptait déjà dix-sept ans de domination, et d'une domination à peu près absolue, dans un pays libre. Mais sa fortune était vieille, et celle du général Bonaparte était jeune au contraire; elle naissait à peine. Les fortunes se succèdent dans l'histoire du monde, comme les êtres dans l'univers, elles ont leur jeunesse, leur décrépitude et leur mort. La fortune bien autrement prodigieuse du général Bonaparte, devait un jour succomber, mais en attendant elle devait voir succomber sous son ascendant, celle du plus grand ministre de l'Angleterre.

La Grande-Bretagne semblait menacée d'une espèce de bouleversement social. Le peuple, réduit à une affreuse disette, se soulevait partout, pillait dans les campagnes les belles habitations de l'aristocratie britannique, et dévastait dans les villes les boutiques de boulangers ou les magasins de denrées. Il se trouvait à Londres en 1801, comme à Paris en 1792, d'aveugles amis de ce peuple, qui provoquaient des mesures contre les prétendus *accapareurs*, et réclamaient le *maximum*, sauf, il est vrai, la dénomination, qui était différente. Cependant ni le gouvernement, ni le Parlement ne paraissaient disposés à céder à ces folles demandes. On reprochait à M. Pitt toutes les souffrances du moment; on disait que c'était lui qui, en accablant le pays d'impôts, en doublant la dette, avait fait monter les objets de première nécessité à un prix exorbitant; que c'était lui qui, en s'obstinant à poursuivre une guerre insensée, en refusant de traiter avec la France, avait fini par tourner toutes les nations maritimes contre l'Angleterre, et par enlever au peuple anglais la ressource indispensable des grains de la Baltique. L'opposition voyant pour la première fois depuis dix-sept ans, M. Pitt ébranlé, redoublait d'ardeur. M. Fox, qui avait depuis si longtemps négligé de siéger au Parlement, venait d'y reparaître. MM. Sheridan, Tierney, les lords Grey et Holland, multipliaient leurs attaques, et ce qui n'arrive pas toujours aux oppositions passionnées, avaient raison cette fois contre leurs adversaires.

Mars 1801.

Déchaînement contre M. Pitt.

Ardeur de l'opposition contre M. Pitt ébranlé.

M. Pitt, malgré son assurance accoutumée, avait peu de chose à répondre, en effet, quand on lui demandait pourquoi il n'avait pas traité avec la France lorsque le Premier Consul proposait la paix avant la journée de Marengo? pourquoi tout récemment encore, et avant Hohenlinden, il n'avait pas consenti, sinon à l'armistice naval, qui aurait donné aux Français des chances de se maintenir en Égypte, du moins à la négociation séparée qui était par eux offerte? pourquoi il avait si maladroitement laissé perdre l'occasion de faire évacuer l'Égypte, en refusant de ratifier la convention d'El-Arisch? pourquoi il n'avait pas ménagé les neutres, en cherchant à gagner du temps avec eux? pourquoi il n'avait pas imité lord North, qui en 1780 se garda bien de répondre à la déclaration des puissances maritimes, par une déclaration de guerre? pourquoi il s'était mis ainsi l'Europe entière sur les bras, pour des questions douteuses de droit des gens, sur lesquelles toutes les nations différaient d'avis, et qui, dans ce moment, intéressaient peu l'Angleterre? pourquoi, dans le but d'interdire à la France l'arrivée de quelques bois de construction, de quelques fers, de quelques chanvres, qui n'étaient pas capables de relever sa marine, il exposait l'Angleterre à être privée de blés étrangers? pourquoi enfin une armée anglaise s'était vainement promenée de Mahon au Ferrol, du Ferrol à Cadix, sans aucun résultat utile?—l'opposition, comparant la conduite des affaires de l'Angleterre avec celle des affaires de la France, demandait à M. Pitt, avec une amère ironie, ce qu'il avait à dire de ce jeune Bonaparte, de ce jeune téméraire, qui, suivant le langage ministériel, devait, comme ses prédécesseurs, n'avoir qu'une existence éphémère, et qui ne méritait même pas qu'on daignât traiter avec lui?

M. Pitt avait peine à tenir tête à MM. Fox, Sheridan, Tierney, aux lords Grey et Holland, lui adressant ces pressantes questions à la face de l'Angleterre, épouvantée du nombre de ses ennemis, et troublée par les cris d'un peuple affamé demandant du pain sans l'obtenir.

A tout cela M. Pitt répondait faiblement. Il répétait toujours son argument favori, que, s'il n'avait pas fait la guerre, la constitution anglaise aurait péri; et il citait comme exemple, Venise, Naples, le Piémont, la Suisse, la Hollande, les États ecclésiastiques d'Allemagne, comme si on pouvait croire que ce qui était arrivé à quelques puissances italiennes ou allemandes de troisième ordre, serait arrivé à la puissante Angleterre, et à sa constitution libérale. Il répondait, et cette fois avec plus de raison, que si la France avait beaucoup grandi sur terre, l'Angleterre avait beaucoup grandi sur mer; que sa marine s'était couverte de gloire; que si sa dette et ses impôts étaient doublés, sa richesse était doublée aussi, et que sous tous les rapports, l'Angleterre était plus puissante aujourd'hui qu'avant la guerre. Tout cela ne pouvait être contesté. M. Pitt ajoutait, du reste, que le Premier Consul, paraissant établi d'une manière plus solide, on se disposait à traiter avec lui. Mais quant à ce qui regardait les droits de la neutralité, il se montrait inflexible. Si l'Angleterre, disait-il, se rendait aux doctrines des puissances neutres, il suffirait d'une chaloupe canonnière, pour convoyer le commerce du monde entier. L'Angleterre ne pourrait plus rien contre le négoce de ses ennemis; elle ne pourrait plus empêcher l'Espagne de recevoir les trésors du Nouveau-Monde, ni la France de recevoir les munitions navales du Nord. Il faut, s'écriait-il, nous envelopper de notre drapeau, et nous ensevelir sous les mers, plutôt que de permettre l'admission de tels principes, dans le droit maritime des nations.

Deux sessions du Parlement venaient de se succéder l'une à l'autre, sans intervalle. En novembre 1800, s'était assemblé pour la dernière fois ce qu'on appelait le Parlement d'Angleterre et d'Écosse; en janvier 1801 s'était assemblé pour la première fois le PARLEMENT UNI des trois royaumes, en vertu du bill qui réunissait l'Irlande à la Grande-Bretagne. Dans ces deux sessions, les discussions avaient continué sans relâche, et avec une singulière violence. M. Pitt était visiblement affaibli, non pas sous le rapport du nombre des suffrages dans le Parlement, mais sous le rapport de l'influence et de l'autorité morales. Tout le monde sentait qu'en s'obstinant à faire la guerre contre la France, il avait dépassé le but et manqué, la veille de Marengo, la veille de Hohenlinden, l'occasion de traiter avantageusement. Manquer l'occasion est, pour les hommes d'État comme pour les hommes de guerre, un malheur irréparable. Le moment de faire la paix une fois passé, la fortune avait tourné contre M. Pitt. Il se sentait, et on le sentait vaincu, par le génie du jeune général Bonaparte.

Mars 1801.

On doit lui rendre, ainsi qu'à l'Angleterre, la justice de reconnaître que, pendant cette affreuse disette, les mesures employées furent pleines de modération. Le *maximum* fut repoussé. On se contenta d'accorder des primes considérables à l'importation des grains, d'interdire l'emploi du froment dans la distillerie, de ne plus donner les secours des paroisses en argent, ce qui aurait augmenté le prix du pain, mais en matières alimentaires, telles que viandes salées, légumes, etc. Une proclamation royale, adressée à toutes les classes aisées qui pouvaient varier leurs aliments, les engageait à faire dans l'intérieur des maisons la moindre consommation possible de pain. Enfin on expédia des flottes nombreuses pour aller chercher du riz dans l'Inde, du blé en Amérique, et dans la Méditerranée. On tâcha même d'en extraire de France, en faisant la contrebande sur les côtes de la Bretagne et de la Vendée.

Mesures relatives à la disette.

Cependant, au milieu de cette détresse courageusement supportée, M. Pitt ne négligeait pas le soin de la guerre et il avait tout disposé pour une campagne audacieuse dans la Baltique, dès que la saison le permettrait. Il voulait frapper le Danemark, puis la Suède, et se porter jusqu'au fond du golfe de Finlande, pour y menacer la Russie. Mais on ignore, même dans sa patrie, si, en cet instant, il souhaitait sérieusement demeurer à la tête des affaires d'Angleterre. Toujours est-il qu'il souleva dans le sein du cabinet deux questions, dont l'une, fort peu convenable dans un tel moment, amena sa retraite. On a vu qu'après de grands efforts, tentés l'année précédente, il avait obtenu ce qu'on appelait *l'union de l'Irlande*, c'est-à-dire, la réunion en un seul, des parlements d'Irlande, d'Écosse et d'Angleterre. Cette mesure avait semblé une sorte de victoire politique, en présence surtout des tentatives réitérées de la République Française pour faire insurger l'Irlande. Mais elle n'avait été arrachée à l'indépendance des Irlandais, qu'en donnant aux catholiques l'espérance formelle de leur *émancipation*. On avait dit en effet aux catholiques que jamais ils n'obtiendraient leur affranchissement des préjugés d'un parlement irlandais, assertion parfaitement vraie; mais il paraît qu'on avait fait des promesses, équivalant à des engagements positifs, ce qu'on ne peut s'empêcher de considérer comme une faute grave, s'il est vrai que ces engagements fussent de telle nature, que M. Pitt fût personnellement obligé d'accorder l'émancipation ou de se retirer. C'était promettre une chose alors impossible. Quoi qu'il en soit, au mois de février 1801, dès la première convocation du *parlement uni*, M. Pitt demanda l'émancipation au roi Georges III. Ce prince, à la fois protestant et dévot, crut son serment compromis par une telle mesure; il la refusa obstinément. M. Pitt lui demanda une autre chose, celle-ci fort sensée, c'était de ne pas considérer l'occupation du Hanovre par la Prusse, comme un acte d'hostilité, et de ménager cette puissance, afin de se conserver une relation au moins sur le continent. Le sacrifice était trop grand pour un prince de la maison de Hanovre. La querelle entre le roi et le ministre s'échauffa, et, le 8 février 1801, M. Pitt donna sa démission avec la plupart de ses collègues, MM. Dundas, Windham, et lord Grenville, etc. Cette démission, après un ministère de dix-sept années, dans des circonstances si extraordinaires, produisit la plus vive surprise. On ne put se décider à la regarder comme naturelle, on prêta des motifs secrets à M. Pitt, et il s'établit dès lors une opinion populaire, que les historiens ont propagée depuis, c'est que M. Pitt, voyant venir la nécessité d'une paix momentanée, avait consenti à se mettre à l'écart pour quelques mois, afin de laisser faire cette paix par d'autres que par lui, et de revenir ensuite au timon des affaires, quand cette nécessité d'un moment serait passée. Ce sont là de ces motifs que le vulgaire prête aux hommes publics, et que les écrivains mal informés répètent comme ils les ont recueillis. M. Pitt n'avait prévu ni la paix d'Amiens, ni sa courte durée[1]; il ne croyait pas, d'ailleurs, la paix incompatible avec sa présence aux affaires, puisqu'il avait consenti aux fameuses négociations de Lille en 1797, et que tout récemment encore il avait nommé M. Thomas Grenville pour se rendre à Lunéville. Mais M. Pitt s'était beaucoup avancé avec les catholiques; il avait commis une faute que commettent souvent les hommes publics, celle

Mars 1801.

Démission de M. Pitt.

---

[1] J'ai obtenu les détails que je rapporte ici, de plusieurs contemporains de M. Pitt, très-liés avec lui, mêlés aux négociations ministérielles de cette époque, et occupant encore aujourd'hui des situations éminentes en Angleterre.

Mars 1801.

de sacrifier à l'intérêt du jour l'intérêt du lendemain. Ayant trop promis, il sentait l'embarras de manquer à ses promesses, dans une position grave, où quelques ennemis de plus suffisaient pour l'accabler. Il est vrai qu'il affirma beaucoup depuis n'avoir jamais contracté des engagements positifs à l'égard de l'émancipation des catholiques, et c'était nécessaire pour le justifier d'une telle imprudence. Quoi qu'on en puisse penser, il n'y eut jamais une occasion où les périls d'un pays permissent, commandassent au même degré, d'ajourner l'exécution des engagements pris, car en 1801 l'Angleterre avait au dedans la famine, et au dehors la guerre avec toute l'Europe. Cependant M. Pitt se retira, et on ne peut considérer cette retraite autrement que comme une faiblesse d'un homme supérieur. Il est évident qu'entouré d'embarras effrayants, M. Pitt ne fut pas fâché d'échapper à cette situation, sous le prétexte honorable d'une fidélité inviolable à ses engagements. Il donna sa démission, au grand désespoir du roi, au grand mécontentement du parti ministériel, au grand effroi de l'Angleterre, qui voyait, avec une profonde anxiété, des hommes nouveaux et inexpérimentés, saisir en ce moment le timon des affaires. M. Pitt se fit remplacer par M. Addington, qui était sa créature, et qu'il avait fait porter à la présidence des Communes, pendant une longue suite d'années. Lord Hawkesbury, depuis lord Liverpool, remplaça M. Grenville aux affaires étrangères. C'étaient des hommes sages, modérés, mais peu capables, tous deux amis de M. Pitt, et pendant quelque temps dirigés par ses conseils. Ce fut là

Formation du ministère Addington.

le motif qui contribua, plus qu'aucun autre, à faire dire et croire que la retraite de M. Pitt était simulée.

Mars 1801.

Ces violentes agitations avaient mis la faible raison de Georges III à une épreuve trop forte. Il fut saisi d'un nouvel accès de démence, et, pendant près d'un mois, se trouva hors d'état de régner. M. Pitt avait donné sa démission; M. Addington et lord Hawkesbury étaient ministres désignés, mais n'étaient pas encore entrés en charge. M. Pitt, quoiqu'il eût cessé d'être ministre, fut véritablement roi d'Angleterre, pendant cette crise de près d'un mois, et le fut du consentement de tout le monde. Des explications eurent lieu sur ce sujet, dans la Chambre des Communes. Elles étaient d'une nature fort délicate; elles furent demandées, et données dans le plus noble langage, par MM. Sheridan et Pitt. Toutes les motions d'usage en Angleterre sur l'état du pays avaient été suspendues, et il pouvait venir à quelques esprits défiants la pensée que M. Pitt prolongeait volontairement l'espèce de royauté dont il jouissait. — Qu'on veuille bien, dit-il, nous en croire; dans le cas où nous ne pourrions plus recevoir des ordres de la bouche de Sa Majesté, nous proposerions des mesures qu'il n'est pas besoin de définir, mais que nous ne ferions pas attendre un seul jour. Nous restons, par devoir, dans une situation extraordinaire, et que nous ne voudrions pas, pour tout au monde, faire durer un instant de plus que la stricte nécessité. — M. Sheridan répondit à ces paroles, en témoignant l'entière confiance que ni M. Pitt, ni aucun autre ministre, ne voudrait profiter de l'état

Georges III atteint d'un nouvel accès de démence.

de la santé du roi, pour prolonger d'une minute un pouvoir équivalent à la royauté même.

La plus délicate réserve fut observée. Le mot qui caractérisait la véritable situation du roi, celui de folie, ne fut pas prononcé une seule fois; et on attendit avec anxiété, mais avec une dignité parfaite, la fin de cette crise extraordinaire. Pendant ce temps, M. Pitt faisait voter les subsides, que personne ne contestait; les flottes anglaises se préparaient dans les ports, et les amiraux Parker et Nelson sortaient d'Yarmouth avec 47 voiles, se dirigeant vers la Baltique.

Au milieu de mars, le roi fut enfin rétabli. M. Pitt transmit les rênes du gouvernement à M. Addington et à lord Hawkesbury. Les nouveaux ministres s'expliquant, suivant l'usage, à leur entrée en charge, ne manquèrent pas de déclarer à la tribune du Parlement, qu'ils étaient pleins d'estime pour leurs prédécesseurs, et qu'ils considéraient leur politique comme une politique salutaire, qui avait sauvé l'Angleterre. Ils affirmèrent, en conséquence, qu'ils se conduiraient d'après les mêmes principes et d'après les mêmes errements. — Que venez-vous donc faire au pouvoir? leur dirent MM. Sheridan, Grey, Fox. Si c'est pour tenir la même conduite, les ministres qui sortent étaient beaucoup plus capables que vous de gérer les affaires du royaume. —

Des hommes impartiaux, membres du Parlement, blâmèrent M. Pitt d'abandonner le gouvernement de l'État dans un moment aussi difficile, et de se retirer sans des raisons suffisantes. L'opposition elle-même eut le tort de lui reprocher de faire sa retraite aux dépens du roi, en publiant que le roi refusait l'*émancipation*, mesure extrêmement populaire. Ce reproche était déraisonnable, et contraire aux vrais principes constitutionnels. M. Pitt, en se retirant, était bien obligé de dire pourquoi; et, si le roi lui avait refusé l'*émancipation*, il avait parfaitement le droit de le déclarer. Il le dit, du reste, dans un langage d'une extrême convenance. Mais il demeurait évident que ce refus était plutôt un prétexte qu'un motif véritable, et que M. Pitt reculait devant une situation plus forte que son courage. Son étoile venait de pâlir devant une étoile naissante, destinée à jeter un bien autre éclat que la sienne. Quoiqu'il ait reparu depuis aux affaires, pour y mourir, sa fin véritable date de ce jour. M. Pitt, après avoir régné dix-sept ans, laissait son pays accru en richesses et en dettes, à la fois plus grand et plus chargé. C'était un orateur accompli, comme organe du gouvernement, un chef de parti habile et puissant, mais un homme d'État peu éclairé, ayant commis de grandes fautes, et tout plein des préjugés de sa nation. C'est l'Anglais qui a le plus haï la France. Cette considération ne doit pas nous rendre injustes : sachons honorer le patriotisme, même quand il a été employé à combattre le nôtre.

Bien que M. Addington et lord Hawkesbury ne fussent pas comparables à M. Pitt, le mouvement était donné, et le navire britannique allait marcher quelque temps encore, de l'impulsion que lui avait imprimée la main du ministre déchu. Les subsides

Mars 1801.

Vie et caractère de M. Pitt.

étaient demandés et obtenus; les flottes anglaises étaient lancées vers la Baltique, pour vider la grande question du droit des neutres, et une armée, transportée sur les vaisseaux de l'amiral Keith, s'acheminait vers l'Orient pour disputer l'Égypte aux Français.

L'amiral Parker, marin vieux et expérimenté, sachant se conduire dans les circonstances difficiles, commandait en chef la flotte de la Baltique. Nelson était à côté de lui, pour le cas où il faudrait livrer bataille. Celui-ci, en effet, n'était propre qu'à combattre; mais il était doué d'un heureux instinct pour la guerre, et raisonnait bien sur les choses de son état. Il voulait que, sans attendre la seconde partie de la flotte anglaise, on franchît le Sund, pour se porter tout de suite à Copenhague, que par un acte de vigueur on détachât le Danemark de la coalition, et qu'on vînt ensuite se placer dans la Baltique, au milieu de toutes les flottes coalisées, empêchant leur jonction, et leur faisant dès lors la loi à toutes. Cette combinaison était juste, mais on était en mars, les glaces couvraient encore les mers du nord, et suffisaient à elles seules pour empêcher une jonction, que du reste Nelson avait raison de craindre, car elle eût mis fort en danger l'escadre britannique.

Cette escadre, forte de 17 vaisseaux de haut bord, et de 30 frégates ou bâtiments légers, parut le 30 mars dans le Cattégat. Le Cattégat est le premier golfe que forme le Danemark, en se rapprochant de la Suède.

Les neutres faisaient leurs préparatifs avec une extrême activité. L'empereur Paul, plein de son ardeur accoutumée, avait stimulé la Suède, le Danemark, la Prusse, et menacé de son inimitié ceux qui ne se montreraient pas aussi zélés qu'il l'était lui-même. Le Danemark et la Prusse auraient mieux aimé commencer par négocier; mais les menaces de Paul, les conseils, non pas menaçants, mais sévères du Premier Consul, accompagnés de la promesse formelle des secours de la France, avaient entraîné ces deux cours. Le Danemark d'ailleurs, voyant les Anglais répondre à une déclaration de principes par une déclaration de guerre, n'avait pas cru qu'il lui fût permis de reculer, et il se mettait en mesure de résister avec énergie. La Prusse, pressée entre la Russie et la France, ayant perdu le rôle de médiatrice depuis que Paul Iᵉʳ et le Premier Consul s'étaient attachés l'un à l'autre, et, au lieu de les conduire, réduite à les suivre, attendant dès lors de leur bonne volonté seule un partage des indemnités allemandes avantageux à ses intérêts, la Prusse voulut leur complaire par sa fermeté. Elle tint donc tête à l'Angleterre, et répondit à ses ménagements, par des protestations de fidélité à la cause des neutres. Elle interdit aux Anglais toutes les côtes de la mer du Nord, depuis la Hollande jusqu'au Danemark; elle leur ferma les embouchures de l'Ems, du Weser, de l'Elbe, et plaça des troupes et des batteries aux points principaux de ces embouchures. Enfin, elle fit occuper le Hanovre par un corps d'armée. Cette démarche était la plus grave et la plus décisive de toutes. Le Premier Consul l'en récompensa par des témoignages éclatants de satisfaction, et par la pro-

Mars 1801.

La Prusse, pour complaire à la Russie et à la France, se prononce avec énergie.

messe positive d'un partage avantageux pour elle des indemnités germaniques.

Le Danemark, de son côté, fit occuper Hambourg et Lubeck. Le petit port de Cuxhaven, qui appartenait aux Hambourgeois, et qui était le seul dans lequel les Anglais auraient pu aborder, avait déjà été occupé par la Prusse. Ainsi donc, il ne restait aux Anglais que la mer et leurs vaisseaux. Ils n'avaient pas un seul point où ils pussent jeter l'ancre. C'était à eux à se rouvrir par la force les accès du continent.

Il fallait, pour pénétrer du Cattégat dans la Baltique, traverser le fameux détroit du Sund. (Voir la carte n° 17.) Ce détroit est formé par le rapprochement de la côte du Danemark avec la côte de Suède. Entre Helseneur et Helsingborg, il est large de 2,300 toises. Les batteries, placées sur les deux rivages opposés, pourraient croiser leurs feux, mais pas assez pour causer un grand dommage à une flotte. Cependant, comme le canal est plus profond vers la côte de Suède, les bâtiments de guerre d'une grande dimension sont obligés de se rapprocher de cette côte, et, en la défendant par des batteries, on aurait pu rendre le passage difficile pour les Anglais. Mais la côte suédoise n'était pas armée, et ne l'avait jamais été antérieurement. En effet, elle ne présente aucun port où les vaisseaux de commerce soient tentés d'aborder. Il n'y a dans le Sund d'autre port que celui d'Helseneur, appartenant au Danemark; et de là est venu qu'on a élevé des défenses sur la côte danoise, et presque aucunes sur la côte suédoise. On a construit sur la première la forteresse de Kronenbourg, parfaitement armée. De là aussi est venu l'usage de payer aux Danois, et point aux Suédois, le péage établi sur le Sund. Dans un tel état de choses, il aurait fallu créer sur la côte de Suède des ouvrages qui n'existaient pas. Le roi Gustave-Adolphe, qui était, après Paul, le plus animé des membres de la ligue, en avait parlé au czar, lors de son récent voyage à Pétersbourg; mais ils avaient reconnu impossible de faire le moindre ouvrage, dans cette saison, sur un sol impénétrable au fer pendant les gelées de l'hiver. Gustave-Adolphe venait aussi d'avoir une entrevue avec le prince de Danemark, alors régent du royaume, celui même qui est mort il y a peu d'années (1844), après un long et honorable règne. Ils s'étaient tous deux entretenus de ce sujet; et le prince-régent, par une raison particulière au Danemark, avait paru se soucier fort peu que la Suède armât ses côtes[1]. Le Sund fut donc faiblement défendu du côté des Suédois. On se contenta d'une vieille batterie de 8 pièces, établie depuis long-temps sur le point le plus saillant

---

[1] Des assertions fort erronées ont été émises sur ce sujet. J'ai eu recours aux témoignages les plus authentiques et les plus élevés. Les chancelleries de France, de Suède, de Danemark, contiennent la preuve de ce que j'avance ici. Ceux qui ont écrit le contraire, Napoléon entre autres, n'ont fait que répéter les assertions du temps. Le second passage du Sund, qui eut lieu en 1807, époque à laquelle la Suède était ennemie du Danemark, et vit avec plaisir le triomphe des Anglais, a contribué à accréditer l'idée d'une perfidie de la part des Suédois. Mais la première fois, c'est-à-dire en 1801, la Suède agit avec une parfaite loyauté; elle voulait le succès commun, et l'aurait assuré si elle l'avait pu.

du rivage. D'ailleurs, bien qu'on ait beaucoup blâmé cette résolution depuis, il est certain que le Sund, même fortement armé des deux côtés, n'aurait pas présenté des dangers sérieux aux Anglais; car, la largeur étant de 2,300 toises, les vaisseaux placés au milieu du canal se trouvaient à 1,150 toises des batteries, et devaient en être quittes dès lors pour quelque dommage dans leur voilure.

Le grand et le petit Belt.

Il y a encore une autre entrée de la Baltique que celle du Sund, ce sont les deux bras de mer qui séparent, l'un l'île de Seeland de l'île de Fionie, l'autre l'île de Fionie de la côte du Jutland, bras connus sous les noms de grand et petit Belt. Les Anglais devaient être peu tentés de prendre ce chemin, où ils étaient exposés à rencontrer plus d'une batterie danoise, mais surtout des bas-fonds, qui rendaient cette navigation extrêmement dangereuse pour des vaisseaux de haut bord. Le passage du Sund était donc le plus probable.

Préparatifs des Danois.

Les Danois concentrèrent toute leur défense, non pas au Sund même, mais plus bas, dans le canal qui fait suite au Sund, c'est-à-dire devant Copenhague. Les deux côtes de Danemark et de Suède, après s'être rapprochées vers le Sund, s'éloignent l'une de l'autre, et forment un canal long de vingt lieues, large de trois à douze, semé de récifs, de bas-fonds, dans lequel on ne navigue qu'en suivant des passes étroites, et la sonde à la main. La ville de Copenhague est située sur la plus importante de ces passes, à vingt lieues environ du Sund, dans la direction du sud. (Voir la carte n° 17.) C'est là que les Danois avaient fait de grands préparatifs, et qu'ils attendaient l'ennemi. Le poste qu'ils occupaient ne fermait pas précisément l'entrée de la Baltique, comme nous l'expliquerons tout à l'heure, mais il obligeait les Anglais à venir les combattre dans une position bien défendue, et préparée de longue main. Le prince royal avait fait de promptes et nombreuses dispositions. Il avait placé en avant de Copenhague des bâtiments rasés, chargés de canons, et formant de redoutables batteries; il armait en outre une escadre de 10 vaisseaux de ligne, qui n'attendait plus que les matelots de la Norwége pour compléter ses équipages. On sait que la marine danoise était la meilleure du Nord.

A ces préparatifs du Danemark se joignaient ceux de la Suède et de la Russie. La Suède avait disposé des troupes sur ses côtes, depuis Gothenbourg jusqu'au Sund, et armé Calscrona dans la Baltique, ainsi que tous les points accessibles de cette mer. Le roi Gustave-Adolphe pressait l'amiral Cronstedt d'achever l'armement de la flotte suédoise. Cette flotte comptait déjà 7 vaisseaux et 2 frégates, prêts à mettre à la voile, dès que la mer serait débarrassée des glaces de l'hiver. Les Russes avaient 12 vaisseaux tout prêts à Revel, et qui n'étaient, comme ceux des Suédois, retenus que par les glaces. Les coalisés n'avaient pas fait, sans doute, tout ce qui aurait été possible, si à leur tête s'était trouvé un gouvernement actif comme l'était celui de France à cette époque; mais, en réunissant à temps les 7 vaisseaux des Suédois, les 12 vaisseaux des Russes, aux

Mars 1801.

Préparatifs des Suédois et des Russes.

vaisseaux danois devant Copenhague, on aurait formé une flotte de 30 bâtiments de haut bord et de 10 à 12 frégates, établie dans une position formidable, où les Anglais n'auraient pu combattre sans péril, et devant laquelle cependant ils n'auraient pu passer en la négligeant. La négliger, en effet, pour s'engager dans la Baltique, c'était laisser sur leurs derrières une force imposante, capable de leur fermer la porte de cette mer, et de leur en interdire la sortie en cas de revers. Mais pour réunir à temps ces divisions navales, il aurait fallu une célérité dont les trois gouvernements neutres n'étaient guère capables. Ils se hâtaient sans doute; mais, comptant trop sur la prolongation de la mauvaise saison, ils ne s'y étaient pas pris assez à temps pour préparer leurs moyens, et l'énergique promptitude des Anglais avait de beaucoup devancé la leur.

Le 21 mars, une frégate anglaise toucha à Helseneur, et vint y débarquer M. Vansittart, chargé de faire une dernière sommation au gouvernement danois. M. Vansittart remit à M. Drumond, chargé d'affaires d'Angleterre, l'*ultimatum* du cabinet britannique. Cet *ultimatum* consistait à exiger des Danois qu'ils se retirassent de la confédération maritime des neutres, qu'ils ouvrissent leurs ports aux Anglais, et qu'ils revinssent à l'arrangement provisoire du mois d'août précédent, en vertu duquel ils avaient promis de ne plus convoyer leurs bâtiments de commerce. Le prince de Danemark rejeta vivement l'idée d'une telle défection, répondit que le Danemark et ses alliés n'avaient point fait une déclaration de

guerre, qu'ils s'étaient bornés à publier leurs prin-— Mars 1801.
cipes en matière de droit maritime; que les Anglais
étaient les agresseurs, car ils avaient répondu à des
thèses du droit des gens par un *embargo*; que le
Danemark ne commencerait pas les hostilités, mais Noble réponse
qu'il repousserait énergiquement la force par la force. du Danemark.
La brave population de Copenhague appuya noble-
ment par son adhésion le prince qui la représentait
avec tant de dignité. Elle était tout entière sous les
armes, et, à l'appel du prince-régent, avait formé
des milices et des corps volontaires. Huit cents étudiants avaient pris le mousquet; tout ce qui pouvait
tenir une pioche aidait les ouvriers du génie à exécuter les travaux de défense; on élevait partout des
retranchements. MM. Drumond et Vansittart parti-
rent brusquement de Copenhague, en menaçant cette
ville malheureuse des foudres de l'Angleterre.

Le 24 ils rejoignirent la flotte, qui dès lors fit ses
dispositions pour commencer les hostilités.

Nelson et le commandant en chef Parker tinrent Conseil
un conseil de guerre à bord de la flotte. On discuta de guerre
le plan des opérations. Les uns voulaient passer par de la flotte
le Sund, les autres par le grand Belt. Nelson sou- anglaise
tint que peu importait de passer par l'un ou l'autre
détroit; qu'il fallait le plus tôt possible entrer dans
la Baltique, et se porter en avant de Copenhague, afin
d'empêcher la jonction des coalisés. Une fois entrées
dans la Baltique, les forces anglaises devaient se diriger, partie sur Copenhague pour y frapper un coup
sur les Danois, partie sur la Suède et la Russie pour
y détruire les flottes du Nord. On avait une ving-

taine de vaisseaux de ligne, 25 ou 30 frégates et bâtiments de divers échantillons. Il se faisait fort, avec 12 vaisseaux, d'aller détruire toutes les flottes suédoises et russes; le reste devait attaquer et foudroyer Copenhague. Quant à la passe à franchir, Nelson aimait mieux braver quelques coups de canon en forçant le Sund que de braver les bas-fonds dangereux du grand et du petit Belt.

Parker, moins entreprenant, fit une tentative sur le grand Belt le 26 mars. Plusieurs bâtiments légers de la flottille ayant touché, le commandant en chef ramena l'escadre, et prit la résolution de forcer le Sund. Le 30 mars au matin, il s'engagea dans ce passage célèbre. En ce moment soufflait une bonne brise de nord-ouest, telle qu'il la fallait pour naviguer dans ce canal, qui se dirige du nord-ouest au sud-est jusqu'à Helseneur, et descend ensuite presque perpendiculairement du nord au sud. L'escadre favorisée par le vent s'avançait hardiment, à égale distance des deux rivages, Nelson à l'avant-garde, Parker au centre, l'amiral Graves à l'arrière-garde. Les vaisseaux de haut bord formaient une seule colonne au milieu du canal. Sur leurs flancs, deux flottilles de bombardes s'étaient rapprochées, l'une de la côte de Danemark, l'autre de la côte de Suède, pour tirer de plus près sur les batteries ennemies. Dès que l'escadre fut en vue d'Helseneur, la forteresse de Kronenbourg se hâta de commencer le feu. Cent bouches de gros calibre vomirent à la fois des bombes et des boulets rouges. Mais l'amiral anglais s'étant aperçu que la côte de

Suède se taisait, ou à peu près, car la vieille batterie de huit pièces tirait à peine, s'en rapprocha aussitôt, et les Anglais passèrent en se raillant des Danois, dont les projectiles mouraient à deux cents toises de leurs vaisseaux. La flottille de bombardes, qui avait serré de près le rivage danois, reçut et envoya une grande quantité de bombes; mais elle eut à peine quelques blessés, et n'atteignit que quatre hommes parmi les Danois, dont deux furent tués et deux blessés. Dans Helseneur, une seule maison eut à souffrir du feu des Anglais, et ce fut, par une singularité remarquable, la maison du consul d'Angleterre.

La flotte tout entière mouilla vers midi au milieu du golfe, à l'île de Hueen.

Le golfe, comme nous venons de le dire, descend du nord au sud, l'espace de vingt lieues environ; il s'élargit ou se rétrécit depuis trois jusqu'à douze lieues, et ne présente que quelques passes navigables. A vingt lieues à peu près au sud, on trouve Copenhague, située à l'ouest du golfe, sur la côte du Danemark, s'élevant à peine au-dessus des eaux, et formant un plan légèrement incliné, qui rase la mer de ses feux. Le golfe est fort large en cet endroit, et divisé par l'île basse de Saltholm en deux canaux navigables; l'un qui s'appelle passe de *Malmo*, longe la côte de Suède, et n'est que peu accessible aux grands bâtiments; l'autre, qui s'appelle *Drogden*, longe la côte de Danemark, et ordinairement est préféré par la navigation. Ce dernier est divisé lui-même par un banc de sable qu'on appelle le *Middel-Grund*, en deux passes : l'une, sous le nom de *Passe-Royale*, côtoie la ville de Copenhague ; l'autre, sous le nom de *Passe-des-Hollandais*, est située de l'autre côté du *Middel-Grund*. C'est dans la *Passe-Royale* que les Danois s'étaient établis, laissant l'autre ouverte aux Anglais, et songeant ainsi plutôt à défendre Copenhague qu'à interdire l'entrée de la Baltique à l'ennemi. Mais il était bien certain que Parker et Nelson ne s'engageraient pas dans la Baltique, sans faire tomber auparavant les défenses de Copenhague, et sans détruire les forces maritimes que les neutres y pouvaient réunir.

Les moyens de défense des Danois consistaient en batteries fixes, situées à droite et à gauche du port, et en une ligne de batteries flottantes, ou vaisseaux rasés, amarrés dans le milieu de la *Passe-Royale*, tout le long de Copenhague, de manière à éloigner de la place le feu de l'ennemi. En commençant par le nord de la position, se trouvait un ouvrage, dit des *Trois-Couronnes*, construit en maçonnerie, presque complétement fermé à la gorge, commandant l'entrée même du port, et liant ses feux avec la citadelle de Copenhague. Il était armé de 70 pièces de canon, du plus gros calibre. Quatre vaisseaux de ligne, dont deux à l'ancre, deux sous voile, plus une frégate sous voile aussi, barraient le chenal qui conduit au port. De ce fort, dit des *Trois-Couronnes*, en descendant au sud, vingt carcasses de gros bâtiments, chargées de canons et fortement amarrées, remplissaient le milieu de la *Passe-Royale* et venaient se lier à des batteries en terre, placées sur l'île d'Amack. Ainsi la ligne de défense des Danois s'appuyait à gauche au fort des *Trois-Couronnes*, à droite à l'île d'Amack, occupant dans sa longueur, et interceptant absolument, le milieu de la *Passe-Royale*. L'ouvrage des *Trois-Couronnes* ne pouvait être forcé, défendu qu'il était par 70 bouches à feu, et cinq bâtiments, dont trois sous voile. La ligne d'embossage, au contraire, composée de carcasses immobiles, était trop longue, pas assez serrée, privée de la ressource des manœuvres, et, dans le dessein qu'on avait eu d'obstruer le milieu de la passe, placée trop en avant du point d'appui de la droite, c'est-à-dire des batteries fixes de l'île d'Amack. Cette île n'est que la continuation de la côte sur laquelle Copenhague est assise. La ligne d'embossage pouvait donc être attaquée par la droite. Si elle eût été composée d'une division sous voile, capable de se mouvoir, ou bien si elle eût été plus serrée, plus fortement appuyée au rivage, les Anglais ne seraient pas sortis sains et saufs de cette attaque. Mais les Danois tenant beaucoup à leur escadre de guerre, qu'ils n'étaient pas assez riches pour remplacer si elle venait à être détruite, n'ayant pas d'ailleurs reçu encore tous leurs matelots de la Norwége, pour l'équiper, l'avaient renfermée dans l'intérieur du port, et avaient cru qu'il suffisait de vaisseaux hors de service, pour remplir la fonction de batteries flottantes contre les Anglais.

Leurs plus braves matelots, commandés par des

officiers intrépides, servaient l'artillerie de ces vieux bâtiments amarrés.

Les Anglais, arrivés à Copenhague bien avant la jonction devant cette ville de toutes les marines neutres, pouvaient passer à l'est du *Middel-Grund*, négliger les Danois embossés dans la *Passe-Royale*, et descendre par la passe dite *des Hollandais* dans la Baltique. Ils auraient fait ce trajet, toujours hors de portée des feux de Copenhague. Mais ils laissaient sur leurs derrières une force imposante, capable de leur fermer la retraite, en cas qu'un événement malheureux les ramenât affaiblis, ou dépourvus de ressources, au passage du Sund. Il valait bien mieux profiter de l'isolement des Danois, frapper sur eux un coup décisif, les détacher de la confédération, et, après s'être emparé par ce moyen des clefs de la Baltique, se porter en toute hâte sur les Suédois et sur les Russes. Ce plan était à la fois hardi et sage; il réunit les avis, rarement conformes, de Parker et de Nelson.

Les journées du 31 mars et du 1er avril furent employées à examiner la ligne des Danois, à sonder les passes, à convenir d'un plan d'attaque. Nelson, Parker, les plus vieux capitaines de la flotte, et le commandant de l'artillerie, firent eux-mêmes cette reconnaissance au milieu des glaces, et quelquefois sous les boulets de l'ennemi. Nelson soutint qu'avec dix vaisseaux, il se chargerait d'attaquer et d'enlever la droite de la ligne des Danois. Son projet était de descendre le long du *Middel-Grund* par la *Passe-des-Hollandais*, de le doubler ensuite, de remonter par la *Passe-Royale*, et de venir se placer vaisseau contre vaisseau, à cent toises de la ligne des Danois. Il voulait en outre qu'une division de la flotte, sous un brave officier, le capitaine Riou, attaquât la batterie fixe des *Trois-Couronnes*, et après en avoir éteint les feux, y débarquât un millier d'hommes pour la prendre d'assaut. Le commandant en chef Parker, se tenant à la tête de la réserve, ne devait pas s'engager dans cette manœuvre hardie; il était convenu qu'il demeurerait en arrière pour canonner la citadelle, et recueillir les bâtiments maltraités.

Cette manœuvre, téméraire comme celle d'Aboukir, ne pouvait réussir qu'avec beaucoup d'habileté et de bonheur. L'amiral Parker y consentit, à condition qu'on ne s'engagerait pas trop avant dans l'entreprise, si elle présentait de trop grandes difficultés, et donna 12 vaisseaux à Nelson, au lieu de 10 que celui-ci avait demandés. Le 1er avril au soir, Nelson descendit la *Passe-des-Hollandais*, et vint mouiller fort au-dessous de Copenhague, à un point de l'île d'Amack, appelé Drago. Il lui fallait, pour entrer dans la *Passe-Royale* et la remonter, un tout autre vent que celui qui l'avait aidé à descendre la *Passe-des-Hollandais*. Le lendemain au matin, le vent ayant justement soufflé dans une direction contraire à celle de la veille, il remonta la *Passe-Royale*, manœuvrant entre la ligne des Danois et le bas-fond du *Middel-Grund*. Toutes les passes avaient été sondées; mais, malgré ce soin, trois vaisseaux échouèrent sur le *Middel-Grund*, et Nelson ne se

Avril 1801.

Bataille de Copenhague, livrée le 2 avril.

trouva en ligne qu'avec 9. Il ne se déconcerta point, et vint s'embosser très-près de la ligne des Danois, à une portée qui devait rendre horribles les effets de l'artillerie. Les trois vaisseaux échoués lui firent faute, surtout pour l'attaque de la batterie des *Trois-Couronnes*, qui ne put être tentée qu'avec des frégates.

A 10 heures du matin toute l'escadre anglaise était en position; elle recevait et rendait un feu épouvantable. Une division de bombardes, tirant peu d'eau, s'était placée sur le bas-fond du *Middel-Grund*, et envoyait sur Copenhague des bombes, qui passaient par-dessus les deux escadres. Les Danois avaient 800 bouches à feu en batterie, et causaient aux Anglais un dommage considérable. Les officiers commandant les bâtiments rasés déployèrent une rare intrépidité, et trouvèrent dans leurs artilleurs le plus noble dévouement. Le commandant du *Provesten* en particulier, qui occupait l'extrémité de la ligne au sud, se conduisit avec un courage héroïque. Nelson, sentant bien qu'il importait avant tout de priver la ligne danoise de l'appui qu'elle trouvait aux batteries de l'île d'Amack, avait dirigé quatre bâtiments contre le *Provesten* seul. M. de Lassen, commandant du *Provesten*, se défendit jusqu'à ce qu'il eût fait tuer cinq cents de ses artilleurs sur six cents; puis il se jeta à la nage avec les cent qui lui restaient, pour fuir son vaisseau en flammes. Il eut ainsi la gloire de ne pas amener son pavillon. Nelson reporta dès lors tous ses efforts contre les autres vaisseaux rasés, et réussit à en désemparer plusieurs. Cependant à l'autre bout de la ligne le capitaine Riou était fort maltraité. Trois vaisseaux anglais ayant échoué sur le *Middel-Grund*, il n'avait que des frégates à opposer aux batteries des *Trois-Couronnes*, et il en recevait un feu effroyable, sans espoir de l'éteindre, et de pouvoir donner l'assaut. Parker, voyant la résistance des Danois, et craignant que les vaisseaux anglais trop maltraités dans leur gréement, ne fussent exposés à échouer, voyant surtout le danger du capitaine Riou, donna l'ordre de cesser le combat. Nelson, apercevant ce signal au grand mât de Parker, laissa échapper un noble mouvement de colère. Il était privé de l'usage d'un œil; il se saisit de sa lunette; et la plaçant sur son œil borgne, il dit froidement : Je ne vois pas les signaux de Parker; et il ordonna de continuer le combat à outrance. Ce fut là une noble imprudence, suivie, comme il arrive souvent à l'imprudence audacieuse, d'un heureux succès.

Les bâtiments rasés des Danois, ne pouvant se mouvoir pour aller chercher un appui sous les batteries de terre, étaient exposés à un feu destructeur. Le *Danebroy* venait de sauter, avec un fracas horrible; plusieurs autres étaient désemparés, et s'en allaient à la dérive, après avoir fait des pertes d'hommes énormes. Mais les Anglais, de leur côté, n'étaient pas moins maltraités, et se trouvaient dans le plus grand péril. Nelson cherchant à s'emparer des bâtiments danois qui avaient amené leur pavillon, fut accueilli, en approchant des batteries de l'île d'Amack, par plusieurs décharges meurtrières. Dans ce moment, deux ou trois de ses vaisseaux se trouvaient à peu près réduits à l'impossibilité de manœuvrer, et, du côté des *Trois-Couronnes*, le capitaine Riou, obligé de s'éloigner, venait d'être coupé en deux par un boulet. Nelson, presque vaincu, ne se déconcerta pas, et eut l'idée d'envoyer un parlementaire au prince de Danemark, qui assistait dans l'une des batteries à cette horrible scène. Il lui fit dire que si l'on n'arrêtait pas le feu, qui l'empêchait de se saisir de ses prises, lesquelles lui appartenaient de droit, puisqu'elles avaient amené leur pavillon, il serait obligé de les faire sauter avec leurs équipages; que les Anglais étaient les frères des Danois, qu'ils s'étaient assez battus, et ne devaient pas se détruire.

Le prince, ébranlé par cet affreux spectacle, craignant pour la ville de Copenhague, désormais privée de l'appui des batteries flottantes, ordonna la suspension du feu. Ce fut une faute; car, encore quelques instants, et la flotte de Nelson, presque mise hors de combat, était obligée de se retirer à moitié détruite. Une sorte de négociation s'établit, et Nelson en profita pour quitter sa ligne d'embossage. Tandis qu'il se retirait, trois de ses vaisseaux, considérablement avariés, ne pouvant plus manœuvrer, échouèrent sur le *Middel-Grund*. Si, en cet instant, le feu avait duré encore, ces trois vaisseaux eussent été perdus.

Le lendemain, Nelson et Parker, après de grands efforts, relevèrent leurs bâtiments échoués, et entamèrent une négociation avec les Danois, dans le but de stipuler une suspension d'armes. Ils en avaient autant besoin que les Danois, car ils avaient 1,200 hommes morts ou blessés, et six vaisseaux horriblement ravagés. La perte des Danois n'était pas de beaucoup supérieure; mais ils avaient trop compté sur leur ligne de batteries flottantes, et maintenant que ces batteries étaient détruites, la partie basse de la ville, celle qui est baignée par la mer, était exposée au bombardement. Ils craignaient surtout pour le bassin qui contenait leurs bâtiments de guerre lesquels, à moitié équipés, immobiles et serrés dans ce bassin, pouvaient être brûlés jusqu'au dernier. C'était pour eux le sujet d'une cruelle préoccupation. Ils tenaient, en effet, à leur escadre comme à leur existence maritime elle-même; car, cette escadre perdue, ils n'étaient pas en mesure de la remplacer. Dans ce moment, irrités par la souffrance et le danger, ils se plaignaient de leurs alliés, sans tenir compte des difficultés qui avaient empêché ceux-ci d'accourir sous les murs de Copenhague. Les vents contraires, les glaces, le défaut de temps, avaient retenu les Suédois et les Russes, sans qu'il y eût de leur faute. Il est vrai que, s'ils fussent venus avec leurs 20 vaisseaux se joindre à la flotte danoise dans la rade où l'on combattait, Nelson eût échoué dans son audacieuse entreprise, et les droits de la neutralité maritime auraient triomphé dans cette journée. Mais le temps avait manqué à tout le monde, et la promptitude des Anglais avait changé le destin de cette guerre.

Parker, qui avait craint la témérité de Nelson dans le combat du 2, jugeait maintenant très-bien la position des Danois, et entendait tirer toutes les conséquences de la bataille livrée. Il voulait que les Danois sortissent de la confédération des neutres, qu'ils ouvrissent leurs ports aux Anglais, et reçussent en outre une force anglaise, sous prétexte de les mettre à couvert contre le ressentiment de leurs alliés. Nelson eut le courage de descendre à terre le 3 avril pour porter ces propositions au prince royal. Il alla dans un canot à Copenhague, entendit les murmures de cette brave population indignée à son aspect, et trouva le prince royal inflexible. Ce prince, plus alarmé la veille qu'il ne l'aurait fallu du danger de Copenhague, ne voulut cependant jamais consentir à la honteuse défection qu'on lui proposait. Il répondit qu'il s'ensevelirait plutôt sous les cendres de sa capitale, que de trahir la cause commune. Nelson revint à bord du vaisseau amiral sans avoir rien obtenu.

Dans cet intervalle, les Danois, se voyant exposés au danger d'une seconde bataille, se mirent à l'œuvre, et ajoutèrent de nouveaux ouvrages à ceux qui existaient déjà. Ils rendirent plus redoutable encore la batterie des *Trois-Couronnes*, couvrirent de canons l'île d'Amack et la partie basse de la ville. Ils amenèrent les vaisseaux, objet de toute leur sollicitude, dans les bassins les plus éloignés de la mer, les couvrirent de fumier et de blindages, de manière à les préserver du feu, et finirent par se rassurer en voyant l'hésitation des Anglais, qui ne se montraient pas fort pressés de recommencer cette terrible lutte. Toute la population valide était réunie, partie sous les armes, partie occupée à préparer les moyens d'éteindre l'incendie.

Enfin, après cinq jours d'attente, Nelson revint à Copenhague, malgré les dispositions menaçantes du peuple danois. La discussion fut vive, et il prit sur lui de faire des concessions, auxquelles l'amiral Parker ne l'avait pas autorisé. Il convint d'un armistice qui n'était qu'un véritable *statu quo*. Les Danois ne se retiraient point de la confédération, mais toutes hostilités étaient suspendues entre eux et les Anglais, pendant quatorze semaines, après quoi ils devaient se retrouver dans la même position qu'au jour de la signature de cette suspension d'armes. L'armistice comprenait seulement les îles danoises et le Jutland, mais pas le Holstein, de manière que les hostilités pouvaient continuer sur l'Elbe, et que dès lors ce fleuve restait interdit aux Anglais. Ceux-ci devaient se tenir à une portée de canon de tous les ports et vaisseaux danois, excepté dans la *Passe-Royale*, qu'ils avaient la faculté de traverser librement pour se rendre dans la Baltique. Défense leur était faite, par conséquent, de s'appuyer sur aucun des points du territoire danois. Il ne leur était permis d'y toucher que pour prendre des rafraîchissements et des vivres.

Ce fut là tout ce que Nelson put obtenir, et c'était, il faut le reconnaître, tout ce que sa victoire l'autorisait à exiger. Mais, tandis qu'il quittait Copenhague, une nouvelle sinistre s'y répandait, et

Avril 1801

Armistice de quatorze semaines convenu entre les Danois et les Anglais.

Bruit soudainement répandu à Copenhague de la mort de Paul 1er.

le prince royal, qu'elle avait décidé à traiter, réussit à lui en soustraire la connaissance. On disait, en effet, dans ce moment, que Paul Iᵉʳ venait de mourir subitement. Nelson partit sans connaître cette nouvelle, qui aurait certainement ajouté beaucoup à ses prétentions. L'armistice fut instantanément ratifié par l'amiral Parker. Le prince danois fit aussitôt avertir les Suédois de ne pas s'exposer inutilement aux coups des Anglais, auxquels ils eussent été incapables de résister. L'avis était nécessaire; car, après beaucoup d'efforts, Gustave-Adolphe était parvenu enfin à mettre sa flotte en état de sortir. Il avait même, dans l'ardeur de son zèle, destitué un contre-amiral, et mis en jugement un amiral, pour punir les lenteurs qu'il leur reprochait, du reste, injustement.

Tout cela était superflu. Paul Iᵉʳ, en effet, avait succombé à Pétersbourg, dans la nuit du 23 au 24 mars. Un tel événement terminait, beaucoup plus sûrement que la victoire incomplète de Nelson, la confédération maritime des puissances du Nord. Paul Iᵉʳ avait été l'auteur de cette confédération; il apportait à la faire réussir cette passion qu'il mettait à toutes choses, et certainement il eût déployé les plus grands efforts pour réparer le dommage, d'ailleurs fort partagé, de la bataille de Copenhague. Il aurait dirigé des forces de terre sur le Danemark, envoyé toutes les flottes neutres au détroit du Sund, et probablement fait expier aux Anglais leur cruelle entreprise contre la capitale des Danois. Mais ce prince avait poussé à bout la patience de ses sujets, et il venait d'expirer, victime d'une tragique révolution de palais.

Avril 1801.

Paul Iᵉʳ était spirituel et point méchant, mais extrême dans ses sentiments, et, comme tous les caractères de cette espèce, capable de bonnes ou de mauvaises actions, suivant les mouvements désordonnés d'une âme violente et faible. Si une telle organisation est funeste chez les particuliers, elle l'est bien davantage chez les princes, bien davantage encore chez les princes absolus. Elle aboutit chez eux à la folie, quelquefois même à une folie sanguinaire. Aussi tout le monde commençait-il à trembler à Pétersbourg : les favoris de Paul les mieux traités n'étaient pas bien certains que leur faveur ne finirait pas par un exil en Sibérie.

Caractère de Paul Iᵉʳ.

Ce prince, sensible et chevaleresque, avait d'abord éprouvé une vive sympathie pour les victimes de la Révolution française, et une haine ardente contre cette révolution. Aussi, tandis que l'habile Catherine s'était bornée, pendant son règne, à exciter toute l'Europe contre la France sans remuer un soldat, Paul, arrivé au trône, avait envoyé Suwarow, avec cent mille Russes, en Italie. Dans la chaleur de son zèle, il avait interdit tout ce qui venait de France, livres, modes et costumes. C'était plus qu'il n'en fallait pour indisposer la noblesse russe, aimant, comme toute l'aristocratie européenne, à médire de la France, à condition toutefois de jouir de son esprit, de ses usages, de sa civilisation perfectionnée. Elle avait trouvé insupportable le zèle contre-révolutionnaire poussé à cet excès.

Avril 1801.

Bientôt on avait vu Paul, passant aux sentiments contraires, prendre ses alliés en haine, ses ennemis en affection, remplir ses appartements du portrait du général Bonaparte, boire publiquement à sa santé, et, poussant même plus loin le contraste, déclarer la guerre à la Grande-Bretagne. Cette fois il était devenu à la noblesse russe, non pas incommode, mais odieux; car il lésait, non plus ses goûts, mais ses intérêts.

Dans sa vaste étendue, le continent septentrional de l'Europe, fertile en céréales, bois, chanvres, minerais, a besoin de riches négociants étrangers qui recherchent ces marchandises naturelles, et donnent en échange de l'argent ou des objets manufacturés. Ce sont les Anglais qui se chargent de fournir à la Russie, pour les produits bruts de son sol, les produits artistement travaillés de leur industrie, et qui procurent ainsi aux fermiers russes le moyen de payer le fermage des terres à leurs seigneurs. Aussi le commerce anglais domine-t-il à Pétersbourg; et c'est là le lien qui, retenant en partie la politique russe enchaînée à la politique anglaise, retarde une rivalité tôt ou tard inévitable, entre ces deux grands copartageants de l'Asie.

L'aristocratie russe fut donc exaspérée de la nouvelle politique de Paul. Si elle avait blâmé chez ce prince un excès de haine contre la France, elle blâma bien autrement un excès d'amour, quand cet amour si étrange allait jusqu'à des résolutions ruineuses pour les intérêts de la grande propriété. A ces froissements de goûts et d'intérêts, Paul ajoutait des cruautés, qui n'étaient pas naturelles à son cœur, plutôt bon que méchant. Il avait envoyé une foule de malheureux en Sibérie. Touché de leurs souffrances, il en avait prononcé le rappel, mais sans leur rendre leurs biens. Ces infortunés remplissaient Pétersbourg de leur misère et de leurs plaintes. Importuné de ce spectacle, il les exila de nouveau. Chaque jour plus défiant, à mesure que la haine de ses sujets devenait plus sensible à ses yeux, il menaçait toutes les têtes. Il formait de sinistres projets, tantôt contre ses ministres, tantôt contre sa femme et ses enfants; et ce prince, qui n'était que fou, prenait toutes les allures d'un tyran. Il avait disposé le palais Michel, sa résidence ordinaire, comme une forteresse, avec bastions et fossés. On eût dit qu'il voulait s'y garder contre une attaque imprévue. La nuit même il obstruait la porte qui séparait son appartement de celui de l'impératrice, et préparait ainsi, sans s'en douter, les causes de sa fin tragique.

Un tel état de choses ne pouvait durer, et devait finir, comme il avait déjà fini plus d'une fois, dans cet empire qui a marché bien vite, il est vrai, vers la civilisation, mais en ayant la barbarie pour point de départ. L'idée de se défaire du malheureux Paul par les moyens ordinaires, c'est-à-dire par une révolution de palais, là où le palais est la nation, cette idée envahissait toutes les têtes. Admirez les effets des institutions! A une autre extrémité de l'Europe, sur l'un des premiers trônes du monde, se trouvait aussi un prince en démence, prince entêté, mais pieux et honnête, Georges III. Ce prince, privé souvent de sa raison pendant des mois entiers, venait de la perdre encore une fois, dans l'un des moments les plus graves pour l'Angleterre. Cependant les choses s'étaient passées de la manière la plus régulière et la plus simple. La constitution plaçant à côté du roi des ministres qui gouvernent pour lui, cette éclipse de la raison royale n'avait en rien nui aux affaires de l'État. M. Pitt avait gouverné pour Georges III, comme il le faisait depuis dix-sept ans; l'idée d'un crime atroce n'était venue à personne! A Pétersbourg, au contraire, la vue d'un prince en démence sur le trône faisait naître les projets les plus sinistres.

Il y avait alors à la cour de Russie un de ces hommes redoutables, qui ne reculent devant aucune extrémité; qui, dans un gouvernement régulier, deviendraient peut-être de grands citoyens, mais, dans un gouvernement despotique, deviennent des criminels, si le crime est, dans certaines occasions, l'un des moyens non pas approuvés, mais usités, de ce gouvernement. Il faut réprouver le crime en tout pays; il faut surtout réprouver les institutions qui le produisent.

Le comte Pahlen avait servi avec distinction dans l'armée russe. Il était imposant de sa personne, et cachait sous les formes dures et quelquefois familières d'un soldat, un esprit fin et profond. Il était doué en outre d'une audace singulière, et d'une présence d'esprit imperturbable. Gouverneur de Saint-Pétersbourg, chargé de la police de l'empire, initié, grâce à la confiance de son maître, à toutes les grandes affaires de l'État, il était par le fait plus que par son titre le principal personnage du gouvernement russe. Ses idées sur la politique de son pays étaient fortement arrêtées. La croisade contre la Révolution française lui avait paru aussi déraisonnable, que le nouveau zèle contre l'Angleterre lui paraissait intempestif. Une réserve prudente, une neutralité habile, au milieu de la formidable rivalité de la France et de l'Angleterre, lui semblaient la seule politique profitable à la Russie. N'étant ni Anglais, ni Français, mais Russe dans sa politique, il était Russe dans ses mœurs, et Russe comme on l'était du temps de Pierre-le-Grand. Convaincu que tout allait périr, si on n'abrégeait pas le règne de Paul, ayant même conçu des inquiétudes pour sa personne, depuis quelques signes de mécontentement échappés à l'empereur, il prit résolument son parti, et s'entendit avec le comte Panin, vice-chancelier, chargé des affaires étrangères. Tous deux crurent qu'il fallait mettre fin à une situation devenue alarmante pour l'empire aussi bien que pour les individus. Le comte Pahlen se chargea d'exécuter la terrible résolution qu'ils venaient de prendre en commun [1].

[1] Les détails qui suivent sont les plus authentiques qu'on puisse se procurer sur la mort de Paul Ier. En voici la source. La cour de Prusse fut vivement touchée de la mort de Paul Ier; elle fut surtout indignée du cynisme avec lequel certains complices du crime vinrent s'en vanter à Berlin. Elle obtint par diverses voies, et surtout par une personne très-bien informée, des particularités fort curieuses, qui furent réunies dans un mémoire communiqué au Premier Consul. Ce sont ces particularités que M. Bignon, alors secrétaire d'ambassade auprès de la cour de Prusse, put connaître, et qu'il a rapportées dans son ouvrage. Mais les détails les plus secrets restaient encore inconnus, lorsqu'une

L'héritier du trône était le grand-duc Alexandre, dont le règne s'est écoulé de nos jours, jeune prince qui annonçait des qualités heureuses, et qui paraissait alors, ce qu'il n'a pas été depuis, facile à conduire. C'est lui que le comte Pahlen voulait faire arriver à l'empire, par une catastrophe prompte, et sans secousse. Il était indispensable de s'entendre avec le grand-duc héritier, pour avoir son concours d'abord, et aussi pour n'être pas, le lendemain de l'événement, traité en assassin vulgaire, qu'on immole en profitant de son crime. Il était difficile de s'ouvrir avec ce prince, rempli de bons sentiments, et incapable de se prêter à un attentat contre la vie de son père. Le comte Pahlen, sans s'ouvrir, sans avouer aucun projet, entretenait le grand-duc des affaires de

rencontre singulière a mis la France en possession du seul récit digne de foi qui existe peut-être sur la mort de Paul Ier. Un émigré français, qui avait passé sa vie au service de Russie, et qui s'y était acquis une certaine renommée militaire, était devenu l'ami du comte Pahlen et du général Benningsen. Se trouvant avec eux dans les terres du comte Pahlen, il obtint un jour de leur propre bouche le récit circonstancié de tout ce qui s'était passé à Petersbourg, dans la tragique nuit du 23 au 24 mars. Comme cet émigré mettait un grand soin à recueillir par écrit tout ce qu'il voyait ou apprenait, il écrivit sur-le-champ le récit fait par ces deux acteurs principaux, et l'inséra dans les précieux mémoires qu'il a laissés. Ces mémoires manuscrits sont aujourd'hui la propriété de la France. Ils rectifient beaucoup d'assertions inexactes ou vagues, et, du reste, ne compromettent pas plus qu'ils ne l'étaient, les noms déjà compromis dans ce grave événement. Seulement ils donnent des détails précis et vraisemblables, au lieu des détails faux ou exagérés qu'on connaissait déjà. C'est en comparant ces renseignements, émanés de témoins si bien informés, avec les renseignements recueillis par la cour de Prusse, que nous avons composé le récit historique qui suit, et qui nous semble le seul vraiment digne de foi, peut-être le seul complet, que la postérité pourra jamais obtenir de cette tragique catastrophe.

l'État, et, à chaque extravagance de Paul, dangereuse pour l'empire, la lui communiquait, puis se taisait, sans tirer aucune conséquence. Alexandre en recevant ces communications, baissait les yeux avec douleur, et se taisait aussi. Ces scènes muettes, mais expressives, se renouvelèrent plusieurs fois. Enfin il fallut s'expliquer plus clairement. Le comte Pahlen finit par faire comprendre au jeune prince, qu'un tel état de choses ne pouvait se prolonger, sans amener la ruine de l'empire; et, se gardant bien de parler d'un crime, dont Alexandre n'aurait jamais écouté la proposition, il dit qu'il fallait déposer Paul, lui assurer une retraite tranquille, mais à tout prix arracher des mains de ce monarque le char de l'État, qu'il allait précipiter dans les abîmes.

Alexandre versa beaucoup de larmes, protesta contre toute idée de disputer l'empire à son père, puis céda peu à peu, devant les preuves nouvelles du danger dans lequel Paul était prêt à jeter les affaires de l'État, et la famille impériale elle-même. Paul, en effet, mécontent des lenteurs de la Prusse dans la querelle des neutres, parlait de faire marcher quatre-vingt mille hommes sur Berlin. A côté de cela, dans le délire de son orgueil, il voulait que le Premier Consul le prît pour arbitre en toutes choses, et que ce personnage si puissant ne fît la paix avec l'Allemagne, les cours de Piémont, de Rome, de Naples, et la Porte, que sur les bases tracées par la Russie; de sorte qu'on pouvait bientôt craindre de n'être pas même d'accord avec la France, dont on avait si chaudement adopté

Avril 1801.

la politique. A ces raisons le comte Pahlen ajouta quelques inquiétudes sur la sûreté de la famille impériale, dont Paul commençait, disait-on, à se méfier.

Alexandre se rendit enfin, mais en exigeant du comte Pahlen le serment solennel qu'il ne serait pas attenté aux jours de son père. Le comte Pahlen jura tout ce que voulut ce fils inexpérimenté, qui croyait qu'on pouvait arracher le sceptre à un empereur, sans lui arracher la vie.

Restait à trouver des exécuteurs, car, en concevant un tel projet, le comte Pahlen regardait comme au-dessous de lui d'y mettre la main. Il les désigna dans sa pensée, mais se réservant, suivant la confiance qu'ils mériteraient, de les avertir plus ou moins tôt, du rôle qui leur était réservé. Les Soubow, parvenus par la faveur de Catherine, furent choisis comme les principaux instruments de la catastrophe. Le comte Pahlen ne les avertit que fort tard. Platon Soubow, le favori de Catherine, souple, remuant, était digne de figurer dans une révolution de palais. Son frère Nicolas, distingué seulement par une grande force physique, était digne d'y remplir les rôles subalternes. Valérien Soubow, brave et honnête militaire, ami du grand-duc Alexandre, avait mérité d'être exclu de ce complot. Ils avaient une sœur, liée avec toute la faction anglaise, amie de lord Withworth, l'ambassadeur d'Angleterre, et qui leur soufflait toutes les passions de la politique britannique. Le comte Pahlen se prépara beaucoup d'autres complices, les fit venir à Pétersbourg sous divers prétextes, mais sans leur rien découvrir. Il en est un qu'il avait mandé aussi à Pétersbourg, du concours duquel il ne doutait point, pas plus que de sa redoutable énergie ; c'était le célèbre général Benningsen, Hanovrien attaché au service de Russie, le premier officier de l'armée russe à cette époque, qui plus tard, en 1807, eut l'honneur de ralentir en Pologne la marche victorieuse de Napoléon, et dont les mains, dignes de porter l'épée, n'auraient jamais dû s'armer d'un poignard.

Benningsen était réfugié à la campagne, craignant les effets de la colère de Paul, auquel il avait déplu. Le comte Pahlen le tira de sa retraite, l'initia au complot, et ne lui parla, si on en croit le général Benningsen lui-même, que du projet de déposer l'empereur. Benningsen donna sa parole, et la tint avec une effroyable fermeté.

On avait résolu de choisir pour l'exécution du complot un jour où le régiment de Semenourki, tout à fait dévoué au grand-duc Alexandre, serait de garde au palais Michel. Il fallut donc attendre. Mais le temps pressait, car Paul, dont la maladie faisait des progrès rapides, devenait chaque jour plus alarmant pour les intérêts de l'empire et pour la sûreté de ses serviteurs. Un jour, il saisit par le bras l'imperturbable Pahlen, et lui adressa ces étranges paroles : Étiez-vous à Pétersbourg en 1762 (c'était l'année où l'empereur, père de Paul, avait été assassiné, pour transmettre le trône à la grande Catherine)? — Oui, lui répondit le comte Pahlen avec sang-froid, j'y

Avril 1801.

Le général Benningsen mandé à Pétersbourg.

étais. — Quelle part avez-vous prise à ce qui se fit alors? ajouta l'empereur. — Celle d'un officier subalterne, à cheval dans les rangs de son régiment. Je fus témoin et point acteur dans cette catastrophe. — Eh bien, reprit Paul, en portant sur son ministre un regard défiant et accusateur, on veut recommencer aujourd'hui la révolution de 1762. — Je le sais, répondit sans se troubler le comte Pahlen; je connais le complot, j'en fais partie. — Quoi! s'écria Paul, vous êtes du complot? — Oui, mais pour être mieux averti, et plus en mesure de veiller sur vos jours. — Le calme de ce redoutable conjuré déconcerta les conjectures de Paul, qui cessa d'avoir des soupçons sur lui, mais qui continua d'être inquiet et agité.

Une circonstance presque d'intérêt public, si on peut employer un tel mot à propos d'un tel crime, vint se joindre à toutes les autres. Paul fit écrire le 23 mars à M. de Krudener, son ministre à Berlin, une dépêche par laquelle il lui enjoignait de déclarer à la cour de Prusse, que, si elle ne se décidait pas à promptement agir contre l'Angleterre, il allait faire marcher sur la frontière prussienne une armée de quatre-vingt mille hommes. Le comte Pahlen, voulant, sans se découvrir, engager M. de Krudener à n'attacher aucune importance à cette déclaration, ajouta de sa main le post-scriptum suivant : *Sa Majesté Impériale est indisposée aujourd'hui. Cela pourrait avoir des suites*[1].

C'était le 23 mars, jour choisi pour l'exécution du

---

[1] Cette dépêche fut montrée à l'ambassadeur de France, le général Beurnonville, qui manda sur-le-champ ces détails à son gouvernement.

complot. Le comte Pahlen avait réuni chez lui, sous prétexte d'un dîner, les Soubow, Benningsen, beaucoup de généraux et d'officiers, sur lesquels on croyait pouvoir compter. On leur prodigua les vins de toute espèce. Pahlen et Benningsen n'en burent pas. Après le repas on fit part à ces conjurés du projet, pour lequel ils avaient été réunis. La plupart étaient initiés pour la première fois à ce terrible complot. On ne leur dit pas qu'il fallait assassiner Paul; presque tous auraient reculé devant un tel crime. On leur dit qu'il fallait se rendre chez l'empereur pour exiger de lui qu'il abdiquât; qu'on délivrerait ainsi l'empire d'un danger imminent, et qu'on sauverait une foule de têtes innocentes, menacées par la folie sanguinaire de Paul. Enfin, pour achever de les persuader, on affirma devant eux que le grand-duc Alexandre, convaincu lui-même de la nécessité de sauver l'empire, avait connaissance du projet, et l'approuvait. Alors ces hommes, déjà pris de vin, n'hésitèrent plus, et pour la plupart (trois ou quatre exceptés) marchèrent en croyant qu'ils allaient déposer un empereur fou, et non verser le sang d'un maître infortuné.

La nuit paraissant assez avancée, les conjurés, au nombre de soixante environ, partent, divisés en deux bandes. Le comte Pahlen dirige l'une, le général Benningsen l'autre, tous deux revêtus de leur uniforme, portant écharpe et grand-cordon, marchant l'épée à la main. Le palais Michel était construit et gardé comme une forteresse; mais, devant les chefs qui conduisent les conjurés, les barrières s'abaissent, les portes s'ouvrent. La bande de Benningsen marche

Avril 1801.

de l'empereur Paul.

On persuade aux conjurés qu'il s'agit seulement de forcer l'empereur à abdiquer.

la première, et va droit à l'appartement de l'empereur. Le comte Pahlen reste en arrière avec sa réserve de conjurés. Cet homme, qui avait organisé le complot, ne daignait pas cependant assister à son exécution. Il était là, prêt à pourvoir seulement aux accidents imprévus. Benningsen pénètre jusqu'à l'appartement du monarque endormi. Deux heiduques le gardaient. Ces braves serviteurs, restés fidèles, veulent défendre leur souverain. L'un d'eux est renversé d'un coup de sabre, l'autre s'enfuit en criant au secours : cris inutiles, dans un palais dont la garde est confiée presque entièrement à des complices du crime ! Un valet de chambre, qui couchait près de l'empereur, accourt ; on le force à ouvrir la porte de son maître. L'infortuné Paul aurait pu trouver un refuge dans la chambre de l'impératrice ; mais, dans sa défiance ombrageuse, il avait soin, tous les soirs, de barricader la porte qui conduisait chez elle. Tout asile lui manquant, il se jette à bas de son lit, et se cache derrière les plis d'un paravent. Platon Soubow accourt auprès du lit impérial, et, le trouvant vide, s'écrie avec effroi : L'empereur s'est sauvé, nous sommes perdus ! — Mais au même instant Benningsen aperçoit ce prince, marche à lui, l'épée à la main, et lui présentant l'acte d'abdication : Vous avez cessé de régner, lui dit-il ; le grand-duc Alexandre est empereur. Je vous somme en son nom de résigner l'empire, et de signer l'acte de votre abdication. A cette condition, je réponds de votre vie. — Platon Soubow répète la même sommation. L'empereur, troublé, éperdu, leur demande ce qu'il a fait pour mériter un tel traitement. — Vous n'avez cessé de nous persécuter depuis des années, s'écrient les assassins à moitié ivres. Ils serrent alors de près le malheureux Paul, qui se débat et les implore vainement. Dans ce moment on entend du bruit : c'est le pas de quelques conjurés demeurés en arrière. Mais les assassins, croyant qu'on vient au secours de l'empereur, s'enfuient en désordre. Benningsen, inébranlable, reste seul en présence du monarque, et le contient avec la pointe de son épée. Les conjurés, s'étant reconnus les uns les autres, rentrent dans la chambre, théâtre du crime. Ils entourent de nouveau l'infortuné monarque, afin de le contraindre à donner son abdication. Celui-ci essaie un instant de se défendre. Dans le conflit, la lampe qui éclairait cette scène affreuse est renversée; Benningsen court en chercher une autre, et en rentrant il trouve Paul expirant sous les coups de deux des assassins. L'un lui avait enfoncé le crâne avec le pommeau de son épée; l'autre lui avait serré le cou avec son écharpe.

{Avril 1801.}

{Horrible confusion, à la suite de laquelle Paul est égorgé.}

Pendant ce temps, le comte Pahlen était toujours demeuré en dehors, avec la seconde bande des conjurés. Quand on vint lui dire que tout était achevé, il fit étendre le corps de l'empereur sur son lit, et plaça une garde de trente hommes à la porte de son appartement, avec défense de laisser pénétrer personne, même les membres de la famille impériale. Il se rendit ensuite chez le grand-duc, pour lui annoncer le terrible événement de cette nuit.

Le grand-duc, agité comme il devait l'être, lui demande, en le voyant arriver, ce qu'est devenu son père. Le silence du comte Pahlen lui apprend bientôt de quelles funestes illusions il s'était nourri, en croyant qu'il s'agissait seulement d'une abdication. La douleur du jeune prince fut grande; elle a fait, dit-on, le tourment secret de sa vie, car il avait reçu de la nature un cœur bon et généreux. Il se jeta sur un siége, fondant en larmes, ne voulant plus rien écouter, et accablant Pahlen de reproches amers, que celui-ci essuyait avec un sang-froid imperturbable.

Platon Soubow était allé chercher le grand-duc Constantin, qui avait tout ignoré, et qu'on a longtemps, et injustement, mêlé à cette sanglante catastrophe. Il accourut tremblant, croyant qu'on en voulait à toute sa famille, trouva son frère plongé dans le désespoir, et sut alors ce qui venait de se passer. Le comte Pahlen avait chargé une dame du palais, très-liée avec l'impératrice, de se rendre auprès d'elle, pour lui annoncer son tragique veuvage. Cette princesse courut en toute hâte à l'appartement de son époux, et tenta de pénétrer jusqu'à son lit de mort. Les gardes l'en empêchèrent. Revenue un moment de sa première affliction, elle sentit s'élever dans son cœur, avec les mouvements de la douleur, ceux de l'ambition. Elle se rappela Catherine, et voulut régner. Elle envoya plusieurs personnes auprès d'Alexandre qu'on allait proclamer, en disant que le trône lui appartenait, que c'était elle et non pas lui, dont il fallait annoncer le règne. Nouvel embarras, nouvelles angoisses, pour le cœur déchiré de ce fils, qui, prêt à monter les marches du trône, avait à passer entre le cadavre d'un père assassiné, et une mère éplorée, demandant alternativement ou son époux ou la couronne! Cependant la nuit s'était écoulée dans ces affreuses convulsions; le jour approchait, il fallait ne pas laisser d'intervalle à la réflexion; il importait qu'en apprenant la mort de Paul, on apprît en même temps l'avénement de son successeur. Le comte Pahlen s'approcha du jeune prince : C'est assez pleurer comme un enfant, lui dit-il; venez régner. — Il l'arracha de ce lieu de douleur, et, suivi de Benningsen, vint le présenter aux troupes.

Avril 1801.

Le premier régiment qu'on rencontra était celui de Préobrajensky. Il fut froid, car il était dévoué à Paul Iᵉʳ. Mais les autres, qui aimaient le jeune grand-duc, et qui d'ailleurs étaient sous l'influence du comte Pahlen, lequel exerçait beaucoup d'ascendant sur l'armée, n'hésitèrent pas à crier vive Alexandre! L'exemple fut suivi, et bientôt le jeune empereur fut proclamé, et mis en possession du trône. Il rentra, et se rendit avec son épouse, l'impératrice Élisabeth, au palais d'Hiver.

Alexandre reconnu, et proclamé par les troupes.

Tout le monde apprit avec effroi, dans Pétersbourg, cette catastrophe sanglante. L'impression qu'elle produisit prouva que les mœurs commençaient à changer dans l'empire, et que depuis 1762 la Russie avait déjà reçu les influences de l'Europe civilisée. On peut dire à son honneur, que si elle était déjà loin de 1762, elle est aujourd'hui plus loin encore de 1800. On éprouva donc d'honorables sentiments.

Sentiments éprouvés à Pétersbourg en apprenant la mort de Paul Iᵉʳ.

28.

On craignait Paul Ier et sa folie plus qu'on ne le haïssait, car il n'était pas sanguinaire. Les horribles circonstances de sa mort furent à l'instant connues, et inspirèrent une profonde pitié. Son corps fut exposé suivant l'usage, mais avec des précautions infinies pour dissimuler ses blessures. Des gants d'uniforme cachaient les mutilations de ses mains. Un grand chapeau enveloppait son crâne. Sa figure était meurtrie, mais on disait qu'il était mort d'apoplexie.

Cette scène barbare fit en Europe un effet extraordinaire. Elle se répandit comme l'éclair à Vienne, à Berlin, à Londres et à Paris. Elle y produisit l'horreur et l'effroi. Il y avait quelques années, c'était Paris qui épouvantait le monde par le meurtre des rois; mais maintenant Paris donnait le spectacle de l'ordre, de l'humanité, du repos, et c'étaient les vieilles monarchies qui, à leur tour, faisaient le scandale de l'univers civilisé. Une année auparavant la royauté napolitaine s'était souillée du sang de ses sujets, aujourd'hui une révolution de palais ensanglantait le trône impérial de Russie.

Ainsi, dans ce siècle agité, tout le monde était appelé successivement à fournir de tristes exemples, et à donner de déplorables arguments à ses ennemis! Certes, si les nations veulent s'outrager les unes les autres, elles ont toutes dans leur histoire de quoi s'offenser; mais gardons-nous d'employer de tels souvenirs à un tel usage. Si nous racontons ces horribles détails, c'est que la vérité est le premier devoir de l'histoire, c'est que la vérité est la plus utile, la plus puissante des leçons, la plus capable d'empêcher le renouvellement de scènes pareilles; et, sans offenser aucune nation, disons encore une fois, que les institutions ont encore plus tort que les hommes, et que si à Pétersbourg on égorgeait un empereur pour amener un changement de politique, à Londres, au contraire, sans catastrophe sanglante, la politique de la paix y succédait à la politique de la guerre, par la simple substitution de M. Addington à M. Pitt.

Les particularités de cette catastrophe devinrent bientôt publiques par l'indiscrétion des assassins eux-mêmes. Notamment à Berlin, dont la cour était fort liée avec celle de Saint-Pétersbourg, les détails du crime se répandirent avec une singulière profusion. A Berlin s'était réfugiée la sœur des Soubow, et on avait cru la voir inquiète, troublée, comme une personne qui attendrait un grand événement. Elle avait un fils, qui fut l'officier même chargé de venir annoncer en Prusse le nouveau règne. Ce jeune homme fit, avec toute l'indiscrétion de son âge, le récit d'une partie des faits, et produisit à Potsdam un scandale qui indigna le jeune et vertueux roi de Prusse. La cour fit sentir à ce jeune homme l'inconvenance de sa conduite; mais il naquit de là une grave calomnie. Cette sœur des Soubow avait des liaisons d'amitié avec l'ambassadeur d'Angleterre, lord Withworth, qui figura peu de temps après à Paris, et y joua un rôle considérable. La mort de l'empereur Paul était d'une si grande utilité aux Anglais, elle venait si à propos achever la victoire incomplète de Copen-

Avril 1801.

L'indiscrétion des conjurés fait connaître dans toute l'Europe les détails de la mort de Paul Ier

Avril 1801.

hague, que le vulgaire en Europe attribua volontiers ce crime à la politique britannique. Les relations de l'ambassadeur anglais avec une famille si gravement mêlée à l'assassinat de Paul, vinrent ajouter de nouvelles vraisemblances à cette calomnie, et de nouveaux arguments à ceux qui ne veulent jamais voir dans les événements leurs causes générales et naturelles.

Soupçons généralement répandus contre le gouvernement anglais.

Cependant aucune de ces conjectures n'était fondée. Lord Withworth était un honnête homme, incapable de tremper dans un tel attentat. Son cabinet avait commis des actes injustifiables depuis quelques années, et en commit bientôt de plus difficiles à justifier encore; mais il fut aussi surpris que l'Europe de la mort du czar. Cependant le Premier Consul lui-même, malgré la haute impartialité de son jugement, ne laissa pas que de concevoir quelques soupçons, et il en fit naître beaucoup par la manière d'annoncer dans le *Moniteur* la mort de l'empereur Paul. C'est à l'histoire, dit le journal officiel, à éclaircir le mystère de cette mort tragique, et à dire quelle est dans le monde la politique intéressée à provoquer une telle catastrophe.

Cette mort délivrait l'Angleterre d'un cruel ennemi, et privait le Premier Consul d'un allié puissant, mais embarrassant, et devenu, dans les derniers jours, presque aussi dangereux qu'il était utile. Il est certain que, dans le délire de son orgueil, l'empereur défunt, croyant que le Premier Consul n'avait plus rien à lui refuser pour prix de son alliance, avait exigé des conditions à l'égard de l'Italie, de l'Allemagne, de l'Égypte, que jamais la France n'aurait pu admettre, et qui auraient peut-être apporté de grands obstacles à la paix, renaissante déjà de toutes parts. Le Premier Consul fit choix pour l'envoyer en Russie de son aide-de-camp de prédilection, de Duroc, déjà envoyé à Berlin et à Vienne. Il le chargea de se rendre à Pétersbourg, avec une lettre écrite de sa main, pour féliciter le nouvel empereur, pour essayer sur lui l'effet des flatteries d'un grand homme, et l'amener, s'il était possible, à de saines idées sur les rapports de la France et de la Russie.

Duroc partit immédiatement, avec l'ordre de passer par Berlin. Il devait visiter une seconde fois la cour de Prusse, prendre des renseignements plus exacts sur les derniers événements survenus dans le Nord, et arriver ainsi à Pétersbourg, plus préparé sur les choses et les hommes qu'il allait voir.

L'Angleterre fut fort satisfaite, et devait l'être, en apprenant à la fois la victoire de Copenhague, et la mort du redoutable adversaire qui avait formé contre elle la ligue des neutres. On exalta le héros britannique, l'intrépide Nelson, avec un enthousiasme fort naturel, fort légitime, car les nations font bien, dans l'élan de leur joie, de célébrer, d'exagérer même leurs triomphes. Cependant, après le premier enthousiasme passé, quand les imaginations furent un peu refroidies, on apprécia mieux la prétendue victoire de Copenhague. Le Sund, disait-on, avait été peu difficile à forcer; l'attaque de Copenhague, dans une passe étroite, où les vaisseaux anglais ne pouvaient se mouvoir qu'avec beaucoup de péril, était un acte hardi, digne du vainqueur d'Aboukir. Mais la flotte anglaise avait été cruellement maltraitée, et, sans le trop grand empressement du prince royal de Danemark à écouter le parlementaire de Nelson, elle eût peut-être succombé. La victoire avait donc été bien près de la défaite, et de plus, le résultat obtenu n'était pas considérable; car on avait arraché aux Danois un simple armistice, après lequel la lutte devait recommencer. Si l'empereur Paul n'était pas mort, cette campagne que devait poursuivre la flotte anglaise, au milieu d'une mer close, où elle ne pouvait toucher nulle part, et dont les portes auraient pu se refermer sur elle, cette campagne navale présentait de grandes et terribles chances. Mais le coup frappé à propos sur les portiers de la Baltique, c'est-à-dire sur les Danois, était décisif; Paul n'était plus là pour ramasser le gant, et poursuivre la lutte. C'était une nouvelle preuve ajoutée aux mille preuves dont abonde l'histoire, qu'il y a en ce monde beaucoup de chances heureuses pour l'audace, surtout quand une suffisante habileté dirige ses coups.

Sur-le-champ les Anglais songèrent à profiter de cet heureux changement de règne, pour faire fléchir la rigueur de leurs maximes en fait de droit maritime, et arriver à une transaction honorable avec la Russie, et après la Russie avec toutes les puissances. Ils connaissaient le caractère doux et bienveillant du jeune prince qui montait sur le trône de Russie, car on allait alors jusqu'à le dire un peu faible; et ils se flattaient de plus, d'avoir recouvré une assez grande influence à Pétersbourg. Ils envoyèrent donc lord Saint-Helens dans cette capitale, avec les pouvoirs nécessaires pour négocier un arrangement. M. de Woronzoff, ambassadeur de Russie auprès de Georges III, entièrement dévoué à la politique britannique, ayant même encouru le séquestre de ses biens pour n'avoir pas voulu quitter Londres, son séjour habituel, M. de Woronzoff fut invité à y paraître officiellement, ce qu'il fit sur-le-champ. Les vaisseaux des neutres qui étaient retenus dans les ports anglais furent relâchés. Nelson, par ordre de son gouvernement, continua de croiser pacifiquement dans la Baltique, et fut chargé de déclarer aux cours du Nord, qu'il s'abstiendrait de toute hostilité, à moins qu'elles ne voulussent mettre en mer leurs flottes de guerre, auquel cas il les combattrait; que si, au contraire, ces flottes, restant dans leurs ports respectifs, ne cherchaient pas à faire leur jonction depuis longtemps annoncée avec l'escadre danoise, il s'interdirait tout acte hostile contre les côtes du Danemark, de la Suède, de la Russie, qu'il laisserait passer les bâtiments de commerce de ces puissances, et que les relations se trouveraient ainsi rétablies comme avant la rupture.

Avril 1801.

Armistice naval dans la Baltique.

Le coup frappé sur Copenhague avait malheureusement produit son effet. Les petits neutres, tels que le Danemark et la Suède, quoique fort irrités pour leur compte à l'égard de l'Angleterre, n'étaient entrés dans la ligue que sous l'influence presque menaçante de Paul Ier. La Prusse, qui regardait ses intérêts maritimes comme les plus secondaires de ses intérêts nationaux, qui tenait par-dessus tout à la paix, et n'était entrée dans la querelle que poussée par la double influence de Paul Ier et du Premier Consul, la Prusse se voyait avec joie sortie de ce mauvais pas. Elle était, comme les autres, fort disposée à se prêter au rétablissement des relations commerciales.

Bientôt tous les pavillons de commerce se montrèrent sur la Baltique, pavillons anglais, suédois, danois, russe, et la navigation reprit son activité accoutumée. Nelson laissait faire, et recevait en retour, le long des côtes du Nord, les rafraîchissements dont sa flotte avait besoin. Cet état d'armistice fut donc universellement accepté. Le cabinet russe, dirigé par le comte Pahlen, sans se livrer à l'influence anglaise, se montra disposé à terminer la querelle maritime, par une transaction qui assurât jusqu'à un certain point les droits des neutres. Il annonça qu'il recevrait le lord Saint-Helens. Déjà il avait autorisé le retour de M. de Woronzoff à Londres. M. de Bernstorff fut envoyé pour le Danemark en Angleterre.

Le Premier Consul, qui avait eu l'art de nouer cette redoutable coalition contre la Grande-Bretagne, coalition fondée d'ailleurs sur l'intérêt de toutes les nations maritimes, la vit avec regret abandonnée, par la faiblesse des confédérés. Il tâcha de leur faire honte de la promptitude avec laquelle ils reculaient ; mais chacun s'excusait de sa conduite sur la conduite de son voisin. Le Danemark, justement enorgueilli de la sanglante bataille de Copenhague, disait qu'il avait rempli sa tâche, et que c'était aux autres à remplir la leur. La Suède se déclarait prête à combattre, mais elle ajoutait que, le pavillon danois, prussien, et surtout russe, parcourant les mers, elle ne voyait pas pourquoi les avantages du commerce seraient interdits à ses sujets seuls. La Prusse s'excusait de son inaction sur le changement survenu à Pétersbourg, et faisait du reste au cabinet français les protestations les plus réitérées de constance et de fermeté. Elle disait qu'on jugerait de sa persévérance, quand il faudrait conclure un arrangement, et arrêter définitivement les articles du droit maritime. La Russie affectait de ne pas délaisser les droits des neutres, et prétendait ne faire qu'une chose, c'était de mettre un terme à des hostilités commencées sans motifs suffisants.

Le Premier Consul, qui voulait au moins retarder le plus long-temps possible le raccommodement de la Prusse avec l'Angleterre, imagina un expédient fort habile, pour faire durer la querelle. Il avait offert Malte à Paul, il offrit le Hanovre à la Prusse. On a vu que la Prusse avait occupé cette province, si chère au cœur de Georges III, comme représaille des violences que le gouvernement anglais commettait à l'égard du pavillon neutre. La Prusse s'était difficilement résolue à un acte aussi grave; mais le secret penchant qui l'a toujours entraînée vers cette province, la plus souhaitable de toutes pour

Avril 1801.

Le Premier Consul, pour retenir la Prusse dans la ligue, lui fait offrir de garder le Hanovre.

elle, celle qui arrondirait le mieux son territoire, ce penchant avait contribué à la décider, malgré son goût pour la paix et le repos. D'autres motifs l'avaient influencée. Elle avait une indemnité à réclamer en Allemagne, car elle était du nombre des princes séculiers qui devaient être indemnisés de leurs pertes sur la rive gauche du Rhin, par la sécularisation des États ecclésiastiques. Ses prétentions étaient fort grandes, et, dans l'espoir que le Premier Consul les favoriserait, elle avait voulu le satisfaire en occupant le Hanovre. Le général Bonaparte lui fit déclarer tout de suite, que si elle voulait garder le Hanovre, et en faire son indemnité, quoique cette indemnité fût dix fois supérieure à ce qui lui était dû, il y consentirait volontiers, sans aucune jalousie pour ce gros accroissement, accordé à une puissance voisine de la France. Cette proposition charma, et troubla tout à la fois le cœur du jeune monarque. L'offre était séduisante, mais la difficulté grande à l'égard de l'Angleterre. Cependant, sans accepter la proposition d'une manière définitive, le cabinet de Berlin répondit que le roi Frédéric-Guillaume était touché des bonnes dispositions du Premier Consul, qu'il n'avait aucun parti pris, qu'on devait réserver pour le moment où l'on négocierait la paix générale de l'Europe cette importante question territoriale; et il ajouta que, se fondant sur l'état présent des choses, qui était un armistice tacitement convenu, plutôt que formellement stipulé, il ne cesserait pas encore d'occuper le Hanovre.

Il n'en fallait pas davantage au Premier Consul, qui avait créé de la sorte entre les cours de Londres et de Berlin la plus grave des complications, et placé dans les mains d'une puissance qui lui était dévouée, un gage précieux, dont il pourrait profiter fort utilement dans les négociations avec l'Angleterre.

Avril 1801.

Le moment de ces négociations approchait enfin. L'Angleterre avait saisi avec empressement l'occasion de se relâcher de la rigueur de ses principes maritimes, pour conjurer le danger qui la menaçait du côté du Nord; elle désirait en finir, et avoir la paix, non-seulement avec les neutres, mais avec une puissance bien autrement redoutable que les neutres, avec la France, qui depuis dix ans remuait l'Europe, et commençait à menacer le sol britannique de sérieux dangers. Un moment, grâce à l'entêtement de M. Pitt, grâce à l'habileté du général Bonaparte, elle s'était vue seule contre tout le monde : sortie de cette position par une hardiesse heureuse, par un coup de bonne fortune, elle ne voulait pas retomber dans de semblables périls, par de semblables fautes. L'Angleterre pouvait d'ailleurs traiter aujourd'hui avec honneur, et il convenait, après avoir perdu tant d'occasions heureuses, de ne pas laisser échapper celle qui se présentait de nouveau. Pourquoi, disaient les gens raisonnables en Angleterre, pourquoi prolonger la guerre? nous avons pris toutes les colonies qui en valaient la peine; la France en même temps a battu tous les alliés que nous nous étions donnés; elle s'est agrandie à leurs dépens; elle

L'opinion générale en Angleterre est fortement prononcée pour la paix.

est devenue la puissance la plus formidable du globe. Chaque jour ajouté à la lutte la rend plus redoutable, surtout par la conquête successive du littoral européen. Elle a soumis la Hollande et Naples, elle marche sur le Portugal. Il ne faut pas la faire plus grande encore, en s'obstinant follement à poursuivre la guerre. Si c'était pour le maintien des principes les plus salutaires que l'on combattait il y a quelques années, si c'était pour l'ordre social menacé par la Révolution française, ce n'est plus le cas aujourd'hui, car la France donne les plus beaux exemples d'ordre et de sagesse. Songerait-on à rétablir les Bourbons? mais c'est là justement la grande faute de M. Pitt, l'erreur de sa politique; et, si on a perdu sa puissante influence, ses grands talents, il faut recueillir du moins le seul avantage possible de sa retraite, c'est-à-dire renoncer à cet esprit haineux et inflexible, qui a jeté entre lui et le général Bonaparte les insultes les plus imprudentes et les plus grossières.

Tous les esprits sensés en Angleterre étaient donc pour la paix. Deux grandes influences se prononçaient dans le même sens : le roi et le peuple. Le roi d'Angleterre, ce roi opiniâtre et pieux, qui refusait l'émancipation des catholiques à M. Pitt, par fidélité à la cause du protestantisme, n'en applaudissait pas moins au rétablissement du catholicisme en France, rétablissement qui déjà était annoncé comme prochain. Il y voyait le triomphe des principes religieux, et cela lui suffisait. Il avait la Révolution française en aversion, et, bien que le général Bonaparte eût fait essuyer de terribles échecs à la politique anglaise, il lui savait un gré infini de réagir contre cette révolution, et de remettre en honneur les vrais principes sociaux. Cette France, qui possède à un si haut degré la faculté de communiquer à tous les peuples les sentiments qu'elle éprouve, cette France étant calmée, ramenée à de saines idées, le roi Georges III regardait l'ordre social comme sauvé dans l'univers. Si, pour M. Pitt, la guerre avait été une guerre d'ambition nationale, pour le roi Georges III, elle avait été une guerre de principes. Il était donc acquis au général Bonaparte, mais à sa manière, non pas à celle de Paul Iᵉʳ. Revenu de l'accès qui avait paralysé sa raison pendant quelques mois, il était tout disposé à la paix, et poussait ses ministres à la conclure. Le peuple anglais, amoureux de nouveautés, regardait la paix avec la France comme la plus grande des nouveautés, car il y avait dix ans qu'on s'égorgeait dans le monde entier; attribuant surtout la disette à la lutte sanglante qui désolait la terre et les mers, il demandait qu'on se rapprochât de la France. Enfin, le nouveau premier ministre, M. Addington, ne pouvant prétendre à la gloire de M. Pitt, dont il était bien loin d'égaler les talents, la renommée, l'importance politique, M. Addington n'avait qu'une mission qui fût claire et concevable, c'était celle de faire la paix. Il la voulait donc, et M. Pitt, resté tout-puissant dans le parlement, la lui conseillait de son côté comme nécessaire. Les événements du Nord, loin d'exalter l'orgueil britannique, lui étaient, au contraire, une occasion plus commode et plus honorable de négocier. Le nouveau ministre y était résolu le jour de son avénement; et il ne fit que se confirmer dans cette résolution, en apprenant ce qui s'était passé à Copenhague et à Saint-Pétersbourg. Allant même plus loin, il prit le parti de faire auprès du Premier Consul une démarche directe, qui servit de pendant à celle que le Premier Consul avait faite à l'égard de l'Angleterre, lors de son avénement au pouvoir.

Lord Hawkesbury, qui était, dans le cabinet de M. Addington, secrétaire d'État pour les affaires étrangères, fit appeler M. Otto. Celui-ci remplissait à Londres, comme on l'a déjà vu, des fonctions diplomatiques, relatives aux prisonniers, et avait été chargé six mois auparavant des négociations entamées pour l'armistice naval. Il était l'intermédiaire tout naturel des nouvelles communications qui allaient s'établir entre les deux gouvernements. Lord Hawkesbury dit à M. Otto que le roi l'avait chargé d'une commission fort douce pour lui, laquelle sans doute ferait en France autant de plaisir qu'en Angleterre, et que cette commission consistait à proposer la paix. Il déclara que Sa Majesté était prête à envoyer un plénipotentiaire, même à Paris, si on le voulait, ou dans toute autre ville au gré du Premier Consul. Lord Hawkesbury ajoutait qu'il n'entendait offrir que des conditions honorables pour les deux pays, et, pour preuve de la franchise de cette réconciliation, il affirmait qu'à partir de ce jour toute trame dirigée contre le gouvernement actuel de la France, serait repoussée par le cabinet britannique. Il attendait, disait-il, la réciprocité de la part de la République française.

Avril 1801.

C'était désavouer la politique antérieure de M. Pitt, qui avait toujours affecté de poursuivre le rétablissement de la maison de Bourbon, et n'avait cessé de soudoyer les tentatives des émigrés et des Vendéens. On ne pouvait ouvrir plus dignement les négociations proposées. Lord Hawkesbury insista pour avoir une prompte réponse.

Le Premier Consul qui, dans le moment, n'aspirait qu'à tenir complétement la promesse faite à la France, de lui procurer l'ordre et la paix, le Premier Consul fut heureux de cette solution, qu'il avait pour ainsi dire commandée par ses succès, et par l'habileté de sa politique. Il accueillit les ouvertures de l'Angleterre avec autant d'empressement qu'on en mettait à les faire. Cependant une négociation d'apparat lui semblait gênante et peu efficace. Le souvenir de celle de lord Malmesbury, en 1797, qui n'avait été qu'une vaine démonstration de la part de M. Pitt, lui avait laissé une fâcheuse impression. Il pensait que si on était de bonne foi à Londres, comme véritablement on paraissait l'être, il suffisait de s'aboucher directement, sans éclat, au Foreign-Office, et là, d'y traiter avec franchise et simplicité des conditions de la paix. Il les regardait comme faciles, si on voulait sincèrement aboutir à un rapprochement; car, disait-il, l'Angleterre a pris les Indes, et nous, nous avons pris l'Egypte. Si nous convenons de garder, les uns et les autres, ces riches conquêtes, le reste est de

Acceptation des offres du cabinet britannique.

peu d'importance. Que sont, en effet, quelques îles dans les Antilles ou ailleurs, que l'Angleterre détient à nous et à nos alliés, à côté des vastes possessions que nous avons conquises? Peut-elle refuser de les rendre, quand le Hanovre est dans nos mains, quand le Portugal doit y être bientôt, et que nous offrons de lui rendre ces royaumes, pour quelques îles de l'Amérique? La paix est donc facile, écrivit-il à M. Otto, si on la veut. Je vous autorise à traiter, mais directement avec lord Hawkesbury. —

Avril 1801.

M. Otto chargé de négocier directement avec lord Hawkesbury.

Des pouvoirs furent envoyés à M. Otto, avec recommandation de ne rien publier, d'écrire le moins possible, de s'entendre verbalement, et de ne passer des notes que pour les questions les plus importantes. Il était impossible de tenir une pareille négociation absolument secrète; mais le Premier Consul prescrivit à M. Otto de demander, et d'observer de son côté, la plus grande discrétion, relativement aux questions qui seraient soulevées et discutées, de part et d'autre.

Lord Hawkesbury accepta cette manière de procéder, au nom du roi d'Angleterre, et il fut convenu que les conférences commenceraient tout de suite à Londres, entre lui et M. Otto. Elles commencèrent, effectivement, dans les premiers jours d'avril 1801 (milieu de germinal an IX).

Certitude d'une paix prochaine sur terre et sur mer.

Du 18 brumaire an VIII (9 novembre 1799), au mois de germinal an IX (avril 1801), il s'était écoulé environ dix-huit mois, et la France en paix avec le continent, en négociation franche et sincère avec l'Angleterre, allait enfin obtenir, pour la première fois depuis dix ans, la paix générale sur terre et sur mer. La condition de cette paix générale, admise par toutes les parties contractantes, était la conservation de nos belles conquêtes.

Avril 1801.

FIN DU LIVRE NEUVIÈME ET DU TOME DEUXIÈME.

TABLE DES MATIÈRES

CONTENUES

DANS LE TOME DEUXIÈME.

LIVRE CINQUIÈME.

HÉLIOPOLIS.

État de l'Égypte après le départ du général Bonaparte. — Profond chagrin de l'armée ; son désir de retourner en France. — Kléber excite ce sentiment au lieu de le contenir. — Rapport qu'il fait sur l'état de la colonie. — Ce rapport, destiné au Directoire, parvient au Premier Consul. — Faussetés dont il est plein. — Grandes ressources de la colonie, et facilité de la conserver à la France. — Kléber, entraîné lui-même par le sentiment qu'il avait encouragé, est amené à traiter avec les Turcs et les Anglais. — Coupable convention d'El-Arisch, stipulant l'évacuation de l'Égypte. — Refus des Anglais d'exécuter la convention, et leur prétention d'obliger l'armée française à déposer les armes. — Noble indignation de Kléber. — Rupture de l'armistice et bataille d'Héliopolis. — Dispersion des Turcs. — Kléber les poursuit jusqu'à la frontière de Syrie. — Prise du camp du visir. — Répartition de l'armée dans la Basse-Égypte. — Retour de Kléber au Kaire, afin de réduire cette ville qui s'était insurgée sur ses derrières. — Temporisation habile de Kléber. — Après avoir réuni ses moyens, il attaque et reprend le Kaire. — Soumission générale. — Alliance avec Murad-Bey. — Kléber, qui croyait ne pouvoir garder l'Égypte soumise, l'a reconquise en trente-cinq jours contre les forces des Turcs et contre les Égyptiens révoltés. — Ses fautes glorieusement effacées. — Émotion des peuples musulmans en apprenant que l'Égypte est aux mains

des infidèles. — Un fanatique, parti de la Palestine, se rend au Kaire pour assassiner Kléber. — Mort funeste de ce dernier, et conséquences de cette mort pour la colonie. — Tranquillité présente. — Kléber et Desaix avaient succombé le même jour. — Caractère et vie de ces deux hommes de guerre.
1 à 72

LIVRE SIXIÈME.

ARMISTICE.

Vastes préparatifs pour secourir l'armée d'Égypte. — Arrivée de M. de Saint-Julien à Paris. — Impatience du cabinet français de traiter avec lui. — Malgré l'insuffisance des pouvoirs de M. de Saint-Julien, M. de Talleyrand l'entraîne à signer des articles préliminaires de paix. — M. de Saint-Julien signe, et part avec Duroc pour Vienne. — État de la Prusse et de la Russie. — Démarche adroite du Premier Consul à l'égard de l'empereur Paul. — Il lui renvoie six mille prisonniers russes sans rançon, et lui offre l'île de Malte. — Enthousiasme de Paul 1er pour le général Bonaparte, et mission donnée à M. de Springporten pour Paris. — Nouvelle ligue des neutres. — Les quatre grandes questions du droit maritime. — Rapprochement avec le Saint-Siége. — La cour d'Espagne, et son intimité avec le Premier Consul. — État intérieur de cette cour. — Envoi du général Berthier à Madrid. — Ce représentant du Premier Consul négocie un traité avec Charles IV, tendant à donner la Toscane à la maison de Parme, et la Louisiane à la France. — Érection du royaume d'Étrurie. — La France reprend faveur auprès des puissances de l'Europe. — Arrivée de M. de Saint-Julien à Vienne. — Étonnement de sa cour à la nouvelle des articles préliminaires signés sans pouvoirs. — Embarras du cabinet de Vienne, qui s'était engagé à ne pas traiter sans l'Angleterre. — Désaveu de M. de Saint-Julien. — Essai d'une négociation commune, comprenant l'Angleterre et l'Autriche. — Le Premier Consul, pour admettre l'Angleterre dans la négociation, exige un armistice naval, qui lui permette de secourir l'Égypte. — L'Angleterre refuse, non pas de traiter, mais d'accorder l'armistice proposé. — Le Premier Consul veut alors une négociation directe et immédiate avec l'Autriche, ou la reprise des hostilités. — Manière dont il a profité de la suspension d'armes pour mettre les armées françaises sur un pied formidable. — Effroi de l'Autriche, et remise des places de Philipsbourg, Ulm et Ingolstadt, pour obtenir une prolongation d'armistice continental. — Convention de Hohenlinden, accordant une nouvelle suspension d'armes de quarante-cinq jours. — Désignation de M. de Cobentzel pour se rendre au congrès de Lunéville. — Fête du 1er vendémiaire. — Translation du corps de Turenne aux Invalides. — Le Premier Consul profite du temps que lui laisse l'interruption des hostilités, pour s'occuper de l'administration intérieure. — Succès de ses mesures financières. — Prospérité de la Banque de France. — Payement des rentiers en argent. — Réparation des routes. — Rentrée des prêtres. — Difficultés pour la célébration du dimanche et du décadi. — Nouvelle mesure à l'égard des émigrés. — État des partis. — Leurs dispositions envers le Premier Consul. — Les révolutionnaires et les royalistes. — Conduite du gouvernement à leur égard. — Influences en sens contraires auprès du Premier Consul. — Rôle que jouent auprès de lui MM. Fouché, de Talleyrand et Cambacérès. — Famille Bonaparte. — Lettres de Louis XVIII au Premier Consul, et réponse faite à ce prince. — Complot de Ceracchi et Aréna. — Agitation des esprits en apprenant ce complot. — Les amis imprudents du Premier Consul veulent en profiter pour l'élever trop tôt au pouvoir suprême. — Pamphlet écrit dans ce sens par M. de Fontanes. — Obligation où l'on est de désavouer ce pamphlet. — Lucien Bonaparte, privé du ministère de l'intérieur, est envoyé en Espagne. 73 à 215

LIVRE SEPTIÈME.

HOHENLINDEN.

Paix avec les États-Unis et les Régences Barbaresques. — Réunion du Congrès de Lunéville. — M. de Cobentzel se refuse à une négociation séparée, et veut au moins la présence d'un plénipotentiaire anglais, pour couvrir la négociation réelle entre l'Autriche et la France. — Le Premier Consul, afin de hâter la conclusion, ordonne la reprise des hostilités. — Plan de la campagne d'hiver. — Moreau est chargé de franchir l'Inn, et de marcher sur Vienne. — Macdonald avec une seconde armée de réserve a ordre de passer des Grisons dans le Tyrol. — Brune avec 80 mille hommes est destiné à forcer l'Adige et le Mincio. — Plan du jeune archiduc Jean, devenu généralissime des armées autrichiennes. — Son projet de tourner Moreau, manqué par des fautes d'exécution. — Il s'arrête en route, et veut assaillir Moreau dans la forêt de Hohenlinden. — Belle manœuvre de Moreau, supérieurement exécutée par Richepanse. — Mémorable bataille de Hohenlinden. — Grands résultats de cette bataille. — Passage de l'Inn, de la Salza, de la Traun, de l'Ens. — Armistice de Steyer. — L'Autriche promet de signer la paix immédiatement. — Opérations dans les Alpes et en Italie. — Passage du Splugen par Macdonald, au milieu des horreurs de l'hiver. — Arrivée de Macdonald dans le Tyrol italien. — Dispositions de Brune pour passer le Mincio sur deux points. — Vice de ces dispositions. — Le général Dupont essaie un premier passage à Pozzolo, et attire sur lui seul le gros de l'armée autrichienne. — Le Mincio est forcé, après une effusion de sang inutile. — Passage du Mincio et de l'Adige. — Heureuse fuite du général Laudon au moyen d'un mensonge. — Les Autrichiens battus demandent un armistice en Italie. —

Signature de cet armistice à Trévise. — Reprise des négociations à Lunéville. — Le principe d'une paix séparée admis par M. de Cobentzel. — Le Premier Consul veut faire payer à l'Autriche les frais de cette seconde campagne, et lui impose des conditions plus dures que dans les préliminaires de M. de Saint-Julien. — Il pose pour *ultimatum* la limite du Rhin en Allemagne, la limite de l'Adige en Italie. — Courageuse résistance de M. de Cobentzel. — Cette résistance, quoique honorable, fait perdre à l'Autriche un temps précieux. — Pendant qu'on négocie à Lunéville, l'empereur Paul, à qui le Premier Consul avait cédé l'île de Malte, la réclame des Anglais, qui la refusent. — Colère de Paul Ier. — Il appelle à Pétersbourg le roi de Suède, et renouvelle la ligue de 1780. — Déclaration des neutres. — Rupture de toutes les cours du Nord avec la Grande-Bretagne. — Le Premier Consul en profite pour être plus exigeant envers l'Autriche. — Il veut, outre la limite de l'Adige, l'expulsion de l'Italie de tous les princes de la maison d'Autriche. — Le grand-duc de Toscane doit avec le duc de Modène être transporté en Allemagne. — M. de Cobentzel finit par céder, et signe avec Joseph Bonaparte, le 9 février 1801, le célèbre traité de Lunéville. — La France obtient pour la seconde fois la ligne du Rhin dans toute son étendue, et reste à peu près maîtresse de l'Italie. — L'Autriche est rejetée au delà de l'Adige. — La République Cisalpine doit comprendre le Milanais, le Mantouan, le duché de Modène et les Légations. — La Toscane destinée à la maison de Parme, sous le titre de royaume d'Étrurie. — Le principe des sécularisations posé pour l'Allemagne. — Grands résultats obtenus par le Premier Consul dans l'espace de quinze mois.   216 à 302

LIVRE HUITIÈME.

MACHINE INFERNALE.

Complots dirigés contre la vie du Premier Consul. — Trois agents de Georges, les nommés Carbon, Saint-Réjant, Limoëlan, forment le projet de faire périr le Premier Consul par l'explosion d'un baril de poudre. — Choix de la rue Saint-Nicaise et du 3 nivôse, pour l'exécution de ce crime. — Le Premier Consul sauvé par la dextérité de son cocher. — Émotion générale. — Le crime attribué aux révolutionnaires, et aux faiblesses du ministre Fouché pour eux. — Déchaînement des nouveaux courtisans contre ce ministre. — Son silence et son sang-froid. — Il découvre en partie la vérité, et la fait connaître; mais on n'en persiste pas moins à poursuivre les révolutionnaires. — Irritation du Premier Consul. — Projet d'une mesure arbitraire. — Délibération à ce sujet dans le sein du Conseil d'État. — On se fixe après de longues discussions, et on aboutit à la résolution de déporter un certain nombre de révolutionnaires sans jugement. — Quelques résistances, mais bien faibles, opposées à cet acte arbitraire. — On examine s'il aura lieu par une loi, ou par une mesure spontanée du gouvernement, déférée seulement au Sénat, sous le rapport de la constitutionnalité. — Ce dernier projet l'emporte. — La déportation prononcée contre cent trente individus qualifiés de terroristes.—Fouché, qui les savait étrangers à l'attentat du 3 nivôse, consent néanmoins à la mesure qui les proscrit. — Découverte des vrais auteurs de la machine infernale.—Supplice de Carbon et de Saint-Réjant.—Injuste condamnation de Topino-Lebrun, Aréna, etc.—Session de l'an IX.—Nouvelles manifestations de l'opposition dans le Tribunat. — Loi des tribunaux spéciaux pour la répression du brigandage sur les grandes routes. — Plan de finances pour la liquidation des années v, vi, vii et viii. — Budget de l'an IX. — Règlement définitif de la dette publique. — Rejet par le Tribunat, et adoption par le Corps Législatif, de ce plan de finances. — Sentiments qu'éprouve le Premier Consul. — Continuation de ses travaux administratifs. — Routes. — Canal de Saint-Quentin. — Ponts sur la Seine. — Travaux du Simplon. — Religieux du grand Saint-Bernard établis au Simplon et au Mont-Cenis. 303 à 360

LIVRE NEUVIÈME.

LES NEUTRES.

Suite des négociations avec les diverses cours de l'Europe.—Traité avec la cour de Naples.—Exclusion des Anglais des ports des Deux-Siciles, et obligation contractée par le gouvernement napolitain, de recevoir à Otrante une division française. — L'Espagne promet d'exiger par la force l'interdiction aux Anglais des côtes du Portugal.—Vastes projets maritimes du Premier Consul, tendant à faire agir de concert les forces navales de l'Espagne, de la Hollande et de la France.—Moyens imaginés pour secourir l'Égypte. — L'amiral Ganteaume, à la tête d'une division, sort de Brest par une tempête, et se dirige vers le détroit de Gibraltar, pour se rendre aux bouches du Nil. — Coalition générale de toutes les nations maritimes contre l'Angleterre.—Préparatifs des neutres dans la Baltique. — Ardeur belliqueuse de Paul Ier. — Détresse de l'Angleterre. — Une affreuse disette la tourmente.— Son état financier et commercial avant la guerre, et depuis.—Ses charges et ses ressources également doublées. — Déchaînement contre M. Pitt. — Son dissentiment avec Georges III, et sa retraite. — Ministère Addington. — L'Angleterre, malgré ses embarras, fait tête à l'orage, et envoie dans la Baltique les amiraux Nelson et Parker, pour rompre la coalition des neutres. — Plan de Nelson et de Parker. — Ils se décident à forcer le passage du Sund. — La côte suédoise étant mal défendue, la flotte anglaise passe le Sund, presque sans difficulté. — Elle se porte devant Copenhague. — L'avis de Nelson, avant de s'engager dans la Baltique, est de livrer bataille aux Danois. — Description de la position de Copenhague, et des moyens adoptés pour défendre cette importante place maritime.—Nelson fait une manœuvre hardie, et vient s'embosser dans la *Passe royale*, en face des bâtiments danois. — Bataille meurtrière. — Vaillance des Danois, et danger de Nelson. — Il envoie un parlementaire au prince régent de Danemark, et obtient par ce moyen les avantages d'une victoire. — Suspension d'armes de quatorze semaines. — Dans l'intervalle, on apprend la mort de Paul Ier. — Événements qui se sont passés en Russie. — Exaspération de la noblesse russe contre l'empereur Paul, et disposition à se débarrasser de ce prince par tous les moyens, même par un crime. — Le comte Pahlen. — Son caractère et ses projets. — Sa conduite avec le grand-duc Alexandre. — Projet d'assassinat caché sous un projet d'abdication forcée. — Scène affreuse au palais Michel, dans la nuit du 23 mars. — Mort tragique de Paul Ier. — Avénement d'Alexandre. — La coalition des neutres dissoute par la mort de l'empereur Paul. — Armistice de fait dans la Baltique. — Le Premier Consul essaie, en offrant le Hanovre à la Prusse, de la retenir dans la ligue des neutres. — L'Angleterre, satisfaite d'avoir dissous cette ligue par la bataille de Copenhague, et d'être délivrée de Paul Ier, songe à profiter de l'occasion, pour traiter avec la France, et pour réparer les fautes de M. Pitt. — Le ministère Addington fait offrir la paix au Premier Consul, par l'intermédiaire de M. Otto. — Acceptation de cette proposition, et ouverture à Londres d'une négociation entre la France et l'Angleterre. — La paix va devenir générale sur terre et sur mer. — Progrès de la France depuis le 18 brumaire. 361 à 451

FIN DE LA TABLE DU DEUXIÈME VOLUME.

www.ingramcontent.com/pod-product-compliance
Lightning Source LLC
Chambersburg PA
CBHW072128220426
43664CB00013B/2178